邓一琳 著

跟康师学太极

人民体育出版社

图书在版编目（CIP）数据

跟康师学太极 / 邓一琳著. -- 北京：人民体育出版社，2023

ISBN 978-7-5009-6209-0

Ⅰ.①跟… Ⅱ.①邓… Ⅲ.①太极拳－基本知识 Ⅳ.①G852.11

中国版本图书馆CIP数据核字(2022)第165082号

＊

人民体育出版社出版发行
三河市紫恒印装有限公司印刷
新 华 书 店 经 销

＊

710×1000 16开本 23印张 411千字
2023年12月第1版 2023年12月第1次印刷
印数：1—2,000册

＊

ISBN 978-7-5009-6209-0
定价：78.00元

社址：北京市东城区体育馆路8号（天坛公园东门）
电话：67151482（发行部） 邮编：100061
传真：67151483 邮购：67118491
网址：www.psphpress.com
（购买本社图书，如遇有缺损页可与邮购部联系）

序 一

跋涉者的足迹

8年前，我曾写过一篇人物特写《邓一琳，太极路上的跋涉者》，刊登在《中华武术》杂志2012年第3期。文章记述了新乡学院退休英语教师邓一琳教授学习太极拳、探索太极理论、传播中华传统文化太极拳的不平凡经历。8年后，2020年深秋，邓老师给我打来电话，说她的第一本关于太极拳的书——《跟康师学太极》，即将由人民体育出版社出版发行，她希望我能给写个序。我毫不犹豫地答应了下来。

从2008年邓老师参加《中华武术》杂志举办的太极拳名家大讲堂我们开始相识，到如今已经过去了整整12年。那时的邓一琳老师还是个初入太极拳门径的爱好者，她自认为虽然练习了10年太极拳，也参加过比赛，取得了一些成绩，可还是没有踏入门径。为了获得太极真谛，她带着各种问题和疑惑9次参加《中华武术》杂志举办的太极拳名家大讲堂，拜访邱慧芳、李德印、傅声远、傅清泉、赵幼斌、康伟等名家老师。在向各位名家老师请教的同时，她开始拿起笔记述自己习拳的感悟和体会，从研究传统太极拳与竞技太极拳的技术特点的异同，到比较每一位名家老师的技术风格特点，再到探索太极文化哲理的深邃内涵，10多年下来，她有60多篇文章发表在《中华武术》杂志上。这些文章记述了一个太极拳爱好者探究太极真谛、攀登太极高峰的心路历程。如今，这些文章大部分收录在邓老师的这本书中，这是她20多年习练太极拳的总结，也是她在太极之路上探索跋涉的足迹。

作为武术期刊的资深编辑，重读邓老师这些我曾经编发过的文章，在感到异常亲切的同时，我对邓一琳老师的人品和拳品更加敬佩。人们常说，太极拳不仅强身健体，更重要的是修身养性、以拳悟道——经过长年累月的修炼体悟，培养出圆融、坚韧、正直的品格，真正达到"上善若水，厚德载物"的人生境界，既是人练拳，也是拳练人。邓一琳老师的人和拳，就是在追求"上善若水，厚德载物"的境界。

　　于人品，邓老师是我敬佩的长者。她是大学英语教授，却为人谦逊，贤淑静雅，有着谦谦的君子风范。为了学习太极拳，她不仅拜访太极拳名家，还向武术界不太知名的太极拳传人请教。她说："这些人都是我的老师。"在研究太极拳技术时，她有着学者教授特有的执着与严谨，为了一个动作的角度、步法的准确，她可以请教不同的老师，反复比较验证，这从她的文章中就可以感受到。最让我敬佩的是她那"穷且益坚，不坠青云之志"的坚毅品格。她出生于1950年，曾经历了4年"上山下乡"的蹉跎岁月。恢复高考时，她正怀着孕，因此不得不放弃了高考。但是她不气馁，一边工作，一边参加电大学习。那时她已是一对双胞胎的母亲，生活的难处可想而知，可是她顽强地战胜了生活的艰难，以优异的成绩顺利毕业。后来她又考入河南省教育学院，获得英语本科学历，最后成为新乡教育学院的外语系主任。正当事业顺风顺水时，1994年，人到中年的邓一琳却得了一场大病，做了手术。病后，为了健身祛病，她开始学习太极拳，没想到从此步入太极殿堂，与太极拳结下了不解之缘。

　　人品即拳品。邓一琳老师对太极拳的追求，亦如她对学业的追求，充满韧劲，孜孜以求，精益求精。她自己说，学习太极拳她经历了4个阶段：第一个阶段追求套路的数量，学习了二三十套竞赛套路；第二个阶段返博归约，精雕细刻42式太极拳、剑的技术动作；第三个阶段回归传统，练习杨式85式太极拳；第四个阶段研究太极理论，纠正认知偏差，从追求外在动作线路的完美逐渐向身体内求。这一习拳过程，也正符合人们认识事物的一般规律——由博返约，由粗到精，由表及里，由感性上升理性。认知上的正确，立意上的高远，必然带来拳艺的不断升华与提高。从邓一琳老师书中这几十万字的文章中，你能清晰地看到一个太极之路上的跋涉者的坚实的足迹——一路走来，由远及近，又由近及远，向着远方迤逦前行……

　　"我已是古稀之年，学习太极拳并不是为了成为名家高手，也不是为了名利，我只是想在有生之年把太极拳这块中华传统文化瑰宝的精髓搞清楚，继承下来，传承发展下去。"邓老师总是这样说。在自己练拳的同时，邓老师还在大学里免费教授太极拳，组织名家老师前来讲学。人到无欲品自高，拳打无心成自然。邓一琳老师心无旁骛，深爱太极，孜孜不倦地研究太极理论。现在，在攀登太极高峰的路上，她终有所成。

时序已过霜降，天空湛蓝，一碧如洗；北雁南飞，雁鸣响彻云霄；霜叶殷红，银杏金黄；硕果累累，稻花香飘大地。在这收获的季节，衷心祝贺邓一琳老师的大作付梓成书！

《中华武术》杂志主编　龚建新
2020年10月重阳节于北京

序 二

穷理寻真　一志凝神
——我眼中的邓一琳

与邓一琳女士的相识结缘，既属偶然，也是必然。2013年，我在《中华武术》杂志上发表了一篇题为《"上善若水"见太极》的文章，阐述太极理论之文化概念，后接到主编龚建新先生转来一条读者反馈，称此文是一篇绝好的文章，读后耳目一新、深有触动，并询问作者情况，读者署名"邓一琳"。能与此文产生共鸣，实属不易，我便记住了"邓一琳"这个名字。

2014年，我在《中华武术》名家大讲堂开办首期"太极拳理论与实践研修班"，邓一琳女士如期而至，自此开启了我与她至今长达6年的太极拳理论探究之路。令我未曾想到的是，一个花甲之年的淑雅女士，对太极拳的追求与探索竟会倾注如此的心力。太极拳到底在练什么？太极拳慢练在干什么？什么是无极？无极如何生太极？太极到底如何解释？太极和太极拳有关系吗？阴阳到底是什么意思？阴阳和练拳有关系吗？为什么要放松？松和懈的区别在哪里？都说太极拳是中国传统文化的瑰宝，如何体现呢？拳和文化的关系在哪里？难道就是那些肢体动作吗？太极拳"练意不练力"，意怎么练呢？诸如此类的问题不知问了多少。几年来上百个电话，每次最少也要30分钟以上，而且全部录音，反复聆听消化，并做出详细的笔记及心得，就这样几年以贯之。邓一琳女士怀着对太极拳无比的热爱之心，以学者特有的严谨治学之德，不遗余力地探索着太极文化的真谛。

博学之：为了能真正搞懂以传统文化为根基的太极拳理论，她博览《易经》《道德经》《黄帝内经》等传统文化经典，逐渐对"无极、太极、两仪、四象、八卦、机势、虚实"等传统文化概念的真实含义有了正确的理解，进而形成了对太极拳理论的全新认识。

审问之：在对太极理论的学习探索中不断地提出问题和怀疑，对每一个问题都务求彻底清晰明了。

明辨之：在与我的诸多通话交流中，对许多太极拳理论概念不同流派、不同书籍、不同时代的不同解读，逐一进行比较和思考，以寻求契合太极拳原理的正确答案。

笃行之：不断追求着太极拳"理法合一"的实际验证效果，在太极拳的习练过程中孜孜不倦地切身感悟着理论在太极拳实践中的真实体现，并不断总结正确的理论在太极运动实践中所发挥的重要指导作用，进而以拳理反求传统文化的哲理，把通过切身体验感悟而不断澄清的传统理论概念，以文章的形式进行广泛的传播。几年来，几乎将所有的时间和精力，都投入对太极拳理论与实践的学习、探索和钻研上，并将自己的认知和感悟付诸笔端，写下了十几万字的学习笔记和通话记录，在《中华武术》杂志上刊登了数十篇论述文章。

这就是我所熟知的邓一琳女士——执着、坚韧、倾力、严谨，为探寻太极拳这一中华传统文化的瑰宝而努力着，为还原太极文化之真谛而奋进着，用自己的心路历程不断书写和传播着中华文化的优秀篇章。

今闻邓一琳女士《跟康师学太极》即将出版面世，甚为欣慰。此书当为众多太极拳爱好者提供丰富营养和宝贵经验，并为太极文化的传播与发展增添一抹亮丽的风采。

康　伟
2020年12月于北京

自序一

邓一琳，女，1950年生于安徽合肥，长于河南新乡。退休前是新乡学院英语教师。

从1997年4月开始接触24式简化太极拳，启蒙老师是崔文明。

从2007年开始，陆续从电视上、光盘中、书籍上学习了太极拳竞赛套路系列、张广德养生系列以及东岳太极拳等。

曾去郑州陈正雷武馆向陈正雷老师学习陈式养生18式。

从2008年开始，先后9次参加《中华武术》杂志举办的太极大讲堂。曾在邱慧芳老师班、李德印老师班学习42式拳剑，并4次单独求教于邱慧芳老师；连续3次参加傅声远、傅清泉老师班学习传统杨式太极拳85式，并两次单独赴上海求教于傅清泉老师，系统地学习了太极拳85式。

2013年至2015年，曾赴西安、邯郸、焦作求教于赵幼斌老师，学习杨式太极拳85式。

通过《中华武术》杂志有幸结识了杨式第五代传人、武术评论家唐才良先生。在唐老师的引荐下登门拜访了嘉兴的江澜老师（二水居士），见识了叶大密一脉的杨式太极拳，以及了解了一点间架的作用。

2012年至2015年，在新乡市老干部大学教授杨式太极拳85式。

2014年至今，师从康伟老师学习太极理论与实践。参加了各种不同的线上线下学习班，单独赴京向康老师求教。康老师也因拳而来新乡近20次。

在太极拳的求学途中，不断地总结自己的学习感悟，将其付诸文字，并将这些心得体悟陆续发表在《中华武术》杂志上。至今已发表六七十篇。

因此有幸结识了杂志主编龚建新先生。龚主编还在2011年写了一篇采访我的文章：《邓一琳，太极路上的跋涉者》。

可以说，我的习拳之路得以登高望远，离不开《中华武术》这个大平台。

我所遇到的这些太极拳老师，个个平易近人、德高艺深。在这里，我向各位有缘相识的老师致以深深的敬意！

我的学拳之路可分为4个阶段：

第一阶段（1997—2008）学习了二三十套太极拳竞赛套路；

第二阶段（2008—2010）是规范太极拳动作线路的阶段，主要是42式太极拳、剑。

第三阶段（2010—2014）开始学习传统杨式太极拳85式，并一直练习至今。

第四阶段（2014至今）师从康伟老师学习太极理论并努力实践。在这一阶段明白了许多拳理拳法，纠正了许多过去认知上的偏差，从追求外在动作线路的完美逐渐向身体内求转变。深感第四阶段的学习使我对太极的认知与体悟上了一个大的台阶，自身的拳艺也有了质的提高。

感谢康老师几年来对我的倾囊相授。一两百个电话每次几十分钟，二十余次的面授，使我真正明白了太极的道理、太极正确的习练方法，自身的体悟也在逐步加深。

我之所以会坚定不移地追随康老师研学太极体系，是因为康老师对太极拳理论的研究透彻、功力深厚，令人佩服！

我已届古稀之年，冥冥之中有一种使命感，想尽一己微薄之力，协助康老师传播他的太极体系。因为我深感这是一套能让初学者不走弯路、能让已经走上弯路的人折回正道的教学体系。

20余年来，我一直在带领周边的拳友学习研究太极拳，并把个人的学习心得分享给大家。我也愿意把自己的心得分享给更多的太极拳爱好者。

也许若干年后，我们已经作古，但愿这些耗费了康伟老师几十年心血的真品、珍品，还能为中国乃至世界上的太极拳爱好者提供一份独一无二的太极精华食粮。

别无他求。

2020年10月3日

自序二

我的习拳之路

我将我的习拳之路分为5个阶段。

第一个阶段：

1997年，我47岁，因为身体的原因开始想学习太极拳。适逢同校的崔文明老师会太极拳，于是跟着崔老师开始学习24式太极拳，把全套动作比划下来。后来从电视上看到北京体育大学的徐伟军老师教太极拳48式，于是就开始跟电视学习。

当时各种影像资料匮乏。我记得在1998年前后，买过一套三碟装的太极拳的VCD，花了150元。当时我们的工资才几百元，但如获至宝，与老师和拳友共同观看，兴致勃勃。当时没见过什么太极拳的书籍，只是想着如何把每式的动作尽量模仿到位。

2001年，我已每日不辍地坚持了4年。第一次随新乡市代表队参加了河南省老年人太极拳剑比赛，新乡队成绩不菲，拿了团体冠、亚军，个人也得了24式太极拳的第三名。同时期在新乡市的比赛中也拿过若干奖项。

2007年，听说《中华武术》杂志举办"名家大讲堂"。同时听他人介绍了邱惠芳老师在大讲堂上讲太极拳42式，讲得非常好。于是我和邱老师联系，赴北京理工大学，跟邱老师学练太极拳。

2008年和2009年，又在北京连续参加邱老师和李德印老师的42式太极拳剑班学习。2009年也因此写出了《三赴京城跟邱惠芳老师学拳——太极拳国际竞赛套路习练者通病指正》的文章，发表在《中华武术》杂志上。我按照邱老师的讲解，结合个人的理解，详细阐述每式的动作线路，完稿后还请老师过目。

此时自认为对42式拳和剑打得很规范了，但仍不满足，在2010年又一次赴北京理工大学向邱老师求教。

第二个阶段：

2010年"中华武术大讲堂"首次邀请了傅声远、傅清泉父子来传授统杨式太极拳。我觉得还是应该学习一套传统套路，于是就报名参加了傅氏父子班，学会了杨式太极拳28式，并学习了一套热身功法13式。这一套热身功法我感觉很不错，专门为此配了音乐、口令，至今仍在练习。但是我做了一些改动，增加了一些我认为合乎太极拳理法的细微变化。

傅老师讲的课很有特色。比如他让你双手起势要去找什么弧线，双手下落的角度如何摆放会更有力量，双手下按时要向小指一侧倾斜。并让大家试一试，双手平平直直的、于小指一侧向下微倾斜下按，哪个力度更大；再如搂膝拗步的前推掌和下按掌，从哪个角度去试力，力会更大。大家一试，果然如此。我感觉很神奇。为此，我连续3年报名傅氏父子班学习。并两次单独赴上海傅老师家中和他的上海武馆，求教85式太极拳。傅老师对我可以说是毫无保留地一点一点调整我的拳架，如哪个角度对、哪个角度对方会推不动我，我深感受益匪浅。5次学习下来，我连续写了5篇文章，均发表在《中华武术》杂志上。应该说一次比一次体会深刻。有同班学习的拳友讲，一次比一次写得好。那都是当时的切身感受。就这样，2013年是我最后一次参加傅老师在北京的大讲堂学习班。我觉得选择学习传统杨式太极拳这条路是走对了。传统套路打下来至少20分钟以上，拳架舒展大方，加之有竞赛套路的底子，自我感觉要比竞赛套路打得舒服，健身效果也更好。

在此期间，我和拳友们还学习了养生拳、剑系列，以及东岳太极拳、陈式太极拳的竞赛套路和陈正雷先生的养生18式。还专门跑到郑州陈正雷老师的武馆学习规范18式。我当时能打一二十个套路。每天早上都有点儿忙不过来了。

2013年，我还跑到西安，找到赵幼斌老师，在那里住了两天，当面单独求教。还趁赵老师去邯郸、焦作办事或出差讲学之际，专程去见赵老师，仍然学习杨式太极拳85式。从赵老师那里我知道了，双手臂要毫不用力抬起，双臂有沉重感；初步知道了推手是在干什么。但主要是在按照赵老师的讲解如何调整架子。这些老师们都在实心实意地教我。但他们的架子毕竟有些不同，我也因此对照他们的书籍，写了很长的一篇《杨式太极拳名家之拳路比较》，分两期刊登在《中华武术》杂志上。

说实话，正如赵老师所讲，不要再写这些比较之类的文章了，因为没有什么意义。是的，一个师傅教10个徒弟，最后出来的肯定是11个不同的架子。每个人的体会和理解不同，架子肯定会不一样。由于我当时在细抠动作线路，所以我对照3本书，傅老师的、赵老师的，还有奚桂中先生的，一点一点对比异同。你这个脚外摆45°，他那个脚外摆60°，而这个脚外摆40°，等等。现在想想，做了那么多的无用功，还乐此不疲。

记得在2011年买了一本张义敬的《太极拳理传真》，看后感觉很好，颇有一些感悟，于是就写了一篇感想文章发表了。现在回过头来看当时的一些想法，虽然比较肤浅，但此书引起了我的一些思考：究竟何为太极拳？怎样练才是正确的？文中我提出了一些问题。

如坐腕的问题、一个高度上打拳的问题、呼吸的问题、眼神的问题、抱球的问题、心静之说，还有关于刚柔相济的质疑，关于音乐与太极的关系问题等。此书也使我认识到柔化的重要作用。极柔软才是太极拳的正路，练拳当以沉劲为主，不可着意前推，太极拳不是肌肉运动，而是经络运动等。可以说，此书开启了我对太极拳的认真思考。

在大讲堂上，我虽然在傅老师班，但是抽空跑去找陈正雷老师辅导18式，他安排她女儿指导我几个式子，也都是在动作层面进一步规范。

2013年，正值高度关注传统杨式太极拳之际，我又从北京体育大学出版社邮购了李雅轩太极拳遗著汇编，书名《杨式太极拳诠真》。我今天再看看当年我写的感想文章（发表在《中华武术》2013年5月期），仍不免感叹！当时我的困惑、我的关注点仍然在对比李雅轩和傅钟文拳架的异同上。当然我也从中汲取了一些有益的营养。如狠抓重要三点：松静柔软、行气用意、稳静安舒。现在回忆起来，这些并未真正入心，如春风拂面而过，当时很舒服，过去后也就烟消云散了。

我当时对太极拳的理解是，动作要一丝不苟，不高不低，不上不下，中正安舒，缓慢，舒展大方。这是我当时的追求，一路走来一直感觉良好。

我还记得2013年在北京大讲堂上听讲座，我们坐在前排和几位学习42式拳的拳友交流。他们打两个动作，其中有一个是搂膝拗步，我一看，前推掌推到身外去了，上下手的掌心也朝前摆得正正的，我就按照傅老师讲的去试力，并纠正他们，他们也是心服口服，甚至说，你上去讲讲呗。当时我就想，幸亏我学习了传统套路。现在再回过头来看看，真觉得自己当时很肤浅。

2013年，我还通过《中华武术》杂志结识了上海的唐才良老师。他是杨式太极拳第五代传人、武术评论家。我趁他去邯郸之机，与他在邯郸会面，请教一些东西。也通过唐老师，有幸结识了博学多才的二水先生，还认识了谦谦君子、杨式太极拳传人孟祥龙先生；还有邯郸永年杨式太极拳首任会长翟金录先生。

就这样，从1997年初学太极拳，直到2008年开始连续参加《中华武术》杂志举办的"名家大讲堂"，这算是太极拳求学途中的第一和第二个阶段。我把学拳、练拳、教拳当作生命的一部分，连春节当天都不曾休息，日日不辍，可以说，一年365天，练拳至少达到360天，包括偶尔出差。

其间也买了无数的太极拳光盘和书籍，带领身边的拳友一起练习。光是播放器就换了近10台。《新乡日报》、新乡电视台也刊登、播放采访我的文章和我领练太极拳的视频。

从2012年到2015年，在新乡市老干部大学教杨式太极拳。当然都是在动作线路层面，应该说并未触及太极拳的内涵。

虽然还未真正认识太极拳，但思想上已经产生一些想法，想要一探究竟。比如说我要求大家连续地、匀速地、缓慢地、没有起伏地练习，但为什么要这么练？慢练在干什么？为什么要慢练？为何要用意不用力？什么叫用意不用力？为何不能起伏？因为专家就是这么教的，并未思考这里面会不会有误区。

我还看了许多书，也看了元丰编著的《汪永泉授杨氏太极拳内劲核心的感悟》和魏树人的书，真的是想窥探太极拳的真谛。例如，魏树人的书中，总结内劲的形成有几个重要条件：心领为先，自然呼吸，上下相随，内外相合，虚灵顶劲，尾闾中正，轻灵漂浮，不丢不顶，起、承、合、换。也知道了汪永泉讲的太极劲即神意气的化合。但说实话，这些还都是纸面上的东西。《汪永泉授杨氏太极拳内劲核心的感悟》真的是一本好书，但里边写的东西一般人很难理解。我自身并没有真正感悟到，因为缺乏方法，缺乏名师的口传心授，哪怕人家写得再明白，因为自己层次不到，看不透，也无法产生身心共鸣。

第三个阶段：

2014年，《中华武术》杂志举办的大讲堂首次邀请了康伟老师、李建伟老师、陈敬东老师加盟，开设了太极理论与实践研修班。我毫不犹豫地报了此班。在2013年的大讲堂上，康老师举办过一个讲座：台前摆放几个半人高的大水桶，里边装了大半桶的水，水上有几个大的空心球，让人们试着把球按入水中。几位男士上前试，很难按下去。弄不好球就蹦出水外，水溅一地。也有几个人小心翼翼，拼力把球按下去一点，但一不小心球就跑了。我试了试，边儿都没沾。这就是水的力量。

在此之前，康老师在《中华武术》杂志上发表过一篇文章，题目是《"上善若水"见太极》，用水之性来比喻太极。我看了文章之后深感震撼，因为我感到这是一篇对于太极拳到底为何物的最透彻的解读，我从来没有见过如此清晰、明了、透彻的文章，把太极为何物讲得如此令人心服口服。应该说是这篇文章使我与康老师结缘，从此我踏上了太极理论与实践的求索之路。

在2014年的理论与实践班上，主要解决了我两个问题：一是太极劲真的可以让人毫无招架之力。康老师手一抬，那种覆盖力完全把你笼罩住了。不管哪位拳友，只有节节后退。二是我也见识了什么叫无底洞。明明一个大活人，推到身上，按在胸口上、肚子上，就是按不到东西，只会漏进去。

我在书上见到的一些说法在人体上得到了证实。当时课堂上也讲了很多理论，不过说实话，第一次听那些理论，真的很烧脑。如什么叫中和，什么叫虚实等。听完了，一头雾水，似懂非懂，要不是事后我又三番五次打电话求教，那是真的不大明白。后来我又从其他人口中得到证实，开头两次、三次听课，真是难以听懂，也难以听进去，看来真理的传播真的不容易。因此，当我得知有些人仅仅通过和康老师一席谈话，就能马上感兴趣并坚定不移来学习，我从心里觉得他不简单。

我身边有一批拳友跟着我走上了太极之路。绝大部分人是因为对我的信赖，认为跟着邓老师走，肯定不会错，就这么走到今天。

记得2015年我参加了学习班之后，发了一段我打的杨式太极拳28式视频给康老师，请他指出问题。这个28式拳我可是在2010年全国比赛中拿了二等奖的，虽然当时只学了半年。康老师看后只是说："先这么练吧，注意放松就可以。"今天说起来，康老师才交实底儿："当时怎么说你呢？全部都不对，整个状态都不对。咱俩当时没有对话的基础。今天你自己再去看看，不用我说了吧！"

的确，现在也有人不时发给我看某人的视频，我看了也只能说："动作线路问题不大，就这样放松地练吧！注意千万不要用力。"我能说什么？我能说他拳中没有意？我能说他浑身憋着力？虽然外表看起来很柔软，我能说他在外形上，式子和式子之间都是断续的；他腿上重滞，已经压死了？我能说他根本从外形上还不知道太极运动的五大基本规律，更别说内气的出入开合了？

这都是非常正常的现象，我本人也是从这种状态一点一点走过来的。一路走来，点点滴滴的感悟，一路在慢慢进步。

我的拳架，从外形来讲问题不大，动作线路经过十几年的学习与琢磨，已经得到了业内人士的认可。比如武术评论家、杨式太极拳第五代传人唐才良先生、叶大密一脉的二水先生，还有杨式传人孟祥龙先生，甚至包括董英杰前辈一脉的钟海明先生等。他们都见过我的拳架，应该都是认可的。

在此基础上，我在2014年、2015年，连续两年学习了康伟老师创编的太极六式基本功，脑子里也装了一些理论。那时我还是自己练，并未广泛普及给身边的人。2016年，我们在新乡组班，请康老师一行每月来新乡面授六式基本功，这才正式开启了六式的学习。

修炼之路至2020年已5年整。2020年又组织新乡会员一起参加了康老师的网上六式训练营，共30天。老师天天盯着你练，上传视频，一点一点单独指出问题，接着再练。大家的进步十分明显。我觉得这种训练模式非常好，费用低，成效显著。

原以为我不会有什么新东西了，但学习之后，仍感到有新的收获。都说教学相长，我感到康老师的教学方法也在不断地改进与提高。也许是不到一定层次，不对你说那么多，因为说了也白说。

最近看了吴会东研究员在黄河文明与太极文化研讨会暨《世界太极拳蓝皮书》首发式上所作的一个报告，题目是"太极文化传承与发展研究报告"。他们给出了无独有偶的答案，与康伟老师的教学理念不谋而合。他们花了近10年的时间研究，对太极拳的内涵给出了一个完整、清晰的思路。从太极拳学内涵、太极文化体系、太极生命科学、太极发展战略方面，对太极拳的传承与发展给出了创新研究方向。

他们有了一个科学的研究方向，在中国的太极拳发展到濒临瓶颈的境地时，他们的研究无疑是太极拳界的一大喜事。研究指出，目前太极拳界之所以出现乱象，如太极拳、太极操、太极舞等，莫衷一是，关键在于没有正确的理论做指导，所以缺乏辨别能力。他们从心性的角度，从虚无、虚空的角度去论述这些人们认为不存在而实际正是太极拳核心的东西，而且要设法用科学的手段去研究这些东西并得出实证，来佐证他们的理论。他们的思路、研究大方向是正确的，当然还有待于充实内容。

纵观太极观真的研学体系，经过这5年北京西城区武道论的培训，连续4年在全民太极上的几百节课的影像课程教学，以及对整个太极拳理论的解读等，已经培养出了一批中坚力量。

有一批人已经有了内气的体验，以及肢体如水洇沙般麻、胀和针刺般、过电般的感觉。

2017年底，我打了一段太极拳，他人看了都感觉很好，认为我体内有内涵。我发给康老师。谁知康老师指出3个问题：问题一是腰的速度不匀，并告知我，腰与四肢要同时动，没有先后，但有主次。问题二是两手回收不够透，并说腋下虚空，是讲腋下没劲儿，而不是撑着劲，要能够松松地让手漏进来，要能把来手之力漏进去。问题三是我最大的问题，即身体内有一股蚰蜒的劲儿，好像里面有一股水要涌出来似的。原来我认为，他人也认为是正常的、正确的现象是不对的！这一次我彻底知道了只有动作而没有力量，拳是流出来的。我当时身上还背着劲儿，这是第一次点评。

第二次点评，是在练习的第二个阶段，习练的目标是轻灵圆活。整条手臂要轻，没有力量从中产生，身体分成两半儿，后背会动，背肌要松开，还要去松下肢。从松脚踝、松膝、松胯入手，提胯来迈步，要灵动到如一盆水，一个手指头动一下水面，整盆水都动了。这是要练零数变化，要练圆，从头到尾，一个圆套一个圆，循环往复，永无间断。要活，先松才能活，让浑身都动起来，浑身的关节都能如手一样灵活自如地、不出力地运动。如孙禄堂所言：道本自然一气游，空空静静最难求。得来万法皆无用，身形应当似水流。这个"无用"，可不是说没用，而是说都是"无"的作用。

再说第三次点评。在第一个阶段拉对架子的基础上，就不要再死抠架子了；第二个阶段要把拳架练成空架子。经过了移动拳架而不生力的阶段，太极的基本规律已经固化在拳架中，这时要再上一个台阶，动作应更进一步舒展、松开，要动起来，要活起来，要保持身体松而不懈的状态，然后让拳架流动起来。

移动是固体，流动才是液体，身体打活了才叫行云流水。这个阶段其实在用腰胯、脊柱行拳。要忘掉手脚，身体的蠕动才能带动五脏六腑，养气养生和内气的作用主要都在身上。能走到这个阶段，应该说小有所成了。这时身体会有飘起来的感觉，前提是必须忘掉双臂，完全用后背来催动肢体运动。这是在2018年去北京之前，我的自我感觉是在双臂毫不主动的情况下运动。当时康老师一看称赞道，没想到能打成这样。但我当时感到，双臂因为不用力而有沉重感，双手很沉。不过，康伟老师说，沉重感是不对的，应是如羽毛般的轻飘飘的。

第四个阶段：

经过了流动拳架的阶段，这一阶段的练习目标是练感觉。上肢的极点要再往大了练，四肢要再往小了练，要能够缩到身上了，还是松的、活的、软的；腿上也要练虚了，脚踩了下去，但劲儿还要在大腿上，老想着吊着点儿。脚上是向上的感觉。胯要进一步放松、下落。要知道落胯与开胯不同，要在落胯的基础上进一步开胯（有专文论述）。要把手指拉直，明显感到气贯指尖。后背肌要动，而且要通到腰间都在动。

不是做动作，而是找感觉。脑袋决不能下去，要时刻拎着点儿。经历到第四个阶段，这叫太极运动，但还不叫太极拳运动。到此养生足矣！

第五个阶段：

讲到拳，就要讲到技法，就要讲到十三势，即四正手法：掤捋挤按；四隅手法：採挒肘靠；还有步法：进退顾盼定。而要真正搞清楚这十三势，就必须看懂太极图在告诉我们什么，必须明白为何杨家老谱上讲掤南、捋西、挤东、按北，为何五行对五种步法，又是如何对应的。要明白这为何不是牵强附会，而是真正搞懂太极拳的运动方式的必经之路。

这里只简单提一下四正手法（详解另文）。

掤南，这是一个向上的出劲儿，阳劲；

捋西，这是一个向内的收劲儿，阴劲；

挤东，这是一个向前的出劲儿，阳劲；

按北,这是一个向下、向内的入劲儿,阴劲。

注意,太极图上的东南西北和地图上的方位没有任何关系。

我年事已高,虽不奢望出功夫,但求了解其中的道理,能把道理讲清楚、讲明白,并能够比画出来,所以在2019年的线下实修营上,康老师专门从技法方面手把手地纠正我的拳架。比如讲到搬拦捶,首先要摒弃过去主动进攻对方的打法,即要去搬动,要去拦击,要去捶打,这都是在用力拦截打击对方,是长拳的打法。应该遵循顺随对方引带,最后再出击,要引化对方,粘连黏随,舍己从人,引进落空的太极拳原则。这才是太极拳的打法。

我虽然已经具备了打太极拳的基本功能,身上已经有东西了,但认识还不够清楚。呼吸、开合、收放,仅凭感觉来练是不行的,因为那种感觉还不是真实的,必须老师当面手把手来喂手,也叫试手,必须老师帮我找里边的感觉,收进去,要找到空的感觉。要通过试手,轻轻一动,看卡在哪里了,先要知道什么叫卡上了,然后把这个卡的东西彻底扔掉。一定要知道碰到一个东西,漏进去了是什么感觉。先去摸老师,再让老师摸自己,这样反复进行。这是在练感知,一旦感知有了,就要反复巩固,时间长了就会带着感知做动作。即便年龄大了,这个功夫照样可以出来,空掉别人,不使劲儿,借力打力,而且很安全。而这个恰恰是太极拳的特点,这叫引进落空。我们不练合即出,我们练的是粘连黏随,练的是"实"碰到"虚"是什么效果,最后越练越空,空空荡荡,虚不接物,这就是太极了。

回顾我的习拳之路,从第一阶段的初级模仿动作到第二阶段的规范动作线路,都是在外形上摆架子、抠角度,都还是站在太极拳的大门外边徘徊。太极拳是内家拳,其最基本的目标是通过肢体运动而使身体内部发生变化,能让气血充盈、畅通,其方法是通过意念、意识控制自身的运动。其具体的操作方式是通过放松、松开、松长全身各关节及肌肉筋膜,以达到松而不懈的无极运动状态。完成这一步,可以达到内气充盈、养生健身、防病治病的功效。这仅仅是最初级、最基本的目标。

太极拳之所以博大精深,是因为它是文化拳,融合了中国传统文化的结晶——《易经》《道德经》《黄帝内经》,融合了儒、释、道各家的精髓。其核心内容就是天人合一,顺应天地,顺应自然,从而达到人与天地、人与社会的和谐共存。太极拳毕竟是拳，是拳就要能打人，而太极拳是典型的止戈之运动，绝不主动进攻，讲的是引进落空、以虚击实，永远在顺随对方之意，从人仍由己，所以，最终要在身体内空虚的层面来借力打力。这是唯有太极拳才讲究的方法，其前提是培养出来内气，即太极劲。而太极劲的培养要反其用力之道而行之。就是放松不用力、用意不用力，唯有如此，才能达到太极拳的更高境界。

所以，要想进入太极之门，必须从求内开始，但求内也必须以外形动作为载体，这个过程需要从上到下，从四肢的根节到中节、梢节，各个关节，一个一个地放松训练。这是一个比较漫长的过程。在拳理上明白，在方法上对头，有名师的指点，坚持不懈，便能达到养生修心、修德修性的太极状态。若想进一步修炼太极拳，就必须有老师的口传心授，有当面三番五次的指点和实操训练。

以上仅仅是我个人的一路体会引言。分专题的详文都在本书中。在此感谢我所有遇见的老师们，感谢一路同行的拳友们，也感谢我的家人对我的支持。

2020年10月22日

目 录

第一章　习拳进阶感悟系列……………………………………（1）

一、太极六式基本功之我见………………………………（1）
二、太极六式基本功之练习谈……………………………（3）
三、参加六式线上训练营学习的感悟……………………（6）
四、基本功和拳术的定位区别……………………………（7）
五、我看动功八式…………………………………………（8）
六、康老师点评邓一琳拳架小结…………………………（10）
七、太极拳修炼的更高境界——轻灵圆活………………（13）
八、再谈拳架习练的三个阶段……………………………（16）
九、谈拳架修炼的第四个阶段——写给已经在流动你的拳架的人…（19）
十、第五个阶段的习拳感悟（2019年）…………………（21）
十一、2020年以来的个人习拳小结………………………（26）

第二章　具体拳论、拳式解读系列……………………………（29）

一、正确的习拳途径与顺序………………………………（29）
二、用太极之理来解决习拳中膝盖受损问题……………（31）
三、何为太极拳步法中的中间1/3范围……………………（33）

四、无极与太极 …………………………………… （34）

五、听康老师讲"上向下松，下向上松" …………… （37）

六、从左手管左半身谈起 ………………………… （39）

七、坐腕、垂肘与沉肩 …………………………… （43）

八、听康老师讲松腰、落胯、圆裆、展膝 ………… （49）

九、听康老师讲起势的招法 ……………………… （56）

十、不用力蹬地与五趾抓地 ……………………… （57）

十一、康老师讲太极招式小结 …………………… （59）

十二、听康老师解剖"其根在脚与脚踏浮萍" …… （63）

十三、独立步与平衡 ……………………………… （66）

十四、听康老师讲单鞭招式用法之后的进一步感悟 …… （67）

十五、腰、胯、膝三部曲 ………………………… （68）

十六、练拳前应注意什么 ………………………… （74）

十七、柔韧性与太极功夫 ………………………… （75）

十八、太极新手的意识三部曲 …………………… （76）

十九、把心法练成功法 …………………………… （77）

二十、练习沉肩与松而不懈的体会 ……………… （78）

二十一、又谈沉肩坠肘 …………………………… （81）

二十二、脊柱如何行拳 …………………………… （82）

二十三、内气真动是啥样 ………………………… （82）

二十四、为何太极拳中讲动即是静、静即是动，定势
　　　　与动静的关系是什么 …………………… （84）

二十五、太极拳的慢练慢在哪里 ………………… （86）

二十六、何为磨盘腰 ……………………………… （87）

二十七、把拳打到身上 …………………………… （89）

二十八、太极拳中的二元与多元思维 …………… （90）

第三章　理论与实践进步篇 ……………………………（92）

一、跨越了初级动作线路阶段的习练要点 ………………（92）

二、太极拳运动的第二大特点：松而不懈与沉肩 ………（93）

三、练功与练拳的关系 ……………………………………（97）

四、关于"力"的看法 ……………………………………（102）

五、身形腰顶论 ……………………………………………（104）

六、再谈太极拳的放松 ……………………………………（105）

七、再谈左手管左半身 ……………………………………（107）

八、学习"松是为了动"有感 ……………………………（110）

九、如何做到"既守常态，又循规律"这个节度 ………（112）

十、再谈浑圆、无极与太极的关系 ………………………（114）

十一、分清收胯、落胯与开胯 ……………………………（115）

十二、腿部的松而不懈如何练 ……………………………（117）

十三、别把结果当方法——敛臀与泛臀 …………………（119）

十四、开合与动作有关吗 …………………………………（121）

十五、练拳的动力源在哪里——谈独立步与平衡 ………（122）

十六、放之则弥六合，卷之则退藏于密 …………………（122）

十七、从"轻灵是轻么"说起 ……………………………（123）

十八、对太极拳的步型、步法与迈步的思考 ……………（126）

十九、从打拳"放纵屈伸人莫知"谈起 …………………（127）

二十、放松离松沉有多远 …………………………………（129）

二十一、僵拙之力与太极劲 ………………………………（131）

二十二、太极拳的练意与慢练 ……………………………（133）

二十三、太极劲与刚柔相济的误区 ………………………（135）

二十四、关于太极拳的手型 ………………………………（138）

二十五、太极拳的知己要分内外 ……………………………（140）

二十六、又谈太极劲——身体松软离太极劲还有多远………（143）

二十七、又谈圆裆落胯与单腿负重 …………………………（145）

二十八、再谈沉肩坠肘——手臂是轻对还是重对……………（147）

二十九、中与中气 ………………………………………………（148）

三十、年终梳理——穷其理，尽其性，理法合一，进妙境………（149）

第四章　理论与实践研讨篇 ………………………………（152）

一、话说展膝和扣膝 …………………………………………（152）

二、更高阶段的支撑腿的重心问题 …………………………（153）

三、胸空、折叠与脚心空、掌心空 …………………………（154）

四、谈太极拳的敬、静、净 …………………………………（156）

五、听康伟老师解读"敷"字诀 ……………………………（157）

六、从"顾在三前，盼在七星"说起——太极拳的步法与五行…（159）

七、对"太极心法"一文的学习感悟 ………………………（162）

八、从孙禄堂武学中一词说开去——听康伟老师解读"神志升夺"
……………………………………………………………（170）

九、听康老师谈"太极轻重浮沉解" ………………………（173）

十、从"物将掀起，而加以挫之之力"谈武禹襄的打手要言 …（178）

十一、知觉、心意与神意等 …………………………………（184）

十二、听康伟老师解读"盖对吞" …………………………（187）

十三、从对"国之利器不可以示人"大相径庭的解读说开去 …（189）

十四、内劲之出入开合与拳式转换 …………………………（193）

十五、听康老师谈劲力问题 …………………………………（200）

十六、听康老师谈"足之虚实因乎手" ……………………（205）

十七、听康老师讲何为折叠 …………………………………（226）

十八、听康老师讲八卦与八法 ………………………………（209）

第五章　学习陈鑫《陈氏太极拳图说》感悟系列 …………（213）

引言一：为何叫太极观真学堂 ………………………（213）

引言二：从太极拳真与假的角度谈一谈太极舞、太极操与太极拳的三定义 ……………………………………（215）

一、陈鑫简介 ………………………………………（219）

二、无极图与太极图告诉了我们什么 ………………（220）

三、太极拳之定义与习练方法 ………………………（226）

四、河图中的天地与十个数字 ………………………（228）

五、河图为何如此排列？ ……………………………（231）

六、河图是圆形之祖 …………………………………（237）

七、中数、中性、守中与练太极求中和 ……………（239）

八、生数、成数与太极拳的方圆 ……………………（243）

九、定数与动中求静 …………………………………（246）

十、太极拳的动与静 …………………………………（248）

十一、太极运动的第二大规律——阴阳相生与消息盈虚 ……（250）

十二、消息盈虚之机与势和推手打拳的关系 ………（252）

十三、太极拳与周易的关系 …………………………（262）

十四、太极、阴阳、两仪 ……………………………（265）

十五、四象之变 ………………………………………（267）

十六、四象与太极拳的四正劲——掤捋挤按 ………（273）

十七、谈太极拳的"意" ……………………………（275）

十八、太极拳的虚与实 ………………………………（286）

十九、太极拳先要练阴劲 ……………………………（296）

二十、练太极先知己 …………………………………（299）

二十一、养生、健身与清浊之气 ……………………（305）

二十二、放松、松开、卸净浊气与其根在脚 ………（309）

二十三、五行与太极拳之步法 ……………………………（312）

第六章　理论与实践研修班文集选 ……………………（321）

一、听康伟老师解读王宗岳《太极拳论》………………………（321）

二、"正确解读太极拳理论，还原太极拳本来面目"
——根据康伟老师在大讲堂上的讲座整理…………………（324）

三、学习太极理论以来对拳架的自我修正——杭州理论班学习体会
………………………………………………………………（320）

四、在2017年太极理论研修班上学到的太极推手………………（335）

后记 ……………………………………………………………（340）

第一章　习拳进阶感悟系列

本章从本人开始学习蕴含太极理论的六式基本功谈起，一步一步学习，一点一点体会，然后把这些理论与体会运用到习拳中。经过五六年的时间，拳架从外在动作、线路，逐渐向身体内探求，经历了几个不同的上升阶段。这一系列文章记录了这几年的变化，记述了康伟老师在每个提升阶段对我不同的、具体的要求，以及下一阶段要的努力方向。不同拳龄、不同层次的拳友能从中找到自己的当下存在的问题。希望能对大家有所裨益。

一、太极六式基本功之我见

"太极六式基本功"是北京太极山庄康伟等老师花费20多年的心血研究的太极拳理论，并付诸实践，最终创编的一套功法。此功法一共6个式子，故称"六式"。该拳融《易经》《黄帝内经》《道德经》《性命圭旨》等于一体，按照太极阴阳之理创编而成。

许多太极拳习练者所追求的是太极拳的技击功能，太极拳因其神奇的四两拨千斤、耄耋能御众而备受推崇。但也有很多习练者追求的太极拳是养生功效。殊不知，不管是养生还是技击，其基本原理都是一样的。太极拳修炼的目的是"延年益寿"，防身自卫是它的副"产品"。做好了这六式筑基功，不仅可以达到养生的目的，而且能为练好太极拳打下坚实的基础。

1. 六式之内容

①结露凝珠：主要内涵是运行太极第一大规律——渐变规律。

②日月回环：主要理念是太极的第二大规律——阴阳互变，阴极生阳，阳极生阴，互为其根。

③寰宇流行：主要理念是和谐。世上万事万物都按照各自的轨迹运行，各行其道，各安其位。

④上善若水：此式是要人们练成水之性。水柔若无骨，善利万物而不争，却蕴含巨大的能量。

⑤神合太极：此式综合了前几式的所有规律。

⑥三丹归元：此式意在汲取天地之精华，入上丹田、中丹田、下丹田，守而养之——养神、养气、养精。

2. 六式的习练方法

①初学者每周练习一个式子，每天30分钟以上，用意念引领动作的运行。自然呼吸，眼睛内视，神宜内敛。6周后每天完整练习30～40分钟（初学时中间可以有断续）。3个月后功效可明显增强。

②初级阶段可以对着镜子练习，以审视自己的动作。最好找同伴帮助纠错。各人体质不同，注意不要把自己练疲惫了，要在很舒适的状态下收功。

③要把意念放在整条手臂上，而不是仅仅在手上。

④第2式至第5式要注意脊柱一直在转动。

⑤注意第2式至第5式的身体重心（即脊柱至尾闾）在两脚中间的三分之一范围内移动，要无过无不及。

⑥注意一动无有不动。随时关注上下、左右4个极点，在此极点上，手、腰、重心要同时到位，无断续，无停顿。

⑦手臂要伸展到不用力的最大位置，腰脊要转到不拧的最大位置，但重心的移动只能在中间三分之一处。

⑧习练的过程中可能会出现一些反常现象，如手麻、手胀、手臂发沉、脚麻、头疼、腿发抖等，不用去理会这些现象，坚持下去，这些都会消失，取而代之的是新的感觉。

3. 习练六式功法的感悟

①此功法看似简单，实则很难做到位。

②此套功法动作虽然简单，但包含了太极拳习练中所有要注意的规律。

③用此套功法中的规律可以检查个人及他人行拳走架中出现的毛病。可以自己给自己当老师，也可以给他人当老师。

④此功法可使习练者松开双肩、双背及双胯，从而达到松腰、落胯、活腰的目的。

⑤此功法是动态的站桩，可以有效地提高双腿沉稳的支撑力。

⑥此功法呼吸自然。久练能呼吸深长，养生之功效显著。

此套功法适合不同人群。通过长期的正确练习，既可以达到养生的目的，又可以为练习其他太极拳打下良好的基础。

二、太极六式基本功之练习谈

太极六式基本功既是一套养生功法，也是一套习练太极拳的筑基功。6个式子看似简单，实则蕴含了太极拳的五大运行规律。认真学习，细细体悟，一举多得，其乐无穷。

1. 结露凝珠

这个式子主要承载太极拳的第一大规律——渐变。其注意事项如下：

①从无极态进入太极态。无极态：双脚内沿与肩同宽，浑身松开，松净，自然站立。太极态是用神意将脊柱由百会徐徐领起，尾闾下垂，膝盖微屈，腹股沟（前胯根）放松，手指伸展，浑身上下处于不紧不懈的状态。尤其注意此太极态要贯穿整套动作的始终。

②指为梢节，肩为根节。根节下沉，梢节领劲（初级阶段），双臂由两侧上行，向上伸展到不用力的最大位置。用意识关注手臂上的每一个点，而非仅仅关注手指。

③当手臂伸展至与肩同高时，注意肩膀不要起劲，即肩胛骨（后背）不要上抬。手臂似服装店的模特，手臂挂在肩上，仅有一根皮筋连着。可以想象两掌指尖由两侧伸向无限远。

④注意双手下行时，在身前10厘米处渐渐屈肘折前臂，但前臂的无极态始终保持。注意肩的下落也是渐变的，直到手指下行至起点位置时，肩才同时回落到起点的位置。想象在上极点时似与太空相连，一直连接到你的脊柱。

2. 日月回环

此式承载太极拳的第二大规律——阴阳相生的圆运动规律。注意事项如下：

①手臂的运行要在不用力的最大位置上感知上下左右4个极点。

②腰的转动也有上下左右4个极点，而且要与手臂相吻合。注意转腰不拧腰，当转腰到刚刚要生力的时候，就不能再转了，否则就是过了。

③单手臂的圆运动，要在身前约10厘米处运行。可以想象面前有一面大镜子，距离身前10厘米。

④右手行至左极点时，腰也到了左极点，但当右手臂运至右极点时，由于是同侧，腰并未到右极点，注意是身前10厘米即可。左手臂同理，即注意同侧与异侧有别。

⑤当手臂行至上极点时，注意检查手臂的肘处有无打弯，弯即懈，要仍保持不用力的最大位置。

⑥要体悟腰脊、肩、手臂都在各自运行，勿让肩膀不动，仅仅依附腰脊的转动而被带动。

⑦想象单手的运行路线似有一不凸不凹的大圆环，食指与中指一直扶着这条无形的圆线向前运行（注意是向前，非向下，或向左、向右）。这种感觉要贯穿所有的六式。

3. 寰宇流行

此式承载太极拳的第三大规律——天地运行的和谐与平衡规律。就像日月星辰，各行其道，各安其位。注意事项如下：

①双脚的间距（两脚涌泉穴之间）为肩宽的1.2～1.5倍。身体重心要在两脚内沿之间的中间三分之一处移动。

②双手臂同时启动，同向运行（先向左），与腰脊、重心同时到达4个极点。

③到达左极时，掖左胯，合右胯；到达右极时，掖右胯，合左胯。

④左右手到达左极时，右手（即从面前看是外侧之手，也即异侧之手）要在身前10厘米处，而左手与之平行，两手间距约为一肩宽。右极同理。

⑤在双手到达左极时，重心即脊柱也到达左侧三分之一处，此时脊柱即上身要保持正直。

⑥重心的移动是百会拎着脊柱平移，非蹬脚移动。此规则也适用于第4式与第5式。

4. 上善若水

此式体现太极拳的第四大规律——水性。水柔若无骨，处众人之所恶，但蕴含着巨大的力量。习练太极拳，就是要把身体练成具备水的特性。注意事项如下：

①腰胯、脊柱、重心的移动基本同第3式。

②手臂的运行高度不超过肩的高度。

③意想身体分成左右两个半身，右边一动，则整个半身在动，包括颈、

肩、肘、手、胯、膝、足及右半个后背。即手臂引领，带动整个同侧半身向另一侧流动。

④右手上抬至与肩同高时，由后背催肩，肩催肘，肘催手，手领劲，随腰的转动，像浪潮一样向左岸涌动，至左侧三分之一处，同时左手抬起，开始向右涌动（同右侧）。把意念放在下行之手上。

⑤当右手随脊柱到了左侧三分之一处时，左手也到了最下端（左右同理），而且要完全放下，就像起势时的状态，勿抱劲（康老师语）。

⑥手腕勿紧张，要像波浪一样自然摆动，还不能懈劲。初练时，为了感知身体各部分的动静，速度可以稍快一些，逐渐放慢速度来体会身体中的水流。

5. 神合太极

此式综合了太极拳习练中最基本的五大规律：渐变、和谐、平衡、圆运动中的阴阳互生互变、水之特性等。注意事项如下：

①颈、肩、肘、手、腰、脊、胯、膝、足都在按照各自的轨迹运行。一手在上极点时，另一手在下极点；双手上下交错运行，在左极点与右极点交错时，重心在左或右三分之一处，要同时到位。

②左右手上下交错反向运行之速度有所差异。异侧之手臂较同侧之手臂的运行速度相对稍快，这样才能同时到达左极点或右极点。

③上极点之肘勿折，下极点之手指勿懈。

④放松身心，有意无意间体悟所有的运行规律。

6. 三丹归元

这是收势。意想天地精华之气吸入身体，沿印堂穴进入，沿百会穴与会阴穴之间的通道——冲脉（禅修之人也叫中脉），经上丹田、中丹田（膻中穴）而至下丹田（气海穴），藏而养之，默守片刻（1~2分钟），吐气收功。

注意，不要刻意鼓荡腹内之气，自然深长即可。

结语

整套功法在习练的初级阶段，不要把意念过多放在动作上，应该用脑子关注运行路线的每个点，即肩、肘、手、腰、胯的所有运行轨迹。可以分阶段分单式练习，一式成熟再练下一式。每天习练的时间不少于30分钟，至少也要有20分钟以上。

习练者会有各自不同的体会，欢迎交流。

三、参加六式线上训练营学习的感悟

说起六式基本功，我已接触6年。认真习练也有将近5年时间，动作线路应该很纯熟了，每式的功能按说也知道了，所以当有人问我，你还需要学习六式吗？我当时的回答是，想了解一下康老师的教学方法。而且与康老师私聊时，康老师也说，这一次会把六式进行深入细致的讲解，会涉及一些心法与功能。

经过短短一个月的学习，真有不少新的感悟，下面一一道来。

1. 结露凝珠

练的是整条手臂的松而不懈的渐变运动。过去已经注意到肩头要匀速缓慢地下落，还要注意肩胛骨不能随双手过肩而上抬。这次学习新增的体会是：上臂根节始终操控手臂的运行，而且要在控制双臂的上行与下行时勿改重心。

2. 日月回环

过去已经知道要分清腰与胯，腰动，胯尽量不动。过去认为，手在异侧时，腰转的幅度大，而在同侧时，腰不转那么大的角度。现在明白了，不仅腰胯要分开，而且手与腰要各走各的极点，但在极点时要同时到位，要对应上，要练得腰转的范围越来越大，还不能生力。

3. 寰宇流行

这一式练上身与腰胯的关系，要注意到几个点：一是上身要拎起，上下腰要脱开，胯务必放松，这一点最难，让胯根有打滑之感；二是双手、重心移动与腰转，在上下左右4个极点要完全合拍、照应；三是双臂在过肩和上行中不要被身体绑架；四是臂、腰、胯、重心各动各的，分离着动；五是脊柱要竖直移动，勿在左右极点时倾斜而导致重心下压，这时还要能拎起上身，而解放胯根、下肢。我的感觉是，一要上身拎，二要意念向上悬负重腿，至少先不蹬地。

4. 上善若水

上善若水练的是让身体能彻底地流动起来。此式虽不感到别扭、不易架肩，似乎做起来比较轻松，实则最难做好。难在：①会用背肌来行走。②在左右极点时，腰胯要能圆过来。③手下行时，从背到肩、到肘到手，要连贯，力要彻底地穿透，千万不要已经下到底了，手却还架着。太多的人这半身之力没有随手臂的下落而彻底放下流走，自己还浑然不觉。拳式同理，每一式都要沉肩垂肘，从根节上就开始松。这一式做到位了，拳架就从移动进步到流动了，所以说这一式要多练。

5. 神合太极

双手、腰、重心各走4个圈，上下左右要对应合拍，最重要的是腰部要从原来前腰的左右变化变为前后腰的整圆变化，尤其要关注后腰，把腰练成前腰向左，后腰就要向右；前腰向右，后腰就要向左。前几式的规律、要求，均在此式体现。

6. 收势——三丹归元

明确了三个丹田的具体位置，把天地精华之气以及运动中散落在周身之气都收归于丹田，养精蓄锐，培元固本。

一看6个式子外形动作，似乎几分钟就能跟着做，但大家感到，这一个月下来，可真的不易做好。大概无人会再说，早就会了，六式不难。

把这五大太极规律应用在太极拳架中，尚需时日。

四、基本功和拳术的定位区别

有人问，太极拳有很多的要求，如虚灵顶劲、松腰落胯、护臀裹裆等，在练习太极六式基本功法时，是不是都要注意到这些要求。

首先要明白何为基本功。基本功，是最基本的要求，是功法，是要借此训练出不同的功能，从而产生不同的功效。基本功好比制造机器的零件，这台机器只制造这个零件，那台机器只制造那个零件，最后组合在一起，成了一台完整的机器。

拳也要一个功能一个功能地练，其他的先不要多想。最后要打拳了，所有在单项训练中形成的功能，都要在拳中体现。

如六式之第1式，结露凝珠，就是让你练渐变。要练的是手臂和肩部的运动，把肩沉下来，把手臂转一周，要连续、匀速、缓慢，先把手臂和肩练出来。因为行拳中的所有的部位，都是要求渐变的，如果手臂不能渐变，其他部位也就不能渐变。

第2式，日月回环，这一节是练手与腰的运动组合，彻底控制腰，让腰的转动也能连续、匀速、缓慢。

第3式是寰宇流行，这一节在上两式的基础上又增加了一个重心的移动。要做到连续匀速；能上身带着下身走。

第4式是上善若水。要知道移动和流动的区别。太极拳是流动，不是移动，这是在练水性。以后，拳中所有的动作都是要流动。

第5式，神合太极，在练平衡。身体分左右，大脑也要分成两半，要管住两只手，两只手的感觉要一样。

所有这些最基本的功能要求组合在一起，就是太极拳的基本要求。

所以，基本功是在进行专项训练，做这一式，就只想这一式的要求，其他不想。

六式基本功，练习了太极拳的五大基本规律，最后，这五大规律在打拳中都要体现出来，这就是基本功和拳术的定位区别，一个一个基本功练好，最后组合在拳中。

五、我看动功八式

动功八式，是康伟老师继4年前推出太极六式基本功法之后，推出的又一套更深一步的太极功法。

六式基本功法，承载了太极运动的五大规律：渐变规律，阴阳相生的圆运动规律，和谐规律，平衡规律以及水一般的纯乎自然规律。可以说，在行拳走架中，若能把这五大规律运用于其中，能打的拳就可以称为太极拳。这一步要真正做到，至少需要3年以上的时间，而且身边要有名师指导。这是习拳第一阶段需要做的事情。

六式基本功法，主要是练习上体的运动，双脚基本上是静立的、不动的，但六式练好了，养生的效果就显而易见了。

但太极拳的运动是浑身的整体运动，尤其是双腿的运动更是重点。拳谚讲："双脚不轻，太极难成。"如果只有上半身的运动是符合太极规律的，而双腿重滞，那么，上身即便轻了，也不是真轻，因为气还没有贯到下边去。

所以，让下肢轻松，是古往今来习拳人的一大难题！能解决这个问题，言重了，是对历史的贡献；言轻了，是对全世界习练太极拳人的一大厚礼。

康老师创编的动功八式，就是他集自己40余年的习拳经验与体悟，在吃透了太极之理的情况下，顺应自然规律、人体运动规律，专为弟子们习练的功法。如今康老师将其公之于众。其良苦用心，可谓昭然于天下。

1. 首先看看太极拳的下肢需要解决什么问题

①前进步、后退步、平行步、独立步、虚步等，这些不同步法之间的转换。
②腿与上肢的关系处理。
③腰胯与腿脚的关系处理。
④下肢与头部的连接。
⑤如何让下肢不接力，让腿变轻松（这一条最重要）。
⑥如何松开下肢的各个关节。
⑦以技击为终极目标的下肢运动方式应该如何进行？

动功八式，通过几个并不太复杂的动作，以满足以上的要求为目标：

· 通过升降的运动，让脚、膝不接力；
· 通过下肢根节（即胯）的运动，先松胯，再活胯，继而转胯，让胯的转动领动左右腿，从而达到左右脚的虚实转换、无缝对接，实现下肢轻灵圆活；
· 通过左右转换、上下对拔、左右折叠、前后对拉、上身领动下身等训练方式，满足"有上必有下，有左必有右，有前必有后，左手管左半身，右手管右半身"等习拳要求。这也是将来技击的内涵要求。

2. 具体的操作方法

①先让大脑如同关注上肢的各个部位一样，去关注下肢腰胯。用康老师的话说，就是建立一个人体的互联网系统，让意识与所有运动的地方连通，了解并感知它们的运动状态。

②要学会调整它们的运动状态。通过康老师对陈鑫的《陈氏太极拳图说》第一页上的无极图和太极图的详尽讲解，我们得知，无，即无极，指万事万物最原始的状态，即无极状态。而人的无极状态就是婴儿状态，这是最柔软、最无力、最自然放松的状态。太极运动，就是要在这种无极状态下生出来。而且，这个无极状态，不能因为生了太极，而没有了无极。

要想生出太极，先要创造出人体的无极状态。而动功八式的各种要求，就是帮助我们解决如何让下肢归无。张全亮老师有一句话说，气血流行，如水洇沙。我们的身子就是沙子，气就是那个水。水倒在沙子上，顺着沙子的缝隙渗下去了，而沙子本身并不动。所以要先松身体，先松上肢，再松下肢，让整个身体都变轻、松开。不管怎么运动，都不会因紧张而生力，这就是有了无极状态，下一步才谈无中生有，即无极生太极。

③最终实现意识对下肢各关节的整体控制，彻底改变下肢一动，意识只关注两脚，而对根节（即胯）运动毫无意识的习惯性感知模式。

结语

在学习并充分掌握了太极六式基本功的五大太极运行规律的基础上，通过对动功八式的学习，要逐步感悟升降运动、根节领动、左右转换、上下前后左右对拔、屈膝开胯等太极运动要领，使人体经脉上下周身顺畅贯通，气血流行，无滞无阻，上肢轻灵，腿脚敏捷，腰胯运转自如，从而实现太极运动的上下相合、周身一家、一气贯通、浑然一体的目标要求。做到这些，不仅对腰腿等各种病痛有显著的调养作用，而且为日后太极拳的进阶训练、技击目标打下良好的基础。

2018.9.13

六、康老师点评邓一琳拳架小结

虽然与康老师结识已有4年多，但真正跟随康老师系统学习太极之理只有2年多时间。这2年多来，我在不断地按照当时对太极之理的理解，修正过去的许多概念，并把当时的理解逐渐渗入自己的拳架习练中。2年多来，没有一天停止过习练太极六式基本功，但做到太极规律与拳架的完美融合是很难的。

在我自认为太极六式的基本规律已经掌握得差不多的情况下，在已经能让手臂与脊柱连起来，行拳中能让身体有动静，即知道了用脊柱来行拳，用身体来打拳，并且尽量使腿部不用力的时候，我拍了几分钟85式太极拳的视频，再一次请康老师看一看，指指问题。

康老师指出3个问题。而这3个问题在其他人看来可能不是问题，甚至会认为是优点。康老师的点评又一次对我的心灵产生了震撼！甚至深层次地颠覆了我的一些固有的观念！本着对我身边的拳友负责的态度，也希望能对其他太极爱好者有所启迪，现特地整理出来，仅供参考。

问题一：腰的速度不匀。

虽然手臂的运行、重心的移动等太极基本规律都掌握得挺好，而且腰也一直在动，但腰的速度不匀，往往开头有些快，后边慢，和手臂的运行没有完全对上。比如白鹤亮翅接搂膝拗步，右手一开始下落时，腰右转得快了。我现在的拳架关注三个方面：腰、手臂和腿（即重心的移动），但其中对手臂的意识重了。

这里涉及腰与手臂的关系问题。康老师举了一个皮带和皮带轮的关系的例子。只要轮子转，皮带就会动，但轮子居于主动位置，是轮子在带动皮带动。要注意，轮子和皮带是同时动的，可不是轮子动起来了，皮带才开始动，是同时的。

我们把腰比作轮子，四肢比作皮带，意识要放在腰上，但又不能先动了腰再动四肢。康老师对此强调有一句话："腰与四肢同时动，没有先后，但有主次。"

腰一动，重心就动，四肢就都在动，就要分主次了，也即要把自己的意识先关注腰，腰是主动，四肢是从动。

所以，我的问题是，有些时候是手臂在拎着腰走，手臂是主动的。虽然手臂的速度均匀了，但腰的速度不匀，就像那个皮带和轮子没完全一致。所以要"刻刻留意在腰隙"。

问题二：两手之回收不够透。

康老师说，两手要打开，要伸足，要收透。双手回收时要基本上摸着身体。

我提出"腋下虚空"的问题，有一种说法为腋下似夹着一个热馒头或者说一个鸡蛋。

康老师解释：腋下虚空，是说腋下没劲，而不是撑着劲！当你手往回收，腋下似乎夹住了，但并没有夹住劲，还要能把来手之力漏进去，这才叫腋下虚空！

如果我收、收、收，收到这里进不去了，这叫实了，不是虚。应该是我的整条手臂收到我的身体了，腋下还不能支着劲，应该还能往里吸，这叫"虚者，中间空也"。是说里边不产生力，腋下不支劲，还能往里漏。要把劲收足，这才叫腋下空了。

而我们现在腋下有意识地架着，好像留出了空间。其实这个空间是我们架空的，这是一股撑劲，可不是虚力。一股收劲，而且要收透，我身上空了，没东西了，一摸，什么都没有，这叫"周身透空"。

那不是说掤劲是太极的基本劲吗？

康老师解释：掤劲可不是做出来的！千万别把撑着说成是掤劲。李雅轩说，要大松大软。第一要练松，要松透。先别提柔之事。先把自己软透了，才谈得上下一步的柔。

我想起康老师让学员把手按在他身上，按得死死的，而康老师还是能把按他的手，连同他自己按着的手全部漏进去，这才叫真松透，可不是拿胳膊支着。

所以，一出一入都要透。要把手往自己身上走透、走空，身体里的力量才能往回走，这叫吸，要吸透，然后从里面出来。出，也要出足，千万别在半路上支着、架着，这样动作就大了、舒展了，整条手臂的运动路程就远了。这就是太极拳的要求："放之则弥六合，卷之则退藏于密。"往外放，都没头；往回卷，小得都找不着。

所以我的拳，虽出去还可以，但回来还差一截呢！要练到能把人容进来，容到放空，人都不敢往前伸了。为什么？因为我前边还有一大截呢！人够都够不着，就入进去了。这叫"入透"！

康老师说，就因为你过去太刻苦，太下功夫，脑子里固有的意识要想彻底打掉，这非常不容易！一旦你"换了脑子"，跳过这个坎儿，进步就会特别快！

我知道，康老师本人当年就经历过"换脑子"这个痛苦的过程，而且他那时候的硬功已经十分厉害了！

问题三：我最大的问题，是身体里有一股"咕蛹"劲儿。

什么叫"咕蛹"劲儿？康老师解释：当你手收回来时，本能地好像里面有一股水要涌出来似的，一股一股的，好像水浪一样，虽然速度也是那么慢，这就叫"咕蛹"劲儿。

我不得不从心眼里佩服康老师！这的确在我的意识里就有。过去也听到别人说，看我打拳，好像里面有劲；还有人说好像里面有东西；还有不打拳的人说里面有内涵，不像其他人打得平平淡淡，只是在摆动作。

我原来认为这是正常现象，是对的！康老师彻底颠覆了我的观念！

康老师讲：打拳走架要像行云流水，平平静静的，匀匀的，就那么流着。没那个一股一股的水好像要冒出来一样。这是因为你的意识里没有把里面的劲放平。记住：有动作，没力量。不带任何力量地、特平稳地把拳打下来，这叫流出来的拳。虽然你的拳外形速度是一样的，但你内里的劲是不均衡的。

你看那小河的流水，一直在平稳地流。遇到转弯处，也还是顺利地弯过去了，哪儿都没憋住劲。打拳就像移桩，不管往前后左右哪个位置移动，都是一个状态在走。动作上有收就收透，有放就放足，但里面的所有东西都是一样的，既不使劲，也不啷当，千万不要想什么掤捋挤按。

要把身上扔得干干净净的，不用力地走，所有的地方都一样。慢慢地把身上的东西扔干净，真东西就会出来了。那种感觉是不一样的！记住：真正的内动是不令人知的！外边根本看不出来。真能让人看出来了，还不好打你啊！所以叫"大象无形""无形无相"。

看来，我原来辛辛苦苦积累起来的许多固有概念要扔掉了！我四处拜访名家形成的自认为相当"标准"的拳架，也不能再死抱着不放了！

康老师说：你要真学太极，那真得扔！比如你所问的什么"肩圈，胯圈"，什么"进圈，退圈"，什么"腋下虚空"，什么"骨感"等。记住：太极拳要"柔弱无骨，要复归于婴儿"那么软。一定要把架子拆了。有形状，但没架子。要软透了，收透了，否则，谈不上引进落空。

现代科学已经证明，人有两个体系。一是解剖学的体系，二是我们中医的经络穴位，它实则是一个能量体系。太极拳说的"力"，是那个解剖体系，即筋骨皮产生的力量。而"太极劲"，则是那个经络穴位能量体系产生的力量。一个是外力，一个是内劲，完全是两个系统。

所以，用以现代解剖学为基础的现代运动学理论来研究、解释和指导太极拳运动，结果就可想而知了。对真正太极理论的曲解甚至否定也就不言而喻了。

所以，我们在训练这个能量体系时，目标是逐渐达到能指挥这个体系。

结语

现阶段我的习练要分清主次，要以腰为主宰，不是手管腰，而是腰管手，管四肢；要收放透彻。要放松了去练，首先要放掉身体里那股要冒出来的劲，平平地静静地流动拳架，慢慢地会感觉到身体里有东西在蠕动，慢慢地在抽回来、放出去，那时就真会走劲了。

2018

七、太极拳修炼的更高境界
——轻灵圆活

在拳架线路正确的前提下，太极的五大运行规律能够运用并在拳架中体现出来，这时要进入拳架训练的第二个阶段了，即轻灵圆活。

1. 轻

一个容器内没有东西，空空的，才会轻。习拳者身上没有东西了，就轻了。没有什么东西？没有拙力了。什么叫拙力？你的肌肉、骨骼、韧带紧张而产生的力量。如何去除这种力量？唯有放松。想想看医生给你打针，你害怕，不由自主地浑身绷得紧紧的，这种情况下，连针都难以扎进去。医生会让你放松。你放松的结果就是肌肉放松变平了，骨节松开、拉长了，筋腱也不会扭在一起了，张弛了。

再想想睡觉的状态，那是人最放松的状态，连思绪都没有了（做梦除外）。李建伟老师说：你能把你睡觉的状态立起来吗？很难很难！但那是一个远大的目标。

先让手上轻，再让整条手臂轻。等手臂会放松、松长，无力量从中产生的时候，要让脊柱和手臂连成一线。继而左手臂和左半身连成一片，右手臂和右半身连成一片，身体被分成了两半。

让后背动起来。如何才能动？让后背肌肉先变软，接着松开，继而从脊柱催动后背，再到肩、肘、手。

下面要去松你的腿了。先松脚踝，别绷着、翘着；接着松膝。膝如何松？不用它来迈步，把主动权交给大腿，即提胯迈步。胯如何放松？让膝盖微屈，使上半身的重量从两胯之间掉下去，不压在胯和膝上，这时，你的胯就松了！胯可不是髋关节那一块，而是要把整个臀部都包括进去（学学康老师的俗语：后屁股蛋子也得包括进去）。就和康老师讲的肩一样，肩关节可不是仅仅指那个肩头，而是包括了五大关节韧带组织的那一大块肩、胸部位。

腰和胯是分不开的。这时要用腰来作为主宰。腰也不能紧，感到哪里紧了，就用意识去松哪个地方。松开的感觉应该像一颗石子投入水中荡漾而开的那个水波纹一样，四散开了，散掉了。

2. 灵

灵动、灵敏。你动他一丁点儿，他就动了，而且是浑身所有地方都有感觉，特别灵敏。就好像一盆静止的水，你伸出一个手指头动水面一下，整盆水就都动了，只是人们感觉不到水下面的细微变化。像康老师这样已经十分灵敏的人，你动他一点，他说脚底下都有感觉了！

所以，我们才要去练那种零数变化，用身体、用心意去捕捉那0.001的细微变化过程。怎么练？慢慢地练，唯有在慢中才有可能去捕捉身体内部的细微变化。这就是太极六式基本功的第一式蕴含的基本规律：连续、匀速、缓慢的渐变规律。就好像胚胎的受精、发育，十月怀胎，一朝分娩，其过程是缓慢的。

而现在我们的拳，看上去循规蹈矩，一板一眼，一丝不苟，似乎十分规范，拳架的定式似乎和杨澄甫的定型架十分相似。康老师说，哪怕一丝不差，都没有用！因为他身上是死板一块，哪有灵动可言。

也看到有的人上肢动得不错，但下肢很沉重，这叫"半拉子太极"。因为他不知道要动，还以为脚下越重越好！他不知道身上要动，以为外形上一样就可以了，这与"一动无有不动"还相差甚远！看来，思想、意识不对，难以练对。

3. 圆

连绵不断才叫圆。一套拳是从头到尾，一个圆套一个圆，循环往复，永远不断。不管是从前往后，从后往前，从左往右，还是从右往左，抑或从上往下，从下往上，是一根线穿起来的。这里讲的是内气（即内劲）的运行，可不是身体外边看得见的动作的圆（请注意，我们这时已经进入习拳的第二个阶段，外形上的动作连贯已经完成了）。当然在外形上的转关上，也会更进一步地圆活，但主要注意的是内劲的变换。左边吸，右边就会放；上边放，下边就会收，阴阳永远有对待。

值得注意的是，所有拳式动作的转关，关键在肩、胸部。

4. 活

先松，才有活。所有关节间都要彼此离开，身上全是万向结。比如肩部的五大关节，不活开，肩就不可能松，也不可能沉。过去误以为肩膀不能上抬，要死死地往下压，甚至不敢动，一动就误以为抬肩了。岂不知，肩膀僵死在那里，也的确是不产生力量了，但打拳能不动吗？不但要动，而且要越活越好。

向前向后，向上向下，关节都在动，可不能定住一个架子，架在那里。所谓的腋下虚空，可不是摆出一个空间来，不能让上臂挨着身体，而是腋下没力量，没东西，是空的。

所以，练拳练什么？让浑身全动起来，但还要全部不产生力量。就如现在手上已经可以达到动而不生力的状态了，就逐步让身体的其他关节也都能像手一样能运动，但不生力。凡是感到发紧的地方，就是在生力，把它扔掉。

这时才叫无极状态。真正地归无了，即虚空。

当外体的状态给你最小感觉的时候，你会感觉到那个内能量作用就起来了。这种内力很强大。最后这身体就是一个外壳，它只起一个作用：一个皮囊，内能量的载体。就像一个皮球一样，里边兜着气。

这是第二阶段拳架的练习目标。

以孙禄堂老前辈的几句话结尾：

> 道本自然一气游，空空净净最难求。
> 得来万法皆无用，身形应当似水流。

康老师强调，"空空净净最难求"这句话最重要。真的把自己的体内扔得空空荡荡了，才能真正知道什么是"空灵"。最易理解错的话是"得来万法皆无用"，这其中的"无"字，是指"无"之用，要彻底归无。

八、再谈拳架习练的三个阶段

但凡习练太极拳的人，无不对拳架顶礼膜拜，人人几乎都是从拳架入手开始学习太极拳的。我本人也是一招一式地抠太极拳式的细节，一抠抠了十几年。继而又开始比较名家不同风格的拳架，还写出了洋洋洒洒近万字的比较文章发表在《中华武术》杂志上，可谓用情至深。

但近两年来，康老师不止一次地对我说，千万别拿太极拳的架子太当回事。你的架子已经可以了，以后要注意的可不是外表上的架子。为此，我把康老师三番五次对我的指导作总结，希望能惠及广大的仍在死抠架子的拳友。

1. 习拳的第一个阶段拳架很重要

在习拳的初级阶段，可以说拳架很重要。首先要把每式的手脚运行路线走对。为什么？因为拳架是一个载体。承载什么？承载太极之理。要把太极之理放在拳架中慢慢练，慢慢体会。最后，你的拳架能呈现出太极拳的运行规律，去僵求柔也是在这一阶段完成的。这个过程是很漫长的，至少需要两三年的时间，而且身边要有名师指点。

这一阶段的练习，要把架子拉到位，但绝对不要用力，即拉到松而不懈的最大位置。

太极拳是心意拳，是内家拳，即要用意识、用脑子去指挥你的动作。每一动，意在先。用脑子去关注四肢的运行路线，使每一个地方都与意识关联在一起。

这一阶段是实践太极规律的过程。其中要把太极六式之第一式的连续、匀速、缓慢这第一大规律——渐变规律作为首要任务进行关注与实操训练。

然后关注平衡与和谐规律。尤须注意重心的移动要在身体的自平衡范围内进行，即两脚涌泉穴之间分成三等份，重心的移动就在中间的三分之一范围内。这时，太极六式基本功之第三式"寰宇流行"可以作为主要关注点。要注意上身领着下身走。

再继而关注阴阳互生，即阴极生阳、阳极生阴的太极基本规律。注意练习第二式，注意阴极生阳是生出来的，不是做出来的。这里先从外形上注意转关处，不是直线拉回来的或伸出去的，而是圆转过去的。

慢慢地练习一两年后，太极六式基本功的第四式和第五式的性质就要在拳架中体现了：身体柔软如水，太极的五大运行规律要综合体现出来了。

能达到这一步，第一阶段拳架的修炼可谓有一小成了。

2.习拳的第二个阶段要把拳架练成空架子

康老师说，千万不要把太极拳的架子当回事，但又绝对不能没有架子。这个架子仅仅是一个外形。把外形拉到位，而且是松而不懈的最大位置。在此过程中，要把运动起来产生的力消掉。

等到练得架子里边什么都没有了，犹如水一样，它没有固定的形，它的形是随着器皿的形状而流出各种各样的形。在这个形内是极其柔软的、空空荡荡的，其中是没有架子在支撑着水的。这就是空架子，"有形状，没架子"。

在此阶段，肢体进一步放松、松长，手放出去，要放足；手缩回来，意识上要缩到身体里边去，要收透。

进一步，要用上臂来打拳，不仅仅是手和前臂了。上肢往回收，别只想着手，要想着从臂根开始收，收透，收到自己身体里边。迈步，要提胯来迈步，不仅仅是抬脚提膝上步。

再进一步，把上臂和脊柱连成一条线。手臂一动，是整个后背都在动。

接下来，要注意脚下的虚灵。以腰为主宰，百会拎着身体，脊柱带着胯，领着膝和踝，向前迈步。

此阶段意识要关注到两手和两足，不能只注意了主手而忽略了副手；不能只注意了负重腿而忽略了非负重腿。如搂膝拗步的定式，既关注了前推掌，又关注了下按手，还要用意识去关注后边的腿，意想内气下到脚底了。

经过长期的训练，你的架子在移动，但里面不产生力量，浑身软软的、柔柔的，达到柔若无骨、复归于婴儿的状态。

一般人能达到这个阶段，就可以说入门了，但还只是在门边上。

3. 习拳的第三个阶段是流动你的拳架

经过了移动拳架而不生力的阶段，太极拳的基本规律、规矩已经固化在了你的拳架中，这时要再上一个台阶了。康老师说，精神要放松，动作要进一步舒展，松开、放长，要动起来、活起来，太极拳要活泼到浑身毫无滞机。

怎么做呢？

①进一步放开、打活。杨式太极拳的特点就是大开大合，舒展大方。开，要开到头，松到头，彻底地松，松透，就好像一件衣服挂在那儿一样。但不能一挂，动作也撂下去了。要动作不变形，这叫骨升肉降。我的骨头是往上拎着的，但我的肌肉的力量全扔掉了。别人可能看不出来，但我知道自己是没带劲的。

有人一扔，就把架子扔散了。架子没了，那不行。架子该是什么样，还是什么样，但里面的东西全扔了。一式扔透了，再接着走。这个是透，不是懈。注意在式与式之间的转关处，架子不塌地走下一式。

②保持身体的状态，让它流起来。在习拳的第一个阶段，甚至第二个阶段，让你保持一个状态还不会，那时只有慢慢移动你的架子。而在此阶段，要让它流动起来。康老师强调，移动是固体，而流动是液体。放开、打活了，那才叫行云流水。在此阶段的拳速可以快一点，因为这时快，也不会丢东西了，不会顾此失彼了，你的脑子已经在连续匀速地流动，如果太快了，就容易产生断续，走丢了东西。

所以，太极拳的练习是由慢到快，由快再复慢。那时的慢，是说内里动了，但外面又不怎么动了。看看董英杰、董虎岭的拳，那拳是流着走的，不是呆呆的，不敢动。

总而言之，身体一定要打活（我说的身体是指胸、腹、腰、胯，即除了头和四肢）。五脏六腑都在这儿呢！用腰胯脊柱来行拳，忘掉手脚。如果身体不会蠕动，太极拳还不能算真正入门。因为养生和内气的作用都在这儿呢！

（2018.6.14）

九、谈拳架修炼的第四个阶段
——写给已经在流动你的拳架的人

曾经写过一篇文章，谈到拳架修炼的3个阶段。

第一个阶段，也是初级阶段，主要是记住手脚的运行路线，把太极之理在拳架中运用。这是去僵求柔的阶段。

第二个阶段，要把拳架练成空架子，放松肢体，放足，收透，学习用上臂来打拳。

第三个阶段，是流动你的拳架，进一步放开、打活，不仅用上臂，而且把上臂与脊柱连起来，一动动的是左半身、右半身，不仅仅是四肢了。即学会用身体打拳。

能做到第三个阶段，已属不易。

按照康老师的指导，我一步一步地走过来。直到今年8月上旬，我自己感觉是在用身体打拳了。手臂抬起来，完全不用力，自己能感觉到双臂的重量，好沉啊！又去北京康老师那里学习了一周，固化了这种感觉。而且通过康老师新编动功八式的学习体会，学会了双胯之间的虚实转换，感觉真的是在走合乎要求的猫步。又经过一个多月的练习，突然有了一种"皮毛要攻"的感觉，好像手臂上的汗毛都要竖起来了。前不久，有拳友要给我录85式太极拳，我就给康老师发去了几段视频。

没想到，康老师的回信令人兴奋。他说我的拳打活了，突飞猛进了，尤其是下肢的运动过程是零数变化了，没有那种死劲了。还说我的拳一般人已经看不懂了（我还是有些纳闷，为什么看不懂），也模仿不了（我明白不是动作的原因，而是内部的状态发生了变化），但他们看了会觉得很舒服。总而言之，整个拳一下子全变了！有了质的变化。真有太极拳的味道了！

这是几年来康老师对我的拳架的最好的一次评论。我知道我又上了一个台阶。

于是我又请教了下一步的练习目标。

康老师首先告诫我，太极拳是知觉运动，不是肢体运动。练的是你的感觉和身体里的状态。所以，别去死做那个架子，那个架子早晚是要丢掉的。

第一，上肢的极点要再往大了放，双手要能够伸展到特别远，要练到极限，但还是松的、活的。身体所有部位的极限都是这样的。要不断地找最大位置。

第二，往回缩，要缩到身上了，缩回后还能动，还是活的、松的、软的。

第三，腿上要放虚。脚下去了，但劲还在大腿上，没有往下沉。老想着吊着点儿，不敢往下踩。千万不要那种咣当一下子踏实的感觉，反而是向上的感觉。

我问，如果想着脚和膝盖向上抬行吗？

康老师说，不要做动作，而是找感觉，保持住这个感觉。太极拳是知觉运动，脚踩下去，去找那个虚虚的感觉，不是动作。脚一踩地，虚了、空了，老找这个感觉，慢慢腿就虚了。

第四，骨节张开，拎住自己，不要砸下去。动作可以往下，但头决不能往下。

我问老师，为什么不少的名师大家，也是只有上半身，脚下咣当就砸下去了呢？

老师说，一是他们认为就该如此。如果把你现在的拳让他们看，他们会说你的拳很多地方都是毛病。其实，都是他们的毛病。

二是虽然这些老师们人都挺好，但没有人能把"东西"给他们说清楚。老子难道不愿把真东西传给儿子？但的确没有传下来。因为他们不知道怎么讲，讲不到根源上。

我最后问道，我的动作还有没有需要改进的？

康老师说，记住，把太极拳规律套进去，那动作就没有不正确的了。目前这个阶段叫"太极运动"，按太极拳规律运行，达到天人合一，身体的整个气脉都调通了，骨节都打开了，生命的原动力越来越旺盛，各种功能都具备了。这是在养生了。

这个阶段还不叫太极拳运动。下一个阶段才叫太极拳运动。但你的拳架已经具备了各种功能，如果把拳放进来，那是要打人的！如陈鑫的《陈氏太极拳图说》写道：左手与右足要合住劲；手与裆要合住劲；哪两个劲是一对；哪是向前的劲，哪是向后的劲，这是一对拧劲；这是入劲，那是出劲，等等。这个时候要学习十三势了。这个是本体，那个是作用。一个体，一个用，这时要真的练太极拳了！

我的本意是养生，我这个年龄也不可能去和别人搞技击了。但我希望了解怎么出劲，怎么入劲，希望知道天天讲的掤捋挤按採挒肘靠、进退顾盼定，这些太极拳的核心技术到底是怎么回事。我只想把其中的道理搞清楚，把太极拳当成一种艺术来研究。热爱了半辈子太极拳，也算没有白热爱！我知道，到那个时候，动作的线路就要合乎技法要求了。那时动作肯定还会有改变！但一定都是在合乎规矩、合乎理法要求的范围内微调。

希望能帮到不故步自封的人。

十、第五个阶段的习拳感悟（2019年）

习拳20余载，从简化24式太极拳起步，到各种竞赛套路以及养生套路系列，再到传统杨式太极拳。求师多人，买书、买光盘无数，可谓孜孜以求。直至2014年开始接触太极观真体系，认真地向创建人康伟老师学习太极理论，自我感觉对太极拳的认知与理解真正上了台阶。

2018年7月开始，感觉有了质的提高，能用身体来流拳了，开始有了气感。于是在2018年8月，又单独赴京求教康老师。此后，至2019年至少与康老师见面六七次，每次见面都有新的收获。

我把我一年来的习拳感悟写出来，希望能对太极拳爱好者，尤其是已经能用身体打拳的人有所启迪。

1. 太极拳的修炼没有捷径，也没有止境

即使有了名师的指导，也要一步一个脚印、踏踏实实去认真学习理论，努力在自身实践。这种对理论的学习和自身的感悟不是直线上升的，而是螺旋式交叠上升的。太极理论的学习常学常新，身体的感知也是一层一层螺旋式递进。比如我翻出两年前康老师有关僵力、柔力与太极劲的视频讲解，再看一遍，仍然会有新的感觉。有很多东西，不是一下子就能理解的。第一次可能没什么感觉；第二次、第三次，会有些不同的感觉，再到第四次、第五次，随着理论与实践的加深，才有可能真正理解。

再如六式基本功，我们已经连续打了4年，一年比一年有更深层次的理解。

第二式是日月回环，一开始只做动作，第二年注意到肩松，第三年注意到环跳处不要紧，第四年又重新练习，重点是腰转胯不转，把腰练成磨盘腰，松而活。

第四式是上善若水，从一开始的手拉上臂，到上臂带肘和手，再到腰脊带动整条手臂，然后到目前的练出水性，从身体中间流出手臂。

再举一个起势的例子。从一开始的双手臂一上一下，到变得很柔的一上一下，起吸落呼，开吸合呼，再到如今的呼吸开合、脊柱升降以及对其中消息盈虚的理解，对机与势的把控，真的是天天练，天天有新的感觉。

想起唐僧师徒4人去西天取经，历经九九八十一难，终得真经。习拳何尝不是如此！有了名师的指导与辅佐，不会南辕北辙，方向不会错。但就像孙悟空不可能背着唐僧一个筋斗云就飞到西天一样，老师也不可能一下子就都让大家功夫上身。但方向对了，方法有了，只需认真坚持耕耘，莫问结果，功到自然成。

2. 太极运动

太极运动能达到养生的目标，同时也是太极拳运动的基础。

①养生与健身不同。养生是为了内养，练的是精气神，目的是练出一气在体内流动。健身，主要是习练筋骨皮，当然也能强身健体。这是内家拳与外家拳修炼的根本不同。

为了养生而练太极，必须先要明白太极的运动规律与原理。太极运动有五大基本规律，体现在太极六式基本功法里：连续、匀速、缓慢的渐变规律，阴极生阳、阳极生阴的阴阳互根规律，和谐规律，水之特性以及平衡规律。

②太极运动分为两大阶段。第一，拉出基本功架。不必求动作线路的精准，同时把六式的规律放进架子中。这是一个漫长的、去僵求柔的阶段，少则需要2~3年。但很多人在此阶段耗费了太多的时间，包括我本人，用了几乎18年的时间，在抠拳架的所谓准确、优美、漂亮。第二，修炼内气的阶段。在第一小阶段去僵求柔的基础上，进一步放松，不用力。先学习用意识带手运动；再练习不用力而用意识带上臂运动；继而学习用腰和脊柱连接两手臂运动；再学习八式动功，用腰、脊柱和胯带领下肢运动，解放膝盖和脚踝。这个阶段不存在跳跃式进步，唯有一点一点、一个部位一个部位去练。拳论中的很多论述，都要在这个阶段达到，如虚灵顶劲、沉肩坠肘、含胸拔背、松腰落胯、圆裆扣膝等，既可在动作层面被指导一些做法，也可作为练成的效果而加以检验。严格说来，所有的拳论、所谓的要求，都是为了一个目的——放松。或者说真正放松了，体现出来的效果就是这样。而放松的目的，是为了体内虚空，从而能一气流行。换言之，放松既是目标，也是练虚的方法。

这些论述不可在第一阶段过度要求，否则只会引起身体的僵滞，反而难以达到身心的放松。此阶段，也需要3年甚至更长的时间，而且必须有名师的面授指导。慢慢地，当你真正能用身体打拳的时候，拳是从身上流出来的，是被脊背催出来的，手臂是飘起来的，毫不挂力。这时要再进一步让下肢和体腔内也不挂力，千万不要让人看到你身体内似乎有一股劲要冒出来。正确的状态是，全身松而不懈，拳是飘着走的。肩背上不闷着力（此力即说明肩背没有松开）。一句话，在无极状态下运动，内气开始在体内平稳地流行，做到这一步，就基本达到养生的目标了，只管日日放松了去修炼，莫问结果。但结果是必将练出浑身松弛的张力。

如果仅以养生为最终目标，这样就可以了。

3. 太极拳运动

接下来才是太极拳运动。要打拳，必须有拳术上的要求，即掤捋挤按採挒肘靠，加上进退顾盼定，这8种手法和5种步法，即十三势。任何太极拳的技法，不外乎这十三势，而且基本上都是组合拳术。太极拳是内家拳，是拳就要能打人，而太极拳的打人，主要是引进落空，能容，非让，所谓四两拨千斤，耄耋能御众，都是在讲有容乃大，能把对方的来力吞掉，继而化掉。绝不是用什么技巧把对方挡出去，不让对方推到自己，更不是用硬力把对方顶出去，那是外家拳的事。外家拳也是功夫，但与太极功夫无关。所以练沙袋、站死桩、练腿力，都是外家拳术的功夫。可惜太多人在如此练习。

习拳八法与太极阴阳。我们此处只谈太极拳的事。习拳的八法中，最重要的有四个正方向的技法：掤、捋、挤、按，也叫四正手。还有四个斜方向的技法：採、挒、肘、靠，那是对四正手法的补救。要真正了解何为四正手，必须先知道掤捋挤按与太极图上的四象关系。

杨氏太极拳老谱上有一页：掤南、捋西、挤东、按北。这东南西北，可不是指地理方位，也和习拳站立的方向无关，而是指太极图上的阴阳变化方位。详见下图：

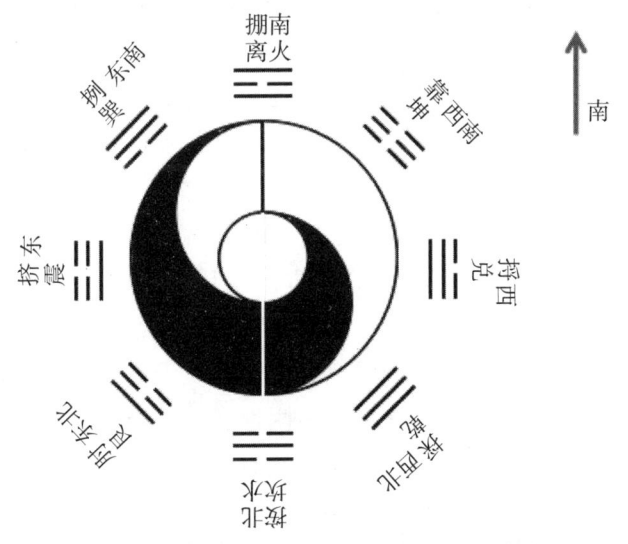

太极八卦八法对应图（注：左半图阳性，右半图阴性）

这是借阴阳变化来说明劲力的变化。简言之：

- 掤南，这是一个向上的出劲。
- 捋西，这是一个向内的收劲。
- 挤东，这是一个向前的出劲。
- 按北，这是一个向下、向内的入劲。

共两出劲、两入劲。

要练四正手，或者说要练太极拳，必须先要能入劲（出劲，一般不用练就会，因为自出生以来就一直在用）。会了入劲，才能去练掤捋挤按。我无意去练出太极功夫，但求了解其中的门道、道理，我的目标是打出一套合乎拳理拳法的、合乎太极之理的杨式太极拳来。

康老师不练杨式太极拳，但他能用太极之理法来指导任何门派的太极拳。因为太极之理是相通的，没有在练什么特性的东西，是在练共性的东西。

在康老师看到我能松到入劲的情况下，才开始细抠我的拳架。下面举几个例子略加说明康老师对我的指导，以期对其他拳友有所裨益。

4. 几个典型拳式分析

起势　起势练的是掤、捋、按。双手下来时要彻底扔掉肩劲和肘劲，让上臂的根节松松地向身体里收，再向下，感觉后肩胛骨也转了个圈向下走，手腕在最后也要彻底放下，不要翘，但还不能懈。

左掤　左臂掌控方向，左肩背带动左半身展开。左右手对拉展足，胯上有3次转换，即虚中从右到左再到右。注意起始时的双肩要彻底放松，双臂从开到合再到开。

右掤　这是阳性的出劲。双手从左掤的左上右下展开、接走右掤时，一定要先沉肩坠肘，这时是收劲、含劲，放松了、合住了再起，注意扔掉肩劲和肘劲。肘要坠，而且要有伸缩。右手向前、向上走，左手位于右手腕下方，向前略下送出。这个送出，不仅仅是手臂的放长，而是从后背送出的。虽然两手似乎都朝前方，但两手可是两股力，右手向前上方，以上为主，左手向左前下方。

捋　捋是阳象阴性。最重要的地方在于由掤转接捋的转关处，手还在外出，但性已变为收劲；等收到腹前时已经全阴了。千万不要向左外拨，要向自己左腹前、向内吸收，这时是完全的阴象阴性了，让对方感到是无底洞，推到我的小腹上了，也推不到东西，这才对。这时圆裆开胯就显得尤为重要。而且裆劲在两胯之间转换，实则是虚中在转换。

挤　挤是阴象阳性，这是正前方的出劲。注意点在由捋最靠近身体的转关处，虽然手还在向身体里走，但劲力已经开始调转了方向，暗中已经在朝前了。除了肘关节由曲而伸之外，要注意后腰背发出的气流。但定式时胸背两边向前裹合，腰命门劲力向后，为典型的含胸拔背。这时的沉肩特别重要，双臂既要拉出去放得很长，肩劲还要松下去，这时肩关节的松开下沉尤为重要。

按 这完全是收劲、含劲、吸劲。注意由挤接按的转关处：劲力已经调头向后了，但双手的穿抹掌似乎还在向前走，显示的是阳象。等到看出来双手回来的时候，已经完全变成了阴象阴性。随着双臂向胸前腰部回收，好像要吸到脊柱中间去，这时务必开胯，然后让气即劲力彻底落下，落到两腿之间的地下，彻底放松。还要关注到肩肘勿翘，勿耸肩。这个向内、向地下放的力才叫按，可不是我们一直以为的双手前推叫按。至于接下来双手微微抬起，掌心掌指向前方再出去，那已经不是按了，而是又一个挤。

单鞭 由双手朝正西方的按挤转接单鞭，要注意的是背部的劲力转换。此时双手向左后方大捋过去，再向胸前回收，这是按，再向右后方走，双手走了一大圈，劲力从右肩背到左肩背，再回到右背，劲力在背上倒了3次。左脚向正东方出步，背部的劲力已经又转到了左边，这时要把左肩手臂向右松透，让对方推空，然后双手臂左前右后，反方向拉开，注意拉的是上臂，最好是用背部的腰脊之力催出来的，所以会感到双手臂开展得很长很长。

提手 由单鞭接提手，双手直接下沉，这时是向胸前的吸劲，胸部一定要含，然后注意中间根本无断续、无停顿，直接双手合到一个点上，右手上，左手下，向右手前上方挒出。这是斜向的出劲，阳象阳性，在太极图的左上。

白鹤亮翅 此式有两处特别需要关注，一是由提手接下来的双手先向身前左侧捋，这是吸，是阴劲，意识上要把右手侧过来的对手的推力吸到腰脊中，再向左圆转过去，继而再向右胸上去变为出劲（在圆转的过程中，康老师曾批评我，内圈没有走整。即圈走得不圆就过去了，换言之，没收透）。等到双手在右胸前分开，右手上、左手下的时候，右手是掤，阳性；左手下捋按。但要注意，右手上到一过肩，就要变为向右上、右后的吸劲了。如果右手是所谓的掤架劲，根本是架不住的，而现在右手向右上吸，是捋劲；左手向左下採按，对方就被吸了过来。

搬拦捶 此式非常有必要特别提一下练法。我原来的练法是3个动作：用搬，向右、向下、向后压住对方；上左脚、出左手拦击对方；再右手出拳击打对方。三个动作全是主动攻击对方，这完全是长拳的打法。

修正后，遵循这样的原则：顺随对方、引带，最后再出击。所以右手的搬，是顺着对方之手向自己身前引化；对手进来，再出左手扶住对方的上臂，继续引带，这都是捋，等于接了右手的班，这时右手腾了出来，向对方胸口击打，这是出劲，实际是挤。

结语

语言的表述有时很难达意，暂且举这几个例子。最后有一点非常有必要提醒习练者，太极拳练的是虚性、空性，虚而能受，有容乃大；练的是不丢不顶，引进落空；整个拳架走下来，都是在随对方，绝非要去主动进攻或格挡。每个式子都是对方来了，我如何引化，这就是粘连黏随、舍己从人。千万勿练成长拳。

初级阶段是最难的，而且也是最重要的。万事开头难，入门最难。

（2019.12.5）

十一、2020年以来的个人习拳小结

1. 一年多来的个人感觉

2018—2019年会用脊柱行拳了。整个上体很柔软，但下肢还不够放松。胯根还没有完全松开。

①2020年以来又进一步学习了八式动功，解决了下肢胯根的问题，胯根松了、活了，腿明显变软了，做动作基本不顶着了。应该说取得了里程碑式的进步。

②同时在上肢放松、松开、松长的过程中，又解决了后1/4的松长问题。一个动作做完了，但最后的1/4动作拉得还不够充分，也即要松透、松彻底。不是不能做到，而是没有去做。经康老师一指点，注意一段时间，这个问题也就解决了。

③进一步关注了头部上拎的问题。

④六式、八式的进一步学习，还进一步解决了小腿放松的问题。从膝盖以下也要扔力，小腿是挂在大腿上的。

⑤更重要收获是意识的关注点，从动作层面向功能层面转化，找对身体的感觉，找身体的无极状态。

⑥整个腿部的放松带来的是上身与下体的整体贯通。记得康老师有一次问我脚下有什么感觉，那时，除了上肢、上身发热、发胀、流水般过电的感觉以外，我还只是感到双腿有片状的、星星点点的、过电般、针刺般的感觉，从

大腿到小腿直至脚面。如今，这种类似的感觉已经通到了脚下，先是脚趾发麻发胀，后来脚底好像有东西要拱出来。康老师说，这是特别好的现象。继而脚跟发硬，好像一根棍子杵在地上，我担心是否练坏了，康老师说开始往脚跟通了，继续关注脚下，让它变软，像棉花一样。最后，脚下是虚虚的、软软的。这就是呼吸至踵了。我目前还处于最初期阶段，仍需要继续练习。不过这种感觉的确很好，松松往那儿一站，虚灵顶劲、双膝微屈、胯根微凹进去，腰之上被头拎起来，腰之下沉。所谓松腰落胯，气沉丹田，不到1分钟，人整个进入气功状态，口内需频频下咽津液，后腰命门处微微发热，双手指发胀，双腿似过电，脚底发热，似有水柱要拱出来。甚至不影响我和外界通电话，身体的状态一直有。

⑦对呼吸、开合、收放有了进一步的理解，对太极圈与虚中开始有了初步的体会。如一收俱收，从四肢末梢向身上收聚；一放俱放，从身上向四面八方放出去。

对肩圈、腰圈、胯圈随时在关注，如单鞭，双手左右转动，实则在走肩圈。再如提手接白鹤亮翅，一直在走腰圈。又如搬拦捶，除了手上的引进落空之外，胯上在换虚中。例子不胜枚举。

康老师讲，你的身体已经具备各种功能，缺的是当面的喂手。

我明白我的养生功效应该已经具备了，对于其他能力的提升，能去康老师身边待几天就好了。

2. 对拳理拳论的进一步认知

说起拳理拳论，我20年前就开始买书学习。当时把一些著名的拳论录音，方便随时学习。2014—2015年开始接触康老师，参加了几次大讲堂上理论与实践研修班的学习，又系统地听了全民太极上四阶段所有的课程，并做了详细的笔记。最后通过自己的理解又整理成自己认可的、能讲得通的、能让人听懂的、合乎逻辑的文字，几十篇文章见诸《中华武术》杂志。但2020年太极观真的理法合一课程，是结合学员实践的进一步讲述，加之自己的感悟理解加深，所以把康老师的课结合个人的理解，又写了几十篇文字。不少内容是在过去的理解上的进一步深化。

如：

· 练意与慢练；

· 僵拙之力与太极劲；

· 元气与阴阳平衡；

- 太极劲与刚柔相济；
- 听康老师解五球同运；
- 再谈太极拳的放松；
- 再谈更高层次的肩、胯放松；
- 再说身与体的收放屈伸；
- 太极拳的知己要分内外；
- 又谈圆裆、落胯与独立步；
- 放之则弥六合，卷之则退藏于密；
- 丹田内气与呼吸收放；
- 放松屈伸说的不是四肢，屈身要在身上；
- 太极劲是怎么回事；
- 关于吴会东先生整合太极系列课程的想法，等等，40余篇吧。

后记

这几年跟随康老师学习下来，有两大方面收获：

一是，比较彻底地搞清楚了真正的太极之理与习练方法，有了分辨社会上各式不同太极拳书籍水平的能力。

二是，自身有了切身的体会。

太极之路漫漫，太极拳的学习与进步没有止境！继续放松了，心无外骛地修炼下去！

（2021.2.17）

第二章　具体拳论、拳式解读系列

本篇涉及的问题比较具体，也比较宽泛。如其根在脚，是否要大家双脚使劲踩地？脚踏浮萍又如何解释？

不用力蹬地与五趾抓地是否矛盾？

打拳中是手领身还是身领手？

腰转与腰带胯转有无不同？

如何松腰、落胯、圆裆、展膝？

何为落胯？何为开胯？有何不同？

身形腰顶指哪几个部位？

左手怎么管左半身？

脊柱如何行拳？内气真动是什么样的？

各种各样的习拳要求其实都是一个目的，即放松。因此，关于松是一个永恒的、逐阶提升的过程与话题。

如上向下松、下向上松，如何做到腿部的松而不懈？

胸、腹、肩、背的放松如何做？这样做的功用何在？

整个章节都在谈论要求与方法。但每篇都是一个独立的小题目，可以抽出来单独阅读。应该说太极拳习练中所遇到的普遍性小问题，在此章中都能找到答案。

一、正确的习拳途径与顺序

太极拳的学习，首先要转变思想，厘清概念，明白太极之理是什么，练什么，怎么练。

太极拳是内家拳，目标是练内，但首先要能分清内外。分不清内外，就分不清虚实。外，指的是人体的外形，躯干、四肢等实体，也包括我们的五脏六腑。内，指的是人内部的能量系统，是支撑我们人体生命运动的原始能量系统，看不见，摸不着，即精气神。我们的肢体是内部能量系统的载体，我们做出的有形功法及拳架，是带动内部能量系统练出精气神的一种工具。所以，练内要先从练外，即从练体开始。

1. 练体分几个阶段

①练活：让你的各个关节能动，并且大脑能感知它们的动。例如，你很容易知道你的手指、手腕和肘的动作，但你是否感觉到肩的运动，腰的转动，胯的活动，脚踝的运动呢？这些需要你从易而难，逐步深入了解。

②练开：把各个关节松开、散开，而不是挤压、压缩。

③练虚：虚，即小，往小了练，逐步减少外系统，即体的力量，这是达到无的一个过程。虚极而空。

④练无：即松空，身体完全不出力量，称为归无极。

第一阶段练体的目标达到，你的拳像个影子拳，松活了，松开了，松虚了，松空了，归无极了，这时可以生太极了。所以，拳论上第一句话就是：太极者，无极而生，阴阳之母也。

2. 方法

第一个阶段的练习方法，就是放松，逐步卸掉手、肘、肩、腰、胯、膝、足上的力。这些目标不可能一下子达到，只能一点一点来。康老师讲，就像上山一样，一步一个脚印，中间的过程无法省略。在松体的第一个阶段，有3个检验标准：关节不被压缩；韧带不被拉伸；肌肉不得紧张。我们目前具体的做法如下（在拳架基本正确的前提下）：

①浑身放松，自然步，腰不挺（等将来气灌进去，腰自然会挺起来）。

②手臂伸展到不用力的最大位置。

③意念关注手臂运行的全过程，不只是起点和落点。

④用上臂打拳（上臂会用了，将来再说后背脊柱行拳）。

⑤身体重心的移动务必在两脚间的中间1/3的范围内。

⑥上身领着下身走，下肢不主动、不用力、不蹬地。

⑦上身体重不要压在两腿上，而是顺着两胯中间的腹股沟落下去，最大限度地减少两腿的承重。

⑧不管哪种步法，一抬腿迈步就用大腿或曰胯领动，而且要关注运行的所有线路，即全过程。

⑨屈膝上步时，意想着地面往上来；想着两脚向上松，不要向下蹬。我个人感觉脚下把地面吸了上来。

⑩用意想象头顶百会徐徐领着上身走。

⑪一出步就放圈，一收步就缩圈。也即行拳走架时随步法的移动，身体自然有起伏。

⑫只要一运动，注意腰一直在动，有时可能是十分微小的动。

⑬身体各部位一动无有不动，同时启动，同时到位，各有各的速度，但要和谐。

⑭所有动作的运行均是渐变的。

⑮所有动作的运行过程都必须开胯。胯不开，腰松不了。

⑯注意每个动作结束时，要回归到完全放松的状态，就像预备势或起势的状态，在保持在这种放松的状态下生出下一个动作。这是转关处，务必圆转过来，自然而然生出来。这是在调整你的放松状态。

⑰注意每一动开头务必稍慢。孕育的过程是看不见的，就像一颗种子的胚胎的发育一样。

⑱整个行拳过程须静、敬、净、稳、松、匀、慢。

⑲不要贪多。一套拳练好了，够用一辈子（当然，人各有志，目的、目标不同，喜好不同，无所谓孰是孰非。我这里所讲，只适合真想走太极之道的朋友）。

以上仅是习拳初级阶段要做的（2～3年），下边还有第二个阶段：练气；第三个阶段：松意；第四个阶段：松神。能到第二个阶段，太极动，阴阳生，我们就心满意足了！既有了养生功效，也有了技击基础。能走到哪一步，就看个人的造化了！

二、用太极之理来解决习拳中膝盖受损问题

多年来练习太极拳引起膝关节疼痛的问题一直困扰着众多的习练者，甚至包括不少太极名师。最近看了一篇网文"××××谈膝盖问题"，其中谈到一些方法，我认为还是有用的。例如，架子不要过低，做一些热身活动，膝盖不要过脚尖等等。但我认为这些方法不是解决问题的根本途径，根本途径是明白太极之理，用正确的太极理念来习拳和教拳。

先来分析一下引起膝盖疼痛的原因。我认为是一些错误的行拳概念引发了错误的行为，从而导致膝盖过于受力而疼痛。

前腿弓，后腿蹬，而且要意入地三尺。

架子越低说明功夫越深。

除了个别动作之外，要在一个高度下打拳。

虚步时重心要基本完全放在负重腿上（1∶9）。

其理论基础是：其根在脚，发于腿，主宰于腰，形于手指。因此人们练习时，脚要生根，力由脚发，使劲蹬地，过腿，过腰，最后达到手指。认为这是完整一气。

但太极先贤所言的"其根在脚"并不是我们今天所理解的含义。康老师的理论解读使我们明白，我们把何为太极之"根"完全搞错了！根，指根性，即最根本的那个东西，也就是虚空之性的太极劲，即虚体出来的太极劲。说的是要把太极劲练到脚底，即脚也要放松，而脚底是最不易放松的。松不下来，力就扔不掉，劲就出不来。真正的太极讲的是，脚踏浮萍，极虚极灵。当然，这是高级境界的表现。太极前辈讲练拳是要分层次的：第一个层次，如同在水底打拳；第二个层次，如同在水中行拳；第三个层次，也就是到了高级境界，如脚踏浮萍，如履薄冰，不仅上肢轻灵，浑身放松，连脚底也是轻灵的，就像猫行走一样。

这里不得不谈到放松的问题。大家都知道习拳要放松，而且要大松大软（李雅轩语），这是习拳第一个阶段必须遵循的原则。放松是为了减少我们的实体，即身体的筋（韧带）、骨（关节）、皮（肌肉）产生的力量，即实力，从而增加气力，即虚力。我们知道，筋（韧带）被拉伸能产生力量，骨（关节）被压缩能产生力量，皮（肌肉）紧张会产生力量。那么，我们要想减少体力，就要尽量让筋、骨、皮不产生力量：不去拉伸韧带，不去压缩关节，不让肌肉紧张，用意识让它们不要用力。不用力，并非懈，而且不能懈。上肢要尽量放长，但不能紧张，还要尽量伸展到最大位置。下肢的放松很难，可以从以下几个方面尝试：

①架式放高，不用刻意压膝低架迈大步。勉强为之，肌肉必定紧张，关节必定压缩，这就违背了太极自然之理。保持最自然的状态，开步行拳即可（步子大小因人而异）。

②不要用力蹬地，不要意入地三尺。当你在用力蹬的时候，已经在用力了，何谈放松！

③千万不要在一个高度下行拳。一收脚，身体重心自然上移；一出脚，身

体重心自然下降，即走架中身体是会有俯仰伸缩的，是会有高低起伏的。拳论上明确告诉我们，若兼带俯仰伸缩之法，规矩方为完全合一。

④用腿的根节提脚，即提胯上步。

⑤用意识拎着上身走，用上身领着下身走，下肢不主动、不用力。

不要把上身的重量完全落到下肢上（这里顺便提一下杨式太极拳的热身13式功法。其中有两个踮起脚跟再落地的动作，如天女散花一节：当双手由头顶最高处自由下落时，踮起的脚尖要落地。这时要用意识拎着上身下落，才不至于把上身砸到下肢上，这样，脚底受力程度明显减少，否则，膝盖极易压缩。所谓"坠肉不坠体"）。

⑥落胯松腰。意想上身从两胯的内沿松沉下落，这样，两腿不接上身的重量；在转身时，膝盖与脚尖就不会上下错位而引起扭伤。初学时，两脚的开立度要装得下肩，即两脚的内沿与肩同宽（这也是从太极图中得来的规则）。

⑦渐渐地用脊柱领动四肢行拳。

⑧屈膝行步时，意想地面上升，好像双脚在向上运行，把地面的反作用力卸掉，像猫一样，轻轻落地，再轻轻提起。

⑨千万不要把膝盖对准脚尖使劲下压。这样只会压伤膝盖。

以上是这几年跟随康老师学习太极之理练太极的体会。这样打完拳，双腿一点儿不累，反而很轻松。

凭自己的想象，用目前的白话文水平来解读先贤的理论。有许多解读是差之毫厘而谬以千里的！

三、何为太极拳步法中的中间1/3范围

昨天早上的太极讲课中，提到身体重心的移动，要在两脚间中间1/3范围内进行，定势时尾闾要落在或前1/3或后1/3处。

有拳友提出这个问题，感觉仍然不大清楚。现在，我通过画图来进一步说明。

严格说来，太极拳只有步法没有步型，因为在太极拳运动中，在拳架的流动运行中，没有一刻是停顿的。

所谓步型，只是为了方便初级教学。在每个式子定势时，停顿一下，这就有了所谓的步型。请看图2-1。

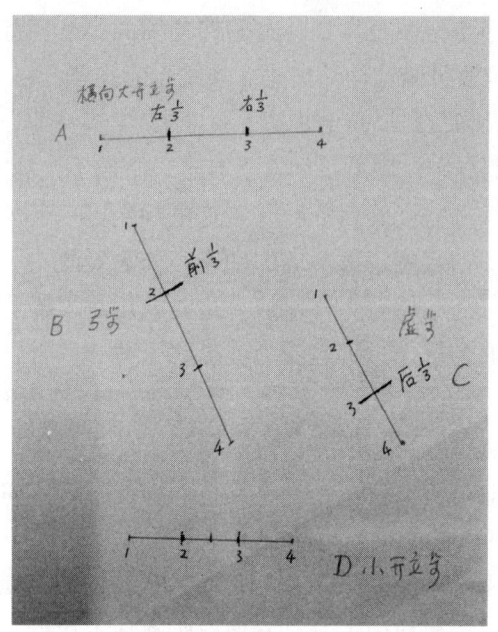

图2-1

图中有四种步型：A，横向大开立步，如云手和太极六式基本功的三、四、五式等。D，小开立步，如预备势、起势、云手等。B，弓步，此步型用得最多。C，虚步，如提手、手挥琵琶、肘底看捶等。

图中的ABCD，代表了太极拳中4种常见的步型，其中的1和4，代表前后脚，两脚之间分成了三等份，2代表前1/3；3代表后或者右1/3。身体重心的移动，要在两脚间中间的1/3范围内移动，即在2、3点之间移动。定势时，让你的中轴线，即百会到尾闾这一根中线，垂直落于2点或3点上。弓步要落在2点上，虚步要落在3点上。这只是最初步的划分。

实际上，太极拳架的运行中，身体、手脚的运动是没有片刻停止的（所谓的一动无有不动），所以你的步子在不停地变化，在不停地收放。在提膝（应该是提胯）迈步的过程中，两脚间的距离一直在变，这个中间的1/3，即2、3点，就一直在变化。即使是独立步，也要从思想上考虑到有1/3，这个1/3可能只是一线宽，但没有了这个1/3，你的裆就打不开，站立就会不平稳。

四、无极与太极

从董先生的一个问题再度探讨无极与太极。

河北的全民太极会员董先生，在微信上问了一个问题：

邓老师您好！有一个问题近日琢磨始终理解不好，这个问题是：无极是原始状态；太极是萌动状态；人的无极是刚出生的婴儿状态；真正的太极运动是无极状态的运动；太极修炼是复归于无极。这是康老师课上小结的5个要点，按这个理解应该是无极即太极，太极即无极。可是前面讲的无极是原始状态，太极是萌动状态，它们是有区别的，怎么原始状态就能成为萌动状态呢？不知我问得是否清楚？

我的答复如下：太极是无极生出来的，但无极的状态要一直存在。太极还要继续生出阴阳、两仪、四相、八卦，但无极的状态要一直存在，即脱离了无极这个原始的状态，所生出来的东西就不是太极了。初生婴儿的状态是最接近无极状态的，所以我们要后天返先天，以婴儿的状态作为修炼的目标。

董：邓老师，是不是理解为始于无极，归于无极，太极是修炼的过程，太极的最高境界复归于无极了。

邓：某种程度上可以这么说吧。但修炼成了以后又是一种景象，那是太极劲出来的景象，所以是柔中寓刚，即柔即刚，哪个也没少，都在！

董：谢谢老师，这个道理明白了，心里的疙瘩解开了，练拳时就不疑惑了，练着太极拳，想着无极，动中求静，复归于无极，这样就顺随。老师，我每天要背张三丰、武禹襄、王宗岳的拳论，还有太极观真总论、无极的5个要点、拳名太极等，但其中不懂的太多，毕竟学习时间短，脑子里东西少，不懂也正常，慢慢地装吧，学一点多一点，希望老师多多指教，谢谢您了。

邓：无极状态，太极的萌动状态，都还是一种本体状态，还不是运动状态。保持本体状态，然后开始运动，那叫太极的运动状态。我们现在练的是回归婴儿的状态，这只是第一步。因为只有回归了婴儿的状态，也即无极的运动状态，才有可能生出太极劲。所以，不要着急，慢慢练，练到、松到了婴儿的状态。

但总感到没有谈得很清楚，于是，再度请教康老师。康老师进一步阐述如下：

康：董先生的误区是，无极叫原始状态，太极叫萌动状态，这两个状态是不一样的吗？

他是从运动的状态去理解了。他认为，无极是没动，而萌动就是动了，一个动了，一个没动，这俩就不一样了。

要先认识这两个概念，本体状态即本源状态，这与运动状态是两种不同的状态。如水的本体状态，它没动，就是这样的，本体状态要动了，叫萌动状态。水动了，哪怕掀起巨浪，它还是水，它的本源状态并没有变，即水的性质没变。

无极，是物体最原始的本体状态，即本质如此，但不是最原始的运动状态。这个最本质的状态可以动，也可以不动，但不管动或不动，这个最本源的状态没变。当这个本源状态中要产生萌动时，这就叫太极状态，真正动起来了，这个本源状态会产生阴阳的变化，道本虚无，道的本源就是虚无。

邓：那么太极的修炼要复归于无极吗？

康：太极这个东西其实就是无极里生出来的，它的根就是无极，如果不是无极这个本源的状态下生出来的东西，那就不是太极了。柔中寓刚，最初的状态是极柔软的，然后极坚刚。虽然有极坚刚的东西出来了，但那个本体柔软没变，这叫柔中寓刚，即柔即刚。虽然有刚了，但这个刚是柔中出来的，不是柔变成刚了，指柔里含着刚，柔本身并没有变。

邓：那我们要练到复归于婴儿的状态。

康：对！人最本源的状态是婴儿的状态，人的太极劲，是在婴儿状态下才会产生的东西。换句话讲，不是在婴儿状态下产生的东西，就不是即柔即刚了，就不是无极里生出来的东西。无极生太极，如果不是无极这个种，生不出来太极。

邓：要先练到复归于婴儿的状态，才能生出太极来。

康：对，不到极柔软的地步，就谈不上极坚刚。现在人们练的那个极坚刚，并不是太极要的极坚刚，不是柔中刚。

邓：并不是我们现在练的复归于婴儿，就到此为止了，而这是练太极的第一步要求，对吗？

康：对，往回练，先练成复归于婴儿的状态，再说后边的事。因为无极是生太级的条件，练不到无极，甭谈太极的事。

邓：所以前辈一直在说松松松，太极功。您也一直在不断地提要求，要这一段时间练这里，那一段时间练那里，一个阶段有一个阶段的要求。

康：对。让你放松，彻底放松，大松大软，这是真正的、太极的东西生出来的基础，是无极。

邓：所以您老说太极拳论不能拿来练拳。

康：太极拳论的道理没错。太极从哪儿来的？无极来的。无极从哪儿来的？它没告诉你。

邓：所以要先回到无极的状态。但要知道怎样才能回到无极的状态。

康：无极状态叫本源状态，在本源状态里动起来了才叫太极，萌动了，要长东西了，老在无极状态下运动，就要长东西了。所以在运动中先归无极。如何归无极，唯有放松。在无极中运动，就要长东西了，那个东西就是太极劲。但我原本的无极状态可没变。你看我身上老是松松的，但你一摸，老大一股劲，就因为在松的里头产生劲了。

邓：但我们现在一松，就没劲了。

康：那是因为还没有练到无极的状态，就还没有东西，即便有了一点劲，也还太小，这时候就是非丢即顶。在没有练出太极劲的时候，先别谈掤捋挤按。

邓：是因为一想掤捋挤按，就要不自觉地用劲了？

康：想着招式，想着假想敌，你能放松吗？

结语

太极的本源状态和运动状态是两个概念，不要把本源状态看成运动状态。无极，即本体状态，也叫本源状态，在本源状态下萌动了，要产生东西了。

归无极的过程就是调整整个身体状态的过程，把身体调到最自然、最本源的状态，叫重生一次，那个时候就要进行第二阶段的练习了，要生太极劲了。

五、听康老师讲"上向下松，下向上松"

本期的会员活动，康老师回答了一位拳友的提问："讲到松而不懈时，要求上向下松，下向上松。即上下都向身体中心（腰腹）松；讲到松开、松长时，要求从身体中心（腰腹）向四肢松。一讲从四肢松向身体中心，一讲从身体中心松向四肢，其方向相反。何解？"

下面总结康老师的解答。

1. 矛盾，太极运动的特点

这是矛盾，但也体现了太极运动的一个特点，即太极运动时时处处存在矛盾。太极，即阴阳，阴阳混一，即阴即阳。正因为产生了矛盾，这种矛盾着的运动，才是真正的太极拳运动。

2. 太极运动中的阴与阳

四肢从中心（即腰腹）往外开展，这叫阳。力量从梢节（手脚）往中间（腰腹）缩回、撤掉，这叫阴。

3. 何为肢体的松而不懈

肢体要放松、松开，要往长了松，不要往回缩。松开各个骨节、关节处，达到不用力的最大位置、最大范围。请注意，没有力量在其中。就像一块被捏成一团的海绵，把手松开后，海绵膨胀，直至完全张开，但其中完全没有压力，也没有力量，这是松而不懈。

4. 目前人们放松的误区

人们目前的状况是，只要胳膊往外走，就有力量，手越往前伸，力量就越大，一往回收，手臂缩回来，就塌了架子（即懈，也叫丢）。

只要脚一踩地，就会使劲下压、蹬地，美其名曰：让脚下的力量透过地面，再反弹上来，从而由脚而腰而手，完整一气。

5. 何为"上向下松，下向上松"的正确方法

①上肢：手臂往长了松，松开，不要用力，但也不能回缩，即其中的力量不要随着手臂的外伸而出去，而是要往回走，走到身体中间。即手向外走，越来越长，这是阳；而力量往回走，这是阴。这叫阴阳混一，即阴即阳。

②下肢：放松，让膝与胯全向外张开，骨节张开，这叫开裆开胯。要把过去踩地、蹬地的力量收回来，不要让力量下去，不要有意识地下踩，而是让力量往上走，退回到腰腹。

从视频中我们可以很清楚地看到康老师伸长手臂，但力量下去了。

如果能练出上肢的感觉，可以尝试把上肢的感觉复制到下肢。这需要长期练习，而且需要名师的当面指导。可以先从不用力蹬地开始练习。

结语

太极运动与其他运动的功能不一样，时时处处有矛盾的两个东西存在，即阴即阳，阴阳混一，是太极运动的特点。

在把肢体放松、放长、舒展的同时，不要把力量放出去，而是要缩回来。

所以会产生我的手往前走，你的力量来了，我不顶你的力，也即我的力量撤掉了，但我的手可不让你，所以你还是进不来的效果。这两个同时存在的因素在我身上同时发生，这就是阴阳混一、不丢不顶。

我的疑问是：手外张，气内收，这是不是叫收放？与内气的呼吸、开合、收放、出入，有什么关系？

康老师：撤掉的是力，不是内劲。这是两回事。将来内劲是随着手臂一同出去的，慢慢地内劲会把手臂顶出去。而现在的撤力，是在回归无极的状态。无极而生太极，才会有内劲的产生。

六、从左手管左半身谈起

自2017年下半年以来，与康伟老师多次接触与交流，我对自身拳架的关注涉及以下诸方面：

1. 把手臂与脊柱连起来，用身体来打拳

过去我们打拳，一般关注的是手，继而知道了要用上臂来打拳，而现在要开始练习用身体来打拳了。这是一个渐进的过程。用身体来打拳，指的是让身体动起来。所谓身体，指的是除了四肢之外的胸、腹、背、腰、胯这一块。康老师说，真正用身体来打拳了，才算进入太极的大门；你的五脏六腑才会动起来，也才算真正走进养生的殿堂。四肢动得再好，如果躯干不会动，调动不起来五脏六腑，是不行的。而身体的健康与否，主要看内脏，看内脏之间气血的流通状况。前一阵子看过一个视频，是指导习拳者进行第一步的准备工作，让内脏能随着脊柱进行被动运动（因为内脏属于不动肌），从而促进血液的流动更加顺畅。我们知道，习拳是为了后天返先天，调动激活我们的先天内部能量系统，慢慢内劲就会产生、变大，并被我们感知。这时我们才可以说，我的太极入门了。怎么做？左手管左半身，右手管右半身。讲的是用意念让你的手的长度伸展到脊柱那里，两条手臂从脊柱分开，各管身体半边。这样打，才会把身体动起来，而不再是死板一块。康老师总是一边做动作，一边让我们摸他的后背甚至腰胯，让我们感觉他身上的动态。唯有身体会动了，里面的五脏六腑才会跟着动，气血的流动才会更加活起来，真正的养生效果才会体现出来。

我原来的概念是：左手管左半身，即左手一般不要超越身体左侧进入身体右侧，而右手也不要超越身体右侧，以胸口中间为分界线。

2. 脑子（即意识）要关注并控制两手两足

最近一期的全民太极会员课程，康老师讲了单鞭的正确线路。听过课，才知道我们表面上很正确的拳架，原来还有那么多的问题，还有那么多的细节没有被关注！

首先，打拳式要理清法明。

①明白确切的动作运行路线，明白拳式的基本要求。足随手运，左右手同时对拉，而且要达到展开的最大位置。

②注意其中脚、腰、手之间连续均匀缓慢地和谐运行。这是规矩，也是规律。

③容易出现的问题：右勾手停止不动；左脚提前到位；右手右脚没有被关注；杨式太极拳的变勾手之前的左荡右採、按的过程中，容易夹裆，即胯打不开；由按接单鞭时的左转身，右膝容易内扣。这其实也是夹裆的表现。其后果是伤膝，顶胯，身体歪斜。

根据康老师所讲，纠正以上毛病，达到理法合一，需要强调的是：要关注右脚与左前推掌之间的关联，即把虚脚（或曰非负重脚）的劲沉到脚下。

康老师的总结十分简洁：左手右手始相随，右手一圈左鞭伸，重心向左右腿沉，左右松开两头伸（非向下塌，那是懈）。

需要强调的是，只要重心到了一条腿上，另一条腿就要松沉下去。右手与左脚，或左手与右脚要有关联，即要形成一条力线，串起来。换言之，脑子即意识对两手、两脚的关注要一样，这根力线要形成。再如搂膝拗步，我们的意识往往关注前弓腿与前推掌，而实际上意念不仅仅在前腿、前掌，还要关注下手与后腿，要用意念让后腿松沉下去。

这里就涉及一个问题：原来不是要求迈步如猫行，脚要虚，如履薄冰，而且千万不要用力蹬地吗？

千万注意：蹬与沉不是一回事！蹬地，力是向上的，而这里讲的是用意念把劲沉下去，劲是向下的。想想看，重心本来就在前面，这时后腿一蹬地，劲力也是向上，别人一拉你，人就拔地而起了。如果后腿是沉劲，劲力是向下的，与前手形成一条对拔的力线，对方才不易拔走你。

这里插一句：康老师教学是分层次的，有些话说早了，会对一些初学者造成干扰,在没有养出内劲之前,是不可能明白沉与重的区别的,暂且先有意念即可。

3. 太极拳就是练习一个平衡的问题

人们大概还没有意识到,我们现在打的太极拳很多时候都是失衡的!因为老是顺拐,一动全部一边倒,越练越不平衡。在失衡的情况下,还要努力站住、站稳,唯有两腿都使劲把住劲,这样对身体的损伤是不言而喻的。这是在毁人!不是真太极!

拳谱上说:拳者,权也。权其轻重……

就如天平一样,要顾及两边,两边要一样轻重,才会平衡。现在再来看看太极图(图2-2)。

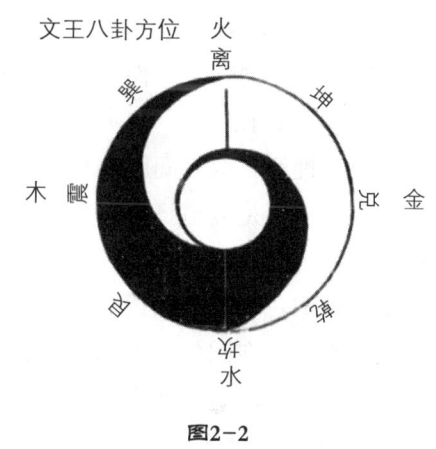

图2-2

从外表上看,是一个混沌的太极的圆,但里面展开,有阴有阳。过中点画一条任意直线,两边的阴阳是一样的。往上阳有多少,往下阴就有多少。运用到拳式中,就要练两边的意识,这是在练左右平衡。如果一头重一头轻,就不叫均衡。所以脑子要分管两个方面,对这两个方面的感觉和意识是一样的。

举白鹤亮翅一例。①左右手同时上下相对展开,右手劲力向上,左手劲力向下,这种对拔的力不能在定势时出现松懈下塌状,两手要伸足;②右手上举,但肩胛骨不能起来,这就是沉肩;③重心不要坐在后腿上,否则就是出了胯圈,也即重心超出了位移的中间1/3范围,这样会把人累死的,腿会坏的!④双手、双脚收起未展之际,重心上移;⑤定势时关注左虚脚劲力向下。以上是动作要求。当然,连续、匀速、缓慢的运动规律要求是任何时候都不能忘记的。试想一下,脑子不管住上下左右,行吗?

也看到有人有意反着练一套拳,说是不能光练一边,要两边都练才均衡。岂不知,你不管怎么练,都只是关注了一半,还是半个脑袋,仍然在顾此失彼,还是没有在同一时间内练出全脑来!

所以,要关注虚腿、虚手的劲,脑子要分成两半,分别去关注两边。要对你身体两半的感觉是一样的。往上阳有多少，往下阴就有多少；往右阳有多少，往左阴就有多少。

4．为什么要脑子管两边，什么叫有上就有下、有左就有右、有前就有后，什么叫合住劲

这要从我向康老师请教的两个疑问谈起。杨式太极拳的右掤，右弓步，双手向正前方（正西）掤出，右手在上，左手轻附于右手腕下侧。我一直认为双手的劲力方向是一致的。还有揽雀尾的按式接单鞭，开始是双手向左后方平荡，我也一直认为双手的方向一致，劲力也一致。而且在各种杨式太极拳的书上没有见过其他不同技击方法的描述。

但康老师纠正我的动作：右掤，右手劲力向前上，左手劲力向前下方。左手劲力向左（即向前），而右手劲力向后。也就是两手的劲力相反（虽然在外表上可能看不出来）。

我很不理解。双手间距离可以不拉开，但劲力相反；右掤时左右手劲力方向不一致，那不是分道扬镳了吗？单鞭双手明明都朝东南平抹，为什么一过中线就要劲力相反呢？

康老师讲：书上的描述，没有讲技击的原理。两手虽然看起来在走直线，实则是在走圆。在圆外边的两个点，沿着圆弧线走，是在朝一个方向集中，但这两个劲是相反的。这两个相反的劲，会组合成一个效果。我不明白。康老师又举了一个打夯的例子：四五个人每人拉一根绳子，要把这夯举起来再砸下去。但每个人都不是向上拉，而是在同一时间朝外、朝后拉，夯就起来了。每个人都按照自己的规律与运行路线做了一个动作，但其产生的效果是这夯被举了起来，再一松绳子，夯打了下来，这叫整体劲，是一种组合效应。这就叫合住劲了，叫"整"。如果有一个人用力不对，这夯就会歪，就起不来。而太极拳中用的永远是组合劲。掤捋挤按，採挒肘靠，组合成64种不同的劲法，所形成的是各种不同的劲路和势态。当然，首先要明白13个单式的练法。

所以，你看人家老前辈，两手一拧，人一下就翻了。单点力是不行的。所以我们在练拳时，要永远觉得自己是两半，即永远两手是有上有下，有前有后，有左有右，是在拧麻花。所以太极拳要用意、练意，时刻用脑子盯着你的两手、两脚。

如按式，双手往前走，腰身也在往前走，但还有劲在往后，后腿劲要往后、往下沉，丹田命门往后走。可不是整个身体都朝前，这叫一边倒！再如单鞭，左手前推，右手的劲是一直往后，右腿的劲也要沉下去，否则，人一拉

你，你一下子就跟着走了！

七、坐腕、垂肘与沉肩

坐腕、垂肘与沉肩都与上肢有关。从古至今，人们在喋喋不休地谈论如何能在行拳走架中达到拳论中所提到的这些要求。康老师在会员的课程中对这些进行了详细的讲解。小结如下：

1. 坐腕

曾在杨式太极拳名家的书中看到人们对坐腕这个动作要求的争执。有名师说：前推掌的定势一定要坐腕。有名师反驳：不要坐腕，否则把腕关节坐死了，气血不流通了。也看到还有别的名家谈到"美人手"，或手腕处的弯度要角度大一些，不要折得厉害了，不挤压就可以了。

听了康老师的讲解，搞明白了道理，知道了方法，一切问题都迎刃而解了。

首先，要明白这样一个概念：太极拳中很多的要求，如我们今天讨论的坐腕、垂肘、沉肩，并非动作要求，而是对这个部位的放松要求，也可以说是一种放松的方法。关键是我们怎样来理解、怎样来做，才算做对了。

太极拳对所有动作的最基本要求是：一要匀慢渐变，二要放松不用力。

康老师的教具很简易，但很能说明问题。A、B两把扇子分别代表手掌和前臂。扇子头用皮筋连在一起，扇子A头代表手掌之侧的腕关节，扇子B头代表手臂一侧的腕关节。

实验一：A头与B头对在一起，中间无缝隙。向上折A，A头与B头仍连在一起。（图2-3）

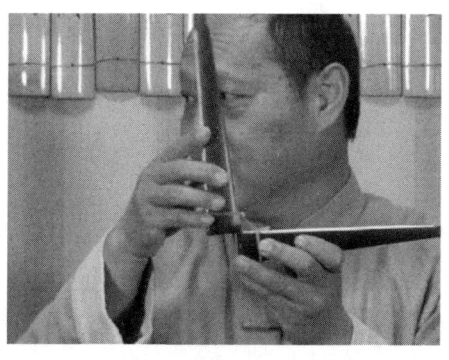

图2-3

这种折腕是错误的。别管A折的角度大还是小，因为A与B的连接处是挤压在一起的。

实验二：扇子A与B连接处放松，松开了一截，A再往下沉坐，A与B的连接处仍有一道缝隙，这个坐腕是对的。（图2-4）

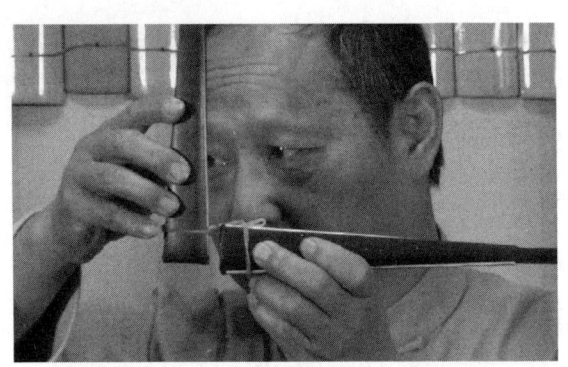

图2-4

为什么？因为关节的连接处放松了，松开了，而且松长了。关节这个位置里有什么？有血液，有淋巴液，松开了，血液就易于流通了，肯定不会得什么腱鞘炎了。有人问，手麻对吗？如果是麻木的感觉，应该是不对的；如果是胀麻的感觉，似有针刺的感觉，应该是对的。

而这些做法，是你的意识在指挥，外表上看不出来。

而且手腕旋转的方向、方位、角度各不相同，但原则只有一个：肌肤骨节处处张开。保持一个放松、松开、松长的原则，上下左右各个方向都这样做就可以了。

记住：处处张开，而不是压缩关节！包括勾手，也要本着这样一个原则来做。

2. 垂肘

垂肘的目的是放松肘关节，可以说垂肘是一种方法。

肘关节位于手臂的中间，手臂上三条阳经与三条阴经在此通过。此处不通，则影响气血的畅通。

肘关节如何放松？垂肘，怎么垂？掉下来，怎么算是掉？是否让肘尖朝下就是坠肘，或者让肘部有沉下来的感觉等？莫衷一是。

听康老师一讲，他用两根扇子一演示，简单明了。

扇子A代表前臂，扇子B代表上臂。A头与B头（即肘关节处）仍用皮筋连在一起。

演示一：A头向上折，但与B头仍连着，A与B是挤在一起，这是错的。（图2-5）

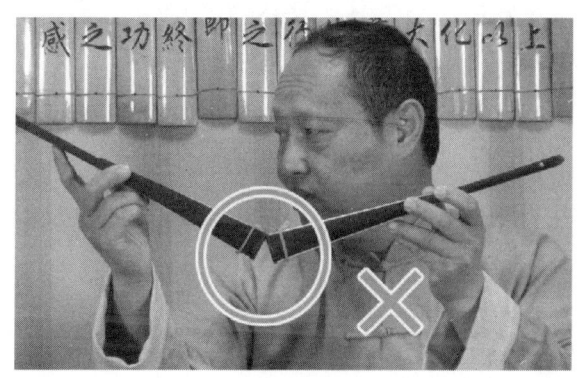

图2-5

演示二：两手分别拿着扇沿一边，微微向两头松长，扇子连接的地方开了一道小缝，扇头依自身重量要下降，这样A、B扇头的连接处就向下掉，中间的皮筋是松开的。这是对的。（图2-6）

图2-6

所以，垂肘的做法是：把肘关节的肌肉放松，关节处放松、松开，不能两头往回跑，手往回缩，肘打弯，那是懈。一要用意识将手臂放长，二要在手臂放长的前提下，依靠手臂的自重，让肘关节自然下垂。

康老师最后告诫我们：不用力，打开了，手臂在放长的情况下打弯了，这是正确的。

演示三：野马分鬃的手臂基本上是平着前伸。前手之前臂伸开、下垂。后下手之前臂在肘弯处用意识下垂，上臂在动。（图2-7）

图2-7

演示四：揽雀尾之按，回收，再按出。在回缩的过程中，让前手前臂在肘处下沉，在肘关节打开的情况下再伸出去。（图2-8）

图2-8

演示五：白鹤亮翅的右手前臂在上，上臂在下，用意识把前臂松长，拉开，上臂通过松肩再下垂。（图2-9）

图2-9

垂肘小结： 康老师演示了几个不同动作、不同方位的垂肘。

・手臂前平伸：肘关节的连接处，A头、B头都松开下垂。

・野马分鬃或斜飞势：前伸手的前臂伸开，A头伸开下垂；下按手在肘关节处用意识下垂，B头（上臂）动。

・揽雀尾之回缩、回抽之手，前臂A头下沉。

・白鹤亮翅上举之右手，前臂松长，上臂B头下垂。

总而言之，不管是坐手腕还是垂肘关节，或者全身任何关节，都要在全身放松的情况下把关节处打开，意想其间能产生缝隙，肢体会越松越长，而不是挤压、缩在一起。还要注意，这种放松是在动作运行的过程中逐渐进行的，动作完成了，坐腕垂肘也完成了。而且要关注两只手。

3. 沉肩

在太极拳界，一谈到沉肩，普遍认为肩头不能上抬，要尽力下压。甚至有的流传颇广的太极书籍，谈到白鹤亮翅的右手，说手不能过肩，否则肩就上抬了。人们对沉肩的理解大都如此。

通过康老师的讲解，我们看到拳论上有这么一段话：转关全在松肩。功久则肩之骨缝自开，不得勉强。且松肩不是軃（duǒ，下垂之意）肩，骨节开则肩自松下，肩劲軃下，不可泛起来。

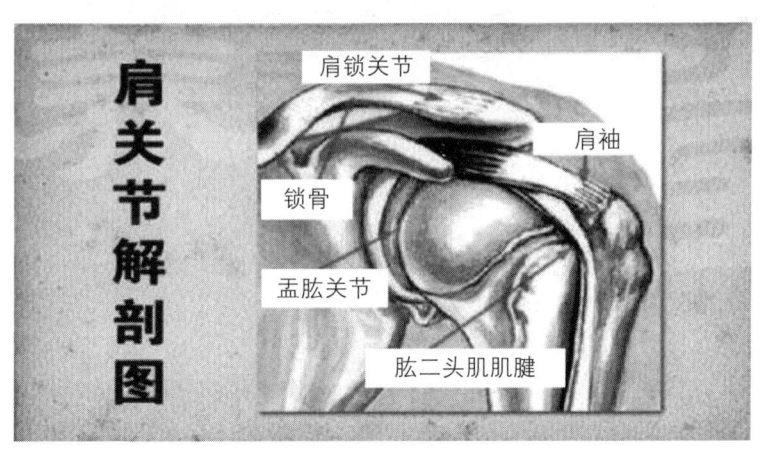

图2-10

原来前辈的拳论中早就有这么精辟、明确的讲述！不是让肩头下垂，而是其中的劲要下去！不要跟着肩头的上升而上浮（在习拳的第一个阶段，我们还谈不上劲，只能先把拙力沉下去）。

康老师的小实验很有意思：一个透明的玻璃器皿中放了一个铅块。然后向器皿中注入水，这个铅块仍在容器底部，没有上浮。这个水就相当于你的肩，这个铅块就相当于你的拙力。这个水（即肩）可以上升到很高的位置，而里面的铅块，即你的力量，不要起来。这就是沉肩了。

康老师又做了一个实验。在器皿中放入一块木头，仍把木头比作你的力量。再倒入水，在水没有淹没木头的时候，木头还在器皿底部没有浮起。但继续倒水，水淹没了木头，木头就浮起来了。

这个实验告诉我们，在你的手臂没有过肩的时候，你的力量还可以不起来；一旦手超过了肩头，力量也就跟着上浮了。

这个时候，要想办法不让木头，即你的力量起来，要让木头像那个铅块一样沉在底部。怎么办？把肩部的五大关节都松开，拉出缝隙，通过调整心气，让它沉下去。（图2-11）

图2-11

这些练的都是一种感觉。所以康老师说，不管肩怎么动，其中的力量不能起来。

通过杨老师的示范，我们看到了肩部关节的少动与多关节参与活动的区别。不过我也发现，肩内力量下去，从外表上也能看到肩头微微下落了一点。大概是由于心气下降的自然反映。

为什么肩部的5个关节都要松开、松活？康老师通过四正推手的演示，让我们看到，如果肩锁死了，被人推到胸前时，就动不了了。而各个关节都活、开的情况下，很难被推死。

所以要通过不断练习，让骨缝都张开。松是方法，活是目标，灵动的关键即在于此。千万不能把自己打成木偶！

最后康老师又给了一段拳论：骨缝要开，始则不开，不可使之强开。行功日久，自然能开。此处一开，则拳手臂之往来屈伸，如风吹杨柳、天机动荡，活泼地毫无滞机。此灵动之关，不可不知。

结语

　　这几期课程，康老师通过道具对坐腕、垂肘、沉肩做了演示与讲解，使我们从心里明白了道理，有了鉴别的标准。拳论上讲：人之一身心为主，心一动而五官百骸皆听命焉。官骸不循规矩者，非官骸之过，实心之过也。

　　心之所发者正，则心之所形者亦正。心之所发者偏，则手之所发者亦偏。实理灌注于其间，具有真意，有真意，其一派缠绵意致，非同生硬挺霸流于硬派（即生搬硬套）。

　　这就是学太极拳先学读书，书理明白，学拳自然容易。康老师按动作要求，给了大家一个理，知道了道理，就要把理放在心里，心里真明白了，就会产生意，然后用意来指导动作。一句话，用心意把理放在太极拳的外形上，这就是我们所说的"形、意、理"。

后记

　　康老师观真学堂的会员课和会员活动课加起来有90期。通过康老师细致入微的讲解，自我感觉对太极拳的理解从根源上又深了一步。从文化层面、太极宏观上的了解是必要的，但像康老师这样抽丝剥茧般的讲解，更是我们提高的关键。

　　感谢上天给我们带来这种缘分！且不说自己的太极功夫能练到何种程度，但至少我自己现在打过拳之后感觉像没有腿一样，这种养生的效果显而易见。能在有生之年彻底搞明白太极拳到底是怎么回事，如何练是不走弯路的捷径，一步步走在性命双修的大道上，而且还能对其他太极拳爱好者有所帮助，带领一批人走进太极神圣的殿堂，这也是人生一大幸事！

八、听康老师讲松腰、落胯、圆裆、展膝

　　任何习练太极拳的人，如果不知道如何来松腰、如何来松胯、如何来圆裆开胯、如何来松膝以及如何来旋踝，那么太极拳是不可能打好的，而且十有

八九会伤害这些部位。也许目前还没有感觉到这些部位的不适，但长此以往，年老之后，是难免遭受这些部位疼痛的折磨的。

太极拳运动对腰、胯、裆、膝有诸多要求，如何达到这些要求？

1. 松腰

腰在身体中间的位置。若腰不会放松，便会影响全身。

腰的位置：肋骨最低点往下，胯骨之上，无骨头的这一块区域，也就是五六厘米的宽度。（图2-12）

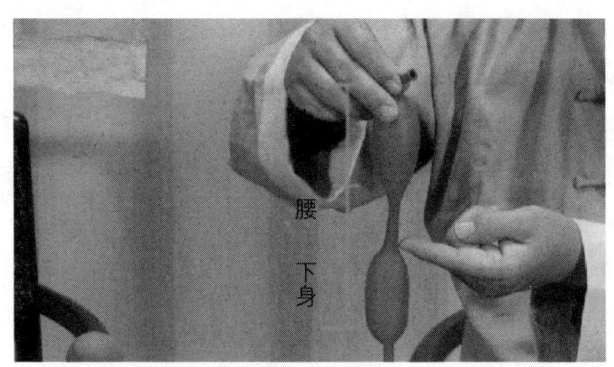

图2-12

何为松腰？拳论上讲：腰是上下体的关键。腰以上气往上行，腰以下气往下行，似上下两夺之势。

何为两夺之势？康老师用一个道具来演示。（图2-13）

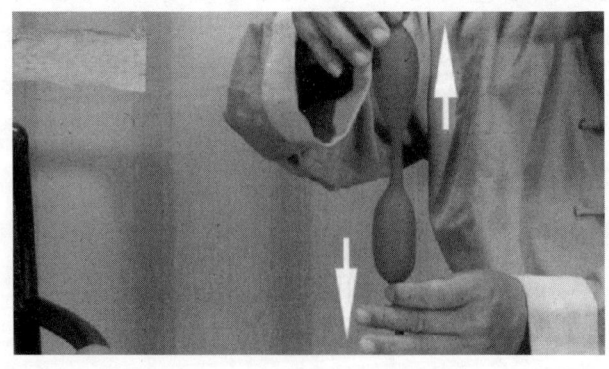

图2-13

用手慢慢拎着上身向上，腰之下的部位慢慢沉下去。即上边拎着，下边沉着，一种最自然的状态，这叫松腰。可不是上下两部分都砸下去，那叫懈。（图2-14、图2-15）

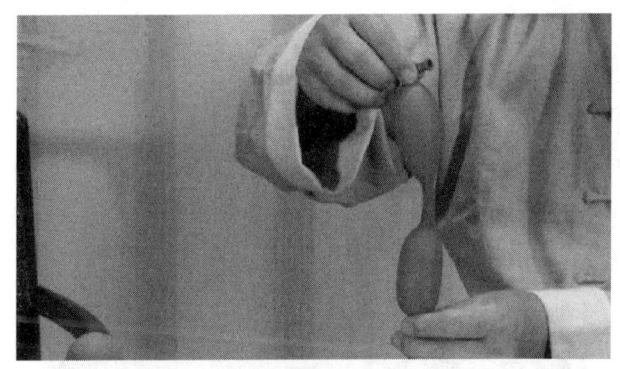

图2-14

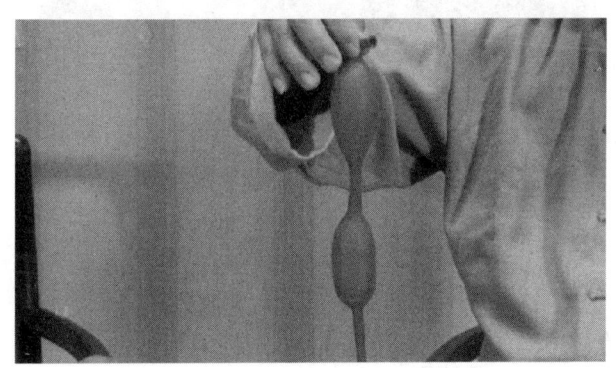

图2-15

长期慢慢练下来，腰会变成两节，上下两个腰，也即上下腰之间似有一道缝隙。所以前辈有言：太极腰叫磨盘腰。

还有拳谚：腰劲歘（chuā，象声词，表示急促声响，断开之意）下，小腹自然合住。

康老师通过推手演示了3种不同腰的状态所产生的效果：

·腰顶上了。这是腰不松的紧张状态。

·腰塌下来了。这完全是懈的状态。

·正确的松腰状态。腰既不顶，也不塌，是松松地吊在那儿，因此腰会产生一种效果：很活。

2. 髋关节的放松

髋关节也叫胯，这个部位连接着腰和下肢，或者说它是上身和下身的分界点。胯要承受上身很大的重力，两腿也要承受整个上身的重力。膝盖处于下肢的中节，也不可避免地要承受膝盖之上所有的重力。所以，要学会松胯，即要松开髋关节。

髋关节是特别难以松开的，因为上半身的重量都压在这儿，而人又站在地上，地的反作用力又顶在胯上。上下挤压，还要运动，这怎么才能松开？康老师准备了教具来演示。

演示一（图2-16）

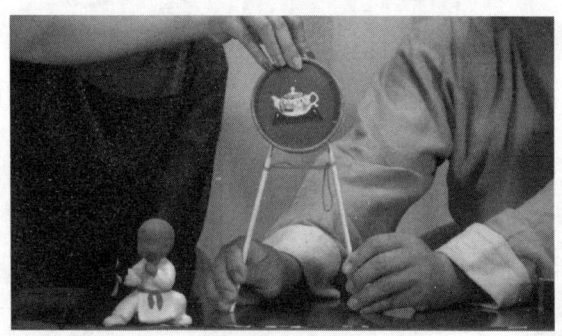

图2-16

图中，圆形部分相当于上身，下面的两根筷子代表两条腿，上面筷子之间的橡皮筋代表胯骨之间的韧带。

从图中看到，上身压在两个髋关节上。这时，向下压上体，压不下去。两腿承受着上体的全部压力。

演示二（图2-17）

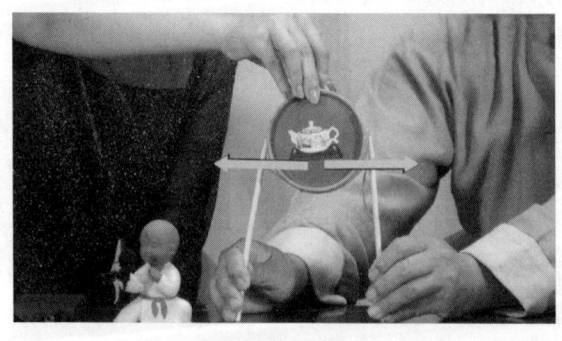

图2-17

把髋关节向两边拉开，上体被支在了橡皮筋上（韧带），这就是开胯。把髋关节向两边拉开，上身下去了，虽也被支着，但不是顶在胯骨上，而是被那橡皮筋（即韧带）担着。

这样一开胯，韧带被拉开了，胯就不会承受那么大的重力。

所以看前辈的拳，他们一站，胯就展开了。膝盖微微一屈、一展，三角形的骨盆就掉下去了，不在胯上支着。这样上身的压力就不往两腿上走了，而是从两腿之间掉了下去。

康老师讲，太极拳的两腿应该越练越轻松，越练越可以不吃力，而不是越练越要承受更大的力。

怎么办？唯有放松，松开两胯。这个光听理论还不行，必须老师当面指导。

3. 开裆（也叫圆裆）

裆的部位在两胯之间，即两个大腿根的连接处。拳论对裆的要求：一是裆要开，二是裆要圆。拳论说：裆开不住大小，即一丝之微亦算得开。盖心意一开，裆即开矣。

拳论很经典，但什么状态算是裆开了？什么状态是没开，还夹着裆？

康老师用教具来说明夹裆、圆裆与开裆的状态。

演示一：夹裆（图2-18）

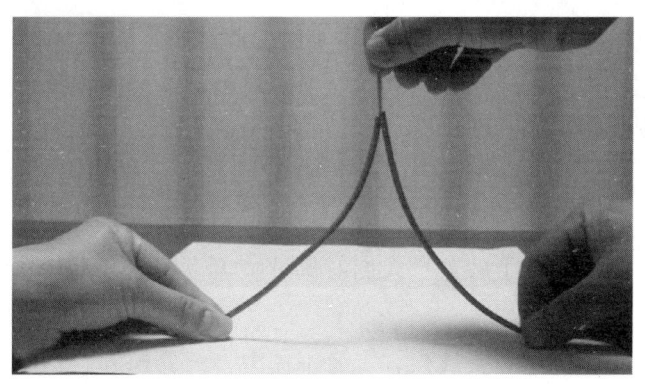

图2-18

从上面下来一个作用力，随着加力，两腿往中间缩，夹角变小。但下来的力非但按不下去，反而有一股上来的力。

这就是夹裆、尖裆的效果。上身的重力下来压在两腿上，继而到脚上，脚使劲蹬在地上，一股力量反作用上来。

演示二：开裆、圆裆（图2-19）

图2-19

上面下来一个作用力，两腿之间的夹角越来越大，上面下来的力量沿着两腿向两边膨胀，两大腿越张越开，两腿不会把上力顶上去。

康老师用推手来演示夹裆、尖裆的效果，来力完全传导到了腰胯及两腿上。如果你的力量比对方大，就可以利用双腿的支撑力把对方推出去。如果对方力量比你大，你只有受制于人。双方比的是体力，肌肉骨骼力。

康老师又演示了开裆、圆裆的效果。一圆裆，对方就被弹了出去。

当然，初学开裆，要撤掉用力的习惯，这时还不会产生把力胀出去的效果，要等你慢慢地把掤劲练出来以后，那时，圆裆产生的换劲效果就会出来。

所以，急不得。先让裆圆起来，让上体之力能从裆中间掉下去，这起码达到了保护下肢的功效。

4. 松膝

有多少习拳者练坏了膝盖！人们对保护膝盖也有诸多说法。例如，膝盖要对准脚尖，下压。

太极拳的要求是：一要放松，二要不用力，三要松开。这些是对所有关节的共同要求。

前边讲了松腰、落胯、开裆、圆裆，而所有这一切的落实都离不开膝盖的放松、松开。

如何做？关键点在于：上下两个关节不是对着、压着，而是撑开的！如何撑开？

演示一（图2-20）

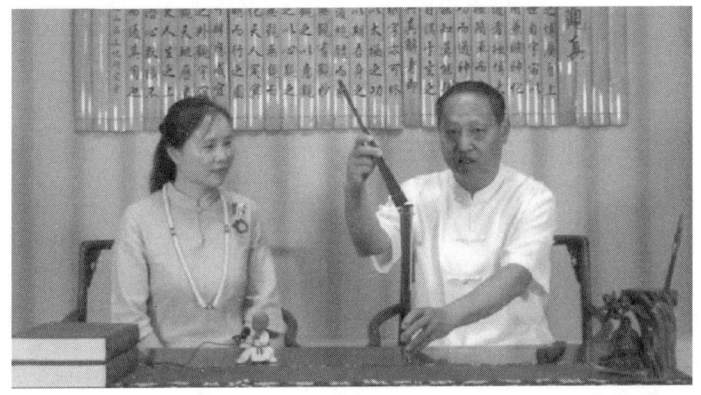

图2-20

两个扇子头用皮筋连着。如果弯曲并顶住，膝关节需要很大的支撑力，尤其当一条腿负重时，还要运动，对膝盖会产生很大的损伤。

演示二（图2-21）

图2-21

如果在意识的指导下让下面的小腿骨外展，这样大腿骨就掉在里边了。这样一来，骨与骨之间被韧带牵拉着，不产生直接的挤压，下来的力，还有脚下上来的力，没有撑到骨头上，而是作用到了韧带上，这样就极大地保护了膝关节。

所以，正确的做法是：膝关节要向外展、撑开，注意小腿骨与地面侧面垂直，这叫展膝，而不是对准脚尖前后垂直（那叫跪膝），这两者差异巨大！

我认为，在下肢运动中，展膝是最为关键的环节。没有展膝，前边一系列的松腰、落胯、圆裆等，都无从落实。其实，站在那里，腰一松，气一沉，所有这些要求就一下子全做到了。

康老师又进行推手演示：身体下沉，腰劲下去，两膝一展开，对方就栽下去了。

结语

康老师通过线上理论课的讲述，让大家明白了松腰、落胯、圆裆、展膝的这些道理。理明白了，就可以用来指导自己的行为了。但大家仍感到迷茫，如何能让这些要求落实在自己的身上，这不是光听几节课就可以的，必须有老师的面对面指导。所以我们新乡学院太极大道队才在2020年6月请康老师一行到新乡学院开了两天的精品体验课。会员们十分满意。有人说，我现在真正知道太极拳究竟该怎么练了。许多人解决了困扰许久的问题。

感恩全民太极！感恩能把太极之理讲得如此透彻，而且在实践中指导大家做到知行合一的康老师！

九、听康老师讲起势的招法

起势的运行路线及练习要点已经讲过，不是简单的双手上举下按，而是要启动那种太极的态势，各个关节都在动，身体也在跟着动，双手上举之后要弧形往回收（我原来基本上是略有弧形的、直上直下的）。为什么要回收？作为一个武术的招式，它能打人吗？它要产生什么样的效果？

为什么要弧形回收？通过康老师的讲解与示范，我们明白了：接住对手，通过弧形回收，顺着对手的劲，不知不觉化掉他的劲。这是一搭、一收再一放。这个动作代表了太极拳的用法，叫舍己从人，以柔克刚。

娇小的杨老师与威猛的丁老师的演示，使人很醒目。丁老师抓住杨老师的双手使劲下压前推，杨老师想抬手，根本抬不起来。这个时候双方产生了顶力，谁的力大谁就会获胜。但这不是太极拳的打法。于是杨老师利用丁老师的劲，把劲转到腕和肘，通过回收的圈回撤，丁老师一下子就栽过来了。

但康老师又讲，武术千万不要教条。手抬高一点、低一点，没关系的。不一定双手一定要抬到哪里，不管你是大圈还是小圈，其中的原理、劲路都是一样的。动作对不对，不是用位置来判断，而是用效果来判断的。

刚开始学习时，线路是需要对的。先贤有言：先求开展，再求紧凑。大圈还转不好，何谈小圈！

十、不用力蹬地与五趾抓地

有人向康老师提出一个问题：您一再强调打太极拳不要用力蹬地，要完全放松。可是陈鑫的《陈氏太极拳图说》第109页讲单鞭的图上却明明写到要五趾抓地。这不是自相矛盾吗？

为此，康老师专门做了一期会员节目。

首先，康老师在那里松松地一站，右手抬起，让壮硕的丁老师来推。丁老师双手用力推，推不动。丁老师继续用力推，只见康老师轻轻一动，好像身体胀了一下，丁老师被发了出去。而康老师仍原位未动，连手的外形都没有变化。

康老师说，太极拳要我们不用力，但还有一句话，掤劲不丢。

什么叫掤劲？在我们长期放松的练习中，慢慢地身体内会长出一种劲力，这是一种内部能量，我们把它叫作气力，也即掤劲。如果没有这种强大的掤劲，那太极拳还能叫拳吗？还能用来技击、打人吗？

这个气力，与我们原来的体力不同，但体力与气力都是力量。体力是我们身体的筋骨皮紧张而产生的力量，也即我们天天在用的后天的力量，放在太极拳里，我们叫它"拙力"。而这个气力，是在身体的无极状态下，通过长期的、不断的运动，最后仍在无极的状态下产生的一种力量。换言之，就是在身体放松的状态下，我们会产生力量，而且这个力量会随着我们的意愿而通达身体的任一部位。这是一种气力，其运行的方式是"意到、气到、力到"。也就是说，意念支配着这个气运行，真到用的时候，它就是力了。所以叫"气力"。

气力不是你想有就有的。不管是初学者，还是练习太极拳若干年的人，没有练出气力的人，应该说占绝大多数。因为我们一动，就会紧张，就会产生力量（拙力）；一松，就又泄了，所以很多人疑惑：太极拳老叫我们松，那怎么打人啊？

这件事急不得！首先要在正确的理念指导下，通过放松运动，慢慢地调动起身体的内部能量系统，最后在身体极松弛的状态下，反而真能产生一种从里到外的、放射性的力量，就像膨胀的气球一样。这个力量与我们现在的体力（肌肉骨骼之力）已经完全不是一个性质了。此力非彼力也！

我在北京康老师的练功房里，我亲眼看到康老师用体力和气力做两种不同的演示。康老师用体力根本推不动人高马大的徐老师，但一换成气力，即太极劲，马上就把徐老师推了出去。

现在的问题是，大家在太极拳的习练中会遇到许多问题，会产生许多困惑，如文章开头提出的问题。再如王宗岳的《太极拳论》：动急则急应，动缓则缓随；人刚我柔谓之走，我顺人背谓之粘等。

人们会产生迷惑，是因为在入门阶段或小学阶段，学习了高中、大学的东西。而又没有遇到名师告诉你此阶段应该学习什么以及如何学。

学习太极拳也是要分阶段的。王宗岳所讲的，都是太极拳练成以后的现象，他已经练成了，他一动起来，这么多的效果就出来了。他已经练出了太极劲，他在用太极劲了。人刚我柔谓之走，走什么？走劲。我一动，这是里边的劲在走，可不是人走掉。我顺人背谓之粘，粘什么？怎么粘？是我的劲覆盖在你的劲上，舍己从人，不丢不顶。劲走的原则是什么？"意到，气到，力到"。

图2-22中所画的是脚的缠丝劲图。即我的气要从腿上下去，一直要贯到脚尖。这个时候脚踩在地上，与我们平时的脚踩在地上是不一样的。

现在我们的脚踩地（看左侧脚），是脚跟、脚掌、脚心平铺在地上，5个脚趾肚是不着

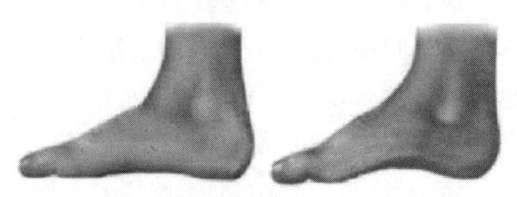

图2-22

力的，不沾地的（顺便说明一下，在打拳的初级阶段，就用这种脚型）。通过长期的放松练习，我们的气会贯到脚趾头上，慢慢脚趾头沾地了，反而脚心空起来了、悬起来了，5个脚趾就抓地了，形成了5个力点，也叫气点、劲力点。这叫脚心空（见图中右侧脚）。

单鞭的图中还可以看到手指肚也要用力，这也是指气要通达手指肚。所以才会有我们的太极老前辈留下这样的佳话：他伸出一个手指头让人掰，但掰不动。为什么？因为他的气力已经从腰上通过来了。你动他的手指，其实动的是他整个的气压。身上的气压有多大，手指上的气压就有多大！你会感觉他的劲好大啊！其实他根本就没有使劲，而是把身上的劲通过来了。

单鞭图上还有一句更加烧脑的话：明明是单鞭的左弓步，重心在左腿，是负重腿，而书上却要你左脚"微虚"，右脚要"实"。这岂不更令人费解？

所以，康老师常常说，你现在分不了虚实。猛一听，觉得很打击人。其实

康老师说的是大实话：在不会走气的时候，也即身上没有练出虚力即太极劲的时候，根本分不了虚实，也换不了虚实。只能是这里轻，那里重，与真正的虚实无关。

结语

- 太极拳没有力量吗？有。通过完全放松的练习之后，最后会产生一个强大的内部能量，叫内劲。这个换劲的过程也叫"脱胎换骨"的过程。
- 把以前的力量（即体力，也叫拙力）全扔掉，然后在无极的状态下会产生一个新的力量源。这个力量源会产生强大的力量，我们叫它"气力"或"太极劲"。
- 只有在无极状态下才会生出太极来，那太极劲也是无极生出来的。
- 在没有练出气力的时候，千万别使力量，因为你在这个阶段使的力量一定是体力、拙力，是要努力扔掉的东西。
- 刚开始学拳，或者教拳，千万不要"掤劲不丢"，因为那时还在养气阶段，还没有在松透的状态下产生东西呢！怎么可能有掤劲？如果这时要求掤劲，那这个力量只能是拙力，是应该努力扔掉的。

其实，从开始学习拳架起，到能生出内劲，是一个漫长的过程。遇到名师，快则也要三五年的功夫。遇不到名师，几十年的功夫怕也要付诸东流。

所以，康老师告诫我们：先别往后看陈鑫的《陈氏太极拳图说》，看了会懵的。

静下心来，慢慢跟着康老师对"图说"的解读，一步一步慢慢走吧！看似慢，实则不走弯路！

（2018.9.5）

十一、康老师讲太极招式小结

引言

康老师针对5个基本招式的技击含义与效果，以及为何会产生这样的效果进行了小结。现整理出来供大家参考。

1. 为何要进行招式讲解

康老师在前边已经对这5个拳式进行过线路讲解，动作如何做，大家已经掌握了。后又进一步对这些拳式的技击用法进行讲解，意义何在？是要大家进行技击训练吗？非也！

这5期通过解剖动作让大家明了这样做会产生什么样的效果，让大家更进一步认识、了解太极拳为何是这样一种运动，为何提出那么多的要求，让大家在这样一个反证的过程中更深刻地认识太极拳的运动模式及运动规律，以及它会产生什么样的效果。

所以，康老师进一步强调，这5期有关技击含义的讲解，不是要我们用太极拳进行技击训练（至少目前不是），而是帮助我们更深刻地认识太极拳，从而进一步提高太极拳运动的水平。

下面对5个基本拳式的劲力进行梳理：我们理解了什么？我们要提高哪些方面？

2. 对5个拳式动作招法的梳理

（1）起势的用法

· 太极拳运动先求开展，后求紧凑。但基本规律和基本运动形式是不变的。

· 太极拳要越练越活，不要越练越死。

太极拳是圆弧运动。起势中的一起一落是圆的运动。圆弧运动的目的是分解对方的力量，借对方之力产生一种使对方起来后再滑下去的效果。

过去大家的习练太过于注重姿势的标准性、到位性，甚至有人用手或拿着尺子去测量上手是否与肩同高，高一点、低一点都不行！

通过对这个式子的演示讲解，大家看到，手高一点、低一点都可以走这个圆弧，甚至在刚一抬手就被对方抓住双手不让起来的情况下，也可以走一个小小的圆弧，同样产生了技击的效果。

但拳论上也讲了，先求开展，后求紧凑。大的圆尚且走不好，小的圆就先别提了。所以先练大圈，而且要越大越好（当然在拳式线路要求的范围内）。但要知道这个大的动作是可以缩小的，甚至可以缩到很小。但不管怎么小，它里面的基本运动规律和运动形式是不变的。

这就是拳论上所言：虽变化万端，而理为一贯。千变万化，但其中的道理和原则、运行的规律是不能变的。

所以太极拳要越练越活，而不是越练越死。高一点、低一点、大一点、小一点，不必抠得那么死。关键是理对了，劲路对了，就对了！康老师要大家记住一个词：轻灵圆活（这个词对初学者还如海市蜃楼，但大家要知道这是一个远学目标）！

（2）单鞭的用法

· 不用力，才能舍己从人。

· 运动中放松不产生力量，是太极运动重要的追求目标。

回忆一下在讲课中，康老师用一个旋松了盖子的水杯所做的实验。对方一手抓住杯盖，要把它旋紧。对方已经把自己的手臂拧到反关节的程度，还是没有对盖子产生力量。

此实验的目的是：你能让你的手臂像这个盖子一样，松松地随着对方的用力方向转动而不生力吗？

有运动，没力量，这是我们要干的事。如果我的手腕有力，那一下子就和对方拧上了。

所以，太极运动要练到复归于婴儿的状态。什么状态？你抓住婴儿的手来回摆，他不会和你对抗，你感觉你抓住了一个空的东西，但婴儿的小手指又似乎有很大的力量，那是他的先天的内阳。

有人会问，不用力有用吗？不用力别人不打你吗？

其实，不用力，才能舍己从人。这是太极拳与其他拳术最大的区别。

要达到这样一种效果，唯有让身体能产生这样一种功能。也就是：我虽然在运动，但我的肌肉骨骼韧带不产生力量。

这需要一个练习的过程。我们知道，人们只要一伸手，力量就出来了；只要一转腰，力量就拧上了，这已经成了我们后天的本能。如何把这种一运动就要产生力量的现象消灭掉？唯有放松！

所以康老师最后又告诫大家：不用力，才有用。用力就错了！就不是太极拳了！运动中放松不产生力量，是太极运动重要的追求目标。

以后打拳要坚持把所有的地方放松！注意，是所有的地方！

（3）白鹤亮翅

不丢不顶，引进落空是太极拳最核心的运动原则。

人们讲到此式会说，右手上拦、架、打，左手下採、压，目的是把对方掀出去。

当你这样做的时候，你都是在主动攻击对方。

通过康老师对此式的讲解与演示，我们知道了什么叫真正的引带，什么叫引进落空。与人比力气，比招数，那不是太极拳的东西。所以太极拳论上有这么一句：不丢不顶，引进落空是太极拳最核心的运动原则。

那么如何来引进落空？大家看到演示上，你来了力，我不断地引化、引化，直到你的力量把自己消灭，而不是我对你生拉硬拽。

所以，以后练习太极拳，在脑子里，在你的意识上，要有这样的概念：我的手出去了，我不是在推人，只是在随人；我的手回来了，我不是在扒拉人，而是在引带。这就是太极拳最核心的运动原则：不丢不顶，引进落空。

慢慢地，我们气血的走向以及我们的意识对动作的感觉就会完全不一样，太极拳的味道也就出来了。

（4）搂膝拗步

太极拳的任何动作都要顺势而为，不要主动强为。

腰为一切动作之主宰。

通过这个动作的讲解演示，大家很明确地看到了太极拳以腰为主宰这一特点。腰不动，身体四肢就不要先动。要把手脚主动意识克服掉。不是我要去掤、去捋、去挤、去按，而是你掤过来了，我就随着你捋。

通过这个式子，又进一步强化了这个概念：顺势而为，不要主动强为。

（5）倒撵猴（倒卷肱）

深刻理解太极运动节节贯穿的运动效果。

在练拳的过程中把"点"意识练成"线"意识。

倒撵猴（倒卷肱）是从两肱骨（即上臂）开始卷曲、缠绕，带动前臂和手，从而产生了螺旋的力量。表面看来手似乎没有动，但里面的力量已经开始实施了，也就是说力量可以从上边传到下边，也即从根节传到梢节。

这一式开始让大家知道，练拳不要先去动手，而是要动上臂。许多人打了多年的拳，只是在用手和脚，根本不知道用上臂来打拳，上臂一般不会动。即便看起来好像动了，但那是被手带动的。

在这一课中，康老师向大家提出了一个很关键的问题：你的上臂会动吗？你关注的是哪里？

这样又提出了一个新的问题：要把"点"意识练成"线"意识。

什么叫线意识？以六式基本功之第一式为例：这条手臂一抬，我脑子里想的是整条手臂，从上到下，从肩一直到指尖都与我的脑子联系起来。慢慢地练下去，我的意识会对它产生控制能力。我让哪个点动，哪个点就可以动。最后练成周身处处是手，我的脑子一指挥，周身任何部位都一样，都能像手一样，让它动它就动。所以太极拳首先要练意不练力。

怎么练意？先把点意识练成线意识，以后要进一步把线意识练成面意识（那是以后的事了）。但至少通过倒撵猴的学习，知道了手可以不动，让上臂带动前臂和手动起来，让曰意识与整条手臂产生关联及控制。

所以，打拳千万不要只注意一个点，一定要注意整条手臂，一动，就是整条手臂在动。

如果你明白了，你会很容易地看出，有人打拳仅仅在动手。那和整条手臂在动给人的感觉是绝对不一样的。

所有的这些功能都要通过学习与训练才能掌握。

结语

康老师通过这5个式子动作的要求，让大家看到这些动作产生的效果，以及为什么会产生这些效果。要通过训练，使你的肢体能产生这些功能，从而更进一步明白为什么提出那些动作要求。

十二、听康老师解剖"其根在脚与脚踏浮萍"

"其根在脚，发于腿，主宰于腰，形于手指"。此言出自武禹襄的《太极拳论》。还有"由脚而腿而腰，总需完整一气"，均是太极前辈所言。

人们现在理解的"其根在脚"，是要五趾抓地，脚下生根，入地三尺，要使劲蹬地，使反弹力从脚底下出来，传到腿，再到腰，从腰传给肩背，最后到手上。

如果是这样，请问其他拳种是否也是这样？长拳所特别强调的马步、弓步，南拳所谓的桥马桩，都要求把腿部力量练得特别大，要力支千斤。能支上这个力的，叫功力，叫硬功。

但前辈也同时告诉我们："迈步如猫行，运劲如抽丝。"还有拳谚讲："脚踏浮萍，如履薄冰。"

这似乎是两种不同的，或者说相反的比喻。

郝为真老前辈也告诉我们太极拳的习练有3层境界。

初层习练：身体如在水下，两足踏地（我们可以体会一下水中的状态，水过胸，脚要踩地踏实是不容易的，因为水中有浮力。你的脚踏在水下的地面上，也有一种漂浮感）。

二层习练：身体手足如在水中，而两足已浮起不着地（人浮起来了，脚还能踩出劲吗？就算是用力去蹬出来一点劲，想用到手上，也几乎是没有可能的。如果看到过两个人在水中打架，可以看到他们不是用脚蹬出来的劲，他们用的是腰力）。

三层习练：身体愈加轻灵，两足如在水面上游，如履薄冰（到这个层次，脚几乎不能往下踩了。脚下是越来越轻）。

这些拳论不是自相矛盾吗？

请听康老师的细细解读。

1. 看拳论，要看一段意思，不要断章取义

先看王宗岳的《太极拳论》："一举动周身俱要轻灵……尤须贯穿。气宜鼓荡，神宜内敛。"

解读：这个轻灵，要贯穿到全身的任何地方。内气鼓荡，是讲我的意，即我的脑袋中的感觉，我的中枢神经，要感觉到内气的鼓荡，要到身体的内里去感觉，而不是去感觉外头。这叫内敛。

"无使有缺陷处，无使有凹凸处，无使有断续处"。

解读：这里讲的是这个"气"不管哪里都要贯通到，都是轻灵均匀的，不是这里多，那里少。

然后就要注意，人人乐道的"其根在脚，发于腿，主宰于腰，形于手指"。

解读：这个"根"字出自《道德经》。这个根，讲什么？叫"根性"，也叫最基本的性质。"归根曰静"，静与根是一个道理。静是不变的，根是最根本的东西。"静曰复命"即回复到最本源的东西，叫天命，即最先天的基本性质。什么是我们最先天的基本性质？是那种婴儿刚出生时周身松软、极其松柔的状态，要回到那种状态去。"复命曰常"：回到那种最根本的性质，叫"有常了"。这就叫"恒常不变"，也叫"有根了"。

"其根在脚"，换言之，最根本的性质在哪儿？在脚下也是"气宜鼓荡"，气的性质要传到脚下去。那怎么传呢？"发于腿"，从腿的什么地方传过来的。但这个气的主宰在哪儿（主宰就是谁说了算，谁就是主宰。）？"主宰于腰"，在腰，在丹田。打拳都要听腰的。

这句话反过来讲就明白了：这个主宰在腰，从腰通到腿，从腿通到脚。这个通下来的东西叫气，也叫根性。

"由脚而腿而腰，总需完整一气"：这个一气，是气性，也叫根性。这种性质，要从腿上一下子到脚上。反过来说，从脚上到腿上都是这个气性，即虚性，一种虚灵之性。

"归根曰静，知常曰明"：常即静，静即根，真知道那个常了，你是真明白了。明白什么了？从腰上发出去了，通过腿，直到脚。这是一个完整的气性。

"凡此皆是意，不在外边"：上面提及的，都是讲身体内里的性质，是我的内在意识在控制这些，不在外边，即不要在外部形态上去找。

也就是说，如果我的气不是一下子贯到脚底都是这种虚灵之性的话，是没办法虚灵的。

而现在人们的脚是硬的，作为支撑力点在产生力量，既不虚，也不空，谈不上虚灵。怎么办？要松下肢，不许用体力，更不许主动用两脚之蹬力。真都松开了，这个气就从腰上慢慢贯下去了。这就是前辈所言，要脚踏浮萍，迈步如猫行，迈步如临渊，如履薄冰。

2. 何为太极拳的扎根

我们知道了太极拳之主宰在腰，在丹田。丹田之气要四散发放，既有向上之气，也有向下之气。

试想一粒种子长成一棵大树的过程。种子在土下发芽，地皮之上长出树干和枝叶，而地皮之下是四散的根须，这叫扎根。

太极拳的性质也是如此。从腰（丹田）这里向上长，要产生太极劲，向下要通过腿脚同时长，与种子一样，腰以上是地面之上，腰以下是看不见的地下，但不管腰上还是腰下，都要一个性质，即松柔轻灵之性。

如果地下只有薄薄的一层土，土的下面全是水泥地，这个根能扎下去吗？这两条硬邦邦的、还在用力蹬地的腿就相当于那水泥地面，你那内气是通不下去的，当然也就产生不了太极所要求的那种松柔的效果。

所以不少人打拳时，看上肢，好松柔，但一看两条腿，全是硬的。为什么？他没有松过腿。为什么？因为他不知道腿要松！因为有根据啊！"其根在脚，发于腿，主宰于腰，形于手指"。这就是人们目前的理解，完全反了，而且在断章取义。

所以大家要注意了：其根在脚，叫其性在脚。从哪儿来？从腰上来。怎么下去的？发于腿，然后由腿而腰，总须完整一气。这叫真完整了，太极的真东西下去了。

但要做到这一步有一个前提，即身体的体力不扔掉，身体的韧带、骨骼、关节不松开，你的气是下不去的，周身一家是做不到的。要全身都充满这种性质是很难的。所以前辈不断地强调，要松，松，松！要松透，要松彻底！

如何松？第一步的松叫松体。先从松上肢开始，上肢会松了，再松下肢。下肢一定不许用力，先从不蹬地开始。用上身领着下身走，上动下随，下动上领，等真的松开了，内气就会真的通下去，你才会知道有一个东西在支撑着你，但那已经不是你的体力了，那才是真正的扎根！这就是太极拳独有的运动方式和特点。它与其他武术运动是不一样的。

真到了这个程度，想想看，我的腿上不用力，你来推我，我的腿上不产生反作用力，你会顺着我的腿掉下去。所以才会有耄耋能御众之说。

结语

注意两点：第一，不要望文生义。过去很多文字的意思与现代文字代表的含义不同。比如动静，大家会理解成物理行为上的动静，其实它指的是现象与性质。再比如呼吸，不是指鼻子；开合，不是指外形动作；虚实，不是指重量，等等。按现在的概念来理解，就有可能"谬以千里"。所以要学习一下中国的传统文化。第二，不要断章取义。不要只拿那一个词、一句话来解读。其实，理解一句话往往需要整段话、上下文贯通。

今天康老师仅仅给大家解读了这个概念。但还有很多的习练方式，比如下向上松如何松？上向下松又如何松？如何能做到让下肢彻底放松，让气下去？让我们期待康老师带领我们一步一步解读，一步一步深入。

（2018.4）

十三、独立步与平衡

有人问，平时打拳迈步，很强调在1/3的位置移动。那么独立步的1/3位置在哪里呢？如何来保持身体的平衡？脚一开始迈步，就成了单腿负重，这时有1/3的位置吗？

把一个道具小人儿直立放在掌心，或者干脆用一把扇子直立在手心，这时要想让它单腿直立在手心，平衡不摔倒，颇要费点事，而且不易做到，需要随时随地找平衡。

但如果用手把小人儿的头部或扇子的身朝下拎起来，手朝下拎着扇子或小人儿，肯定毫不费力就直立向下了，这就是前辈所言：虚灵顶劲。

还有一句，顶劲领起全身之气。就是要你用意识，用头顶之气领着身体，把上身拎起来，向上拔起，人似乎悬在这儿。

就像那西山的大钟吊在那里，任何时候不必担心它不平衡。

不要想着脚下如何能站稳，脚底不用力踩地，被上面拎着，就移动了。

总而言之，虚灵顶劲是非常重要的习拳要求，练成了，就具备了一项习拳最大的功能。

十四、听康老师讲单鞭招式用法之后的进一步感悟

单鞭的动作有3个基本要求：①两手要两边伸；②左手左足要相随；③非负重的右腿要向右侧松沉。

按这些要求来做会产生什么样的技击效果？讲课从实验开始。

康老师拿一个拧松了盖子的水杯，让助手伸出一只手把盖子旋紧。水杯在康老师手中并不动，任由助手旋拧。助手旋到了自己的手臂成了反关节，无法再旋了。水杯放下。

然后康老师伸出右手，完全放松，让助手拧，康老师丝毫不用力，顺着对方，引着对手，助手又到了无法继续拧的程度；这时康老师右手变勾手，顺着对方的劲向右后方伸，同时左臂掤出插在对方右臂下，出左脚，左弓步向左侧掤去，右手向右后方伸去。在这种情况下，对手整个身体已经变形，只能等着被打出去了。

接着，康老师请娇小的杨老师试图抓起人高马大的助手之右手，杨老师根本撼不动。

接下来，康老师又让杨老师不主动、不用力，顺随对方的拧转，当对方旋到反关节时，杨老师顺势抓起对方之手向右后方引带，同时左手掤住对方之右臂右运，这时对方已经处于劣势，无法招架。

这两个实验产生了不同的效果。前边杨老师在主动用力，想要制服对方。而后一个实验用的是太极原理：舍己从人，借力打力。完全放松了，顺着对方，引着对方拧，对方手臂成了反关节时，再开始左掤右伸。

注意右勾手是不能先放掉的，也不能跟着左侧跑的。还需要注意的是，在

左手放出去的时候，右脚千万不要蹬脚，否则，会与对方一起往左跑，技击效果就没了。

总而言之，这就是不丢不顶，舍己从人，借力打力。凡是要去打人，要去把对方拨出去，要主动攻击对方的，都与太极拳的规律相违背。

那么，这里又是如何体现出来阴极生阳、阳极生阴的太极规律呢？一开始，对方用力，这是阳，我无力，这是阴；等对方没劲了（生阴了），我开始抓勾（生阳）。

康老师最后总结道：①手腕一定要放松；②抓勾的时候是在对方翘起来的时候；③左手掤住前移，要配合上左腿，而且右腿要沉下去。

康老师又加了一句：以后大家会看到很多太极拳的动作全是太极圈在转，使用力的对手完全自愿地、不知不觉地进入这个环形的路线，当他的力量用完的时候，我借他的力继续延长他的力线，这样就可以把他发出去了。

我在康老师与助手搭手演练的视频中，发现有一个地方，即康老师在最后左手送出对手时，右手似乎也跟着往左侧跑了一点。我产生了疑问：不是一直在强调左右手一定要反向对拉吗？我的疑问又引起了与康老师的一篇对话。

原来那是因为康老师怕把他摔出去，所以有意识地用手拉住了他。因为就在前一天录制另一段视频的时候（我看了），康老师两手的圈走得大了一点，没料到对手啪地一下就摔倒在地上了，还好是整个后背着地，碰倒了一个花架子，花盆崩裂。康老师吓了一大跳，幸亏没出大问题。所以，以后凡是在发力的瞬间，意思意思就行了，是一定要保护对方的！一般在真打的时候，在发力的瞬间，所有的点都丢开了。

十五、腰、胯、膝三部曲

有人问，腰转与腰带胯转有无不同？

腰要转，胯也要转，在讲课当中，是分阶段和分层次的。

1. 首先要搞清楚腰的部位

因为大多数的习拳者，对腰和胯没有明确的区分概念，认为腰、胯就是一体的，所以一转，实际上是腰胯一起转。这样做的效果，就是形成了一个水桶腰，腰、胯不分家，动作的幅度很大，实则没有对腰进行控制，也谈不上对腰的养生保健作用。将来到了技击层面，它是极易受人所制的。

所以，你要先认识腰。腰是肋骨下端与胯骨最上端之间的部位，这一段没骨头的地方，一寸多宽，也就是腰带的这一周。

2. 要明确这样一个概念，腰主动，胯被动

不要主动转胯，是腰转带动了胯转。但不管是主动还是被动，这些部位都要在脑子里，这是一个整体，不能只关注腰，而对胯的随动不加关注。因为不关注的地方，就对它产生不了控制。

就好比一个拖斗车，司机控制台在前边，但意识上，也要注意到后边的挂斗，都要在自己的脑子里，只顾前不顾后，肯定是不行的。

另外，杨式太极拳很强调把腰要练成磨盘腰，也即腰这一带，分成上下两层。第一步，先练下层腰不动，只动上层腰；第二步，可以练上下两层腰，还能有反向运动。至于把胯联动了多少，且先不去管它，但胯也要在脑子里。

否则，腰胯不分，一转，转的是腰和胯，极易扭动膝盖，使膝盖受伤。

练习的方法，注意六式基本功的第二式"日月回环"，主要就是在练腰的转动。先让腰能松开。具体怎么做呢？

3. 如何让腰能松开

如何让腰能松开？腰中间一寸多宽的一周，并不易松开。2018年的会员课第20课，康老师专门讲过松腰。见图2-23。

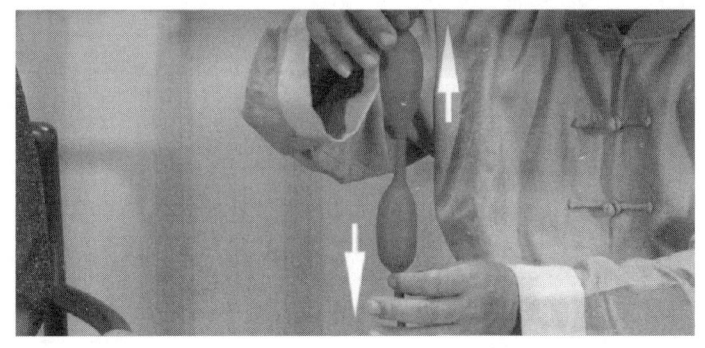

图2-23

从外形上看，把腰分成上下两半，上边被头和脊柱拎着向上，下边自然垂着向下，也即下腰连带胯向下塌。

这个长条气球里装满了水，上拎下缀，但里面的水，可都要从上一直流下去的，这指的就是内气，外边可看不出来。这不是在松体让身体坠下去，而要虚灵顶劲，在松气。

上体（腰以上）在向上，但内气可是都下去了。这就像六式基本功的第一式，手臂可以一直上抬，特别是手臂一过肩的高度，后背的力量可要下去，这就是上下两夺之势。要想气下去，唯有松开身体的骨骼、肌肉、筋膜，让气下到丹田，而且能一直下到脚底，这就是真正的松沉。身体似乎还拔长了，气流也下去了。（图2-24）

图2-24

康老师和丁老师的视频演示：康老师的力，向脚下流下去了，丁老师也就顺着放掉的力，栽下去了。

所以前辈讲，太极拳是反着练的。

那么，腰和丹田是一回事吗？

明白了腰是身体上的一个部位，即肋骨之下与胯骨之上、没骨头的这一层，但很多人练拳时不会转腰，实际上是在转胯，腰和胯没有分开。

丹田是小腹中的一个位置，脐下1.5寸进去，从生理上，没有具体所指，比如说，你不会去找医生说你丹田疼。

丹田是凝聚内能量之所，元阳之气收聚于丹田，是养内能量的场所。所谓气聚丹田或者气沉丹田，与口鼻的气无关，而是经过长期的练习产生的元阳之气的收聚之所。需要时，向周身发送能量。

4. 什么是胯根前掖后塌，何为落胯

康老师讲课中有一句话，掖前胯，塌后胯。

什么是掖？什么是塌？是指的同一个胯，还是指两边的胯？

通过杨老师的弓步（搂膝拗步）动作演示，前弓腿的腹股沟这个位置是前胯，后腿的与腰的接缝之处是后胯根。这个前掖后塌实际上是要求松这两个地方的一种方法。先让前胯挺着，绷着劲儿，然后往里一掖，就好比睡觉时把被子往身体里掖一下，压一下，其实是让力松下去；后腿的胯根一放松，就塌了下去。

一般人一站，两胯其实都绷着劲儿的，这是平时用力习惯造成的。腰一松，力自然就跑到胯上了，胯上的力再放下去，就形成了胯的下落。

掖、塌、落，都是在讲一种松胯的方法。

5. 关于膝的状态

要明确，膝弯曲，是向外展开的，不是膝盖骨从前向下挤压，形成一种前跪的状态，而是要把膝盖向外，即分别向左右打开。那么这种展膝，用力吗？

这不是做动作做出来的，而是最后生出来的结果，是开胯开出来的。一圆裆就会开胯，两胯的关节向外走，膝关节自然随着向外张而展开了。平时在练习的时候，注意了开胯，膝盖会自然展开。至于拳谚上所讲的松腰、落胯、圆裆、扣膝等，那不是目前初级阶段所能明白的。

注意：

这些都不是动作要求，千万不要故意去做一个动作。不要拿着劲儿去下蹲，否则，就是蹲到地上也不是落胯。

就如同松肩，把肩背上的力扔下去，这就是沉肩了。结合虚领顶劲，肩胯都放松了，也即真正意义上的肩与胯合了。

八式动功的第5式"空谷悬桥"，就是在练下肢。在双手前伸的同时，一条腿要向后伸，气也随之下到脚底，前后对拔的反向力，慢慢地胯就练活了。胯开了，膝也就展开了。

6. 三种腰，哪种对

腰到底怎么练？一位会员问了一个问题：在腰的问题上，有3种说法：一说命门后突，或后撑；二说腰椎要竖直，撑胀开；三说腰椎部位要自然前塌，保持原有的生理曲线。哪个对？

康老师答：都对。从太极拳习练的原则和目标来讲，身体要放松，要先把硬邦邦的身体练松柔、松软，要松开，要让气能进入骨缝之间，就是所谓的炼精化气。

气得能走起来，这实则是习拳的3个阶段：

第一个阶段，在不用力的状态下，要松开原本硬邦邦的身体，关节要打开，所以前辈有言，初期要大松大软。先软了，然后松出空间来，好往里进气。这就如同一把硬硬的折扇，似乎一根棍儿似的，先要让它变软，见图2-25。

图2-25

这样一个放松的、自然的状态下，就像一个没有气的长长的气球，这个气球里没吹气，既不挺直，也不后突，还必须用手从上边拎着，才能竖立起来。这就是腰的自然状态，保持原有的生理曲线。

第二个阶段，待第一个阶段过去了，再继续松下去，气进去了，叫一气流行，见图2-26。

图2-26

这个长长的、瘪的气球竖立起来了，而且能手朝上拿着立起来（在第一阶段可是竖不起来的）。这是第二阶段，腰竖直，是因为被气流冲了进去。

第三个阶段，还要继续放松，而且气要往下走，要沉气。把竖直的气球上边一头用手一抓，上边的气向下半截儿流了（命门部位），命门就鼓起来了，这就是所谓的命门后突。正所谓气足了，气遍周身，无使有缺陷处，无使有凸凹处。腰上面的命门处，原来的凹凸被气充满了，腰部胀开了，形成了一个腰圈，见图2-27。

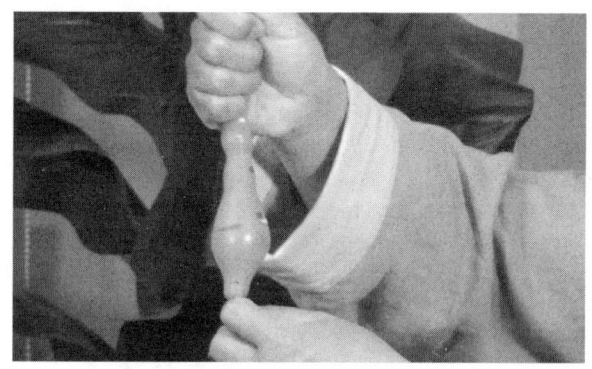

图2-27

结语

关于腰的3个说法，是习拳的3个阶段所出现的3种要求。
- 第一个是纯乎自然的放松；
- 第二个是气遍周身不稍滞，气进去了，竖直是自然形成的；
- 第三个是沉气，一放松，一沉气，命门就会一胀，就会后突。

这不是想象出来的，也不是刻意做出来的。

所以说这3个说法都对，是3个行拳的不同阶段的不同表现形式而已，别用错了阶段。

思考：

很多太极拳的要求，有时会让人觉得自相矛盾，让人迷惑。实际上，很多要求都没错，但要分阶段。如果在第一阶段，你就努力地要让命门后突，那就是故意在做，那是强为出来的，不是自然的，那还能放松吗？

再如，太极拳有一要求：掤劲不丢。如果你一上来就要掤劲不丢，哪来的掤劲？在身体内没有达到一气能流行周身的时候，你所谈的掤劲，所谓的刚柔相济、柔中寓刚等，只能是故意做出来的憋气，那是硬力，也叫拙力。而这种做法，是太极拳习练第一阶段必须要摒弃的东西。否则，你是在练外家拳了，一辈子都别想进太极拳的门儿了。

十六、练拳前应注意什么

1. 外八字站立，还是平行步

站立以双臂能装进两脚之间内沿为基本要求，但以最舒适的无极站立状态为原则，这是第一阶段。

前辈所讲的平行状态，包括护肫（zhūn）、扣膝、敛臀、裹裆等，都是到后期阶段自然形成的结果。在习练的前期，不要故意去做动作，那样会很别扭。

脚外八字站立还是平行站立，都不错，这是要分阶段来要的。

2. 双臂抬起，越来越感到沉重，是否有气感了

在打拳第一阶段，如果练错了，是因为仅仅关注了手，没有关注整条手臂，手上一个点要拉起整条手臂，所以感到沉重。要想着整条手臂，甚至忘了手，做对了以后，两条手臂会很轻松。

思考：当能够做到浑身放松了去练时，双手臂毫不用力，手臂像是被肩背催动了起来时，这时会感到双手臂的自重，受地心引力的作用，会感到双臂很沉，但又很轻灵，仍然是飘着的。这和第一阶段所感到的手臂沉重，甚至拉不起来是两回事，不能一概而论。

3. 练拳与其他剧烈运动的关系处理

有人问，练拳前应注意什么？跑步好不好？因为跑步出了一身汗，感到很舒服；练拳与去健身房运动矛盾不矛盾？练哑铃、练肌肉，与练太极拳矛盾吗？能不能既练拳又练其他运动？

我觉得，这样练的人还是初级的修炼者，还没有从原有的运动模式中跳出来。

那么，能不能既练太极又做其他运动呢？

可以，但脑子要分成两个：跑步时，不想太极的事儿；要练太极了，就把脑子排空，好好地放松身体，使气血畅通，静下心来练太极。但要明白，跑步、身体力量的运动，一定对太极运动没有什么促进，因为太极与剧烈的力量运动本质上是相反的。若想一门心思练出太极的东西来，那就别干别的剧烈运动，如跑步拉筋、举重等。

太极前辈李雅轩有言，一般拳术家在筋骨肌肉上练那些刚柔伸缩的动作，

而不是以神、以气、以意为主。如练太极拳，只是用这种筋骨伸缩的动作为主，那功夫就练不好。如果要兼练其他功夫，那势必将身体弄成浑浊、僵肉的劲道，那在轻重虚实变化上，就感应不灵了。

越轻就越灵，越松就越灵，越没力量就越灵。掺在一起，太极练不好。这些训练与太极没关系。

有人会质疑：什么运动都不能参与，那不成残废了吗？而实际上，行走坐卧不离这个，"这个"指的是太极的东西，即把太极的功能用在其他运动上，用在生活中。

如虚灵顶劲、走路跑步，也是上边拎着走。把太极的功能用在其他运动中，可以跑，可以跳，也可以以很大的速度去运动，但这必须有一个过程。在还没有练出太极的功能的时候，最好不要干其他的事；在有了太极功能之后，就把太极的功能，用在其他运动上。真到了有太极功能、太极劲的程度，一趟拳打下来，其舒适程度，可是比跑步出汗舒服得多，因为你的整个身体松透了，那是一种很爽的感觉。

十七、柔韧性与太极功夫

柔韧性不好，能练太极拳吗？如果练能练好吗？

很多人认为，练太极要柔，于是呢，去压腿，去抻筋拔骨，去涮腰，去压腿。要真是去参加竞技太极的比赛，他还真得这么练，因为竞技太极拳，有其规定的标准。

而传统太极的柔，不是这样练出来的，而是叫不带力的松，松出来的。其标准是不用力的最大位置，所以说一人一太极，各人在各人的最大位置上，左极就生右，右极就生左，也即阴极生阳，阳极生阴。

如一根弹簧，可以把其弯成圆形，也可以拉得很长，这是因为它的柔韧性的表现，但这恰恰是太极拳所不要的。为什么？因为已经拉出劲儿来了，不是那种不生力的松柔，再柔韧都没有用。

再如杂技演员，柔韧性极好，但与康老师一搭手，马上浑身绷紧，浑身都是浊力，身体硬得像一根木棍，其柔韧性一扫而光。

太极拳的柔韧性是松出来的柔韧，不是硬拉出来的。练习的方法，是在不用力的范围内运动，在刚刚感觉到紧的时候，就不要再继续了，这就是你的范围，慢慢经过长期的练习，不用力的转动范围会越来越大、越来越长。

如陈发科的拳照，胳膊伸得又长又直，但他照样不生力。但初练拳的朋友，如果也伸得又长又直，那就要叫他收回来一些，因为他生力了、硬了，这叫强为。

再如下势，勉强下去，再努着气上来，都叫强为，这都是太极拳所不要的。

我原认为，如果杂技演员也按照太极拳的方式方法来练习，那他一定会比较快地松柔下来。但康老师说，他们比你难。他们身上闷的劲儿大着呢！一动就是筋骨之力，扔掉并不容易。

结语

太极拳柔韧性的训练，是在不用力的范围内松开松长，松开的位置和范围因人而异，练的是不产生拙力的本事，保持住这种状态，练习下去，最终你也会发现你的柔韧性也好了。

松开与拉开是不一样的。

十八、太极新手的意识三部曲

什么叫意？心之所发谓之意，即脑子的关注点在哪里。

过去的讲课中，讲了很多形式上的东西，虽然现在才开始讲意，讲意思、讲意识，但实际上，从一开始讲拳，就在说意识了。

学拳是先从练意开始讲的。例如，六式太极基本功，一开始就在讲意。六式要练什么？要提高什么？要提高我们的中枢神经对自身微变化的感知能力和控制能力。

现在学习了拳理，理能产生意识，意识来指导行为，这个意的意思就越来越深了。

那么，刚开始学拳，意要关注哪里呢？

第一步，刚开始学拳，不要有别的意思，就一个——关注动作，所有的意识都集中在动作上。把动作的线路走对。如果动作还不会，让你注意这里、注意那里，注意得了吗？根本注意不过来。所以，你的意识，先只能关注在动作上，动作越复杂，你的意识停留在这里的时间就越长。所以康老师才编了六式基本功，一分钟就能学会一个式子的动作。准确地把动作打出来，而且越打越熟练，打到不用意识也能做出来了，让动作变成习惯，这时意识就不必再关注动作的线路了，可以进入第二步了。

第二步的意识，在动作已经不必思考就能熟练做出的情况下，意识就要去关注太极拳运动的最大特点了，即在无极状态下的运动，要学会放松了去运动、不用力去运动，千方百计去做到这一点。这一步的放松运动，也要一步一步来。先松手臂，再松腰，再松胯等，继而还要再去松双腿，要把自己不使劲儿的分寸、范围找到，就在这个范围内不用力地运动。就这样，要练习很长一段时间。

当你感到很舒适了，自我感觉不用力了，就可以进入第三步了（实际上，很多地方你仍然在用力，只是你不知道而已）。

第三步，要把意识放在太极拳的规矩上。

"太极拳的规矩极严"，这是指阴阳变化的规律。动作已经会了，基本上能放松了，在这个状态下，要运行阴阳变化的五大规律了，这就又进了一步。

六式基本功，就是用5个很简单的外形动作，包含了五大运行规律。把这五大规律运用在你的拳式中，时时刻刻用意识来关注这些，来感觉拳式中是否运行了这五大规律。

这三大块儿都做到了，可以说，你踏进太极拳的大门了，慢慢地，新手变成了老手。

这才是第一阶段。

艺无止境，等你跨过了第一个阶段之后，就要开始第二个阶段的学习了。你的脑子里，又会有新的意要产生了。这时，第一阶段的动作，已经可以下意识地运行了，就不必再去特意关注了，因为那些要求，已经变成了你的性。

就好像上台阶，跨过了第一个台阶，就要迈向第二个台阶，这时，不再关注第一个台阶。但这并不是说，第一个台阶不重要，没有第一个台阶，就不会有第二个、第三个台阶。所以太极拳有一句俗语：学什么丢什么。

注意，在第一阶段，就关注第一阶段的意，不要过多、过早地追求其他的东西，等你该上台阶的时候，老师会告诉你的（当然，要先找到名师）。

十九、把心法练成功法

有拳友问，六式基本功我已经连续练了两年多了，道理都明白，心法都知道，怎么还是在拳式中顾此失彼呢？

的确，康老师一行到山西一看，有拳友已经打了3年六式了，但还是不对。比如第五式神合太极，动作的线路很标准，没什么不对，但康老师一看，哦，不对。

那么，究竟是哪里出了问题？

问题在于，现在的通病是，人们过于重视动作的习练，一天到晚都在抠动作线路的细节，着重在所谓的标准性上。殊不知，动作是要做标准，但这只是第一步。练动作是为了练功能，为了练对自身的感知和控制能力。如果动作熟了，但仅仅停留在动作的层面上，还远远不够。

目标是通过动作感知内在的东西。

如果没有进行特别的训练，那这些功能，就没有得到强化。

如第五式神合太极，两手交叉运行，练的是意识要同时控制两边，而且控制的程度要完全一样，意识要关注两个方面，是在练平衡，也是把意识分成两个，一分为二，而且各占50%，以后还会再一分为四、一分为八等。

又如，搂膝拗步，前手关注了，那下手呢？

再如八式动功，在练下半身。这是要分阶段的，去年先关注动作的线路，再关注下半身，今年就要八式、六式结合起来练了，脑子就要关注上、下、左、右四个方面了。所以，要把心法练成功法，功法再变成功能。但心法变成功法尚需时日，因为心法变成功法需要一个一个专项训练，而且需要时间。

结语

很多人都存在这个问题：对太极功法的动作熟练，要关注的点及心法也都明白，也都懂。但懂与能在身上体现出来不是一回事。在太极拳的功法训练中，不仅动作要到位，还要训练功能和意识，这样才能把懂练成会，才能把心法练成功法，从而出来功能，才能产生功效。所以说知行合一是最难的，唯有先专项慢慢训练。

二十、练习沉肩与松而不懈的体会

1. 沉肩

①沉肩指的是肩胛骨不上抬，上臂及肩膀或上臂的根节，可以随着拳势的要求上抬，不受位置高度的限制。

②沉肩并非在拳式的定势时才有一个下沉的动作，而是在运动过程中边沉边运行，直至定势。如白鹤亮翅的定势，右手上抬很高，但肩胛骨却在随着手

臂的上行还保持下沉（在初级阶段，从外形上如此做即可）。有人可能会感觉肩胛骨不会下行，那就让心气不要随着右手臂的上行而跟着上浮，有意识地让胸中之气下去即可。

③沉肩并非仅限于主手，如刚才提到的白鹤亮翅的右手，而且要关注到左手，即下採手或俗称下按手。

再如，左搂膝拗步的左下按手。左下按手是向前下，左肩也要沉，从手过肩头，再从后背下来，从手过肩到后背的肩胛骨，这一条倒置的U形线，有对拉的劲儿。要松而不懈，肩胛骨要向下沉，向腰间沉（日后会逐渐地向脚下沉），这样就和手的前下伸形成一个对拉的形态。但手臂上的劲是回收的，即要吸回来，也即阳象阴性（参见太极图的右上斜角，在乾卦与坎卦之间的方位）。

现在想想当年傅清泉老师特别强调，下按手的手指要超出膝盖，原来道理在此！

下採手向斜前下伸，但劲儿是回收的，后背劲儿也往后下走。对方若和你顶劲，你的阳象阴性的吸劲，就可以将他拔过来。否则，你手向后下，后脊背也跟着上拔，而不会下沉，对方和你一顶牛，除非你劲儿很大，远远大于对方，否则只有被对方拉过去的份儿。

总而言之，沉肩可不是只指一个部位、一个动作，而是指所有的动作中都要注意到双肩的下沉，肩胛骨的气不要拔上来。后背的松沉劲特别重要。

说到松沉，这就涉及了第二个练习的重要内容：松而不懈。

2. 松而不懈

①首先明白何为松而不懈的正确的状态。六式太极基本功的第一式"结露凝珠"的功能之一，就是在专门练习沉肩与松而不懈。

用一根绳子比喻手臂，从指尖到臂根部。指尖到手腕为第一部分，手腕到肘为第二部分，肘到臂根为第三部分。

把绳子拉直，不要用力绷紧，也不让绳子打弯，这就是整条手臂松而不懈的状态。

然后，第一部分中间不要弯曲，否则就是手指的松懈。保持荷叶掌的形态，松松地展开。接着从肘处打弯，但尽管有了曲折，这三个部分原来的状态也都不能变。

用六式第一式演示并纠正错误，尤其要关注的点是手臂上行过肩后的状态，以及下行时如何折肘，直至双手下落至起始位置时的不懈状态。这种状态，同样适用于身上（除了四肢的部分）。

②身体即四肢除外的，肩、背、胸、腹、腰、胯这一大块儿。不过严格说起来，体指的是四肢，身指的是这一块，要保持身体松而不懈的状态。

身上这一部分也分成三大部分：①头部。指百会穴到颈部大椎这一条线；②腰部以上这一块，直至颈椎；③腰部以下，连带腰胯这一块。

首先，头部要徐徐拎起脊柱到尾闾这一条线；

其次，腰部以上到大椎，有微微上提之意，腰部以下到胯部，要有下垂之意。即腰分上下两层，有两夺之势，也即腰以上虚虚向上提起，腰之下，向下垂。

即拳谚所指的，松腰落胯。

最后，身子这一大块儿，也要保持松而不懈的状态，仍用有3个结的那个绳子来比喻此状态。

③松而不懈的状态在拳式中的运用。以两个式子为例。从按接单鞭，到单鞭的定势。其中要注意的事项是，从按的松肩放长开始，向左云摆。

此过程中双手指不能懈，双上臂与肩根部要松活，似乎有缝隙，在圆转中不要出现只有腰胯的转动而肩部搭车的不动现象。在双手向胸前回收中，整条手臂，尤其是上臂，不要塌懈。

注意意念向胸部脊柱中间收，向左前出左脚时，尤其要注意腰部向右侧的转动，直至双手分开，对拉拔开，松沉。肩部一直是松沉的。最后定势时，饱满而不紧、松而不懈。两手之间似乎有一线相连，两脚之间也有一线相连，左手与右脚之间有一线相连，左前脚负重，但是虚的，右后腿不负重，但意念让力下到脚底，把住地。整个单鞭的定势，沉稳而舒展，双肩下沉，双臂似流水向前后流淌出去。

单鞭接提手。此式的问题是：

·从单鞭之定势转接提手时，双手易懈，要注意转换时的手型，不要变，更重要的是，双上臂不要出现懈怠现象；

·将手臂向下採按时，容易挺胸，注意这是在收，需要微含；

·在双手下採按之后，又要向右前斜方出手的过程中，就一直沉肩垂肘上提，尤其注意到定势时，双肩向下松沉，上臂饱满，含胸拔背，身前似乎有一个空洞，重心位于两脚间的后1/3处，双手与胸腰命门处呈对拉两夺之势。

总而言之，松而不懈易出现问题的地方，在于手臂：

·手臂打弯儿了，不会松而不懈；

- 手臂往下的时候不会松而不懈；
- 身上不会保持松而不懈。

二十一、又谈沉肩坠肘

沉肩坠肘，是太极拳习练中的一大要素，也是最终是否达到放松的一个检验方法。

过去有些对沉肩坠肘的错误理解，如认为沉肩就是肩膀不能上抬；坠肘就是肘尖一定要朝下，不要翘。

问题在于，人们仅仅从动作外形上去考究，而没有认识到这些要求通通是讲其中的力量要扔掉。

沉肩，在肩关节松开的状态下，让肩劲下去，肩头、肩膀不是不能抬，而是放松了去抬，可以抬很高，但肩劲要下去。一个检验的方式就是心气下去了，肩胛骨不上抬。

坠肘，也同样要先让肘关节松开，似有缝隙，然后要沉肘。即同样把肘部之力扔下去。这里肘尖向下，有一定的道理，因为肘尖向下了，有助于下沉，也有助于沉肩。肘一翘，肩很容易就拱起来了。

前辈有言，两肘需沉得下，不沉则肩上扬，不适于用。但这里主要是说的要沉其中之力。即使有些动作肘尖不是向下的，如陈式的背折靠，只要把肘劲放下，也就达到了坠肘的要求。要让肩肘之力一直向下走，用意识去感悟，力从肩到肘、到手腕，一直到手指尖。

举几个肘部容易出问题的例子：

如起势和陈式的六封四闭：双手下按，肘容易带着力翘起来。

又如搂膝拗步之下手，在下行的过程中容易翘着，力量没放下。

再如野马分鬃的下採之手，先要松开肩肘，要注意，从沉肩到坠肘，节节贯穿，放下其中的力量。

结语

注意每一式、每一个动作，都要通过沉肩、沉肘，扔掉力量，从而达到整条手臂的放松。

2020.9.2

二十二、脊柱如何行拳

首先要明白，打太极拳的最终目标是周身一家，一气贯穿，如行云流水般。但那是最终的目标，目标的实现要一步一步来。

①首先，把全身各部位拆开，拆零散了，明白各个部位具体准确的位置。

②明确各个部位的具体要求，如虚灵顶劲、沉肩坠肘、含胸拔背、圆裆开胯、松腰落胯、护裆裹肫、旋踝扣膝等。

③明白以上各个部位的具体要求究竟如何遵循太极运动的规律来操作。

④手臂的连续、匀速、缓慢，也要运用到腿上，把四肢练成三只手。手怎么动，腿也怎么动。这是指的同一个运动状态。

⑤要开始关注脊柱了，先对脊柱要有感觉，在意识上要控制脊柱，使脊柱也在连续、匀速、缓慢地运动。如重心的移动，又如揽雀尾的前后移动，也即在任何位置，都是在动脊柱，甚至可以双手不动，而通过动脊柱来做前后、左右、上下的运动。这时，让双臂与脊柱连成一条线，腰部和脊柱一动，四肢也在从动，虽然没有时间上的先后，但有主次。腰脊是主动的，但又是被意识指挥的。

千万注意，不要让手老拽着沉重的身子走，要把意识，把主动性放在腰脊上，身体自然就轻灵圆活了。这样就如拳论上所言，"一身是太极，两脚是根基，阔狭随长短，如山不可移"。

2020.8.28

二十三、内气真动是啥样

有不少拳友经过几年的练习，身体内出现了一些感觉，如浑身发热，内气充盈，手指、手臂发胀，腿上尤其是小腿肚似有电流通过，似乎是内气在流动的感觉。有人把手扶在另一人的手臂上，能感觉到那人手臂上的皮肤内有东西，随着口鼻的呼吸，在向外或向内流动。

有这些感觉应该恭喜，这是习拳过程中，不断放松中会出现的好状况：发热、发麻、发胀，甚至发疼等。这也说明，你在关注自己的身体内部了，也是所谓的反观内视，对自身的认知提高了。

也有人讲，我意在把肢体放松、放长了去练，怎么反而觉得自己身上紧了呢？

这也是一种好的现象，说明你在关注身体带给自己的感觉了。

太极拳运动就是一个知己的运动。但这是不是就是所谓的周身一气了呢？或者说，这是不是就是所谓的内能量或内劲呢？目前的这些感觉和内能量有何区别？

还有一个很大的问题，会用脊柱来行拳了，是不是就是以意行气、以气运身了呢？

康老师明确地说：

内气运行，与口鼻之呼吸关系不大，甚至说没多大关系。

①脊柱行拳与以气运身，还是两个不同层面的事。但脊柱行拳是第一步。

②腹内、腔内之气是呼吸之气，而内能量之气，是在身与体的实体内。在上下肢体，以及皮肤、筋膜、腠理的缝隙之间。

③身躯肢体不断放松的过程，是在给内能量腾地方，在去除周身之拙力，就好像把水渠中的杂物、污浊之物，清理出去。

④先感觉自上而下拙力的下沉过程，如水泅沙般流了下去。

⑤在会向下走的情况下，再用意识带着它向上走，把它提起来。

最后，内气的运行，如水负舟，如一只空船漂在水面上，无人驾驶，随波逐流，遇到漩涡，船就跟着转，这完全是水流的作用。

我们的肢体，就像只空船。外形运动完全是内能量运动的外在体现；而我们的意识，在操纵着内能量即内气的运行。就像我们能够自由地、毫不用力地指挥手臂上下左右运动一样，那时是内能量即内气在操纵着身躯肢体的运动，这才叫真正的内气之动。

这是内意识导了气，从而气催动了外边的肢体，精神提了起来，举动轻灵。这时叫意、气、形。

松、松、松，太极功，结果是养出来的。太极功夫，不是苦练即可出功夫，但不练肯定不行。按照太极拳的要求，日日练习不辍，松松地去用功，功到自然成。

2020.9.2

二十四、为何太极拳中讲动即是静、静即是动，定势与动静的关系是什么

首先要明确几个概念：

动与静；外形与内里的状态；定势的内与外；松而不懈；转换与转关。

1. 动与静

（1）现代意义上的动与静，即外形上的动与静

从现代物理学的意义上来讲，动即运动，静即不动。当然，这都是相对而言。人类一切的行为举止，各种体育运动，也包括太极拳、太极操、太极舞，都有外形上的运动。运动停止了，即为静，也叫不动了。

（2）太极拳所独有的内在的动与静

这个内在的动，指的是身体内部的气血流行。而这个气血流行，一般人是感觉不到的，甚至会说，怎么可能会感觉到。这正是太极拳才独有的，所以太极拳才要求人们去用心感知自己的身体内部。先从外在形体的动作入手，慢慢地去体会，去感觉身体内部的状态。

这是一个漫长的、渐变的过程。方法是先浑身放松，但是还不能懈，这一点很重要。所以要放松、松开、松长，意识要达到手指尖，这一点也很重要。

这个很难，但并非不能做到。有些人经过这几年的修炼，有了一些感觉。如从头到胸、到腰、到尾闾、到腿、到脚，在下降心气的过程中，有一种如水浸沙的感觉。手指、腿部，甚至到脚面到脚底，有麻、胀、针刺、过电般的感觉，这些都应该是气血的流行，被你感知到了。

这个习练的过程中必须要缓慢、匀速、连贯地渐变，而且有几个词非常关键：虚灵顶劲，松而不懈，气沉丹田。岂止是丹田，而是一下子到脚底了。

上面讲的是身体内部的运动状态。

这种慢、匀、连续、松而不懈、不用强力的内部状态，就叫太极拳的静。这个静，是指这样一种性质，也叫根性，即所谓的归根曰静。其他拳术、其他运动，包括太极舞、太极操，都不具备这种根性，即内部之静。所以，哪怕动作外形一样，没有了这种静的内性，就不叫太极拳。

2. 太极拳的内外是同时修炼的

当然，先从外形上入手。脑子意识先关注外部的动作。渐渐要关注内部，先从外部动作的渐变、松而不懈入手，看看能不能从始至终地做动作，外形上都是这种如起势之前的预备势一样的状态。这就是在动中求静了，在求那个能运动但还不用强力的运动状态。

那么定势到底在干什么？为何康老师一再强调，到定势时要停一下？

3. 定势在干什么

在很长一段时间内，至少在入学的三四年内要操单式练，或者说把一套拳分成一个个单式来练。为什么？在找那个运动起来了、身体内部状态还不能变的运动状态。

这就需要你预备势先好好体会一下自己浑身放松时的内部状态，即那个内部之静。然后动起来了，看能不能仍然不用额外的力，还能运动。

这就是在动态的外形运动中，努力去保持那个内部状态的静，即这个静的性质能否在动作上体现出来。

定势是一式的结束，外形上静了下来。开始阶段要体会不动了，外形上静了下来后跟刚才运动时的状态一样吗？再接下来去动下一式，还能如预备势一般不用力而运动吗？

这就是第一阶段定势时要停一下的作用与用意所在。

4. 定势与转换

从外形上讲，定势之后要接下一式，这就要转换，这是动作外形上的转换。曾有一课讲过，要圆转过来，哪怕是很小的角折了回来，那个转的头也要从心里是圆转过来的。

就好比六式的第四式"上善若水"在左右极点的转换，重心左右极点都是圆转过来的，不能顺原路折回。

将来再前进一步，这个转换就不仅指外形了，而是指的内部劲力的转换。这个就要去学习太极图上的四象了，先把掤南、捋西、挤东、按北搞明白再说。

5. 转换与转关

转换可以指动作式子的转接，也可以指内部劲力的改变，但转关一定是指

内部劲力的转变。由阴变阳或由阳变阴，可能在动作转换时进行，也可能运动线路不变，这个关就转了，劲力的阴阳就变了。

如陈式拳懒扎衣的右手，从收回来到折出去了一直都是阴，中途放出去变阳了，手到头还在外出、外放呢，内劲已经变阴了，要收了。那个时候才是行云流水，动静如一。

结语

先从形态上找到静的感觉，然后去动作上保持住这种静的感觉，保持住这种状态去运动，我们就在练习初级阶段的动中求静了。

二十五、太极拳的慢练慢在哪里

大家都知道慢练是太极拳练习的第一大规律，因为拳论上有这样的说法：
陈鑫《陈氏太极拳图说》：能慢尽管慢。慢到十分功夫，就灵到十分功夫。
杨澄甫的《太极拳说十要》：以静寓动，虽动犹静。故练拳愈慢愈好。
所以，有人打一套85式太极拳能打五六十分钟，有人一套24式太极拳能打20分钟。而有人打85式太极拳就打二三十分钟，24式太极拳就6分钟左右，甚至更快。而且康伟老师打的26式太极拳也并不慢啊，几分钟也就完成了。

这就产生了问题：到底什么是太极拳的慢？

我们已经知道，太极拳的慢练是在练中枢神经，练对微变化的感知和控制能力，是在练中枢神经的灵敏度。

为何要练灵敏度？

从技击的意义上讲，是在对方只用了一点点力搭在你手上时，你的中枢神经即你的脑子，已经感知到了这种十分轻微的压力所产生的微变化，那么你的身体马上就可以在脑子的指挥下对此做出反应和应对。这是在训练阶段。

真到了神明阶段，根本不用去想，神经自然就给出了正确的反应。那叫神速。

练灵敏度，首要是身心放松。设想一块木板，你一个手指头碰碰它，它有反应吗？肯定没有。但如果身体如一汪清水，或者是一个气球，你再去按，它马上会有反应。所以要先练放松。松是为了能动，所谓松动；动是为了活，所谓活动；活动是为了灵，所谓灵活；灵活了意味着灵敏度提高，即微微一动，脑子和身上各个神经都能感觉到。所以打太极拳要慢慢地练，是在放松的基础上练中枢神经对身体各部位的感知能力。

所以才有老前辈一句话："挨哪儿哪儿是拳；浑身都是拳。"也就是说身上任何部位都很松柔灵敏，都可以在此位置上做出反应。这个过程很漫长，因为要从手臂开始，一个一个部位、一个一个关节开始练起。

浑身都松软了，也会放慢速度去感知身体了。这就到了今天讲的第二个阶段了。慢在哪里？又快在哪里？为何还有快慢相间一说？为何还说动即静、静即动？为何又说动中有静，静中有动？为什么还说从定势之静转到动，有动之机在其中？还有《陈式太极图说》上所讲的"消息盈虚"在讲什么？

简而言之，太极拳运动包含了看得见的动和看不见的动。就如那钟表上的秒针，看得见动；还有那分针和时针，看不见的动。

以每一式定势的转换转接下一动为例。定势，静了下来，一是在恢复原来的无极而太极的状态，二是这期间也在孕育转接下一动的动机。虽然外表上还看不出来在动，但胸、背、腰、腹之间已经有了动之机了，也即你的气机动了，阴阳的转变已在暗中进行了。

慢就慢在这里是虽动犹静，就好像一列平稳行驶中的火车，中途停下来，有时我们并感觉不到它已启动了。真动了起来了，外边也看见了，那已经成了势了。

但成势了，还要保持那个虽动犹静的状态，也即保持那个无极而能运动的状态。也就是康老师的一句名言："没力量能运动。最后达到如一汪流动的水，轻灵、圆活、无呆滞之象。"

二十六、何为磨盘腰

1. 何为磨盘腰

所谓"磨盘腰"，指腰要分成上下两层。腰在哪里呢？腰的确切位置在肋骨之下、胯骨之上，在系皮带的地方，此处没有骨头。这一块，练成上下两层，上层腰，即磨盘的上层，下层腰，即磨盘的底座。

上层是要动的，要转的，下层动静不大。至于下腰所连接的胯，更不主动，最多有些连动。要想把腰这一层练得动起来，先要去感觉它，时时留意它，甚至反向来练，这样越转越松、越活，慢慢会形成一个空间。中间这一块，会有特别空的感觉，会感觉中间像有一个皮带，这么宽的一层没骨头，这时就认识什么叫带脉了。等练到这个程度，上下腰就出来了，腰就活了。

那时才会真正知道什么叫松腰。这时你的整个人体分成了上下、左右四块，越练越松活，两肾开始蠕动，胯很少动，最后上下腰似乎长了一截。记住腰主动，胯从动。上边这一层腰拎着，下腰一松，胯就落下去了，尾闾骨就下去了。

2. 练身体各部位的顺序

①先从手臂开始练，练出对整条手臂的意识，放松整条手臂。相对来说，手臂是最容易练的，如果胳膊都不会松，根本就不用谈别的地方，因为没法谈。

②再松后肩胛骨，这是离胳膊最近的地方。这个地方平时动静很小，要练得它能动起来，后背才会松。

③下一步该松腰了，有些人，包括很多的拳师，练了几十年，并没有上下腰的概念。只要腰一动，就拉着胯动。要练到从腰这儿断开了，成上下两节腰了，腰就活了，才会知道什么叫松腰。

3. 为何要练松腰

康老师用推手来讲解松腰的作用。

康老师说，由于腰很松活，人从左边来推我，我腰一转，让你从右边过去了，但你看我的底盘没怎么动。如果腰不会转，人一推，一下子就顶到胯上了，你就动不了了。所以，别人在我身上使劲儿推，我的腰以上，即上腰，是一个转盘，可以来回转，转不到下边去，所以我下边根本就不理你。

这就是您和别人推手，对方好大的力，而您的两条腿却可以来回动的原因？

康老师说，以后腰这一块儿会产生气，丹田在这儿，就形成了一个气垫，这个空间就把你撑起来了。这个垫子有弹性，可以弹你，所以不用下边的支撑。如果没有这个气垫子，那"咚"的一声就传到腿上了。我的脚之所以可以乱跑、乱动，而手上还拥着对方不丢，就是因为这上下两层是分开的。

但您说过两人一搭手，您脚底下马上就有感觉了，您的身体是被中间的气垫，上下腰分成两截儿了吗？脚底下的感觉是什么样的？要保持吗？

康老师说，气垫子是连通上下两边的，中间的气可以马上传到全身，我可以仅用上边托着你，你感觉力很大，我下边不用力，这时我没动，不活。真正一动起来，通过中间这个气垫子，这个枢纽，气垫子一转，两边都特别灵，上边的劲儿可以传到下边去，下边的劲儿可以返到上边来，浑身上下就同时全传到了。

腰为主宰，为枢纽，就在于它是连通上下的。

如果腰自己本身是一个东西，不是两层，那么，它两边连接上下，这样上下身和腰就只是一个东西，你若转腰，必定连着上身和胯，这就只能叫作水桶腰。

所以腰是断开的，上下腰中间有一个气垫，上下两层腰，产生相对运动，甚至相反运动。腰越来越松、越来越活，转动的幅度会越来越大，还不拧劲儿。

这即所谓的磨盘腰，真正把腰练成磨盘腰了，腰练活了，拳技就又上进了一步。

2019.1.24

二十七、把拳打到身上

大家学习了拳理、拳论，自以为都在按照要求打拳，但仍让人看到是木呆呆的，自己也没有感到灵活，原因何在？

还有人打了多年太极拳，动作线路，看似已经十分标准，但也是让人感到呆板，到底哪里出了问题？如何解决这个问题？

这已经不是初级阶段的问题了。

在初级阶段，拳友需要先从手脚的线路开始，每个式子的运行线路，要先比划下来。手上的动作多，而且明显，先从手拉上臂开始，到上臂带手，再到整条手臂运行自如，而且都不用力，松松的就可以运行了。在这一阶段，拳架已经很规范了，但给人的感觉仍是木讷的。

这时要上台阶了。这个台阶，即李亦畬前辈说的五字诀中所要求的第二诀：身要灵，否则身滞，则进退不能自如，故要身灵，手不可有呆像。

还说一句：拳要打在身上，不要打在手上，要周身一家。

这个周身，由两部分组成，一个是身，即胸、腰、腹、背、胯；另一个是体，即四肢。

周身一家，就是这个身和体要动全动、要静全静，要保持一个状态。

所谓灵活，身要灵，先要活；身要活，要先能动，所谓活动，活而能动。

所以第一步，把木板一样的身，让它先能有动静，先要能动起来。否则，木板只会移动，哪怕转得再花哨，也只是一块木板。要把木板由滞而动、而活、而灵。

这是一步一步走来的，最后达到如水的程度。这时打起拳来，就是用身体来打了。

气贴脊背，后背在动。身子在随手的运行而一开一合、一上一下、一左一右；随手的交叉，身子能向胸前折叠，向中间收；同时，随手的外张而外放、外展。身子在一伸一缩中自运动。而双臂是随身而飘起来的，这就是流拳了。

简言之，身与手是一个动作，要用身子来体现手的线路。身子的伸缩要不停，因为真正的开合在身上。这才是真正的左手管左半身。

但目前的第一步，先让身子、后背这一大块儿能动起来。接下来才有第二步、第三步。

这是在松体，继而松气，接下来松意，最后是松神了。

真正到了用身子打拳的程度，你的拳已经真正上了台阶。

2020.7.7

二十八、太极拳中的二元与多元思维

近期的会员课讲了几个概念：

·有前即有后、有左即有右等，即要有二元思维。

·还讲过上下左右转动的状态要一样，无区别，即混元状态。

·拔背要放松后背。

·还讲过要分清内与外。

总结如下。

1. 认识身与体

身，指肩、胸、腰、腹、背、胯这一大块，即去除四肢的这一块儿。大家对四肢，即体，已经有了明确的认知，尤其是上肢。目前主要是要深入认识身。所谓认识，指的是头脑意识要先特别关注到它，要对它产生意识和感知，以后才谈得上控制。

2. 肩背与腰胯是关注的要点

如何关注？

①先去认识肩、背、腰、胯是否放松了？是否松到能动、能转的程度了？这需要过程。我们的会员中有一批人已经能做到这一步了。

②在能松开、能松松转动的前提下，要去认识它们都是圆运动。即肩有肩圈，前胸后背也是一圈，腰和胯也分别都是圈。能否在感知到左前胸向右走

的时候，也同时感知到后边的肩背在向左转？能否感知到前腰在向左转时，而后腰在向右转？能否感知到右胯向前走时，而左胯在向后转？同时捎带了腿上的左顾右盼。能否感知到双手向左，后背要向右？左手向左前上，而后背向右转？双手向下，而脚却向上？

③在身上已经松而能动、动而能转的情况下，要特意去关注腰脊为一身运动之主宰了。就像一个拨浪鼓。腰脊这一中轴在主动运动，从而带动四肢百骸运动。

④练出浑圆状态。在能以腰脊为主宰来进行运动的情况下，要去关注运动中的上与下、左与右、前与后了。这些从外形上看是相对运动或相反运动。要去感知，是否上下、前后、左右给自己同样的感觉？如一个气球，上下、左右、前后没有分别，这叫浑圆状态。这已经不是二元认知了。这时，可以站浑圆桩了。站浑圆桩的要点在于要特别关注后背，因为后背很不易放松，一般都是紧的。但经过我们的特殊训练，后面已经变软、变松，而且能动了，这才是站浑圆桩的前提。

练太极要从单纯的一元线条思维过渡到有上即有下、有前即有后的二元思维，继而向浑圆的多元多维空间发展。但多元思维是先从二元思维开始练起的。

⑤松柔与僵柔不同。人们的训练，一般既能放松上肢，也能放松身子，不过四肢一运动起来，看起来也很柔软，但身上还憋着气。身上一紧，就会传导到四肢，尤其是上肢这两条手臂。这是因为身心使劲儿了。

我的感觉是身与心不可努气。要把心气彻底放下，即彻底放松，也即老生常谈的虚灵顶劲、气沉丹田。这个需要个人去慢慢体会，自己试着打几个身心使气的动作，但外表上也很柔软，再对比放下心气的动作状态，要去体会舒展、大方、松松的、柔柔的、怡然自得的状态，应该是能比较出来的。

⑥在身与心放松、不使力的状态下，练习一段时间之后要再上一个台阶了。这个台阶就是要分出内与外。我们已经会以脊柱来行拳了，浑身也松柔了。松柔到一定的阶段以后，要认识内气的下沉，即内和外要形成两个东西。先从"上善若水"开始，手还没有下行，先手不动，试着松身、松气，把身体放空，然后手再跟着下行，一路无阻碍下到最底下，但还要注意此时的手勿懈掉。

这是以意导气、以心行气的初级训练阶段，是在以腰脊为主宰行拳的基础上才能做的。这个距离以气运身的阶段尚有时日，但若以养生健身、修心养性为目标，只管日日练习不辍，以气运身便指日可待了。

第三章　理论与实践进步篇

本章探讨更高层次的一些问题，不适合初学者。

一、跨越了初级动作线路阶段的习练要点

参加中级课堂学习的会员，已经经历了初级阶段的动作线路学习，对太极拳六式基本功已经能够熟练地操作，太极拳套路的动作也已经很熟练。换言之，已经过了第一阶段的模仿架子、抠动作的学习，现在学习重点要转移了。这是一个升级或提高的阶段，很重要。也可以说，这一阶段关乎能否真正进入太极之门。

①练太极拳一定要用心意来借假修真。

心意，即脑子里有一个设想的状态，这是一种假设和引导，也叫作借假修真。例如，现在一运动，要飘起来动。把飘的意识放进脑子里来做一个动作。

康老师对比着做了两个懒扎衣的式子。飘出来的动作，与一般用手臂打出来的动作，在直观上给人的感觉就不一样。

拳谚讲，一举一动，周身俱要轻灵，尤须贯穿。所以放松了，手臂伸出去又落下来了，脑子里想着，就好像一张纸轻轻地飘出去又飘回来。把这种意念、意识先定在脑子里，然后在动作中去感知它，这就叫借假修真。

②太极拳的习练，不是练动作，而是练感知和控制，练动中求静的感觉。

不要再去死抠动作线路了。要通过动作，来练感知和控制。首先，感觉无极的状态。一个动作出来，我用脑子在感觉是否用力了；一串式子出来，从头至尾，我是不是都是这种无极状态。静静地站在那里，预备要打拳了，这种无极的状态好找。而实际上只要手脚一动，身体的状态就变了，也即在运动中尽管有动作，但还要保持住那种放松、不用力的无极状态。

这是很不容易的。那么，就用几个式子、几个动作慢慢去找，看看何时为无极状态，何时又不是无极态了，并随时注意去调整到无极状态。更重要的是，要随时去感知这种身体上的动带给你的感觉，时时问自己：我是不是处于

无极状态在运动呢？

太极拳叫知己运动，也叫知觉运动。动作、拳式，只是载体。训练这种感知无极状态的感觉功能，才是目标。这是在训练一种功能，一种控制的功能。从单式入手，这就是在练功。

③太极拳的放松是先不懈，再去放松，即松而不懈。

放松既是习练太极拳的目标，也是一种方法。其最大的原则是要在松而不懈的前提下去放松。

具体方法及要求：先找到几种状态，即松、懈、松而不懈。有了对比，就方便鉴别。

松而不懈的检验标准：一放松，骨节、筋膜、肌肤都是舒张的；一放松，不是往回缩的，不是瘪回来了，反而长了、舒展了。这里要用到两句口诀：上则虚灵顶劲，下则气沉丹田。

先从外形上去找一找，然后要用脑子去明确感知放松给自己的感觉是什么。

④练太极拳要拿出单式多练习，所谓少则得，多则惑。

通过练单式，找自己的毛病，仔细去体会这个式子中的紧张点在哪里？然后去调整，去掉这个紧张点，时时检查自己。

一般来讲，感到不顺、紧张了，这就是不松了，那就要想办法去放松这个部位，最后达到在训练过程中，整个状态都是放松的、自然的、舒畅的。

这里插一句，心理上的、思想上的放松非常重要。这是在练一种功能，也是唯有太极拳的习练才具有的功能。即，没力量，能运动。

二、太极拳运动的第二大特点：松而不懈与沉肩

慢练是太极拳运动的第一大特点，在明白了其道理的情况下，用脑子、用意识专注于身体各部位的微变化，其目的是训练中枢神经的灵敏度，训练对微变化的、对渐变的感知能力，从而达到人不知我，我独知人。

太极拳运动的第二大特点是放松，不用力。

1. 为何要放松不用力

许多人认为，放松不用力、动作舒缓，是老年人的专利，因为年纪大了，没劲儿了，所以适合这么练。也因此，许多中青年人不屑于习练太极拳，认为慢慢腾腾的，能练个啥呀？

都说生命在于运动，但人人知道，一运动就会消耗，越是激烈的运动，消耗越大。但如果不动，身体机能会逐渐地削弱、消减、消退，这似乎是一个矛盾。

中医的思想、中国人的哲学智慧是养生，要动而不损、养而不耗，既能运动，还不损耗。这样的运动才是对人体、对生命最好的运动。

什么运动能做到这一点呢？唯有中国人发明的太极拳。

再看陈鑫《陈式太极拳图说》：拳名太极，实天机自然之运行，阴阳自然之开合也，一丝不假强为，强为者，皆非阴阳自然之理，不得名为太极拳。

太极拳运动是自然之开合，一丝不假强为，强为者不得名为太极拳。所以，太极拳的运动，要放松，不用力。这既是方法，也是目的。这需要练，需要在明师指导下练习，而且全身各个部位上的运动都要不用力，都要实现这种松弛的状态。在最舒适的、最不用力的、最自然的状态中，不是仅仅动起来，而是要始终保持住这种不用力的运动状态。

这是很难的。

不信，您可以看看他人打拳，也可以自己试试。一般人一打、一动起来，浑身充满了力量，肌肉、韧带全绷紧了，而自己还不自知。这就不叫太极拳。

那么放松、不用力、能运动的标准是什么？是松而不懈。

那么，什么是松？什么是不松？什么叫松懈呢？什么情况才是松而不懈？

2. 松而不懈的概念区分

（1）松而不懈的状态

请看下面几幅示意图。

①这是松过了，产生了懈，是阴的状态。（图3-1）

②这是产生了力，是阳的状态。（图3-2）

③这是松而不懈的太极状态。（图3-3）

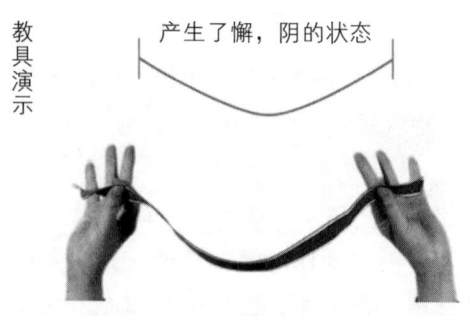

图3-1

教具演示 ←产生了力，阳的状态→

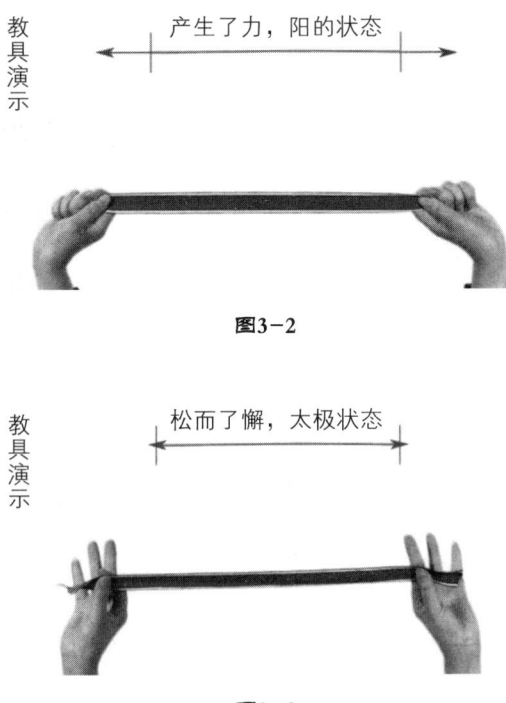

图3-2

教具演示 ←松而了懈，太极状态→

图3-3

说明：不生力的最大位置，既不生力，又不松懈，即阴的中节位置，又是阳的开始位置，即阴即阳、阴阳混一的太极状态。这种状态，就是松而不懈。

换言之，不用力的最大位置，不松、不懈。这是一种状态。

（2）用身体来演示对比

请看下面5幅图。

①侧平举，不用力。（图3-4）

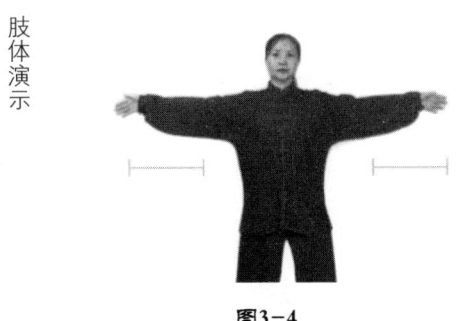

图3-4

②侧平举，用力了。（图3-5）

图3-5

③侧平举，懈了。（图3-6）

图3-6

④侧平举，太极状态，松而不懈。（图3-7）

图3-7

⑤双手上举，最高处、最大化，但松而不懈。（图3-8）

图3-8

注意：一人一太极，各人肢体松而不懈的状态都不一样，每人有每人自己的自然状态，要纯乎自然。

在不强为而又松而不懈的状态下运动起来，带着规矩、带着脑子去打拳，一伸手，刚刚有一点抻的感觉了，脑子对此很明白，再抻，就要生力、发紧了，那就到此为止。这样去练，练的才是太极拳的东西。

要做到松而不懈能运动，十分不易。慢慢地，你的松而不懈的范围会逐渐扩大。

小结

阳将生阴之时，阴将生阳之际，即阴即阳，阴阳混一的太极状态，就是松而不懈的状态。在此状态中能运动还不用力，这是在调养气血的流行了。慢慢地，气血的流行会越来越通畅，从而养生的目的就达到了。

三、练功与练拳的关系

讲到这里有人会问，都在讲"练拳不练功，到老一场空"，我们是不是还应该去练一些辅助的太极功呢？比如说，踢踢腿、压压腿、涮涮腰、抻抻筋、拔拔骨，甚至去举举杠铃等。

首先要明白这样几个概念：练功、功能、功效、功夫之间的关系。练功就是按照要求去练，在做到这些要求以后，可以产生出相应的功能；有了这些功能，可以产生出相应的功效；功效出来了，就可以说有了相应的功夫了。

比如，我们前边说到的慢练，要练出神经系统的灵敏度；放松了去练，还要松而不懈，这个要求达到了，能练出调养气血的功能。

康老师编的太极六式基本功，就是一套基础功法，它把太极运行的五大基本规律都囊括其中了。把这一套功法的功能练出来，并运用到拳式中，可以起到事半功倍的效果。

整体说来，太极拳的修炼有两大功能：一是技击，二是养生。现在先说养生。

于是又有人问了：我练哪种太极拳好？

有人回答：你年纪大了，还是练杨式的吧！杨式太极拳大松大软，不发力，适合老年人。

或者说：你还年轻，练陈式的吧，陈式拳刚猛发力。

这种说法是不对的，里边有极大的误区。

首先，各门各派的太极拳，不管是陈、杨、吴、武、孙、还是郝或李，只要是太极拳，均把王宗岳的太极拳论放在首页，也即太极拳的共性是一样的：都要慢练，都要求放松不用力，柔中寓刚，四两拨千斤，人不知我、我独知人；都是即刚即柔，阴中有阳，阳中有阴，刚柔相济，等等。

太极拳的大原则是一样的，要练的功能是一样的，这是共性，但又各有各的风格。比如，陈式太极拳讲的是缠丝劲儿，而杨式拳讲的是抽丝劲；有的刚劲表现在外，而有的刚性隐藏在内，外在不表现。

注意：有人讲，陈式拳费劲儿发力，天天震脚、跺脚，腿受不了。这是练法的绝对错误，真正的陈式拳不是这么练的。那是在功能已经练出来了以后，要用到这个功能了，在技击上要体现这个功能了，才这么用的。现在连劲儿都没有，就用力去练跺脚，完全错了！

所以，当有人看到康老师讲课，就纳闷了：怎么什么太极拳都能指导怎么练？怎么练什么太极拳的都去听课？就发生了疑问：康老师不是练陈式的吗？怎么也去指导杨式啦？

其实，练太极拳的大原则没区别，区别仅在于架势和风格上的不一样。而我们练习太极拳，首先要注意练共性、练功能，其次才是风格问题。各门各派的太极拳中，有许多共性的要求。如前边讲到的慢练、松而不懈。

还有一大堆的要求，如沉肩、坠肘、松腰、落胯、虚灵顶劲、气沉丹田等。注意，这些要求是为了练出功能，都不是去做动作。而太多的人，把这些要求当作动作在练、在打，其实根本没有练功能，所以，练了一二十年甚至二三十年了，可以说是白练了。

暂且不说技击。

要达到养生（包括技击）的功效，习练中还有诸多的要求。这些要求的目的是什么？要练出什么样的功能？达到什么样的功效？最后，不仅能调养自己的身体，而且能修心养性，你的心性、思维模式，都会随之发生改变。

要达到太极拳的养生功效，除了前边谈到的慢练、松而不懈，还有许多独特的要求。

1. 沉肩

太极拳运动的第三大特点——沉肩。

沉肩是所有太极拳都强调的一项要求。于是，在书中、在现实中，看到人们在要求上臂不能抬过肩头。如做白鹤亮翅，手臂不敢上举，怕举过了，肩头上去了，就达不到沉肩的要求了。这是一个极大的误区。

首先，何为正确的沉肩？要沉什么？沉肩有什么作用？会产生什么效果？

答案：沉肩是沉肩劲。肩在哪里？上臂与肩头之间的关节，要对拉、松开。真正的肩，指的是后肩胛骨，上臂上抬多高都没关系，但后肩胛骨要向下走，肩劲儿要顺着肩胛骨的下行而放下去。所以白鹤亮翅，手和上臂抬多高都没关系，越高越好，只要后背上的肩劲儿下去。

要做到这一点，必须把上臂的根部与肩头之间松开，手臂一过肩，通过放松后，肩胛骨要一直下放，力量也随之而下，上臂尽管上抬，千万别沉上臂。沉肩，要先松肩，肩关节可以很灵活。

它能产生两大功能：一是肩关节处不会得肩周炎；二是在推手中，在对方把手按到了胸口上了，通过松肩、沉肩，把后背的力量放掉，推来的反作用力顺着肩头下去了。在对方进攻上身时，沉肩就显得尤为重要。

真要养生，把肩松开，肩胛骨和上臂一下一上，反方向走，可不是越沉越死，粘连挤压在一起。

2. 为何很多人练太极拳练坏了膝盖，怎样才是正确的方法

练太极拳很多人练坏了膝盖，这是不争的事实。康老师、杨俊秀老师本人都亲身经历过。还有无数的太极冠军、太极教练，包括大师级别的，更有众多的太极爱好者，不管是竞赛套路，还是传统套路，都伤了膝盖，水肿、疼痛，上下楼困难，上场比赛都需要先吃止疼片。

奇怪的是有些专业部门，更有些专家仍坚定地说，练太极拳不会伤膝盖，反而有益于膝盖，所以疼，是因为方法不对，并且教给大家一些方法，如将膝盖对准脚尖向下挤压等。

现在不争的事实是，很多人现在练太极拳的确练坏了膝盖。嘴再硬，但骨头不硬。

仅仅辩论是毫无意义的，问题是太极拳竟然对习练者造成身体的伤害，这

个问题就大了。所以,现在的问题是要搞清楚:为什么这么多人练太极拳,原本是为了养生,却练坏了膝盖。问题出在哪里?怎么来解决这个问题?这才是科学的态度。

(1)为什么膝盖会受伤

原因是:

第一, 人们认为,拳架越低,步子越大,脑袋还得保持一个水平线,身体不能起伏,要弓着腿走,这说明功夫好。

试问:这还是正常的生理状态吗?这还是太极拳所要求的一丝不假强为的自然状态吗?

第二, 要放松。人们理解成了身体的重量要压下去,要压到脚底,让这100多斤的体重,对地产生一个反作用力,而且身体还不能起来。

试问:上身下压,下身上顶,都挤压在膝关节这儿,那膝关节如此负重,能不水肿吗?能不疼痛吗?还有一些独立步,本来就难以平衡,要尽力去保持平衡。于是专家就说,这个是腿部力量不够,要去锻炼腿部力量。试想:一个要退休的人,或已经退休的人,身体各个功能都在衰退,骨骼已经在发硬、变脆,这是大自然的规律,这时要再去练力量,不是事与愿违吗?

就是年轻人也不行!去问问那些世界冠军,那些天天使劲儿震脚的人,有几个人的腿是不疼的!

那么难道太极拳就真的伤人、伤膝盖?那还练什么太极拳呢?

事实是,真正的太极拳运动,对人体、对四肢百骸,是会起到保护作用的,是非常有益的,而且比任何其他运动、其他拳术都有益。问题在于,人们对太极拳的理论、要求理解错了,解读错了,练法完全错了,当然结果就不一样了。

真正的太极拳运动,练对了,会让膝盖不受伤。那么,其要求是什么?原理是什么?能产生什么功能?又能产生什么功效呢?

(2)怎样才是不伤膝盖的正确的方法

①虚领顶劲:虚领顶劲。不是顶上边,而是用意识、用脑袋拎起脊柱,轻轻地拎、轻轻地放,顶精领起全身之劲。虚领,不能用力,上身是悬在这儿的。这样,撤掉了上身下压之力,就像那西山悬磬,那大钟再重,也是悬在那里的。这样就解放了双腿的支撑力。

能虚领顶劲,就能气沉丹田。

注意：此"领"，非向上顶，头上顶个东西去练，大错！对概念的理解全反了！

②如履薄冰，脚踏浮萍。撤掉了上身的下压之力，还要撤掉地上的反作用力。人们目前之所以练错，是因为理解错了这么一句拳谚：其根在脚，发于腿，主宰于腰，形于手指。于是人们用脚使劲蹬地，要入地三尺，前腿弓、后腿要蹬，让地上产生反作用力，再通过腰到手。

人们忽略了下面还有这一句：凡此皆是意，不在外边。说的不是外形，全是意。这其中的根，指的是归根曰静。今天先不详解。

那么，脚下要达到什么状态？要感觉、感知什么？要像踩在薄冰上或浮萍上一样的感觉。

这是太极拳脚下的感觉，不仅不能蹬，不能用力踩，还要想办法让脚能悬起来。不踩、不蹬，反作用力就小。

具体方法有3个：一是虚灵顶劲，上身被拎起来了，不下压了；二是开胯，胯让开，上身的压力从两胯之间掉下去；三是屈膝，膝是向上升的，为了撤脚下之力，这个屈膝开胯的动作就像冲浪和滑板，腿部一弯曲，外形上看是下蹲状态，实则在撤脚下之力。意想地面随着膝盖的上抬而上升，而非下压。

③上动下随，下动上领。此要求也是太极拳才有的运动特点。

那么，什么叫上动下随、下动上领？把人体分成上半身和下半身，即从腰带这一块分开，上身要动了，下身就从动、被动；下身要动了，上身要领，仍然是上边主动，下边被动。

也唯有太极拳才这么练。想想太极拳六式基本功的第三、第四、第五式，两腿都不要用力，上身的左右移动，都是脑袋拎着上身在移动，即用意识领着脊柱移动，不许蹬腿而领动下肢。也可以坐在椅子上，下肢完全不动，来练习腰上的左右来回移动。这样可以让腿不承受迈步之力。意识放在上身上，脊柱领动下肢。

等练到中级水平，就好像能站在水面上，人是漂浮的。

上动下随，下动上领，这是太极拳显著的特点之一。这也明确地告诉了我们，身体在太极运动中的主次关系。也正因为太极拳有着不同于其他拳种和其他运动的独特的运动与思维模式，才产生了太极拳特有的技击和养生功效。

小结

通过学习，我们知道了太极拳有其独特的养生功效，有其独特的道理和哲理，这是其他任何运动所不具备的。也因此，太极拳有其独特的训练方式，从而能产生独特的功能与功效。仅从前边列举出来的慢练、沉肩、不用力、松而不懈、虚灵顶劲、脚踏浮萍、如履薄冰、上动下随、下动上领等，我们知道，太极拳在培养中枢神经系统对身体各部位的微变化的感知和控制能力，在练中枢神经的灵敏度；不用力，还能运动，动而不损，养而不耗；沉肩、虚灵顶劲，对肩颈脊柱的调节作用非常大，而且脚下的虚空，不蹬地，头部拎起上身不下压，上动下随、下动上领，解决了腿的负重问题。

这些才是真正的太极拳要懂得的哲理与训练模式。如果违背了真正太极拳的哲理和运动规律、运动方式，不但达不到养生效果，还会伤害身体。

所以，不要拿西方的运动学来指导太极拳运动，因为它与中国传统太极拳的思想、对事物的认知规律，在很多地方是不一样的。

太极舞、太极操，只是以太极拳架子为载体的艺术或体操。没什么不好，但它们绝对起不到太极拳所能起到的养生功效，将来也决不会起到太极拳的技击功效。

萝卜白菜各有所爱，想清楚自己想要什么，然后做出选择。

四、关于"力"的看法

中午翻阅微信，看到大家在讨论"力"的概念，我谈谈我的看法。

首先，太极拳的力（即内劲），不能用现代物理学的逻辑和概念去思考。

我也曾经去求教过物理教授，问及人之体重、劲力，在秤上会不会有改变？回答是不会。

我也曾很困惑。体重没有改变，那人怎么会就变虚了、空了，就飘起来了呢？

但四五年前在北京大讲堂，第一次摸到康老师当什么都摸不着时，第一次感知到了什么叫无底洞。

又经过这几年的学习，不断地按照康老师的要求，一点点、一步步放松自己，才有了一些真实的、不一样的感觉。身体由松而柔，进而进一步放松、松开，继而双臂像飘起来一样运行。这才是真正进入了太极拳的门口，即用身体、用脊柱带动四肢来行拳。四肢毫不用力，没有了重量的感觉，也感觉不到地球的吸引力了。

现代人对科学的理解，还仅限于对三维空间的认识，最多也就是试图用三维空间的认知来解释四维空间的形态（说形态，恐怕都不大合适），但至少现代人对人的意识有了深一步的了解。

意识也是一种能量体，而太极拳正是充分利用了这个意识能量。

人们目前对世界的认识，对太空的认识，对宇宙的认识，可能还不到1%。认识到的、经过论证的，现代人称之为科学；认识不到的，解释不了的，认为不是科学，或者就称为伪科学。

其实，许多的伪科学，在将来甚至有可能就是科学的了。

就像中医里的经络，过去西方医学根本就不承认，因为解剖开人体，看不到组织结构。但现在，已经可以用科学仪器扫描出来了。他们开始感叹中国老祖宗的智慧。

我十分信服康老师对太极拳理几十年如一日的认真研究。我不知道还有哪一个人能做到像他一样，20余年埋头钻研一件事儿，默默无闻。

康老师之所以能如此坚定地守住这样一个信念，是因为他在前辈太极大师身上有过亲身的体验，知道那个真的太极劲到底是什么，再与理论相结合，又反复多次从自己身上求证、论证、验证，才有了今天的功夫上身。

因为担心前辈的真东西毁于当代，再无后人继承，所以才有了今天的太极观真大学堂。

太极拳的学习是一个知"道"、悟"道"、行"道"、证"道"的过程。仅仅听听课，可以说知"道"了，已经很了不起了。

但之后的路还很长。重要的是要信道。

而这个"信"，唯有先在老师身上亲身感悟。我们新乡几位拳友，得益于经常与康老师见面，一见面，总要在老师身上摸一摸，感受一下。从2016年以来，至少有十几次了吧！

我本人更是受益匪浅，因为光是电话，就与康老师有一二百次之多。

我已步入古稀之年，没有什么奢求，只求体内一气流行，养生足矣。

当康老师看到我已经能浑身不挂力了，他才开始按照太极拳的技击原理来抠我的拳架。否则，原来的架子再标准、再漂亮、再是无极太极的状态，都还不是太极拳。

打一套明明白白的太极拳，整理出跟随康老师学习的感悟，带领身边的拳友一路前行，就这么一个小小的目标，别无他求。

五、身形腰顶论

习练太极拳的人大都知道杨式太极拳32目第8篇"身形腰顶论"。尤其对第一句话耳熟能详。请看全文：

> 身形腰顶岂可无，缺一何必费功夫。
> 腰顶穷研生不已，身形顺我自伸舒。
> 舍此真理终何极，十年数载亦糊涂。

目前就我所知，人们大多对"腰顶"理解为"腰要顶，要挺，要用力"，还有人把"顶"解读为"顶点、极点"，等等。

这是对此拳论的误解。

康老师专门对此身形腰顶论做了一节会员课。我们来分析一下。

1. 腰顶指什么

此段话是太极拳对身形的两个最重要的要求。首先，要搞清楚两个概念：

①腰顶，指两个部位，即腰和顶（头部）。

从文中第二句话"缺一何必费功夫"就可以分析出这不是指一个部位。缺一，没有二，或更多，何来一？

②身形：身，指身体除去四肢的这一大块。体，指四肢。一字一个意思。

腰和顶，这两个部位在行拳中起到非常重要的作用，缺了其中任何一个，都练不出来的。

2. 腰顶的要求

对腰的要求是，松腰落胯。要做到松腰落胯，必须先要认识到腰的位置，即两肾，也指肋骨之下、胯骨之上这一圈儿。必须要先能气沉丹田，把腰分成上下两层。上腰之上，随顶劲虚领起，下腰随胯的放松，让尾闾下垂。上边吊着，下边沉着，如西山悬磬，又如滴答滴答的钟摆。

对"顶"的要求是，虚领顶劲，用头部之精气神，也叫顶精，把自己的上身拎起来。

腰和顶，这两个功能都练到了，脊柱就处于一个拉伸、伸长的状态，这就是"身形顺我自伸舒"。其结果是，环绕脊柱的中枢神经系统，会得到加强，从颈椎、脊柱、一直到腰椎、尾椎骨上的毛病，都会得到按摩与改善。

注意：在练习腰与顶的过程中容易出现的问题是，上身很不容易被拎起来，这时要多关注意识的主导作用。另外，要注意克服身体的重力与惯性的作用，也即在身与四肢向上行走时还比较容易把控，但下行时很难把控。这其中有地心的引力作用，也有惯性的作用。

另外，虚领顶劲，要注意虚是领的结果和状态，是悬起来，而不是拽上去。拽的力量要大于悬起来的力量。悬过了头，就成了拽，就是实领了。外表上并看不出来。一旦外表上能看出来你在上拎，那就已经过了。还有一个判断的方法：双脚不动重心移动时，不要尖裆，是平移过去的。提腿迈步换重心时，注意不要拎过头就行了。

记住：用顶劲把上身拎住上升或下放。

否则，"十年数载亦糊涂"。枉费工夫。

六、再谈太极拳的放松

放松是太极拳习练中的第一大要求。

拳谚讲："松、松、松，太极功。"练一辈子太极，要松一辈子。但人们在习拳中，不大清楚几个关于松的概念。在具体拳式操作中，还有疑惑。

1. 松沉、松开与松坠、松懈的区别

①松沉。沉，是要把身上颈、肩、腰、腿、臂中的力量放掉，放到脚下去。降浊气，也叫扔拙力。同时，还要虚领顶劲，顶头悬。虚领，是清气上升，再领动上身。一上一下，这叫升清降浊。

②松坠。与松沉不同。坠，是没有虚领顶劲，把上身的体重完全压下来了，压在了髋关节上、膝盖上，一直压到了脚底下。

这是绝对要避免的。遗憾的是，太多的人在如此做。

③松开。是要把骨节之间，即关节处以及肌肉筋膜之间，让它们舒展开，往大、往长了伸展、松长、舒张。想想看一片沾满了露水的饱满叶子。

④松懈。与松开相反，懈是一种往回的、往小的、往里的收缩，是一种塌下来的感觉。就好像一片叶子蔫儿了，也好像一棵缺水的小树，树叶耷拉下来了，无精打采的。

太极拳要的是松沉、松开，其效果是净化了的身体，满身轻利顶头悬。身上有空的感觉。松而不懈，舒展大方，气遍周身。

这两者要求在拳架习练中同时进行（注意，这还是在动作层面的操作。真正的内气、内劲的流动下沉，是更高层面的东西）。

松坠与松懈，是太极拳习练中要尽力避免的。

明白了道理与要求，慢慢习练，最后可以达到松空、松虚，那时，太极劲就出来了。

2.太极拳放松的几个阶段

①从刚开始学习太极拳的起势开始，就要求浑身放松，自然站立，不用力去做每一个拳式动作，心中只想着如何把六式基本功中蕴含的五大太极规律尽量放在拳架中。这是一个去僵求柔的阶段，即要把像木板一样的身体、四肢揉软了，渐渐地能不用力去运动四肢了。整条手臂，能从手领上臂到上臂根节领手，再到手臂的中节（即肘）能灵活运动。

②手臂能灵活、柔软地整体运动了，接下来要放松下肢。首先，脚不要用力蹬地，由提脚迈步过渡到提膝迈步，再到提胯迈步，逐渐地，整条腿都放松了、变软了。这时，只需按照八式动功的规则、要求与方法去日日练习，慢慢地，手足四肢如鞭绳般柔软，又有韧性。

③第三步，该松身子了。身是指肩、胸、背、腰、腹、胯，中间这一大块，还仍然是硬的，就像那乌龟壳，乌龟的四肢和头可以很灵活地伸出缩进，但背上永远是硬的。而人身上的这一大块儿，由于肋骨、腰、胯保护着五脏六腑，脊柱支撑着身躯，所以这一大块儿天生就最不易放松。人们往往也认为，这一块无法放松，更别说变软。

所以人们在推手时，最害怕被对方推到胸口。但孔老师最怕推到康老师的胸口，因为胸部是个洞，似乎来力可以无限地往里漏，直到对手失重。这是因为康老师的身上这一大块儿已经软了、虚了、空了。

如何练身部的放松？今天康老师所讲，仍然是从更高的技术层面告知大家方法。

四肢已经软了，身上这一大块儿也不用力了，已经能够不顶着了，不再是昂首挺胸了，这一块已经从木板变成了一块布了。但这块儿布仍然比较僵硬，就像被浆糊浆过的一块布，在筋骨血脉之间，还有东西横在其中，还没有完全软下来。

怎么办？把布浸水，融化其间的浆糊，这个浆糊指的就是拙力。让浆糊随着水慢慢流下来，越流越干净，最后就成了一件挂着的衣服，身胸这一块也从乌龟壳变成了章鱼背。

我知道有不少拳友已经练软了四肢，身上这一大块儿也松动了，但筋骨血脉之间还残存着拙力，这不是一下子就能去除的，需要一点点、一步步去减弱，慢慢消除。

在这样一个渐变的过程中，大家都在进步，不少人开始用身体来打拳了，开始从身内流出拳了。

这时就达到了太极拳"十要"所言：练太极拳全身松开，不使有分毫之拙劲，留滞于筋骨血脉之间，以自束缚，然后能轻灵变化，圆转自如。

还有十三势行功歌诀中一句：尾闾中正神贯顶，满身轻利顶头悬。这是我们共同追求的练习目标。

七、再谈左手管左半身

最近一期的会员课，康老师又一次谈到左手管左半身的问题。前边的课还谈到过，要让身体动起来，要把拳打到身上，以身带手，不要只是打到手上。

有些学员就产生了迷惑：我到底应该怎么打？到底是手带身，还是身带手？

我来梳理一下，供不同阶段的学友参考。

1. 熟悉动作线路的阶段

这是最初始阶段。刚开始学拳，六式基本功的动作线路能搞准确了，尤其是第一式的连续、匀速、缓慢的渐变运动，要从手臂的运动开始，慢慢体会；然后，能按照理法要求，尽量做对动作。开始学习几个拳式动作，线路基本模仿下来，能照葫芦画瓢做下来了。

这是初始阶段的一年级。

2. 手领上臂，即整条手臂的阶段

在线路已经基本正确的情况下，开始用意识让手领起上臂。这样做的目的是放松上臂及肘，使得肘不架，上臂和肩头放松、不用力。这是初始阶段的二年级。

3. 以上臂根节领动整条手臂的阶段

在上臂与肩头已经可以放松的情况下，这时要学习用意识来领动整条手臂了。整条手臂可以松软地起落，而毫不用力，这是初级阶段的三年级。

4. 虚领顶劲、松腰落胯的阶段

在手臂已经完全放松、柔软的状态下，这时要进入第四年级了。四年级要分上下学期。四年级的上学期，注意虚领顶劲，让脊柱能直立起来，让上身不要砸在下肢上。这时的要点是头顶的神意，虚虚上领，也叫顶精领起。我们此时还谈不上顶精，用意识即可。

四年级下期，要把腰分成上下两层磨盘腰。上层腰要被顶劲领起、向上；下层腰，通过气沉丹田，而做到松腰落胯，让上身的体重不砸到膝盖上。这样上下身，就形成了上下两夺之势。

5. 以手带身的阶段

这时已进入了五年级，这里要用到左手管左半身了。

如拳论上所讲，打拳以鼻为界，左手管左半身，右手管右半身，各足随各手动。

这里讲的仍然是动作层面，但不是讲具体哪个动作，而是太极拳运动在这一阶段的整体原则。

这个原则不是说左手不要超越身体左侧而进入身体右侧，并非要以鼻子为边界，各管半边，不得越界。

正确的做法是，把手臂与脊柱连起来，从而手臂能牵动脊背，让上身这一大块儿，即包裹着五脏六腑的这一大块儿能被牵动。

我在2018年写过一文《从左手管左半身谈起》，现摘录一段如下：

把手臂与脊柱连起来，用身体来打拳。

过去我们打拳，一般关注的是手，继而知道了要用上臂来打拳，而现在要开始练习用身体来打拳了。这是一个渐进的过程。用身体来打拳，指的是让身体动起来。康老师说，真正用身体来打拳，才算真正进入太极的大门，你的五脏六腑才会动起来，也才算真正走进养生的殿堂。四肢动得再好，如果躯干不会动的话，就调动不起来五脏六腑，而身体健康与否，主要是看内脏，看内脏之间气血的流通状况。前一阵子看过一个视频，是在指导习拳者进行第一步的准备工作，让内脏能随着脊柱进行被动的运动（因为内脏属于不动肌），从而促进血液的流动更加顺畅。我们知道，习拳是为了后天返先天，调动激活我们的先天内能量系统，慢慢内气也即内劲会产生、变大，并被我们感知。这时，我们才可以说，我的太极入门了。怎么做？左手管左半身，右手管右半身。讲的是用意念让手的长度伸展到脊柱那里。两条手臂从脊柱分开，各管身体半边。这样打，才会把身体动起来，而不再是死板一块。康老师总是一边做动作，一边让我们摸他的后背甚至腰胯，让我们感觉他身上的动态。唯有身体会动了，里面的五脏六腑才会跟着动，气血的流动才会更加活起来，真正强大的养生效果才会体现出来。

6. 以身带手的阶段

手带身动，身上能动起来了，这时养生的效果已经显而易见了。这时要进入六年级的上学期阶段了。

这个阶段，要让身上主动带动四肢，这时才是真正的用身体打拳。任何动作，身上不动，四肢就不动，或者说，四肢的任何动作源头都先在身上体现。身和体是一体的，是贯穿的，手一动，四肢就在动；四肢只要在动，身上就一定还没动完。或者说，只要腰身还在动，四肢就一定还没到位，还没到定势。

接下来该进入六年级下学期了。这时要让浑身能串在一起，身体有漂浮的感觉，尤其是上肢、体内一动，两条手臂就随意飘了起来，已经完全克服了地心引力产生的重力现象，也没有了惯性的力量，整个人是飘飘呼呼的。

整个小学阶段，都要以自然柔和为主，至此，小学毕业了。

可以上初中了。那为什么康老师又在群里发了一页？请看："论体则身领手，论耍手，则以手领身。"

这里讲的，已经完全不是我们现在要关注的问题了。其中"体"指的是在我们日常的习练中，一定是身领手，或者说腰带手，或者说，腰脊带手动。

而耍手，则指的是在推手当中，与对方一接触，肯定是手先搭上，这时手上的那一点点接触到的力，已经与我手上的力串上了、连上了。

就像康老师所言，就这一点力，我脚底下都已经感觉到了，就已经完全在我的操控之中了，就看你的力要往哪儿走。

例如，康老师与阿齐搭手，阿齐用力去推，这时康老师是身随手动。但在动的后一段，康老师已经知道了对方的路径，这时康老师要牵动对方，就用身沿着对方之线路带着对方动了。

这时就只剩下牵一发而动全身了，瞬间就可以让对方栽倒，或者是飞出去。

总而言之，体，指本体；用，指用法、作用。这两个要分清楚。

我们现在是在练体，而且只能一步一步地练。身体还没练出来，谈何用之有？

小结

从手臂的渐变运动开始，保持全身肢体是在完全放松、不用力的状态下慢运动。

从手臂之运动，逐渐过渡到肩、背、腰、胯，重心移动，最后到身。要达到浑身一动无有不动，一动全动，把全身各部位、各关节练开、练活。

在身能够被牵动的情况下，要练习以身、腰、脊柱，即以身体主动带手、带肘、带肩的运动。

在推手时要以手带身，在与对方接手搏击时，手带身、身领手，究竟谁主动的，要能灵活掌握并运用。要会根据需要相互交换运动，这叫经拳互用，虚实转换，宾主分明。

但以养生为目的的练习，能达到腰为主宰，腰脊带领全身运动，这就已经达到了浑身贯穿、气血流通、强壮阳气、滋养身体的作用了。

小学毕业了，初中阶段主要解决下肢问题，这时，要以八式动功作为基础来指导拳式反复练习；高中阶段，要像康老师那样，身体的动，全是由意催出来的，即所谓意催形。那时并非谁领动谁，那是更高层次的东西了。

八、学习"松是为了动"有感

几乎人人都知晓这样几句拳谚："松松松，太极功。""练一辈子，松一辈子。"

可以说，放松既是太极拳训练的方法，也是目的和目标。

那么，为什么要放松？练到什么程度就达到了放松的要求？放松有止境吗？有什么检验的方法吗？

1. 为何要放松

首先要明白，放松要松开、松长身体的各个关节，也包括身体的肌肤、筋膜之间的缝隙。其目的是使这些骨节、肌肤、筋膜能动起来。即松而动，所谓松动。

因为人体的206块骨骼，多年来已经形成了一个固态的模式。很多地方已经粘连住了。在人体日常的运动中，尽管各处大部分骨骼、肌肤、筋膜都在参与运动，但很多地方已经不怎么动了。就好像一辆放了几年不骑的自行车，链条等处已经锈住了，要让自行车运转起来，先要松动各个零件，松是为了能动，也即所谓的松动。

其次要明白，松动是为了能活。

在第一步松动的基础上，第二步还要进一步放松，从而能达到下一步的目标，即灵动。要在松动中不断消除体内的阻滞之力。阻滞之力不会一下子就被消除。请记住，任何事物的发展变化都是渐变的，由松而动、而灵，是需要过程的。

第三步仍要继续放松，阻力很小了，变得灵动了、灵敏了，最终的结果是一羽不能加，蝇虫不能落。这叫灵动了，周身十分灵敏了。

所以放松到最后，就不是指动作了，而是达到了一种松的状态。

这也是生命本身要追求的状态。生命充满了活力，身体的灵敏度不断地提高，最终用在打拳中可以达到引进落空，人不知我、我独知人的境界。

2. 如何来放松，怎么来检验

首先要明白，放松是扔掉浑身骨节之间、肌肤、筋膜之间的紧张力，把其中的力量放下去。其检验的方法是：

一要用心去体会这些部位是不是都在动，即是不是都被松开了，能动了。如白鹤亮翅的上举之手，心里想一想，去感觉一下肩关节开了没有？肘之力下去了吗？手腕包括手指关节是否都张开了？

二要去体会其中还有力量吗？能否做到松而不懈的最大化，但还不生力？要先找到这个松而不懈的最大化位置在哪里，然后慢慢去体会。体会什么？去体会浑身是不是一直在动，而且不生力？能灵活转动吗？

杨式太极拳的书籍中有这么一段话可以作为参考：

"松是指身体的结构状态。任何事物都可分为固体、液体和气体三种状态。从构成整体的分子之间的结构而言，液体较固体为松，气体又较液体为松。这三种就是不同的放松状态。"

用这个例子来理解人体结构的松或紧，就明白了松不是动作，而是状态。

即松，不是动词而是形容词，形容身体各部分结构间的联系状态。

此言有一定道理。我认为，松既是动词，也是名词，或者是形容词。把身体的状态由固态练成如液态甚或气态，的确是一个习拳不断提升的过程。这个松的过程，没有止境。

小结

松，产生了动；在松动的基础上再松，就产生了灵动。放松不仅是习拳初期的方法，也是习拳中期身体要达到的状态。最终的状态是如水一般灵动，如气一般无形无相。

九、如何做到"既守常态，又循规律"这个节度

首先要搞清楚何为"常"。

道德经第16章："致虚极，守静笃，万物并作，吾以观复。夫物芸芸，各复归其根。归根曰静，静曰复命。复命曰常，知常曰明。不知常，妄作凶。"

反过来看"归根曰静……"这几句，我们知道了：常即命，命即静，静即根，而"根"指的是根本的性质。

用到太极拳上，何为"常"？其实就是指的太极拳的五大根本规律（都涵盖在六式基本功里了）。明白了这五大基本规律，这叫"知常曰明"。然后在行拳走架中时时运行这五大规律。

说起来容易，做起来并不容易。需要一个规律、一个规律地在身上试运行，直至成性，即成了自身的一种功能。

康老师这几年就在做这么一件事，即让大家明白这个理，即太极拳的规律、规矩，然后用具体的方法，带领大家一点一点地练习。

有一句话讲得好："理可顿悟，功需渐修。"

康老师本人光是弄明白这个理，就走了20多年的路。我们是幸运的，幸运在康老师把路铺出来了，我们不必再披荆斩棘，不必再在黑暗中摸索了。只要踏踏实实、心无旁骛，一心一意跟着康老师走下去，持之以恒，就能到达光明的彼岸。但在这条路上，有太多的诱惑，稍不留心，就会误入歧途。就算是我们心无旁骛，有毅力、有恒心，那也要经历几个阶段。

谈一下我本人从2016年以来的五个阶段。

第一个阶段。从2016年开始，正式学习六式基本功。我自认为，在努力按照这五大规律打拳。我的拳架跟随多位名师学习过，尤其是在傅清泉老师一招一式单独个别指导之后，自认为打得不错，也发表了洋洋万字的习练杨式太极拳的感悟。但那时，康老师对我拳架的评论是：重、滞、呆。

　　2017年，我自认为拳有了不小的进步，康老师看了我的视频，对我的拳架来了一段评论。差一点又走歪了。

　　第二个阶段。2018上半年，我继续坚定不移地练习，康老师说，很不错，要进入下一步的练习了，要做到轻灵圆活。

　　第三个阶段。2018年的8月份，自我感觉是在用身体打拳了，康老师给了评语：很好，没想到进步挺快。然后又下了第3道指令：要让拳架进一步流动起来。

　　第四个阶段。我继续按照六式基本功的五大规律练习，自我感觉身体有轻飘飘的状态了。康老师说，可以学拳了。自我感觉养生足矣！

　　第五个阶段。康老师说，要彻底把脚下练虚灵，这样才能做到周身一家，一气贯通。

　　当我真正把腿上练得比较松活了，还是在2020年的八式动功的反复学习。

　　我的左胯从2010年开始就有毛病了，我一直不愿意承认那是练拳练的，认为是年纪大了，退行性病变。

　　康老师说：要让你把腿练得不疼。

　　按康老师的方法，持之以恒，慢慢习练，真的是可以达到不疼（但我可不敢夸口，说嘴跌嘴，这可是古训）。

　　但要掌握一个度，高架子，不强为，每次习练二三十分钟。但我一天可以进行三四次的练习。真有家务缠身了，也要保证大约一个小时的练习。

　　最重要的是，康老师的眼睛十分敏锐，稍有一点儿毛病，他都会给你指出来。

　　而且要虚心地、耐心地、坚持不懈地学习康老师的课程，真的是常学常新。

　　因为每个人在习拳的不同阶段，接触到同一个理论，会因为自身的不同层次而有不同的体会。

　　我也仅仅算是刚刚入了点门，况且松本身就是无止境的。康老师的东西够我学习一辈子的了。

　　我相信，大家都能成功地超越各自当下的阶段。

十、再谈浑圆、无极与太极的关系

1. 先明确几个概念

①浑圆：一个物体是浑然一体的，内部的物质结构均匀无区别，这叫浑圆。如一块石头或一个气球。只不过石头的浑圆状态是硬的，而气球的浑圆状态是软的。

②无极：无极是一个物体内或一个空间内没有力量产生，但其间存在有许多无形的介质，看不见，摸不着。用到打拳上，身体的状态要先归于无极，即浑身不挂力，松松软软，干干净净，没有力量从肢体发出，没有心气从体内产生。

③太极：太极是从无极状态中才能产生出来的，也即内部环境发生了变化，孕育出了阴和阳。但这个阴和阳还处于一种浑然一体的状态。

2. 浑圆桩、无极桩和太极桩的关系处理

①无极桩成为无极浑圆桩。桩从表面上看是不动的。

站桩先从无极桩开始，浑身松松软软，不带一点力量，能待多久就待多久，待累了，身上硬了，手臂累了，腿上酸了，就站起来，手脚都回归自然，再继续下去。在站无极桩的过程中，身上各部位的感觉、松柔程度是不一样的。比如肩头易紧，后背更不易放松，这时就要通过放松，努力调整各部位的状态，让它们达到松松、柔柔、软软的程度，也即到了一种没前没后、没上没下、没左没右、浑身的感觉与状态都一样，还能保持一致的程度，这就是无极桩上升了一个层次，成了无极浑圆桩。无极浑圆桩的状态是周身浑圆一家。这是从第一个层次的无极，到了第二个层次的无极浑圆状态。

②第三个层次从无极浑圆桩上升到太极浑圆桩。

在无极浑圆桩的基础上，慢慢地，身体内会有一个能量体系充斥全身，这就是出来了太极状态，也即出来了阴与阳，换言之，太极劲。太极劲是一种阴阳混一的东西。它的状态就好比一个充满了气的大气球，这个气就是内能量，这个气用起来就能产生力量，这个力量就是太极劲。

简言之，内能量产生的力量叫太极劲。所以，人有两套能量体系，一是

外在肢体运动产生的力量，二是内在的阴阳之气产生的力量。这个内能量，即太极劲要遍布周身，不能只在身体内的某些部位存在。这就要继续松软身体的结构，让身（肩、胸、腰、背、腹、胯）和体（四肢）都能达到同一个松软状态，这时站的桩就从太极桩转向了太极浑圆桩。

小结

先松开全身各个关节，包括筋膜、肌肉、腠理。

放松、不用力站在那里，这是无极桩。

在无极桩的基础上达到浑圆状态。这是无极浑圆桩。

无极而太极。无极浑圆桩站到一定程度会出来太极状态，即生出阴阳，这叫太极桩。

在此太极状态下继续放松，以达到大气球一样的状态，不分上下、左右、前后，这是在站太极浑圆桩了。

太极浑圆桩站下去，里边的阴与阳就要出来了，要动了。动则生出外形上看得见的两仪来，继而两仪生四象，四象生八卦。再加上步法中的五行，太极十三势就出来了。

十一、分清收胯、落胯与开胯

在太极拳的练习中，对胯的练习有这样几种描述：一是屈膝收胯；二是松腰落胯；三是展膝开胯。这三者有什么区别呢？应如何操练？

1. 屈膝收胯

这是外形上的要求。微屈膝，胯根要向后收。检验的方法是，前胯根，即腹股沟微向内凹。太极拳的预备势，人往那儿松松地一站，外形上就是这个要求。有人往那儿一站，身子后仰，问题就在于前胯根没有回收，在那儿挺着呢！

2. 松腰落胯

这是对内里的要求。要扔掉胯上绷着的劲儿，在屈膝收胯的外形基础上，先要放松，通过意识，把胯根上的支撑力扔掉。这一点必须配合虚领顶劲、气沉丹田。上身拎着，然后腰一松、胯一落，从头顶至脚下，浑身不用力，像一件衣服挂在那里，轻松而自然。

八式动功之一"地生天降"，上身拎着往下落胯，膝盖屈着，向腰上撤脚，这就是在练习通过松腰落胯，而让脚上的力量上提。一个式子，两个功能，虽然是讲的内里，但外形上也有表象。

3. 展膝开胯

前边的屈膝，膝盖基本上还是朝前弯曲，前胯根的腹股沟能打弯、不用力。而开胯是要上身的重量能从两胯根之间向下滑、下落，腹股沟向左右两侧展开，让上身能从两腿中间下落。这时，由于胯根向外展，膝盖也必须相应地外展。上身才可以从腹股沟这个斜面下滑，上身完全掉在两裆之间。这也必须首先做到虚领顶劲，在松腰落胯的基础上，打开胯根，让胯根能弯曲松开。八式动功的第七式"泥牛入海"，就是在练习开胯。其要点是头顶领着上身（泥牛），向海水中（下肢两胯间）下落，水面让开，让身子下去；起来时，要头领上身，从水中拔出来。

小结

通过胯的练习三部曲，先会收胯，继而会落胯，最终要会开胯，这样就有了腿部的放松与起落。有了胯的弯曲起落，就有了裆走下弧一说。如步子转换时，提起一腿要上步了，注意是提的胯，把胯根放松、圆转，然后落下。

要想步子大一些，那就要开胯下落了，这样就有了行步中的上下起落，也就有了裆走下弧。意识要关注支撑腿的胯根，让胯打开下落，从当前点开始过渡重心。想想八式动功的第二式"左右踏浪"，支撑腿的起伏下降，决定了抬起腿的下落，然后平移过去（注意这时不要尖裆），这就是裆走下弧了。

也看到有不少人目前是完全站在那里打拳，上身很松活，甚至可以说是松懈，而下肢却是直挺挺的，不怎么弯曲，似乎也没用力，但这不是太极拳要追求的步法。也会有人说，我年纪大了，就打高架子。请注意，架子不在高低，而是看你的功能是否体现了出来，高架子也要具备这些功能。不过话又说回来，只要没有用拙力，腿上尽管没按太极拳的要求来做，也并没有伤到腿，养生的效果也不错。

十二、腿部的松而不懈如何练

太极拳的训练有五大基本规律，有许多的训练原则与方法，以及要达到的要求。其中，最重要的一条原则，也是方法，就是要放松全身各个部位、各个关节，而且要松而不懈。

上肢的放松，较易操作。手臂可以不用力，而且能在意识的控制下达到松而不懈。但腿部既承担着上身的重量，还有地面反作用力，怎么能做到松而不懈呢？

请看陈鑫《陈式太极图说》88页："太极拳之界限。何为界限？如人之行步，尽足可开二尺五寸，此勉强为之，非天然也。天然者，随便行步，约不过尺一、二寸。"

此话说的是如人之走步，使劲儿迈步是勉强之作为，非自然之状态，而太极拳讲究的是天机自然之运行，阴阳自然之开合，一丝不加强为。所以，太极拳的步态、出步也要保持松而不懈的最大位置，这即界限。

同时，注意左腿迈出，要由右腿说了算，如果右腿感到紧了、累了，就是出了分寸，破坏了自然状态的界限。

八式动功的第三式就是在练这个出步、运步的状态，在练两个胯根之间的转动。

但是八式动功的第二式，康老师要求，胯根领动，控制整条腿，小腿完全放松，毫不主动、毫不用力。

那么，下肢的松而不懈不要求了吗？请教康老师，并结合个人的学习感悟，小结如下：

1. 搞清楚两个概念

天成像，地成性。手运八卦，脚踏五行。手运的是八卦这八个卦象：掤南、捋西、挤东、按北、採西北、挒东南、肘东北、靠西北。

而脚走的是金、木、水、火、土，这是地上物质的5个性质。上身在变化动作，而脚底下在变化性质；上身要轻灵，下身要沉着。一天一地，这与中国传统文化的东西完全一样。

打拳，要把这八卦五行之意打进去。

那么，大地之性是收敛而沉稳的。松的方法和沉稳的性质，如何能契合呢？

2. 腿部松而不懈的练习步骤与方法

①松胯根，即松腰落胯。胯根，俗语也叫腹股沟。这里不能挺着。双膝微屈收胯，腹股沟即形成，不向前、向上顶了。但还要注意，上身勿砸在胯上，要用意识把上身拎住，也即要虚领顶劲。把腰分成上下两节，上腰被脊柱带着，有向上的意识；下腰要向下，气沉丹田，松开，胯根松开、微张，胯根一松，裆成圆形。

②松膝松踝，用意识向上抬膝盖。在前边松胯根的基础上，膝盖已经微屈。这时，从意识上把小腿（包括膝和脚）向上、向腰间收。外形上肯定看不出，也做不到膝和脚真的向上抬，这是在训练一种思维模式，即脚是向上升起的，而不是用力下踩地面，这样训练下来，支撑力就没了。

③就这样腿部持续放松、放空，慢慢地，脚有一种踩棉花的感觉，脚下没有实点了。

最后，就如同踏在一个气球上一样，或者说脚下有一种呼噜呼噜的感觉，就像脚踩在水面的木板一样。

④腿的支撑硬力都没有了，里边松了、空了，这时就必须出来一个东西来支撑身体的重量，这时腿里的东西就被激活了，也即气要灌进去了。这也有一个过程，你会感到双腿尤其是小腿肚，有过电的感觉，或者说像针灸时经络被疏通的感觉。

腿只有空了，才会不接东西，让力往下扔，这个感觉有点像坐快速下降的电梯，会发现脚底下是虚空的。

脚下放空，与脚向上抽是一回事儿。不撤脚，力扔不下去，只会向上顶。让脚下不使劲踩地，就是为了让劲儿能下去，这是在改变过去的思维模式。

⑤脚底下虚空了，这条腿就彻底活了。现在就把腿彻底放空，不让它使劲，去感觉这腿空空的，无限地往下漏东西，就好像这气力，（气）能无限地往下走。

3. 腿部放松的结果

慢慢地，气进去了，就把腿撑起来了，这时才会有腿部的松而不懈，既不能没气，又不能撑过头，气正好刚刚把腿、脚底都撑起来，既没蹬地，也没使劲往外撑。

结果就是，通过这种方式让腿空了，气流下去了。有了结果后，这些方法都没用了，因为腿部的虚性有了，就达到目标了。

所以，先从胯根练起，练到脚底一踩地，胯根马上就有了感觉，因为你已经把整条腿练通了。就相当于脚一沾地，脚有多大的劲儿，胯根就有多大的劲，最后感觉到，整条腿所给的是一个感觉，腿成了一条线，腿上所有的点都一样，把关节都练没了，一条腿就像是一条绷起来的松而不懈的绳子，关节融进去了。

也像一串珠子，没关节，是气在里边串着，哪一点都能弯，气力均布在整条腿上，就可以像手臂一样了。

所以最后就不伤关节了，所有的关节好像都装上减震仪了。

总而言之，太极拳的习练，先把手臂练活，再把腿练得像手臂一样，继而把半个身子练得跟手一样，把人的身体状态从僵滞的、僵死的、僵硬的、完全由拙力支撑的状态，练到完全松活、飘逸、悬空的状态。人体整个流动起来，最后就出来了弹性力。

所以，一天到晚抠动作，摆角度，浑身僵滞，动作再标准也没用！

十三、别把结果当方法
——敛臀与泛臀

前辈留下来很多说法，其中有两个词：敛臀与泛臀。人们很困惑，这到底是什么意思？应该如何来做？

这里特别要修正大家一个观念：千万不要把前辈留下来的很多东西当成打拳的动作要求。实际上，很多东西往往不是要求，而是拳打成之后的一种状态，一种形成的结果。

1. 敛臀

敛，收敛。打拳时，如何把臀部往里收啊？这个动作要收着做，会是个什么状态呢？很是令人困惑。

而且，打拳是一定要开胯的，一开胯，肯定是外张的。那又要开胯，还要收敛臀部，怎么做？

注意，千万不要去做动作。

这是太极拳练成之后的状态，练成之后就是敛臀的。

练成之后，中气下降，气沉丹田，慢慢地，腹部越来越充满了气。气足了以后，气就压到后面去了，形成命门后突，裆底下圆了，变成了一个弧度，命门一后突，臀部自然就包了过来。

这和身体上部的含胸拔背是一样的。胸微微含进去，两肩外展，再前合，背部就包过来了。所以，能含胸，必能拔背。

拿一块海绵做道具，微微一折（可不是上下窝，那叫低头弯腰），而是左右窝一下，前边是凹的，后边自然就是饱的弧形，这就是含胸拔背。

上边是这样，下边也是如此。这样就产生了一个敛臀的效果，可不是要求大家有意地去做一个所谓的敛臀的动作。

2. 泛臀

泛臀也是结果。泛，想想泛舟，即船在江面上漂着，忽悠忽悠地，是水把舟托起来了。

泛臀，臀部被托起来了，被谁托的呢？

先需要说说裆劲儿。两胯根之间有一段距离，从脊柱下的尾闾底下过来，这叫裆。用意把这两个胯连起来，老想着这两胯之间有一个东西连起来了，而且始终处于一个不松不懈的状态。就好像有一根刚刚拉紧的皮筋一样，要出力了，但还没出力，老想着在此松而不懈的状态下去运动，慢慢地，这两个胯之间，就产生了一个力的现象，这叫裆劲。

用实物来比喻一下：一把扇子，代表身体的这根中轴，即从百会一直到脊柱、过腰、到尾闾，这根中轴（扇子的底部），被这根皮筋兜住了，现在臀部坐在了这根皮筋上，或者说坐在了裆劲上了，就好像有一个很软的东西，就像水一样，把裆托起来了，中心点是尾闾。

这是在你有了裆劲之后，尾闾中垂，往这个下弧线上一放，这就叫尾闾下垂、裆走下弧，自然忽悠忽悠起来了，这叫泛臀。

太极练到后面，肯定是要泛臀的。这不是一个动作，而是一个功能。

裆胯劲都有了，脊柱尾闾被托在这里，才可能泛臀。

但现在不要去做，这是练到一定程度之后的事儿，是结果。

康老师的八式动功的功能之一，就是在练这个，要我们把两条腿练成一条腿。

小结

敛臀、泛臀、尾闾下垂、裆走下弧等，前辈留下来的许多描述，不是动作要求，而是练成后形成的结果、显现出的效果。切不可把结果当成动作标准、当作要求，甚至当作习练方法去做，否则就是差之毫厘、谬之千里了。

十四、开合与动作有关吗

有人问，开合是指动作吗？手向外是开，手向内是合吗？与放松、松开有什么关系？

康老师解答，近3年来的讲座一直在讲动作，一直在体的层面上讲，讲一些太极的原理，三番五次一直在讲放松、松开，要往长了松、往开了松，肌肤、骨节处处开张。这种松，要区别于懈。这是说身体的状态，永远在放松、松开的状态下运行动作，手臂的外伸、松开与手臂的回收、打弯，骨节之间都还是撑着的，都仍然是松而不懈的状态，在整个行拳过程中，身体都要保持这种放松、松开不用力的无极状态。

至于开合，是后边的事儿了，与动作无关。哪项运动没有手臂的开合呢？

太极拳的开合是一种运劲的方式，能走劲儿了，才会有开合，才有与呼吸的配合。所谓开吸合呼，见入则开、遇出则合，是指身体内气的运行，不是手的拉开、回收。

用推手可以使人来感觉。

康老师说，他往我身上推，突然感到摸空了，身上好像一下子没东西了，东西去哪儿了？原来有个东西在顶着，就像门一样地关着、顶住了。那劲儿会干一件事儿，它一边往回撤，一边往两边横开，这一块儿的内劲，就被空开了，让人忽然摸着就是空的。

合，是劲儿又回来了，又聚到了这里。开始从这一点往两边散，然后又合到这个点上。就像老前辈讲的门扇，一摸着门，开了，你什么也摸不着了；门一关，啪一下子又把你给撬出去了。这是内气在体内的运行，不是手的开与合。

一开，你什么也摸不着，叫见入则开，我让你进来；遇出则合，也叫合即出。就像水，呜一下，让开了；呜，又冲过来了，往回一吸进来了，一推又出去了。这就是一开一合，也叫开合劲，与动作形状没什么关系。

但也要在身体放松的状态下才会有劲力的开合，所以要先把整个身体状态调整对了，放松、松开运行动作，慢慢地，在无极状态下会产生出太极劲，这时开合、转换、呼吸、收放就都有了。

开合是太极拳内劲的运行方式。有了内劲，才会有开合、呼吸、收放、转换，才能做到见入则开、遇出则合，而无论是开还是合，都是在放松状态下完成的。

十五、练拳的动力源在哪里
——谈独立步与平衡

有人问，平时打拳迈步，很强调1/3的位置移动。那么，独立步的1/3位置在哪里呢？如何来保持身体的平衡？脚一开始迈步，就成了单腿负重，那么这时有1/3的位置吗？

把一个道具小人单腿直立放在掌心，或者干脆用一把扇子直立在手心，这时要想让其直立在手心并保持平衡不摔倒，颇要费点事儿，而且不易做到，需要随时随地找平衡。

但如果手朝下拎着扇子或小人，肯定毫不费力就直立向下了，这就是前辈所言的"虚领顶劲"。

还有一句：顶精领起全身之气。就是要你用意识，用头顶之气领着身体，把上身拎起来向上拔起，人似乎悬在这儿。就像那西山的大钟吊在那里，任何时候都不必担心它不平衡。

不要想着脚下如何能站稳，脚底不用力踩地，被上面拎着，就移动了。

总而言之，虚领顶劲，是非常重要的习拳要求。

十六、放之则弥六合，卷之则退藏于密

拳谚中有一句大家耳熟能详的话："放之则弥六合，卷之则退藏于密。"还有一句："先求开展，后求紧凑。"

这已经是要上台阶的内容了。在前一段放松练习的基础上，大家已经基本上做到了可以放松、不用力地运动，知道了自己不用力的范围，大家都在找自己最舒适的状态进行练习，并且慢慢地开始有了一些对身体的把握和感觉。习练之后感到很舒服。

这是第一步的工作。这时，康老师又提出了下一步的练习目标：

现在"要放之则弥六合，卷之则退藏于密了"。

1. 放之则弥六合

太极拳的核心内容，即松、松、松，要放松。不但要放松，还要最大化地放松。太极拳是身肢放长的螺旋运动。放松，要往开了松；放松，要往长了松。要开展、松开到极致位置，开到不能再开了，长到不能再长了。在放长的过程中，所有地方不用力、不生力，而达到极限，这样手臂会越来越长，这就是在求开展。其目标即放之而弥六合，这个放，是松长的，不是拉长的。

如野马分鬃、搂膝拗步的上手，要练到很大位置，但仍不生力，这就是开展中求放松，放之则弥六合。

2. 卷之则退藏于密

先要知道什么叫密？密在哪里？藏什么？为什么要藏？

前边练了放之则弥六合，方法是开展。

现在要练卷之而退藏于密了。方法是紧凑时不生力。紧凑，并非指动作小，而是指动作在往回走、手臂越来越靠近身体，收卷回来，身子也可以收到很小，都挤瘪了，甚至交叉了，已经收藏到别人摸不到的地方了，很隐蔽了，但这时仍要不产生力量。也即在缩紧的状态下，在极小的收缩范围内，身上能卷了，身上收透了仍不生力。

怎么卷呢？方法是含胸拔背。练紧凑，是在练舍己从人。其误区是用动作去做虚腋，好像腋下夹着一个馒头。我们要练的是一种"其大无外，其小无内"的无极状态，虽然动作外形上看得出开展与收缩，但实质上是在练内气的放与卷，两个力能贴进去，甚至能交错。这是在练两个功能，最终要把身子练得如两扇门一样，开合自如而灵动。

总之，目前阶段，先练开展。收缩之事，以后再说。

十七、从"轻灵是轻么"说起

历史上前人留下了许多关于太极拳的论述。这些论述或习拳的感悟，给后人带来了无尽的讨论，甚至引发了许多争论，有些至今仍没有一个定论。

例如：

- 打拳如在水中，要有阻力感。是不是应该去练阻力感呢？
- 周身俱要轻灵，尤须贯穿，不可有迟重之虞。

- 学时宜慢，不宜痴呆，慢中还有轻灵，既沉重还要轻灵。
- 沉重的东西何来轻灵？
- 轻灵怎么会有力量呢？
- 太极劲很大，是重还是轻呢？
- 什么叫偏沉则随、双重则滞？
- 什么叫轻如鸿毛，重如泰山？
- 轻和重、重和沉是什么关系呢？
- 究竟怎么练才是正确的方法？

1. 解释几个太极拳中的术语

（1）何为轻灵与沉重，沉重了还能轻灵吗

所谓轻灵，非指重量轻，而是指一种运动形式；所谓沉重，非指身体的重量下压，而是指虚之重。即身体内练出了太极劲，内里的气下沉，这叫沉之重，也叫松沉。

松沉与重滞不同。

例如，一块梨花木板很重，放在手中沉甸甸的，把它放在桌子上，吹一口气，吹不动它。仍然是这块梨花木板，用一根绳子吊起来，悬在空中，吹一口气，它就动了。放在桌子上，因为有摩擦力，所以动不了，这叫重滞。而吊了起来，没有了摩擦力，虽然本身的重量并未改变，但一口气就能吹动。这个动叫灵动，而且是既沉重又轻灵。

再如，一个上了足够的润滑油、很精致的轴承安在轮子上，轻轻一动，轴承就转了起来，轮子就跟着启动，毫不费力。设想，如果轴承锈死了，那还能动吗？要费多大的力才能把轮子启动？

再想想，西山悬磬，那口大钟沉重无比，但由于它是悬起来的，没有地上的摩擦力，所以一个人也能推动。

结论，所谓轻灵，非指重量之轻重，而是指一种运动形式，既沉重又轻灵。沉重非重滞。

（2）关于偏沉则随、双重则滞

想想一根平衡木，稍偏一点，就向一边倒了。沉，不是指身体的重量下压，而是指身体的虚中，即里边的内气稍微一偏，这边的气下去了，同时那边的气就上来了。

那么，偏沉是不是故意做出来的呢？

偏沉是一种启动。在自己没有灵动的状态时，自己不动，动作是不会自己动的，这时要用意识来指挥身体动。但等身体到了完全灵动的状态时，就不是自己要启动了，而是指你的虚中、内气的中心，稍一偏就滑动了。这就是在用"中"，是意识在指挥这个中气，非指体重之力的活动。

最后，内气的偏移，产生一种自动，用气的平衡力去启动自己。但如果身体是重滞的，即没有内气的形成，没有这种灵动时，身体再偏移也启动不了，都只能是硬力在运动，那叫双重，也叫重滞。所以双脚不管如何站立，都是双重。

有了灵动，以后的形都是气催动出来的，才有了所谓的气催形。

2.太极拳中怎么练灵动

①先放松各个关节，让关节先能松开、不锈住。不松，连动都动不了。

这首先要认识各个部位，先从最容易的手臂开始。放松肘关节、腕关节，直至肩关节。

其次，认识腰部，让腰的上下两层能分开，再能转动起来，所谓磨盘腰。

再次，认识胯，让胯根能放松，再能圆转。

最后，能让所有的部位、关节滑着走，好像打了润滑油一样，这是要扔掉这些部位所有的力。

②在能够放松各个关节的基础上，就要找那种虚虚的感觉，完全没有阻力的、阻碍的、特别轻的那种感觉。

康老师编的六式基本功、八式动功，就是在干这些事。千万不要去练所谓的阻力感了。太极拳的五大基本规律有了，加上虚领顶劲、气沉丹田，松松的、滑滑的，都能动起来，最后能用脑子指挥这些部位，动的感觉就有了。慢慢地，用心去体会这种感觉，这就走在了正确的方向上了。

有人讲重如泰山，手重得抬不起来；还有人讲手很轻，轻如鸿毛，一羽不能加，蝇虫不能落，到底哪个对？

其实这两个都对，都同时存在。大原则是即阴即阳，即阳即阴，阴阳混一。单说其中一个，都不对，那叫单阴单阳。

前辈在讲拳时，有时讲到这个，有时讲到那个，说了两个相反的东西，其实是说了一个东西的两面，他讲的全对。但后人的理解出了偏差，因为不能割裂开来去理解，甚至效仿。

真正的拳家，产生一个力量，这是太极劲，这个力量很大，但他动起来，又是十分地轻灵。

艺无止境，先把道理搞明白，道理说清，逻辑说通。总而言之，一个很重的东西，轻轻一动它就走了，轻灵、灵动是它的运动形式。练习轻灵的方法，就是松、松、松。所谓松活，不松，哪来活？慢慢地、松松地练起来吧。

十八、对太极拳的步型、步法与迈步的思考

首先要分清楚，太极拳的学习与修炼分不同的层次与阶段，有不同的要求与具体的操作方法。

先区分一下行拳走架与单式操练的不同。

在行拳走架中，要遵循太极的五大运行规律，即渐变、阴阳相生、和谐、平衡、如行云流水般运行。在这个过程中，一动无有不动，一静无有不静，如流水般。想想流动的水、漂浮的云，哪里有固定的形态？除非你把它禁锢在一个容器内。所以，在行拳中没有固定的步型，但是有行步的法则，所谓步法。

步法不外乎进、退、顾、盼、定，对应易经之五行中的金、木、水、火、土。

进步对金，虽在进步，但对应金的收敛之性，所以才有了迈步如临深渊、迈步如猫行，似乎不敢贸然一脚踏下去，不敢踩死。

退步对应木，虽在退步，但对应的是木之生发之性。例如，倒撵猴的退步，表面上在后退，但其中却暗含进攻之意。

左顾右盼或右顾左盼，都是在讲腿的向左、向右的旋转，对应水火之润下和炎上之性。如左搂膝拗步，左腿在前，在形成弓步的过程中，左腿的内侧是向前、向左旋，而外侧是向后走；右腿的内侧是向后、向左旋，而外侧是向前转。

简言之，滚动向前、向上，叫火之性；旋转向后、向下，叫水之性。也有人把进步、退步定为火与水，顾、盼定为金和木，其实都是讲两种不同性质的运用。一个是生发之阳性，另一个是收敛之阴性。一个讲的是形，即本体；另一个讲的是其作用，即其性。这并不矛盾。

至于中土之定，外形上似乎停了下来，但其中所蕴含的或生发或收敛之机，已在蠢蠢欲动，也即动之机，已在酝酿之中。所以其气机并未停止，只是这个微动不令人知而已。

所以，康老师说太极拳没有步型。因为在行拳走架中，没有一刻是停止不动的。

但为何古今中外的太极拳书籍中有满目可见的这样的词语呢？比如说太极

拳的弓步、虚步、高虚步、歇步、平行步、后坐步，等等。

究其原因，我认为有四：

一是，在操单式训练中，每一式都需要反复操练。这就必然要有定住不动的步态身姿的定势。

二是，把单式作为桩功来训练，如马步桩、三才式或任一单式，如提手上式、搂膝拗步等，也包括我们的无极桩、太极桩等，这时就有了相对的步的形状，取名曰步型。

三是，古往今来太极拳的老师们在太极拳的教学中，一式一式地教，中间必然有停顿，为方便教学，就给起了个名称。

四是，有些人不懂太极拳的内在之理与规矩，认为太极拳就是一式一式串接起来的，不明白式与式之间的消息盈虚，不明白其中机与势的区别，不明白应该如何连接，所以就出现了如王芗斋前辈所言"棋谱式"太极拳。

明白了这些关于步法、步型的道理，那么，具体在行拳中如何来迈步呢？康老师给了一句话：出腿如拔泥。

想想看，人的一条腿陷在淤泥里，要把腿拔出来，怎么拔？动哪里呢？再想想，一颗大萝卜长在地里，上半截露在外边，拔哪里呢？从哪里下手呢？想想也明白，最合适、最能起效果的地方，应该是整体中间这个部位。

腰带胯，要动胯根。动腿迈步就和动臂一样，要动肢体的根节、上臂的根节、大腿的根节，这两个根节都与身相连，动着动着就动到身上了，动着动着就实现了所谓的肩与胯合了，继而就达到了以身，即腰脊领动四肢了，太极拳也就入了门了。

我本人的迈步过程也是从抬脚迈步，到提膝迈步，继而到提胯迈步，再继续向身上收。

在目前这个阶段，很多会员已经是在尝试提胯迈步了。但问题是，胯根还不够松活，所以还不够灵活。试试看胯根能否像上臂根一样灵活地圆转？好好练练八式动功的第二、第三式，会有长足的进步。

十九、从打拳"放纵屈伸人莫知"谈起

再一次明确"身"与"体"的概念。

言体，四肢皆包括其中。言身，指的是除去四肢的这一大块。

"打拳要打到身上，身上要会动，要能伸缩"，这个内容可不是初级阶段

的事，但初学者尽早介入这种意识，就可以在较短时间内大踏步赶上老会员、老拳友。

关于打拳要打到身上，我们可以找到几个同义词，或者说是意思接近的拳谚：一是上身领着下身走；二是下身，即下肢若要动，不要自己主动，而要被上身领动，即下动上领；三是让背肌动起来，背肌与手臂形成一个整体；四是以脊柱来行拳；五是提胯迈步；六是步随身换；七是腰为主宰。

我觉得这些都是在讲同一个意思，即行拳中，把意识收到身上，腰脊一动，浑身都随动，不分前后，但有主次。但达到此境界绝非一朝一夕之事。

此境界必须经历过以下这几个逐级阶段，才有可能达到。

①能模仿拳式或功法的基本线路，而且基本上到位。

②能放松上肢的各个关节及肩、肘、手腕。脑子即意识与整条手臂形成关联，而且能随意指挥整条手臂。如我要动上臂根节，上臂根节马上能听指挥，能上下、左右不费力地伸展、拔出，或者是平圆转，或者是立圆转。

③肩关节能彻底放松，手臂不管伸展到哪个极限位置，如六式基本功的第一式和第二式，肩关节能松松地圆转，而且不费力、不紧张，是放松的。尤其是肩胛骨这一块儿能一直有活动，松而不紧地动，也即手上不管做什么动作，背肌、肩胛骨能有动静，是活的，不是死肉一块。这一点可并不容易。

④腰胯能转动了，而且是在胯不动的情况下，要能前后左右转，也即前腰向左转，后腰向右转，前、后腰的意识都在脑子里。

⑤在肩、胸、腰、背都能动的情况下，要关注到下肢了。胯能否下落？胯能否打开？多做做八式动功的第一式和第七式。尾闾能否在你的意识里一直随着脊柱在垂直平移？

⑥迈步能否腰带胯、胯领动整条腿？

⑦是否支撑腿的屈伸下落成就了迈步腿的下落？

⑧上身是否被脑袋拎起来了？下肢没有承重感？

⑨在身上已经松而能动的情况下，要用意识去关注、去感知身子的放纵屈伸了。身子的这种伸缩范围很小，外人很难看出。但自己要做到身子同四肢手脚一样，只要手在动，身子就在动，而且身子是手脚之动的发源地。肢体一伸，从脊柱发出去了，发到了四梢节；一屈一收，又收敛入脊骨了。

人们的问题在于，肩头松活了，能做到连续匀速圆转了，但其功能并不能很好地运用在打拳中。如双手伸展出去，意识对肩头、对上臂根节有感觉，在关注，但双手一回收到身前，意识就只在手上了，再从身前向外走，意识也只在手上了，对肩、对上臂根节就丢了意识了，只剩下动手了。这叫"意"对身体的控制出现了断续。而太极拳要求的劲断意不断，主要体现在动作的屈伸转换处。在双手放到最远处要回收时，或在收到最近处要外放时，外形上似乎静止了，劲力似乎出现了停滞。而实际上，这是劲力的转换处，也是内里动作的圆转拐弯儿处。这时千万要注意内在意识不断，在持续控制。尤要注意的是，在手臂打弯回收到最靠近身体这个转弯的地方，仍要把意识放在上臂上、后背上，用后背腰脊来进行整个身和体的屈伸收放。

例如，杨式拳的捋接挤，或按接挤，在双手最贴近身体的地方要放出去了，这时要注意仍是在用腰脊、用上臂根节催动双手出去。

又如，单鞭之左右手都向两边拉开了，在左手已经到了最前端的时候，从肩胸处、上臂根节处仍在向外伸展。外表上看起来手又向前长了一些，然后要转换下一动了，要回收了，仍是身子内部在回收、抽回两臂。在内极点和外极点，意识都不要丢掉，这就是劲断意不断。严格说起来，劲和意都没有断。

以上这些都做到了，最后，以身带手，节节贯穿，身子的放纵屈伸，水到渠成，也就是我们平时讲的用脊柱行拳，腰为主宰了。会用脊柱来打拳了，轻飘飘的、轻灵的感觉就出来了。双手臂毫不用力轻轻地飘了起来，全身形成一动无有不动、一静无有不静的高级境界，拳一下子就上了一个档次，脚下轻灵，如履薄冰，似脚踏浮萍。这就可以说进入习拳的第二个阶段了，或者说入了太极拳的门了。

二十、放松离松沉有多远

现在几乎人人都知道练太极拳要放松、松开、松长，但康老师至今也没说松沉。为什么？先分清不同阶段的几个概念。

①放松，松开、松长。放松意味着不用力，严格地说不要用多余的力，能把动作做出来即可。如伸出右手，只用三两力就能伸出来了，那就绝不用四两力。但放松还有个要求和标准，即在放松的基础上，要往开了松、往长了松，也就是要把动作不用力地做出来，还要达到最大化。这是在为身体内的空间放大化做准备、打基础。

②放松的目标和效果是扔掉僵拙之力。如一个大网眼状的海绵中放了一些芝麻或者绿豆，结构很松散。这个海绵就好比你的身体，里边的芝麻、豆子就是其中的僵拙之力。用手把海绵抓紧，里边的芝麻豆子掉不出来。唯有握着的手放松，注意海绵还不能脱落，里面的杂质才能掉出来。这样练下去，身体才

能如海绵般柔软、不发硬了，因为里边的杂质、僵拙之力去掉了。但这个阶段你握住海绵的手还不够松。所以，海绵之间还不够松柔，要继续放松，松开、松长。

③松通。继续放松，松开、松长的结果是：海绵的空隙间没有了杂质，而是充斥了空气，这就达到了松通的阶段。整个身体的经络血脉之间都连通了。浑身好像饱饱的、胀胀的，你的各种热、胀、麻、刺的感觉都开始陆续出现，这就有了求之不得的内气流动的基础。这时还达不到让气流动起来的程度，但可以做到让心气下降。其实从一开始学拳，就要注意让心气不上浮，要平心静气，不能想气，顺其自然即可。

④松散。经络都通了，骨节、肌肉、筋膜之间没有了阻滞之力了，这就又要继续下去向四周发散了，所谓到了松散的阶段。这时虽不提内气，但内气已经在逐渐地养大，要让它输布周身，一节一节都通过去，通遍全身，而且一定要达到四肢末梢。身体的各种感觉会接踵而来。来了就来了，不来也不去求它，只管放下心气，松松、柔柔地去练习，接下来才会到松沉阶段。

在此阶段之前，都不要刻意地去练松沉。

⑤松沉。松沉不是你刻意去做出来的，尤其在初始阶段。是你经过了以上几个阶段的练习之后，自然而然会出现的结果。因为这时的内气已经越养越大，这时你再一降心气，那下去的可不是僵拙之力了，而是内气了。心气也即心火下去了，而肾水就要上来了。这就到了泰卦的阶段，上边三个阴爻，下边三个阳爻，也叫心肾相交、水火既济的阶段。这时，你会感到身体的状态又有了一些新的变化：如后背两肾部位发热到腿上，继而到脚上，再往下到脚下，开始出现各种感觉，只管继续松松地练下去。三空的感觉开始出现。所谓三空，指脚心空、手心空、胸空。三空的感觉是在达到松沉之后，气遍布周身，胸腹、四肢之中，内呼吸开始作用，你已经走在了炼精化气、炼气化神、炼神还虚的大道上了。到此，养生足矣！只管日日不辍练习下去。

⑥松发。这是指有了内力了，即内劲了，要发劲了。注意，可不是发的体力。

结语

练习放松有6个阶段：一是放松；二是松开、松长；三是松通；四是松散；五是松沉；六是松发。在习练各个阶段都不要特意去练松沉。那个阶段去练松沉，大都会形成松坠、身体之体重下压的恶果，身体只会重滞，反而松不了啦。

只管放松去练，松沉的结果是自然而然出来的。但不管任何时候，心态很重要，一定要平和，心气不要上浮，所谓平心静气。头一直要拎着，然后心气下去，即虚领顶劲、气沉丹田。放松、放开了胸腹和肢体，不用力地运动起来，久之则自然可得内力，即内劲。

这时让气机在体内走起来，发往四梢，沉到脚底，再反弹上来，那就不是蹬上来的力量了。这时才谈得上其根在脚，发于腿，主宰于腰，形于手指。

康老师告诫我们，目前阶段只管放松各部位，不用力而能运动起来即可。功到自然成。

二十一、僵拙之力与太极劲

杨澄甫的太极拳术"十要"中有一句话："练太极拳全身松开，不使有分毫之拙劲，以留滞于筋骨血脉之间以自束缚。"

今天有人的观点是："我们要通过放松练习，把身体原来比较僵硬的、不灵活的力量（即本身的体力）变成灵活的、柔软的、能够运行的力量。"还有一说："太极劲是本力，要把体力练成本力"。

1. 先搞清楚几个术语的概念

①何为僵拙之力？僵：挺硬，难以活动，呆滞。拙：笨重，不灵活，迟钝，不巧妙也。所以僵拙之力即挺硬的、不灵活的力。

②何为体力，何为本力？首先要明白，体力即本力，即本体产生的力量，或曰固有的力量。这是指有形、有质、看得见、摸得着的物体本体所固有的力量，在人则指我们这个身体，在物则指某样东西或者物体，如一块海绵或一块木板。

③此体力，或曰本力，不管以什么形态出现，都叫僵拙之力，或叫紧张之力。

如一块木板很硬，它能产生硬力，这是它本体固有的力量。再如一块海绵，挺柔软，用手按压，也会产生力量，这个力量也叫本力。挤压到缩成薄薄一片儿了，力量也挺大。

说到我们人的身体，骨骼、肌肉可以很坚硬，如运动员的身体，某些部位的肌肉特别发达，身体越绷紧，产生的力量越大。筋骨、皮肤这些有形的物质，只要一绷紧，就会产生力量。

人的身体也可以变得很柔软，如体操运动员、杂技演员，韧带可以拉伸的范围很大，腰能向后弯过90°。但请注意，这种柔软身体产生的力看似很柔，实则力量很大，叫柔力，也是僵拙之力。

即我们的身体状态会表现出两种力的方式，一个是硬力，如那个木板；另一个是柔力，如那块海绵或一根橡皮筋，或一弹簧之力。凡是这些实体产生的力，都是实体的本力，也叫僵拙之力。

2.太极劲与僵拙之力不同

①太极劲是虚空当中产生的力，此力的性质就如水中之力。例如，在装满了水的玻璃缸中下压一块海绵，压不下去，越压力越大，灵活性越强。再向水中下压一块木板，有浮力上顶，非常有力而又灵活。海绵或木板产生的力，并非物体本身产生的力，而是底下的水之力反应到木板或海绵上了，这是水之力产生的作用。

好比一艘航空母舰在海面上，可想水之浮力有多大。但要注意的是，舰体的下方没有任何压力，人或鱼照样可以在下面游过。这种力，灵活、柔软、敏感而又虚空。这种力已不是海绵、木板或人体本身产生的本力了。

从人的身体来讲，人体本身产生的力，就好像这个木板之力，不管是硬还是软，都不是太极劲。

而太极劲，就如那水中之力。要通过放松，让体力都不起作用，也即要把体力完全扔掉。那么什么起作用？什么能支撑你的身体呢？身体内还有一套体系，叫气血流行体系，也叫内能量体系。但是，唯有把体力扔掉之后，使体内形成虚空的状态，内能量体系才会呈现。

绝非把身体的僵拙之力练成柔软之力，就是太极劲了。此力非彼力！因为力源完全不一样，力的性质完全不同。所以要扔掉这些僵拙之力。

杨澄甫有言："盖人身之有经络，如地之有沟洫。沟洫不塞而水行，经络不闭则气通。"

身上这些筋骨、经络、血脉之间要彻底松开，把其中的瘀滞之力都扔干净，否则经络会闭塞，通行不畅。如是，气血流注，日日灌输，周流全身无使停滞，久久练习则得真正内劲（杨澄甫）。即如太极拳论中所云："极柔软，然后极坚刚。"

这就是太极劲。有了这种状态，养生足矣！想继续使用它来技击，那就再往下走。

②太极劲的效果。真的内劲产生了，身体就变成一个漂在上面的东西了。做一个动作，双手开合，其实是我的内里在催动。你看到的是肢体外在的现象，这种现象产生的原因，是我的内里之气的催动。这就如一块木板在水中，划划水，木板也动了。所以有一说，练太极拳，身体是不主动的，完全是里边带出来的运动，如水、如气一般，极柔软、虚空的东西，产生了一个强大的力量。这个力量又反应到我们的身体上，通过身体作用出去了，这叫太极劲。这个劲极柔软，然后极坚刚。

小结

何为僵拙之力？身体固有的力就是僵拙之力，也叫体力或本体之力，即本力。

不是要把此僵拙之力练成太极劲，这个体力是变不成太极劲的，而是要通过放松的形式，彻底扔掉体力即僵拙之力。要把一动就动体力的习惯彻底改变，让这个固有的体力不主动、不起作用。

通过长期的练习，最后让气血流动起来，畅通无阻地作用于外边的身体。这个力量叫内劲，不叫外力。内劲的性质就是流动不滞的，而体力则一定是阻滞的。这是由力的不同性质决定的。

所以不放弃原来的东西，就长不出要的太极内劲。

现在什么压腿、押腰、劈叉等，练的都是柔力。柔力也叫体力或本力，与硬力是一个性质，只是表现的形式不同。

要练真正的太极，要练基本功。此基本功要符合天地自然运行的规律，既要运动，还不生力，让现在的体力彻底无为，叫归无极。

如道德经所言："为道日损，损之又损，以至于无为。"

二十二、太极拳的练意与慢练

太极拳申遗成功，提高了人们对太极拳的热度，各类有关太极拳的习练方法的文章和视频纷纷登台亮相。如关于太极拳的慢练问题，有文讲，为何太极拳要慢练？是为了把动作线路搞准确，甚至精准。就是说动作要固定、要精准，要细练、要精练，因为慢工出细活。

若只有慢练才能达到此效果，问题就来了：一是请问哪一种拳术，甚至哪一种运动不要求精准？快、稳、准、狠是一般运动的基本要求。二是请问所谓的姿势精准，是太极拳的要求与特点吗？显然不是，而是相反。那么，太极拳究竟要在慢练中练什么？

1. 太极拳要在慢练中练意

太极拳的基本要求是舍己从人，都在顺随对方走。要求你放弃自我，动急则急应，动缓则缓随，这是拳论上的要求。试想，对方会按照你练习的固定的线路来随你走吗？很多此类太极拳慢练的说辞、解释，根本是说不通的。按照拳论上的要求：第一，动急则急应，动缓则缓随；第二，舍己从人。这是讲快慢、速度由对方决定，但首先要保证你能跟得上对方的速度，然后才有可能去求下一步的从人仍由己。

要做到以上两点，必须要达到我"意在人先"，即我的反应、我的意识，一定要在对方的前面，这就是"彼不动，己不动；彼微动，己先动"。这里指的是对方刚刚有个动机，我就知道了，我的意识已经感觉出来了，我就动了。

所以，要达到"意在人先"，必须先练"意"。

太极拳有一句人人皆知的话："用意不用力。"你要用意，必须先练意。练到你的反应意识一定在对方的前面，才能达到"意在人先"。

如何达到"意在人先"？也即如何做到"彼不动，己不动；彼微动，己先动"？对方刚有个动机，我就已经知道了，意识已经感觉到了。为此要对特别细微的变化有极其灵敏的觉知。唯有灵敏度极高，才能产生极其灵敏的反应。

什么叫微变化？这是说特别小的、甚至眼睛看不见的、内里的变化。我用触觉，或者说我的意识已经感知到了，这叫我感知微变化的能力很强，如此才有可能做到人不知我，我独知人。这种意识的灵敏度和对微变化的感知能力，必须在特别慢的运动中进行专门的训练。所以陈鑫《陈氏太极拳图说》上讲："能慢尽管慢，慢到十分功夫，就灵到十分功夫。"这就形成了太极拳训练的特点：要慢。

慢是为了培养感知和反应能力，是在练灵敏度，这是太极拳才独有的一种功能，这个功能要去练习。若在太极拳的练习中不带意识去运动，再慢也不叫太极拳运动。脑子不去感知这个微变化，枉费功夫贻叹息。

2. 怎么练"意"

①首先注意，有快慢相间一说。所谓快，指的是外形上看得见的动；所谓慢，要慢在转关处，也即看不见的内里之动。

②关注动作线路运行的完整过程。从起点到止点，把点意识练成一条线的

意识。也即，关注此条线上的所有连接点，千万不要把一个式子分成一、二、三、四点，只注意这四个点。

③一条线的终点或者说一个式子的所谓定势，就是下一个式子的起点，即所谓的转关处。转关处要慢，外表上看不见，这其中都是特别细微的变化，你的感知和意识对此要特别关注。在松松、柔柔、缓缓的线路运行中，用心、用意识去体察这些看得见的线路和看不见的圆圆的转关处，去感知这些极慢的微变化，这叫用意识盯住运行的全过程。

所以太极拳又被称为脑子拳。

小结

慢练是在练感知的灵敏度，这样的训练才有效果。太极拳的终极目标是通过放松练空身体，练出来元阳之气周身流行，练出太极劲，换句话说，练出这个太极本体。而要用太极劲，离不开灵敏度。所以康老师告诫我们：练松的同时别忘了练意，练对身体的感知能力。而练意是快不了的，只有慢练！而且练松和练意要同时进行。

二十三、太极劲与刚柔相济的误区

1. 首先明确几个概念

①太极劲是虚空中产生出来的，是无中生出来的。

②刚柔相济，说的是太极劲的性质。

③太极劲如水中之劲，水的性质就是柔中寓刚。不碰它不显现，一碰它马上出现，可以排山倒海。

④若想练出太极劲，必须放松身体，练成柔如水一般，成为虚空状态。没有这个柔如水的本体，出不来太极劲。

⑤筋、骨、皮、肢体紧张、压缩产生的力量叫体力，与太极劲无关。我们一生都在使用体力，这是太极拳与其他拳术的本质区别。

⑥好比一根橡皮筋，再软，它也是固体。物性不变，出不来太极劲。

⑦但为何又说太极劲就像弹簧劲？注意，这是说太极劲给人的感觉像弹簧的劲，但本体是不能练成弹簧的。

⑧太极劲也可以用气体来表示。一个气球之力是皮囊中的无形、无相、无

质的气产生的。这类似于太极劲。

2. 太极劲与刚柔相济

水中之劲，柔中寓刚，既柔软又有力量，即柔即刚，刚柔相济，它是一个整体状态。极柔软的东西里产生出强大的力量，这个劲力是水这个极柔软的本体中自然就有的，没有这个柔的本体，那个刚的力量也不会有。它的形态永远是柔的，但它的力量就搁在那里。所以刚和柔是分不开的，刚柔相济，完全是一体。这个状态是分不开的。

3. 分清本体与作用

本体形态是柔，性质是刚柔相济。产生的作用可以显现，也可以隐秘。如一个漩涡，往外抽水的时候你感觉不到浮力，而实际上那个力是向里收的。若它向外放，你就可以感觉到那个力。也好比一排浪花，一下子把你推到岸上了，等它退回去，一下子又把你漏下去了。这是刚柔变化的显和隐，是讲作用的事。

用在太极推手上。康老师松松往那儿一站，手一伸，似乎毫不用力，一点不紧张。但对手使劲儿推，却推不动，因为他推到了康老师的劲上了。那个劲是阴阳混一的，不用它就呆在那儿，你根本推不动。若康老师让劲的刚性显现，让人能看得见，那就可以收或放，换言之，或吸或呼，我们就可以看见对方被一股无形的力量抽得栽下来，或者被发放出去，或者如一个漩涡，跟着康老师的手转着圈走。这就是阴阳相济，也即刚柔相济，这个太极劲的本体体现，是阴里产生出来的那个阳刚之劲。只要是太极劲，它就是刚柔相济的。

很重要的一个概念是，刚柔是割裂不开的，这是太极劲的本质。然后要用这个太极劲就可以产生出显或隐，可以让对方体会或感觉不到，也可以让你感觉到强大的力量。所以叫"忽现忽藏"。

注意，显隐是指对方的感觉。而"我"这里只有一个概念，即一出一入、一呼一吸。对"我"没有变化，对对方有变化。

拿这个阴阳混一的劲儿，或走阴（收），或走阳（放），让你感觉到刚或柔。但不管走阴还是走阳，这个刚柔相济的劲是不会变的。别以为收回来是没劲的，收回来既可以让你感觉不到力，也可以让你感觉到力，就看想怎么用了。

4. 人们对刚柔相济认识上的误区

①首先在理论上没有明确的认知，不知道太极劲是唯有柔体中才能生出来的刚柔相济之力。

②体用不分。即何为本体，何为作用，脑子里没有明确的认知。所以有时候说体，一会儿又拐到了用上，还往往割裂着说。说着说着就不能自圆其说了。

③有些前辈身上已经出来了刚柔相济的太极劲，但他们说不清这到底是怎么回事，就只能从个人的感觉上去讲。比如，你看，我是软的，但我能产生很大的劲，我一使劲，我的刚就来了。这样一来，学拳的人就去用力了，越使劲，身上的僵滞之力越丢不掉，就越出不来真正的太极劲。他们不清楚刚柔相济到底是怎么回事。虽然他们表现出来的就是刚柔相济的东西，但解释不清楚。

④很多老师级的人物也认为太极劲是弹簧劲，这种劲是刚性的，也叫掤劲，要掤劲不丢。于是一上来就要求你掤劲不丢，岂不知这和先把身体练成如水一般的性质是背道而驰的，这样练永远出不来太极劲！

⑤还有什么运劲用柔，落点为刚；什么蟒蛇行走，什么柔转刚，等等。

⑥著名的杨式太极拳大师李雅轩的大松大软习拳方针，给后人留下了宝贵的经验。但由于缺乏理论上的详细阐述，所以自己经常在反复、纠结之中。如他说，刚字是采取攻势的意义，并非刚强之刚。推手中的挤、按两个动作是采用攻势的意义。柔字是采用守势的意义，并非柔弱的柔。推手中的掤、捋两个动作是采用守势的。

5. 有心求柔，无意成刚

想练出这个刚柔相济，或者说阴阳混一的太极劲，就想想水中之力。若离开了这个水，力从哪来？老说上善若水，你若真练成那个水的性质了，那个柔软里边的劲就出来了。所以练太极拳的要求是不要用力。劲是在身体放松、达到极柔软的状态下产生的柔中之力，这个力已经不是你身上原来所带的那个体力了。那个体力是你多年劳作所形成的筋骨之力。把这个筋骨之力，即你自身所带的体力通过放松变软，逐渐扔掉，成了水一样的柔软的性质了，那个强大的力量就能在体内产生。不是等我练松软了以后，在柔软中再去如何使劲。根本用不着，因为这个力就在那里，是一体的，根本分不开。所以不用去求这个力，只管去求那个柔。柔到极柔软，就行了。

这个力叫作劲，也叫虚力。而身体紧张发硬产生的力，就像棍子一样，叫硬力，也叫实力，或者叫体力。我们求柔的过程，就是扔掉体力的过程。这个体力就如泥浆一般，水中掺了好多泥，甚至泥地已经成土地了，那个虚力出不来的。要不断地把泥扔掉，也即不断地把实的东西扔掉，最后只剩下水，也就由原来的实力变成了虚力。虚力中的刚性是自成的，"久之则自成坚刚于内"，不是找来的。

所以有心求柔，无意成刚。别去想那个刚，越想就会越去使劲，它就越出不来。

康老师还告诫我们，不到一定程度不要去推手，因为身体还没松柔，还没有柔中刚，一推手，体力的硬力就上来了。天天用这个硬力去推，硬力如何能扔掉？

这是康老师20年前天天推手想不通的事，最后理明白了，想求太极劲，必须把自己练得极柔软，然后就出来那个内力了，而且那劲越来越强大。所以叫"极柔软，然后极坚刚"。

后记

王宗岳的《太极拳论》其实讲得十分清楚了，阴不离阳，阳不离阴，阴中有阳，阳中有阴，阴阳相济，方为懂劲。把身体练成如水一般的本体，这个本体就会产生出强大的力量，这个力叫虚力，是一种膨胀之力，然后要用这个掤力了，就产生了各种用法，太极十三势就出来了。但是先要有这个本体。

若把长拳慢练，练到死也出不来太极劲，因为全用的是体力。

我们的会员中，老中青都已经有练出虚力来的榜样。如年逾古稀、原患有严重疾病的于玖老师，他原来只是为了养养病，谁知却蓄出了内力，并且疾病也全好了。还有孔老师，跟在康老师身边几年，也练出了功夫，他也没去想出工夫，只管听话，松松地练，不想反而来了功夫。

还有一批人经过这几年的学习，在放松身体慢慢练习下，已经松柔到完全具备了太极基本的功夫，只需老师的点拨了。

所以只管去求柔，松松地练习。明白了道理，此道似乎触手可及，至少达到了养生健身的目标。

二十四、关于太极拳的手型

刘易老师提了一个掌型问题。根据康老师的解答，小结如下。

到底什么样的手型对？先看看太极前辈的几句相关拳论拳谚。

掌要虚拢，掌心要空。

以心运手，顺势转圈。

手上领转圈，手指画圈与胳膊之缠丝是一股劲儿，不可视为两股。

以心行气，以气催形。

根据这些拳论，我的理解是：

①在个人练体阶段，整条手臂是一体的。从臂根到肘、到手腕、到手指，肘、腕、指节间会有运动，但都是从根节催带出来的，手与臂是一致的动。就像一条鞭子甩出去，最后的鞭梢是什么状态，要由根节说了算。

②臂也是被脊背带出来的。所以手怎么动是由后背说了算。当然，这是又上了一个层次的。

③更高层次是气催形，内气催动了肢体的运行。由丹田经过脊背到上臂、到手腕、到指尖。所以有一句老话叫"力达指尖"。

④若非要说出一个掌型，那就如康老师所言：五指张开，不松不紧，虚虚拢住，掌指之间有缝隙。任何位置不用力，纯乎自然。

⑤可以参考一下郑曼青前辈对掌形的描述，他称为美人手："手背不露筋络，相传美人手始是可矣。"这是对松在手腕上的具体体现。

⑥也可以参考一下已故当代杨式太极拳大师魏树人先生的描述：掌，五指平展，不绷挺，不屈曲。内气弥散于指掌间，掌心自然呈现凹进之意。腕部要松开，有微鼓之意。腕部松开，手的旋转才能轻灵自如，动作才没有滞碍牵绊（图3-9）。

再请大家注意观察一下康老师的掌形，你会发现康老师的五个手指头一般都是伸展的。我想说的是，拳友中有不少人的掌指都是弯曲的，似乎这样是松的表现，或者是对掌指还没有意识。

我认为这是懈。这个懈，我也是2020年的有一天在视频上做六式之第四式"上善若水"，一开始右手从右侧抬起，康老师看着视频说，手开始懈了，这才引

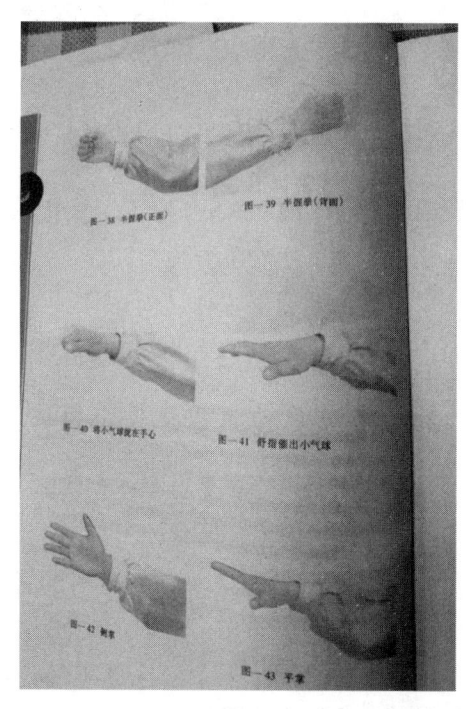

图3-9

起我的重视。

　　大家不妨试试看在行拳走架或练功中把手指伸展开，你会立刻感到有一股气直达指尖。刚开始有人会不习惯，会感觉中指怎么好像短了一截呢？其实那是气到了指尖。

　　还有一次，我的右掌贴在康老师的前臂上，试图往里收，我不由自主地要用手指去抓。康老师说，不要抓。不要用力，手掌平铺开，用意念收，用意念向回吸。一试，果然！掌心自然空虚。

　　由此我又想到，康老师讲述过脚心空的问题。平时我们都是脚掌平铺在地上，不要用力，那么五趾抓地、脚心空为何意呢？那是在练阴劲，从脚底下向上抽劲。当然，这是在讲劲，在讲有了内气之后。

　　推演到掌心上，有所谓掌心空，双手回收，掌心会微微内含，手心凹进去的程度会略微大一些。出掌到定势，掌心会微微外展一些。但不管收还是放，并不是手掌本身在做，而是被手臂带动的收、吸，或放、开，手腕处会有相应的动作，但幅度都不会太大。

　　这都是在自己练体的阶段。至于两人推手，就另当别论了。

二十五、太极拳的知己要分内外

　　身体是太极拳的载体，这个身体要分内外。"内"指的是看不见的虚体，那是一种内能量，也叫内气；"外"，指的是看得见、摸得着的实体，即、筋、骨皮。不认识虚体，打不了太极拳。怎么认识？练"意"，用意去感知虚。认识了虚，才有可能去指挥虚。

　　这个虚体叫太极本体。对虚体的认识是一步一步练出来的，方法是用意不用力。但是先要练意不练力，这是认识太极本体的必由之路。

1. 认识实体的过程是认识虚体的基础

　　我们有生以来一直是对实体有认知的，因为一直在使用它。而对虚体是没有认知的。要认知虚体，先尽量让实体不动或少动，这样才有可能多去关注内里。

　　方法是通过站桩、练功法或者打拳来认识实体。不管哪一种方式，都要求全身各处放松、不用力，目的是使身体各部位的作用不断弱化，从而便于在近乎静态的运动中去返观内视身体内部的虚体的状态。这个虚，看不见，摸不着，但却是实际存在的，人一生下来原本就有，只是被忽略了、被搁置了。现在要重新去发现它，并感知到它的存在。这个能感知到它存在的过程是漫长的，因为要把后天实体形成的力去掉。去掉的方法是松，然后软，但是松而软还不能塌架子，即不能懈，因为一懈，筋骨皮肢体都挤在一起了，内里的虚空也没了生存的空间。

感知这个虚空存在的过程之所以漫长，是因为先要放松身体各个部位，这是认知实体的基础。后天常年活动形成的骨架之力、肌肉筋膜之力，都需要通过放松而让它们尽量回归出生时的、如婴儿般的状态，也即原本之状态。

想想何其难！唯有一点一点地、一个部位一个部位地去慢慢训练。所以，越是软塌塌的病秧子，越是容易练；越是柔弱者，越是容易练。在这个训练的过程中，要通过放松，扔掉手、臂、肩、背、腿、脚之力，然后达到不用力或者尽量用最少的力运动起来。所以李雅轩前辈晚年时还要求打拳要大松大软。这可是他悟了几十年给后人留下的忠告，是肺腑之言。

大松大软的训练要有方法，这个方法要简单，易操作。训练的目的是放松身体各个部位，让这些部位在不用力的前提下运动起来，而且要达到最大化。方法本身要蕴含太极运行的自然规律。

这是在用意识调整后天身体状态向婴儿般身体状态的过渡。此过渡过程正如康老师的文章中所言：随着外系统作用的不断弱化，自身内系统所产生的作用就会逐渐地得以显露，并慢慢地能被我们的意识所认知了，渐渐地，意识越来越清晰，感知到那个"虚无"状态的存在，这时候我们的意识就由原来的"知实"变成"知虚"了。就是说你对内气即内能量有了感知，这时可以说，我们有了一个太极本体了。这个太极本体讲的是我们这个身体已经具备了让气机运动起来的条件。所以第一个阶段我们一直在练形、在练体。这个形，不是说的那个太极拳架的形；这个体，也不是指筋骨皮这个体，而是说这个太极本体，是达到了太极拳气机运行的那个状态。

这时达到了意和气的阶段。

知虚以后的用意用在哪里？

从对外在实体的认识，到对内在实体的认知，是一个跨越式的质的变化。这个阶段要去用意了，用意去指挥我们的太极本体，不再是搞一些筋骨皮之类的外部肢体运动，这叫进入了太极运动的阶段。

太极运动中，要逐步地去认识并训练以下这些方面和功能：①阴阳与虚实；②呼吸、开合、收放；③八法；④五步；⑤消息盈虚与引进落空。首先要明白，以下所谈都是内，即使涉及了外，那也是诸内显于外给你的表象而已。表象与内性，有时一致，有时相反，唯有透过现象看本质，才不会走偏。今天先谈一谈内气与呼吸。

2. 丹田内气与呼吸收放

进入习拳的第二个阶段，开始内气的训练了。内气，非指口鼻呼吸之气，而是指身体内部的精气，也叫内能量。

杨澄甫在《太极拳十要》中指出："若不用力而用意，意之所至，气即至焉，如是气血流注，日日灌输，周流全身，无时停滞，久久练习，则得真正内劲。"

康老师讲，真正能通过习练产生意识引导内气进行一收一放的"呼吸"功能了，气机运行的"阴阳变化"也就可以真正实现了。气机的呼吸收放是产生太极运动阴阳变化的基础。

内气的收即吸，放即呼，应该如何一步步练习？这里尤其要注意练收，这是练阴劲儿，也是最不好练的。

①意识放在四肢上，让四肢手脚的内里之气，都是往身体中间收缩的、回流的。一开始，气机并流不到丹田的位置，因为身体并未完全放空，只能回收一段。老想着手臂是往回收的，脚也是往上收的，都收到身上了。一定要去体会从手往身上收，再去体会脚不蹬地而气流向上行的意识。

②接下来，身子有感觉了，身子要主动，可以想身上了。脊柱带领四肢往身上收，都收到中间，接着脑袋一拎，慢慢气就沉落下去了。现在还不要想丹田，只管不断地往身上收，内气就真的回来了。

③丹田一粒混元气。浑身之气都往中间聚集，可以无限地往里聚，最后都聚在丹田，这叫聚丹。拳论上这叫："放之则弥六合，而卷之则退藏于密"那是在吸、在呼。从丹田向四面八方放出去，一直放到指尖、脚尖，都是丹田在主宰。所以拳论上才讲要刻刻留意在腰间。不管肢体、身上怎么动，总有余念在关注丹田。

④注意事项。

第一，现在打拳就想着一收俱收、一放俱放，不要想这边收那边放，还不到那个阶段。这个练好了，然后才能有分别。

第二，手缩回来可不是说动作要瘪、身体要绷紧，而是回缩的气机。骨节在任何时候都是松开的，包括收与放。

第三，不要故意拿口鼻之气去导引。最后外在呼吸和内在呼吸是自然配合上的。就好比你跑步时的呼吸，你不会想它，但呼吸会自然配合。

第四，做拳式动作，裆随时都是开的意识。如捋式，前胯要松，后胯要开，并非边走边开。但若走的是气机，只管回收，千万别想劲。不要想着事先做好气机的通道，否则那叫强为。不想哪里带哪里。一动全动，周身都放或周身都收。

总之，形与劲是两个概念。动形，根部在动，如抽回手臂，用臂根抽；抬腿，胯根带着走。练形时，这些部位都在脑子里。

一旦讲到气了，整个气机都变成收敛或者发散的气机。一说收，全体都收；一说放，全体都放。最终结果是：放之则弥六合，卷之则退藏于密。

二十六、又谈太极劲
——身体松软离太极劲还有多远

首先明确几个概念。

1. 太极运动与太极拳运动

太极运动是在正确的太极原理的指导下，用正确的方法习练，对自身内在系统进行调理，让气血流动起来，培元固本，从而生命的原动力不断加强。这是在练本体，是在练一个感知的过程，这是在养生，也是产生太劲的本源。

而太极拳的终极目标是要打人的，用什么打？用太极劲来打。因为太极拳是个拳术，拳是要进行技击的。技击的力量基础就是太极劲，是先天元气，也叫中气。太极劲的培养是在太极运动中逐渐养成的，是中气灌到一定程度自然而然产生的。

那么，太极劲是一种什么状态？它是什么模样呢？

2. 太极劲的表现

拿一块柔软的布，里面暗藏着一个弹簧，从外面来看松松软软，但用手去推，里边的弹簧产生了力量，推不动了，或推起来很费力。不过布本身没有什么变化，把推力撤掉，一切恢复原样，不显山，不露水。太极劲就如这个弹簧之力。

从康老师和阿齐的推手示范来看，阿齐双手在用力推，而康老师一只手搭着，神态自然，浑身似乎仍然是松松的，没有用力，但阿齐却怎么也推不动。这就是太极劲的作用。阿齐一撒手，康老师的站立状态没有任何改变，伸出的手还是那么伸着，没有因为阿齐的前推而后退，也不因阿齐的撒手而前去。

康老师用的是太极的中气的中定之性。一股掤劲胀在那里，不丢不顶。

单纯从养生来讲，有没有太极劲并不重要，单纯为了养生，不必去追求太极劲。

3.非太极劲的一些表现误区

一定要排除这样一个误区，认为身上有些动静了，就是有点太极劲了。几乎所有人都折在这了，因为这时他就不想松了，而是去找所谓的劲了。而太极劲是在彻底放松以后，从里边长出来的一个东西。一定要认识到现在身上的东西不是太极劲，千万别留着，而要继续松，松到气遍周身后，这个气才产生了力。这个过程一般应是比较长的。

还有一个误区是，外形上身体似乎已经很柔软了。因为平时不管打拳还是练功，身体都是松松软软的，并不用力。但实际上，身体内还闷着力，只要和对方一搭手，松软马上就变成僵硬的紧张力了。如杂技演员，浑身柔软中透着力量，这叫柔力。柔力也是力，但不是太极力。这就好比一块软软的、可以折弯的钢条，能够折来折去，但外力透不进去。比输赢，这就要看两人谁的力量也就是外力更大了。要是比外力，康老师也不见得推得过阿齐。

简言之，太极劲是松空、松虚中出来的力量。这个力是可以让人透空穿过去的；而柔力是没有容让之性的，因为两者产生的力源不一样，即性质不一样。

4.身体松柔了离太极劲还有多远

我们天天练功，练六式、八式，练套路，这是已经走在了放松不用力来进行太极运动的大道上了。这样练下去，把身体练成如布一样的状态。六式、八式就是在干这件事，从手脚四肢慢慢过渡到身上。整个身和体都柔软成一块儿布，这是在改变身体的状态，是在扔拙力，是在疏通身体的各个渠道。然后把六式、八式的功能运用到打拳上，这也需要一个过程。不可能说六式、八式打得不错了，打拳肯定就没问题了。不，一用到拳上，还会在很多地方产生拙力。

要继续清除身体内部的阻滞之力，真正出太极劲的时候，是中气灌到一定程度。这时慢慢地身体内会出来一些感觉，即体内的另一套内能量系统被启动。但这个启动是很缓慢的，等到超过50%的时候，你会感觉到口内生津，需要频频下咽，手指热麻胀，后命门处发热，双腿，尤其下肢如过电一般，脚面发麻，继而脚底有感觉，脚趾发胀发麻。浑身从上到下，如水洇沙般，一股气流从两肩胸开始下降，直沉丹田，又一路下行到脚底，浑身膨胀了起来。

需要注意的是，这些现象都是过路风景，是好现象，但是过去就过去了，当时不要去求，过去了也不要去找。不要认为有了这些感觉就是有了太极劲了。千万不要把此热酸麻胀疼的感觉当成太极劲，否则又回去了。

而且一人一太极，各人感觉都会不一样。只管松松地去练，当内劲达到60%以上后，会有感觉的。

这时一直是在养气阶段，就好比一个气球，往里吹气，这个气球何时会产生力量？是在把气球皮吹得彻底鼓了起来的时候。而这个气是要一口一口地去吹的。如果吹了几口，气球还瘪着，那产生不了力量。但你不能说里边没有气，只要你练一天，就有一天的养气养生作用，练一个月就有一个月的作用，练一年就有一年的作用。

也不要认为一天非得专门练两个小时左右。如果一天两个小时，其余二十多个小时都不想，那没用。太极的运动量，不是说专门抽出来的肢体的运动量到底有多少，而是说脑子待在这儿的量。不管行走坐卧，脑子里都有这个概念，不管干什么，如走路、上楼梯、洗脸、做饭，身上都是这个状态的意识，也即随时随地生活化，这就叫你练功的时间很长。专门的练功时间一个多小时，足矣！

慢慢产生太极劲的本源有了。太极劲就是这个东西产生的力量，这叫有了本体。但本体要产生作用，那就是要用太极劲了。有了太极劲，要认识它、使用它，必须经过老师的喂手。否则，真的不懂劲，因为分不开什么是力、什么是劲。

这时需要找老师了，需要老师帮你找，需要老师当面来给你喂劲，让你来体会。如果没有条件见康老师的面，那就只管这样松松地练，身体状态会发生很大的变化，但这个时候它不会产生力量，不过养生没问题，完全可以了。

二十七、又谈圆裆落胯与单腿负重

1. 首先明确几个术语

①胯：指髋关节这一大块。注意前后胯，尤其前胯根这一部位，即我们平时所讲的腹股沟。

②裆：两胯根之间，即会阴处。

③重腿：不要称为实腿。将担负体重之腿称为负重腿，或简称重腿。这是指身体的重量压在那里。

④轻腿：或称非负重腿，但不能称为虚腿。

尽管太极拳书籍中充斥着虚腿、实腿这样的字眼，但实际上，虚实指的是身体内里的气机变化。没有产生内气或内能量即太极劲之前，身体内的气机不会收放。没有收放，也就没有虚实之分。有功夫的老前辈，如杨澄甫说的虚腿、实腿，与后人所理解的虚腿、实腿是两个不同的概念。后人照字面来理解了。

王宗岳《太极拳论》："每见数年纯功不能运化者，率皆自为人制，双重之病未悟耳。"

腰裆劲与裆胯劲。腰为主宰，当裆能把两胯之间串联起来，从意识上已经把它们串在一起、形成一体的时候，即拳谚所讲两条腿练成一条腿，这时就为腰、裆胯劲做好了条件准备。

2. 练胯的步骤

①松胯收胯。让大腿根部能形成腹股沟，这里能松动，产生缝隙。

②落胯。让胯根不要上顶，否则会形成尖裆。可以多练练八式动功的第一式"地升天降"。让腹股沟向里凹进去。当然这时还必须配上后膝盖腘窝处的微屈，要去感觉，把顶着的力扔掉。

③开胯。这时要在落胯的基础上，让膝盖微外展，让上身重量从胯根之间下落。应是胯根能向下滑落。前胯根和小腹之间似乎能够顺着这个腹股沟上下错位打滑。可以多练练八式动功的第七式"泥牛入海"。

④圆裆。接下来就要用意识去关联两胯之间的连线，即会阴处了。把两条腿想成一条腿，一腿动会牵动另一腿。这个胯根动，那个胯根也必定在动。

还有人问独立步怎么松胯。如八式动功的第二式"左右踏浪"，或者是拳式动作，如"金鸡独立"。我的感觉也是去找八式动功第一式的双腿的感觉，然后试着在八式动功第二式"左右踏浪"中去找。把单腿想象成是双腿，看能否上下屈伸，仍不用力、不费劲，胯根不顶，能屈能伸。

注意一点，身体重心不要太靠前，稍微靠后一些。

总而言之，头部拎着的意识要贯穿独立步始终，所谓虚领顶劲；胯根永远不顶死，这是关键。

二十八、再谈沉肩坠肘
——手臂是轻对还是重对

1. 沉肩坠肘

沉肩坠肘可以说是老生常谈了，几乎从刚开始学拳就听到此要求了。要求一直有，而且是在逐阶拔高。从两年前的讲解，明白了何为沉肩，即肩关节怎样算松开了。上臂的根节和肩头的接缝处要能松活，手臂要能像服装模特可以拆卸的手臂一样，可以上下左右360°旋转，但不会影响肩头，继而不影响后背上的肩胛骨。肩胛骨不会随着手臂的上抬而跟着上行，但是肩胛骨很活，一直有动静。最终的目标是上臂、肩头、肩胛骨，不管怎样运动，后背的拙力不上来，而是下沉。肩内不起拙力了，没有阻碍了，达到放松、松开，而且很灵活的效果。而且这个松活的效果自己能感知到。

松开了肩头，就要去注意松肘了，所谓沉肩坠肘。先让上、前臂之间拉开缝隙（这里主要是练意识），这叫松了；然后要能动，继而要灵活，最终目标是肘内不留阻滞之力。不管肘尖因为拳式动作要求，要朝哪个方位，都不能生力。肘尖向外、向上行，不能生力，这并不容易。许多人打了多年的拳，一看，肘这里还是不会动，拳架看起来就十分僵硬。

如起势，双手下来时仍是直直地下行，不知道肘这里要打弯，要扔力，从肩头、肘到手腕，一路下来一直在扔力。但最后的定势还不能懈掉。

再如捋式，双手从前面的掤接下来，因为双肘不会弯曲，所以捋回来是直直的，像个木偶。要先外形上会打弯了，再说从肩到肘，一路扔力下来，松松地从意识上把力穿过身体，从身后松透出去了。

最后需要再提醒一句，沉肩坠肘离不开虚领顶劲。没有了虚领顶劲，一切免谈。就像玉树挂宝衣，头上不拎起来，那还不塌下去了。

2. 手臂是轻对，还是重对

有人问，练了几年拳了，感到两臂沉重，这种感觉对吗？

我本人也经历过这种感觉。七八年前，我在一位名师那里学习，我的双手毫不用力，完全是压在他的手上，被他托了起来。他问我手臂沉么？我说是很沉。他说，要找这个感觉。几年以后，当我忽然开始双手不用力来行拳的时候，双臂的抬起完全不主动，我这时感觉到了地球的吸引力对手臂的作用，双臂有了沉沉的、下坠的感觉。这个难道是老拳谚中所言的胳膊如棉裹铁吗？

康老师说，这种感觉不对，而应该是像羽毛一样轻飘飘的感觉。没重量才对。

我困惑了一段时间。又过了一两年，忽然感到手臂是飘起来的了，的确是没重量的感觉了。究其原因，当手臂放松，不用力，有了沉重感的时候，说明是肩头或者说上臂根节在起作用，肘关节不用力了，手臂本身放松了，有了沉重感。这是一种进步的表现，但这种感觉不要保持，继续放松手臂之内的滞留之力，就像一把被掏空了的扇子，只剩下一个皮了。

我的感觉是当真正用身体来打拳了，是腰脊来催动手臂，手臂内已经没有了滞留之力，这时就是轻如杨花般的感觉。

由沉重感迈向轻灵感，这又是一个大的进步。至于如棉裹铁或重如山岳，那又是一个阶段的事了。

二十九、中与中气

康老师讲，太极拳术不同于其他任何拳术。太极拳的"中"并非指身体的中间。"中气者，中是中，气是气。气得中谓之中气"。什么叫得中？"中者，喜怒哀乐未发谓之中"。这是一种比喻，是指人的内能量系统，内气，即人的内劲处于一种不偏不倚、无过不及的状态，就守在那儿，这叫中气。绝非身体中间的气，也非口鼻呼吸之气。中正不偏其实"非形迹之谓，乃神自然得中之谓也"（不过，没有养出内劲之前，是认识不到内气的）。

那到底是一种什么状态呢？

康老师伸出一只手臂，让一小伙子使劲儿推。小伙子推不动。小伙子把手撤回，但康老师的手臂原位不动，既无前伸，也无后退。康老师讲，这叫中劲，也叫中定劲。哪儿来的？中气干的。即我的气性要练成中定，既不外冒，也不里缩。这种性质的气，不停地在身体内流动，但它不发也不缩，这叫中气。平时打拳，就是在守着这个中定性质的气性在打，这叫守中。但是，这种气是可以随你的意愿随时随地外发，或里缩（也叫吸），也即身上的任何一点，都可以随时打你或吸你。

中气，贯于心肾之中，通于脊骨之中，行于四肢骨髓之中。

心神中正则形体自然不偏不倚，运劲自然无过无不及，正时亦正，斜时亦正。以心中浩然之气运于全体，虽有时形体斜倚，而斜倚之中自有中正之气以宰之。上下一气贯通，内气一气流转，自然中正不偏。

这种中气，也叫混元气，在体内含着没发，不是没有。你一压它，会感觉到强大的力量。但这个力量不是我发出来的，是你压出来的。就像一个充足了气的气球，我在挪动我这个气球，你来压它了，力量就被你压出来了，并非我主动出力。你走了，我这个气球也就恢复原样了。好比一根弹簧，你一挤压，弹簧被压出了力，这力会弹你，你一松手，弹簧恢复原样。

康老师进一步解释：这就好比数学上的一条坐标图。线上为正，线下为负，中间为零。零表示不变化，平时就守着这个不加不减的零状态练拳。有劲儿，但不外冒，也不后缩，这叫守中。因为发劲，就要加，变成正劲；若要吸你，就要变成负劲儿。我的气不偏不倚，无过不及，就守在那儿，这叫中气。绝非身体中间的气。

康老师为了让我们体会什么叫中气，他的手臂保持不动，即他没有发，也没有吸。一旦发了，我们人就出去了；一旦吸了，人就栽到他怀里或脚下了。

三十、年终梳理
——穷其理，尽其性，理法合一，进妙境

到2019年末，康老师已经在全民太极的太极观真课堂上讲课3年了。内容梳理如下。

①通过3年来太极观真课堂的共同学习，我们首先了解了太极运动的相关理论知识，对前人留下的拳理拳论有了比较正确的理解，使我们对习练太极拳运动有了正确的思想指导和明确的方向，从而大大提高了我们对真实的太极运动的识别和鉴赏能力。

比如，对沉肩坠肘、虚领顶劲、含胸拔背、松腰落胯等的正确理解。

又如，对太极拳五大运行规律，不仅知道了，而且能身体力行。

再如，对包括世人说不清、道不明的八门五步的初步了解。

澄清了许多过去的误解、曲解，甚或歪解。对太极拳是什么、要干什么，对以后的习练，有了明确的目标和方向。

②通过对拳理的学习,达到另外一个效果:即通过对太极理论的学习和探讨,使我们逐渐了解和学习了中华传统文化的思想和哲理,并逐步认识到中华传统文化对太极运动所发挥的巨大指导作用。

比如,对"无"的理解。

过去认为"无"就是没有。对老子的清静无为思想,认为是消极的,认为是什么都不干。而现在明白了,无极,看不见,摸不着,但无中能生有。这个"无",是那个看不见、摸不着的东西,是思想,是道德,是规矩。

一个空无的屋子里,才可能装进东西。

孙禄堂的"道本自然一气流,空空寂寂最难求,得来万法皆无用,身形应当似水流",其中"皆无用",被多少人理解成了都没有用。而真正的意思是,太极拳最后得到的万法,都是那个"无"起的作用,万法皆"无"之用。

就像我们这几年一样,在无为,在找思想,所以太极拳叫"练意不练力,用意不用力"。

又如对数字的理解。河图从1到10,10个数,有阴数,有阳数,还有中数,就这10个数把事物的变化规律说得清清楚楚。数,是规矩、尺度、分寸。所有的道理,用数给讲明白了。

再如三字经:首孝悌,次见闻,知某数,识某文,一而十,十而百,百而千,千而万。

人们一般这样来解释,首先要忠孝,然后就是知识阅历,然后就要写文章,再然后就要教孩子学数数,从一数到万。

这是对祖先伟大智慧的极大的误解。

要明白,数,是规矩、尺度、分寸、道理。

首孝悌,次见闻。先要学做人,然后才是学知识。做人的规矩,从哪儿来呢?知某数,识某文。从一到十,大的道理,都在此河图之中,全讲明白了,这是至理不变的东西。一而十明白了,然后十而百,百而千,千而万,叫至理循环,别管多大多小,其道理是一样的。

不识数,只会歪曲和误解,中华民族伟大思想岂不要丧失殆尽!

通过打太极拳,知道了很多知识。反过来,这些文化知识对太极拳的习练,起了非常大的指导作用。因此人们说,太极拳是文化拳,是中国传统文化的有效载体。

③中华传统文化与太极拳的关系。通过太极拳运动的学习和实践,直接真实地体悟中华传统文化的精深思想和应用实效。又通过太极运动,不断感悟文化精髓,不断形成新的思维模式和心智模式。

通过这几年的学习，大家的认知已经发生了改变。原来认为那些都是迷信的、唯心的东西，岂不知那个层面还有东西呢！原来看到一个事物的现象，却很少去感知事物的本质，而现在通过学习太极，有研讨、有体悟，去看现象背后可能隐藏着的东西。

思维模式改变了，观察事物的深度、广度、角度全变了，会透过现象去看本质了。

一旦思维模式变了，认知模式、心智模式都随之发生了改变，世界观、方法论的维度就开始改变，人生事业，也会慢慢随之而发生巨大变化。这就叫修心养性。说大了，叫修身、齐家、治国、平天下。

中华传统文化是再造人生的一个手段。

太极拳不仅仅是一套用来养生或者技击的拳术，而是通过拳术，用身心感知世界，创造未来。

第四章　理论与实践研讨篇

此章适合超越第二阶段的太极拳习练者及太极理论的研究者阅读。

纪要：本章内容跳出了具体拳式的习练方法，是向更高层次的探讨。其中涉及一些对经典老拳论的解读。对于初涉太极拳门径者，可以不去关注，因为探讨的问题已经比较深入了，有些甚至与当今太极拳界的普遍认知大相径庭。究竟孰是孰非，有待读者自己去判断。

如对太极心法的学习感悟；

关于孙禄堂的"神志升夺"一词的解读；

关于武禹襄的打手要言中"物将掀起而加以挫之之力"的解读；

关于"敷盖对吞"；

关于八卦与八法；

太极圈和虚中、内气和劲力问题等。

希望此章内容能引起专家学者的关注。

一、话说展膝和扣膝

很多人练拳，练疼甚至练伤了膝盖，于是就出来了一些应对的方法。如有人讲，练拳时，膝盖要对准脚尖下压；有人说要展膝；还有老前辈的拳论上有"圆裆扣膝"一说。到底怎么样才是对的？

①松膝和展膝。膝盖松开以后，感觉小腿和大腿断开了，劲是沿着大腿往外走，从膝盖头这儿出去了，不是沿着大腿从膝盖这儿拐弯向小腿再向脚下走。就想着我只有大腿，没有小腿，膝盖这里完全是松的。这时会自然形成一个展，这个展，不是自己用意识用力去掰开的。就像我们把手臂松开、松长，不是用力去拉长一样。如果膝盖是紧的，这个力就紧绷在膝盖头上，就会压在脚上。这种情况下，如果用力去展膝，是错误的。

所以，八式动功的第二式，要我们用胯根领动整条腿，尤其要强调膝盖放松，在那儿毫不用力，这时会自然形成膝盖的外展，大腿之胯根滑落，不会直接压在膝盖上。这是训练过程中的一个阶段，也是方法，是从外形阶段、从动作层面来进行的意识导引训练。

②扣膝。前辈有"圆裆扣膝"一说。那是在后背能完全松开以后，后背和前胸形成了一个圆，不再是只有前边没有后边的半个圆了。这时会产生一个虚中，从百会至会阴，是这个整圆的中轴线，而两脚就踩在那个圆的两边，就像太极图上的左边震卦，右边兑卦，上边乾卦，下边坤卦。因为你已经是一个球体了，上体围着轴转，腿也是在旋转着进退。是两个圆柱体在旋转，大腿的外侧向内、向前转，里侧就向外、向后转，即所谓的顺缠逆缠，膝盖自然也在转。这时一条腿的膝盖自然就包裹了过来，即所谓的扣膝，这是指的前进步和后退步。如果是平行步，后边的半个圆整个包过来，含胸拔背、圆裆扣膝、裹臀，自然就一下子形成了扣膝，不是一个一个单独做出来的。这都是后边的事儿，急不得，欲速则不达。

二、更高阶段的支撑腿的重心问题

我曾在给新乡会员讲八式的第二式时谈到单腿，即支撑腿的重心位置问题。大家反映，单腿支撑，很不易站稳，而且单腿支撑时的1/3位置在哪里呢？

我告诉大家，单腿支撑也有1/3，要在脚下做出来的话，就把重心放在脚的内侧、靠后，大约1/3的位置，大家试了试，感觉的确是站稳了。

康老师告诫我，在这个阶段，千万别在脚下找重心，千万别去找重量压在脚后跟哪个位置上，你只要把脊柱拎住了，舒舒服服就呆在那儿了，随遇平衡就可以了。

为什么？我的确是感到独立步时，重心压在脚后跟内侧，或者说，让重心沿着大腿内侧落下去，站立得很平稳呀！

康老师说，太极拳是知觉运动。这时，你要找一个感觉，一条支撑腿是软的，脚底下是软的，抬起的腿也是软的，要找这种感觉。千万别想重心在脚下哪个位置，因为你这么一找，重心就一定压在了脚上。而脚是要练空的，根本不放重心，脚底下是没感觉的才对！两脚都要离地，脚下都是虚空，好像重量都不在脚上。只要一想重心在哪儿，在脚的哪里，就一定错了！这个意识千万不能有！一旦有了这个意识，重心就一定在跟脚。

而我们现在阶段的要求是，脚是要悬起来的，否则你永远是死脚，没有虚脚了。

行拳要如水负舟，就是压在一个地方，也没有实点，还是忽悠忽悠地在晃荡，重心随时在变，这叫重心悬在那儿了，是一个虚的东西，悬在那里，悬在水上。最后没实点了，都是虚的。练神还虚，虚至虚灵。一定要练虚了，千万别找实点。

如果我重心在这儿、在那儿，找着了实点了，这就是在练"实"的平衡，而我们要练的是没脚才对，脚在腾着呢！重心在两胯之间跑呢！如果你脚下有重心，别人推你，他的劲力直接就奔你的重心来了，这就形成一个力线，一个作用力，一个反作用力，正好打到你脚上。所以我们要练出虚性，用虚为实，重心在来回跑。

看来，真的是一个阶段有一个阶段的练法，但目标都是为了练出虚性。所以才有这么一句，练什么扔什么。功夫上身了，那些方法就全没用了。

"得来万法皆无用"，这些方法，也都是那个"无"在起作用。

三、胸空、折叠与脚心空、掌心空

1. 含胸与折叠

说起空胸，就想起含胸拔背。含胸拔背，尚可在动作层面做一做、找一找：背向两边展开，再向前合，这就是拔背。能拔背必然就含胸，胸不挺着了，这是外形上的动作要求。

但动作层面的含胸，还不是空胸。空胸是虚胸。不是说胸凹进去就含胸了，而是力不往外走，是在往后走、往里走，这是真正的含胸。这个含胸也叫虚胸，虚极而空。

为什么要空胸？胸部是最不易软的。相对来说，肚子比较容易软，人推过来，软软的肚子，可以比较容易向后走。但胸部有骨头在外围，这可怎么软？所以人一般最害怕被推到胸口，一下子就顶死了。

但康老师不怕人推他的胸口，孔老师也最害怕推康老师的胸口。

因为康老师的胸口呼一下子好像就凹进去了。如果推来的手仍在用力的话，手腕很容易受伤，因为被凹进去了，被窝进去了，而外人还看不出来什么。

康老师解释，不是骨头没了，而是里边的力是往里收了，也就是力是往里面陷了。

而这个过程要慢练。胸内之力在慢慢地回收,这叫长(cháng)劲。所以推过来的手,一直感到有一股力在吸着来手,可以一直往里走,这个过程变得很长,而实际上只走了一小段距离,但给人的感觉是一直没推到头,于是就一直推着,直到把自己给漏进去,失了势。

长劲并非距离长,所以要慢慢地练,回收可能距离很短,但要很长时间才能走完,让人一直摸不到东西。

只能向后含吗?不见得。横着叠、竖着叠也行,要看什么拳式了。上下左右都可以折叠,有了折叠才知道什么叫真正的含。

但在身体没有完全放松变软之前,谈不上折叠。所以还是要回到本源,先练放松。

2. 掌心空、脚心空

首先要明确一个概念:掌心空,不是指外形上把掌心凹进去,脚下也不是让脚背弓起来,只有脚趾四周着地。真正的掌心空,是说力从掌心收回去了,即劲进去了,这叫虚了空了,是一种收缩之性,阴劲。

同理,脚心空,是说两脚是虚的,力往上收,脚心自然就空了。而这个空,不是人为用力去做出来的五趾抓地。你用力去抓地,只会越抓越紧,脚下越空不了,虚不了。

把脚下练虚很难,所以要分步骤。

先练用意识收脚,即屈膝,双脚往上腾,老想着脚下之力上来了,上到了胯根,老这么想,这么练,慢慢两脚就真的借假修真了。即使脚在地上没动,一吸,一股劲就从下上来了,脚马上就虚了。

所以现在练的是,靠外在的动作来引导它。现在让大家不要用力,想着向上抬,这都是练的过程,从外形上求得帮助,不是最终结果。

总之,吸回来、吐出去、收回来、放出去,这叫吞吐、这叫收放,这才叫呼吸。

八式动功就是在练脚上的收劲。

将来气往下一放,那就不是用脚在踩了,而是气在踩,气下去了,反弹力就起来了,那是真正的松沉。

现在就一句话,把各个部位先练断了,练散了,一个一个练松、练虚、练空,再用气串起来。

最后内气是那个骨架,这叫周身一家,节节贯穿。这叫脱胎换骨。

四、谈太极拳的敬、静、净

这是太极拳中最重要的三个字。

说起太极拳中的第一个"敬"字，人们大都理解为尊敬师长，对师长恭敬孝敬。

第二个"静"字，意为安静下来，平心静气。

第三个"净"字，干净。就像一个屋子里堆满了东西，把这个屋子腾干净。让身上干干净净。这是我原来的理解。

但跟康老师学习之后，才知道大相径庭。

请看陈鑫《陈式太极图说》中的范例一：学太极拳不可不敬，不敬则外慢师友，内慢身体，心不敛束，如何能学艺？

再看《陈式太极图说》第95、96页：学者上场打拳，端然恭立，合目息气，两手下垂，身桩端正，两足并立，心中一物无所著，一念无所思，穆穆皇皇，浑然如大混沌无极景象……名之曰"无极象形"也。

又曰：太极，阴阳五行已俱备矣。打拳上场后，手足虽未运动，而端然公正之中，其阴阳开合之机，消息盈虚之数亦俱寓于心腹之内。此时一志凝神，专主于敬，而阴阳开合，消息盈虚特未之形耳。时无可名，亦名之曰"太极"。言此以示学者，初上场时洗心涤虑，去其妄念，平心静气，以待其动……

1. 由敬而至诚

敬，在太极拳中表示尊敬、恭敬师友的成分，占比很小，更多的是信，相信、信任。敬过之后叫诚，由敬而诚，诚心诚意，恭恭敬敬，完完全全，没有外心，特别诚心地对待一件事物。不达到敬诚的状态，老师说的东西你不相信，朋友讲的东西你也不相信，这叫没有这个敬。

何为专主于敬？要先归到这里，不离开这里，按照这个去行为，我的心里什么都没有了，但消息盈虚之数，亦俱寓于心中，我心中只有这些东西了，我就守着这些东西，须臾而不离。这种状态，这种心态，就叫敬。由敬慢慢地就到了诚，这叫由敬而至诚，已经完完全全是这个东西了，不变了。

2. 由静而至定，由定而通变

静，指的是归于本性，归根曰静。本性有了，外边再干扰你，你的本性都不会变了，这叫定了。这比静又高了一个层次。由定而通变，是说我开始有了变化，在变化中，我用的是这个劲，用一个不变的东西，又产生了非常多的变化，即你看到千变万化，但在这个千变万化中，有一个本质的不变的东西。这叫静定开始通变了。

这里强调一下，现在讲的静，是在讲本体，讲性质。一个字会有好几个意思。这与"动则生阳，静则生阴，阴阳互根"中的静不一样。那是指的在运行中，阳主动，阴主静，动就生阳，静就生阴。这是讲的运用，与归根曰静不是一回事。

动静一如，动即是静，静即是动，这是讲的性质、本性。

太极拳最重要的这三个字——敬、静、净，说的是本体。本体形成了，然后才有作用。

3. 净而至纯

纯而不杂叫净。把该扔的东西全扔了，里边不掺杂其他任何东西，这叫干干净净。要把自己身上的东西即拙力都扔得干干净净，让体力一定不参加，否则身上出不来太极劲。

就像一座房屋，里面堆满了杂物。要把杂物逐渐地都搬空，这是一个渐变归无过程，这是一个不断弄干净、走向纯净的过程。在这个过程中，这三个字是掺合在一起的，在相互作用、相互依托、相互印证，交叠式递进。不断地守敬、守静、守定，达到那个纯净的状态，最后叫纯而不杂。达到了我们所要追求的那个本体的状态，纯乎本相的静，叫归根。

我问起康老师是如何在打拳中守住这三个字的。

康老师讲，我打拳什么都没想，往那儿一站，身体里的运动叫自运动，哗，起来了；哗，下去了。我想干啥？我啥都没想干，身体里面的运动就这样，这叫本相，纯乎自然的。这叫返本还源，没有任何外界的干扰，这种动，就叫静。打拳最后体会的静，就是这个意思，也叫本心本相，自然状态在流动。没想让体内去干啥，只是脑子盯着它，看它在干啥，松松地流过来又流过去。

五、听康伟老师解读"敷"字诀

最近看到一篇小文字，"敷"字诀解。全文如下。

"敷",所谓"一言以蔽之也"。人有不习此技而获闻此诀者,无心而白于余。始而不解,及详味之,乃知敷者,包获周匝(zā),人不知我,我独知人,气虽尚在自己骨里,而意恰在彼皮里膜外之间,所谓"气未到而意已吞"也。

我看了不大明白,请教康老师解读如下。

首先,此文所传达的意思与动作无关,完全指的是内劲的事。这一个"敷"字,就代表了一系列的事,这一个字就够了。有人并不练习此技,但听说了此诀,不加思索随口告诉了我。我一开始也不理解,后来细细体味之,得知,所谓"敷"者,敷贴,贴上你,贴上你的这个力是很轻的,仅仅达到你的皮里肉外,你并未感到我的威胁,因为我的气力并未出来,我只用这一点点气力吸着你往里吞入。因为我浑身都是这么轻,你只感觉到贴着你的那一点劲,而我已经把你环扣在我的劲里了。这是一种阴劲。这就是"敷"。

康老师说,如果不到身体里产生出来虚力的程度,没有必要去抠这件事。如果没有到你能够控制内气的状态,你也干不了这件事。这种内气就是劲。也叫气力。把气放出去了,力也就出去了。因为气产生的这种力,就叫劲。

2018年8月20日,康老师一行来新乡辅导,让我们学习班的学员在他身上一一体会了这种劲。不过当时康老师并未明确告知大家这就叫"敷"劲。大家感觉到的是,一沾上康老师的手,感觉他手上轻轻的,并无多大的劲,就好像手上贴了一块膏药一样,并没有膏药入骨的感觉。推康老师,却不由自主地往他身上栽进去,好像身前是一个无底洞。康老师进一步解释:"敷"劲,一是气不外出,二是要吞你,让你入进来。现在才知道这就是"敷"劲。

我又问及何为"盖"。康老师讲:"当时不是也让你体会了一下吗?我往你身上一放,我按你,你当时就后退,这就是"盖"。盖是阳劲。我一手捂上你,你就躲不掉了,唯有后退。"敷"是你按我,你往我身上栽;"盖"是我出劲,我按你。而不管敷还是盖,都是软劲。软劲是可以传递的。这些讲的都是身体里的内劲,是一种身体的内能量系统,不是外力的躲或让。"

关于软力,康老师又举了一个例子:软力就好比你站在漂浮的船上,你浑身也都如同船一样有浮力,脚下是忽悠忽悠的。如果这时我把一只手搭在你身上,我会感觉到你身上的那种浮力传到我的身上,我会随着你上下漂浮,这就是一种可以传递的软力。而硬力是不会传递的。

我想起第一次参加大讲堂时康老师讲过的一句话:太极拳是中华传统文化之瑰宝;太极拳体现了中华医学的养生精髓;是中国传统文化的载体;是武术中的高级技击术。真正的太极功夫打人,你都不知道是怎么被打的。

想想我们的祖先真是了不起！在那个年代就创造出了博大精深的太极拳。它是其他武术无法比拟的、凝结了中国人智慧的瑰宝！令人感慨而肃然起敬！

六、从"顾在三前，盼在七星"说起
——太极拳的步法与五行

日前在一微信群里看到有人对太极拳的步法的解读，并附有这样一段文字：顾在三前，盼在七星。这两句讲全局，重在眼法。"顾"和"盼"都有看和关顾的意思。"三前"是指手前、足前、眼前，这上、中、下三路；"七星"是指头、肩、肘、手、胯、膝、足。拳诀上说："遇敌上前迫进打，顾住三前盼七星""遇机得势进退走，三前七星顾盼间。"这就明确指出了在两人对峙或对练的时候，要注意对方的眼、手、脚，也就是上、中、下三路的整体动态和头、肩、肘、手、胯、膝、脚的具体变化，总之强调的是一种整体关系。

这种说法我以前看到过，也听人说起过。但现在感觉不对，于是再度请教康老师。

康老师说：三，木之生数，七，火之成数。不懂三七数理，净在那里胡扯。进退顾盼定，五步，说的是步法。

现在，我尽我肤浅的理解，来试图整理一下康老师的讲解。

请看下面的河图与洛书。（图4-1）

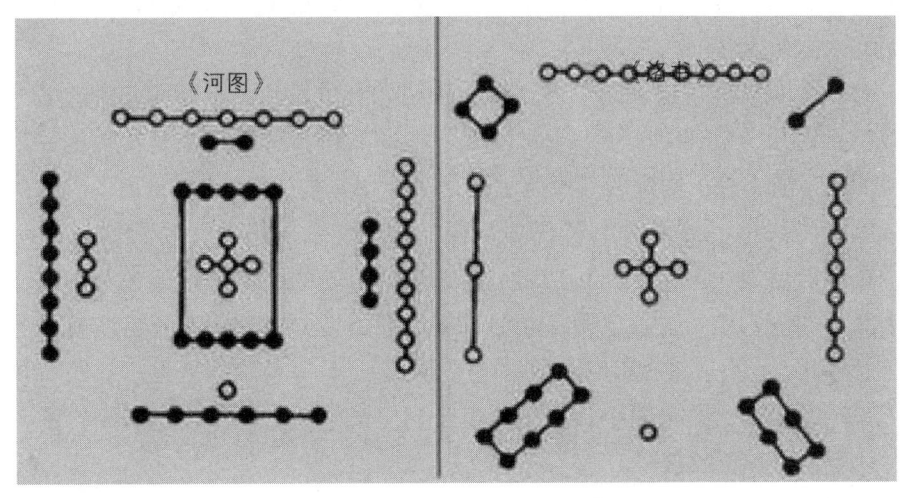

图4-1

河图是上古伏羲所画，也叫先天太极图。传说洛阳东北孟津境内的黄河中跑出来一龙马，身上有一图案。这一图案与伏羲对日月星辰、季节气候、草木兴衰等的深入观察的臆想一致，于是据此画出了八卦，取名"河图"。

图中的白圈代表"阳"，1、3、5、7、9都是阳。黑圈代表"阴"，2、4、6、8、10都是阴。5和10本在最高点和最低点，不再往上或往下走了，也即不动了。一动就要从左边的生阳而开始下行生阴了，于是把5和10拿出来放在中间，表示中定之性。

河图的方位，与我们目前的地图方位不一样。上南下北，左东右西。

请看最下方，即北方，一个白圈，六个黑圈，这是冬天，是阳最少的时节。

世上草木、卵胎的生成，莫不先由于水而后成形，所以水为万物之先，故水排列第一。一得六为水。

再看图的上面，二阴七阳，这是夏季，属火，二得七为火。

再看左侧，东边，三阳八阴，三得八为木。木在春天，生发的季节。

再看右边，四阴九阳，四得九为金，金秋十月，万物结实收敛。

请看此图的内圈，有五个数，1、2、3、4、5。这是生数。1、2、3、4、5分别加上5，就变成了6.7.8.9.10，这叫成数。

一个东西的形成，要有生，要有成。生，都是从里边开始的，就像种子的胚胎发育一样。这叫"生成"，否则不完整。

再看此图。左边是三八之数，春天，是木性，树木生长的季节。前文说到"三前"，为何叫"三前"？三之前是一六，或者说，三在一六的后边（顺时针走），一六一过，就该三八了。没到三八之前，过了一六之后，这是长阳的时期，一阳初生。

对一个圈来讲，这个圈在往上转。转到最上边，到了二七那儿，这是火之成数。到这儿，就到了头了。七，就是二七的意思。这是阳极要转阴地方。再往右下这半圈，是往回走的。也就是说，下半圈儿是往回转的。

放到步法里，等于往上转，是左顾，往下转，是右盼。是说腿转了一个圈，在转着圈走。左边往前转，右边就往后转。转的性质是什么呢？左顾，在前半圈（左侧，东），在生阳。右盼，往后往下转，在生阴。分界线就在上边的二七那儿。

二七生成了火，火要生什么？火生土，土又生金。也即往右半圈转了，往回，往下走了。要收敛了。

这通通说的是内劲的性质。

步法中说进退顾盼定，是说进退当中有顾盼，左半边在扭转，转到中间，再往右下转。古人是在借用左顾右盼这样一个成语来说明这样的一种现象，即我们一迈步，一边走，一边转胯的时候，就形成了这样一个状态。别管向前向后，这个腿一直在转，这就产生了步法。

左顾右盼，或者说右顾左盼，都可以。把太极图换个方位，反过来，一样的。因为两边是可以转的。就如同左右手一样，不可能左手永远向前，右手永远向后。

从图上来讲，左边生阳，右边生阴。反过来，右边生阳，左边生阴，也一样的。

所以，右顾左盼，左顾右盼，一样的。即在我这个腿转的过程中，它就行成了两性，既有往前的劲，又有往后的劲。实际也就是进退当中有旋转。

但是，记住，进退当中不离中定。一指中定之位，一指中定之性。这就是中间的5和10。

我们前辈讲事物，举例子，都是在用1……9，用数来讲理，来讲性。这叫数理。所以河图、洛书才用那些白点黑点，一六、二七、三八、四九等，用这些数字来讲性质。你明白了河图、洛书，明白了数理，才会明白前人在说什么。

所以。三前七星，人家讲的是数理，与眼前没关系的。

再看看下面的太极图。（图4-2）

河图与太极图有什么关系？

河图是用整数1……9来说事，中间没数了。这样大的规律就已经出来了。而实际上，1和2之间还可以分成无数个零数，0.1，0.001，0.0001等。这样一点一点的变化都画出来，就成了这个太极图了。太极图是零数变化，也即渐变之后的结果。

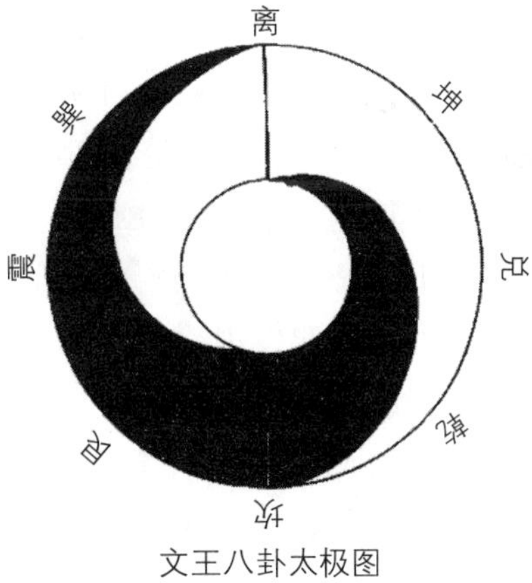

所以，要懂周易、五行阴阳学、中庸、黄帝内经这些中国古代文化的基础知识，要知道古人说出一个数字，后边跟着一个什么理。用现代人的思维是理解不了的。

文王八卦太极图

图4-2

那么上步七星的七，与此有关吗？

有关系。陈式太极拳的上步七星，上去之后，左手在前，右手往前穿的时候，左手就一直在往后走。你看两只拳头对在一起了，即出右边，入左边，正好是在走那一圈儿。但是从七星那一点上是在换的。也即从阳极生阴那一点上是换的。开始是左手在前，然后右脚跟上去了，两拳就对在一起了，实际上右边在进，左边在收，但一定是在左边到了头之后，这叫二七之位。右手进，劲穿出去，左手缩，但手并未缩回来，是内劲在往回走。讲的是性和位。

再如，掤南捋西，讲的是性质。掤，是向外、向前、向上的出，是阳性。捋，是向内、向后的收劲。

那如封似闭呢？

陈式太极拳叫六封四闭，现在杨式太极拳改成如封似闭，其性就没了。

四六在哪儿？在西北。四六是阴数，阴即收和缩。整个六封四闭全是在往里收的，都是在走阴劲。陈式拳双手一直在往下走，直接走到胯这儿了，一直要引到地下。所以这六四是有用的，它在告诉你性质。

那么杨式太极拳改成了如封似闭，已经没有了四六之性了。

还要注意，1、3、5、7、9表示阳，2、4、6、8、10表示阴，千万不要把这些数字看作大小，它们只是代表不同的区域。

这就和区号一样，不同的区号代表了不同的省份和城市。

要看阴阳的大小，就看在太极图中这个数字所在区域的阴阳是什么样的，是什么比例。比如9，数字挺大。但你看那阳（白色部分）挺小，就那么一点。

还要注意的是，一个区域的形成，是既有阴又有阳。请看河图的东边（左侧）。东边是木性，木的生数是3，木的成数是8，这两个数加在一起，这叫木性。光有阳，没有阴，或光有阴没有阳，不成性。这两个数放在一起，这个性质就形成了。任何事物都是有阴阳两重性的。这就是生数和成数。

在左半圈这个区域，在慢慢生阳，1和3是生数；到了阳极的地方（最上边），二七的位置，要开始生阴了，所以内圈的2和4就是生数。它们相对应的数字就是成数。我发现，生数都画在内侧。因为事物的发展，种子的发育，都是从里边开始的。

原来太极图里有这么多的东西！而我们的祖先，在科技那么不发达的年代，通过对自然界的观察，靠他们的感觉，竟然能把世上万事万物的表象与性质描述到如此程度，其聪明与智慧令人惊叹！

七、对"太极心法"一文的学习感悟

从网上看到2018年《武当》杂志上的一篇文章"难得一见的太极心法"，作者无尘。我感觉不错，就发到我们的太极观真群里。此文也引起了康伟老师的关注。他说，能写出此文的人是有真正太极功夫的人，你们保存下来吧，以后会给你们解读。我对文中不少地方并不十分明确，于是请教康老师。下面是我目前对此文中若干观点的理解。现在整理出来供太极爱好者参考。

首先必须明白此文所谈是心法。所谓心法是指内里的东西，指内气。当你里边还没有东西的时候仅仅看看而已，千万别去追它，更不能从身体的外形上去找。切记！

①**原文：练习任何一个拳式动作，都要将身体分阴阳，分虚实，有开合，即有放大缩小。身体左边缩小，则右边放大；右边缩小，则左边放大；上身缩小，则下身放大；下身缩小，则上身放大；前面缩小，则后面放大；后面缩小，则前面放大。**

身体不外乎上下、左右、前后。这就好像是一个气球，从左边一捏捏瘪了，气就跑到右边去了（左边缩小右边放大，鼓起来了）；从上边一捏，气就跑到下面去了（上身缩小则下身放大）。不仅如此，还可以两边同时开，同时放，都往丹田收。双开双合，这叫聚和散。所以前辈有一句话：卷之退藏于密，放之则弥六合。例如有时候手往回收，脚正好迈步，上边的气往下一压，脚就出去了。就好像抓了一下气球上边，气就跑到下边去了，这些都是里边的事。

②**原文：任何手上动作开始前，应先放松两肋，后松肩、肘、腕。**

这一句我的理解是，任何手上动作的根源，在脊柱。也就是从身体中间开始往外松，一直松到手上。

③**原文："松沉"，并不是整个身子低下去，只是命门以下地方松沉下去，命门以上地方还是向上升。**

关于松沉。命门以下往下松，命门以上往上松，也就是说把腰看作一个磨盘，上下分开。下身之浊气下降，腰之上之清气上升，直达指尖。所以式与式之间的过度动作至关重要，因为这是转关处。转关处不是一折就可以了，而是式与式之间的连接在转弯处松散开、膨胀开，圆转过来。

④**原文：在拳式练习中，重点不在拳架定势。式与式之间的过渡动作才是至关重要。当身体某处地方无法松开时，便不要再想该处，转为松开紧张处之上或之下的地方。**

这一条不进行推手很难理解，也很难讲解。所谓此处紧了，松不开，就丢开此处，转而想其上方或下方。比如说两人一搭手，我的腰紧了，那我就转胯，一转胯，腰就过去了。也就是说，对方推你的劲聚到你腰上了，你越想动这儿，这儿劲越大，干脆不想这儿了，去松胯，转移力点。再如你抓我的胳膊，我感到胳膊紧了，我越想松胳膊越松不掉，那我就去松我的后背。前边不管它了，你一下子就过去了。这其实就是前边的力撤掉了，不接前边了，就过去了。但练到最后，身体内的气一旦流动起来，你往这儿一挤它，自然就流过去了，这就是一气流行了。那只有松通了、松透了，才会一气流行，而现在还是要从外往内练。

⑤**原文：练拳时，要经常保持"三空"，即：手心空、胸空、脚心空。**

手心空，推人时，别想着推人，要跟着人走。这只手上不出力，这就是空。脚心空，你看我的脚踩在地上，但我的劲都没往下走，是虚的。胸空，含胸拔背，一含就空了。而我们现在胸是挺着的，人一推你，你胸马上就立起来了。和刚开始接触推手的人搭手，马上感觉他手上好大的劲往外冒。我们推康老师的胸部，他往后含胸，完全不出东西，根本推不到他，这就是空胸。其实，胸一空，背也就拔起来了。

⑥**原文：气敛入骨。乃是用意将双肩和背收向脊骨，并下沉至尾闾。**

气敛入骨，说的是气从下边走，最后到骨头缝里，连骨头都感觉不到了，你会感觉里边有东西、有力量，但感觉不到骨头。骨头的硬度没有了。这个气的性质要放到骨头里，也就是此内能量要充斥你身体所有的地方，包括内脏、骨头。最后起作用的不是你的骨头，而是那个气。所以才有这么一句话，叫作"柔弱无骨"。

⑦**原文：拳式练习时，身体要有起伏（或升降）。起伏是由于两胯松开，身体受地心引力影响慢慢向下沉，当下沉到底时，身体会自动反弹向上升。此原则由始至终贯彻到整套拳式。**

首先康老师澄清了一个概念：这种起伏和我们行步时重心的上升不是一回事。那是外形动作，而此处我们讲的是内里。就好比天与地之间的关系。当天上之气下降落入地上，地上之气就会上升，进入天空，如此循环往复，形成了雷、雨、风等自然状况。拳式与拳式之间也是一个道理。脚踏在地上，身体里的气会灌到脚底，渗入地下，从地下会反弹上来一股气上升到你身体的内部，而且会随着你的意愿周而复始，循环整个一套拳。需要注意的是，身体里的气是可以受你的意志控制的（要到那个境界才行）。我们在练习拳架的过程中，要仔细体会这种内能量的出入和升降，所以要慢慢地练才有可能深切感知。

⑧**原文：我们经常说"松沉"。怎样才是沉？沉不是直往下跌，应像一张纸在空气中平放地往下飘荡。左边沉，右边升，然后，右边沉，左边升。这样一飘一荡掉到地上。**

这里讲松沉，要像一张纸一样在空中平平地往下飘荡。这是说身体内的气，也就是内能量，要像一张纸一样飘着往下走，西山悬磬，把身体重量拎起来，缓慢匀速渐渐地慢慢下放，不要咣当一下子砸下去。那为什么还说左边沉，右边升，右边沉，左边升呢？暂且把这一片纸比作你的身体，你的身体里灌满了水，在下落的过程中，有时左边沉一些，有时右边沉一些，有时可能都往中间聚，或者都往四周散，最后可能是旋转着往下走的。仅就两只手臂来讲，沉左手，右手就上去，沉右手，左手就上升。陈鑫的《陈氏太极拳图说》第42页洛书太极图中可以看出两手两脚，有时是同向而行，有时是相向而行。这是不是叫做偏沉则随呢？我站在中间，两边的松是一样的，只要我重心一挪，我就偏沉了。偏到哪里了？首先要明确沉与重是不一样的，我的重量往左边走，我里边的沉就是往右边走的。这好比用手指支一个杆子，两边平衡，这时如果把手指头往左边移一点，那杆子就会往右边倒。再换一个比喻，用棍子支着一个水袋子。把棍子往左边移，右边的水就多了，右边就沉下去了，这个棍子就相当于你的重心，即你的脊柱。用左弓步来进一步讲：重心往前移到左脚，这时右腿的水反而增加，所以我们说非负重脚，即内劲反而要沉下去，而且前面的负重脚左脚要虚虚地落地，不用力。即脚心空。

⑨**原文：练气时要意想头、背、胸、臀四张皮。任何时候只可以扩张其中一张皮。**

头、背、胸、臀四张皮，其实讲的是肩、背、胸、胯。文中讲任何时候只可以扩张其中一张皮。这里讲的是一张皮带动其他皮。即一点带动其他点，别到处乱动。比如，我的右手搭上你了，左手也搭上你了，这两只手是有主有次的，任何时候是有宾主之分的，而且要认清宾主。这时右手为主，右手来影响其他地方，其他地方是随动，只有一个地方是主动。哪怕接触点再多，三个点四个点，但只有一个地方为主。两只手同时搭上也肯定是一手劲儿大，一手劲儿小。也许你的两只手摆的完全一样，你觉得你是平衡的，但实际上你肯定是偏一边的，只是这个偏很小，一般人发现不了，但高手马上就知道了。你主要按的地方就是他要应对你的地方。一动，其他地方就随着它全动了。比如，一只鸡蛋放入水中，所有的水面都动了，所有的地方都不在原位了。人打他，只要往他身上加一点力，他身上所有的地方都不在原位了，全动了。所以前辈才有"一羽不能加，蝇虫不能落""一动无有不动。静中触动，动犹静"这些说法。就像那太极图一阴一阳两个劲上下左右在来回转，这边满了就得往那边去。所以我们才需要用心地、慢慢地练，去用心感悟身体中的微变化。把脑子里的整数概念，练成零数概念。零到什么程度，你就灵到什么程度，他能灵到0.1，而我能灵到0.01，我就比他要强。

⑩原文：做任何拳式动作都要有对待。例如：手向上动，则身向下沉（臀一张皮）。手向前伸，则身向后（背皮）。手走左，则身走右；手走右，则身走左。手与身好像互相对拉，或是好像一个球向四方八面膨胀。

任何拳式都有对待。首先，什么是对待？对待是对一件事物、一件东西的态度。对待不是对抗，是既相对又融合。如阴阳有对待，阴阳本身是两个反的东西，原本是对抗的，但这两个对抗的东西能融合，能解决问题，这就叫对待。比如，平时我们会讲我如何来对待这件事呢？我要去应对他，要把这个问题解决，而不是去打击它、消灭它，要解决这个矛盾，而不是去起冲突。所以阴阳有对立、有对待。文中所提手走左，则身走右，千万不要拿动作来研究。其中谈到臀一张皮，背一张皮，当讲到某处一张皮的时候，是说这个部位被一张皮包裹着，里边的筋骨肉已经不起作用了，这个部位就像是一个皮球了，里边的劲好大，但那是你的内气，所以才会有老前辈的一句话："周身浑元气，一副臭皮囊。"你的内能量在这个气球皮里边，但外边就一张皮。皮干什么用？包东西的，你的臀部是一张皮，就说明你的臀部的肌肉完全不起作用了，不使任何劲了。所以现在打拳不要去使劲蹬地，一使劲蹬地就紧了、就硬了。当练到这个地方是一张皮的时候，里边的筋骨肉等就完全不起作用了，即里边已经松干净了。

⑪原文：任何一个拳式动作完成后，身法上须做到虚领顶劲，含胸拔背，松胯扩膝，手上劳宫穴透开，意气到达手指。

这里主要讲手。手腕不僵不丢不折，手上劳宫穴透开，指尖虚领顶劲，指根之气沉丹田，两手如一手，似有一条线从背部脊柱处相连，一只手动，会牵引另一只手做相应的动作。所以才会有这么一句话：任何一式动作都是由身体的中线开始，在中线结束。因为一动手，手好长，长到了脊柱中线。其中所讲指尖、指根，是说手指分三节，指尖为上节，也叫梢节，指根为根节，所谓指根气沉丹田，是说指根与丹田气连着呢！因此，指根力量强大。所以有人伸出一根手指头让人去撅，人却撅不动，就是因为这一手指已经和丹田连成一气了，浑身之气都与这一只手连上了。这叫力落梢节。这是很高层的东西了。

⑫**原文：手向前推出时，肩胛骨的位置要放松。手回收时，肩井穴（锁骨）对应的下方的位置要放松。**

手向前推出时肩胛骨的位置如何放松？其实就是劲下去，而且是先把后背的脊柱背肌向外展开，再手向前伸。太极六式基本功第一式就是在练这个。手不管往哪儿伸，这是在出阳，只要超出肩，就要在意念上把劲往下放，即把力量扔掉。当手往回缩时，肩井穴很容易就紧、就硬。要放松这一处，不要只想这一处，想着松全身就都松开了。

⑬**原文：手向前伸，不能出圈。所谓"圈"者，是在身前形成的一个看不见，但自己能感觉到的一个圆圈。如手出圈，只要对方黏着，稍作牵引，人便失重心，身体往前倾倒。**

所谓手不出圈，讲的是内里之力是有范围的。要意不出体，力不出尖。康老师举例：当你按到了我身上强大的劲之后，你看我的手出去了吗？手伸到哪，这就是圈，你撤手，我的手是不动的，我的力就呆在原位呢，这就是中，这就是中定劲，不出去。就和水面一样，你把水中的东西捞了出来，那水根本不出那个面。在水面之下，水有巨大的力量，出了水面它就没了。但我们现在很多人推人时，力早在前边了，所以才会形成对方把手一撤，我们的手跟着就往前跑了，这就是出了圈了，其实讲的还是要守中。

⑭**原文：推手时，拟增加手上沉重量，不能光用力向下压，而是虚领顶劲，领着身体向上升，则手上沉重量自然增加。如双手向左移，则身体须向右走。同样，如双手向右移，则身体须向左走。**

这里讲的身体向上升，手上反而会增加沉重感，说的还是内劲。双手向左移，则身体须向右走。首先要把背练得能动。背不会动，不会有前后。现在人们往往还只有背的左右，没有前后。可以想象拿根绳子把自己身体捆住，这样身体就形成了一个椭圆形，然后横向把身体分成前后两半。如果往左边拉前半圈，那后半圈往哪儿走呢？当然往右。再如搂膝拗步，你看我身体往前走，但里边的劲是往后走的。单鞭，双手从右向左走，而我的后背是从左往右转的，重心与手是反的。那为什么虚领顶劲领着身体向上升，而手上的沉重感自然增加呢？身体上升，那劲儿往下走，流到了手臂上。就像大半桶水，你把右边抬高，水就向左边流，左边自然就沉重。

⑮若身向左转，则右脚先动，继而左脚动；相反，若身向右转，则左脚先动，继而右脚动。但无论向左或向右转，都必须虚领顶劲，用意将一边身缩小，以脊椎为轴、为主转动，带动整个身体转动。无论练拳还是推手，如要转动脊椎，必须在原位上转，不能在转的同时，向前后左右任何一方移动。

以脊柱为轴、为主转动，带动整个身体转动，而且必须在原位上转，不能在转的同时向前后左右任何一方移动。这个原位上转，即脊柱不能前后左右倒，一定是直的。百会与会阴上下这一根细线不能东倒西歪，不能折或者歪斜。

⑯练拳架时两腿之间重心的转换，要把丹田意想成一个水泵，把负重脚的水从脚底徐徐抽起，然后灌入非负重腿。水的流动路线，就像一个倒置的英文字母u。假如负重腿之水从9开始，然后8-7-6-5-4-3-2-1，最后减到0；而另一条腿上的水量则从0到1-2-3等，直到9。这种流动，均匀、缓慢，不能停顿。在身体的重量全部从一条腿转换到另一条腿时的霎那间，会感觉到有一个力从地面向上反弹到负重脚（也即人们习惯上所讲的实脚）。这个反弹力会随着心意去到身体的任何部位，作为该身体部位的动力来源。在此过程中要从脚底、脚踝、膝、胯等关节，节节向上放松，如果有哪个地方不松开，反弹力便会在此终止。因此在练架子时必须要全身松开，节节放松、节节贯穿，一动接一动，不许有停滞。

我认为，上面说的很清楚了。但康老师又接着讲：这是讲的折叠。这个折叠可不是人们现在所想象的胳膊肘如何拐弯，与那个一点关系都没有，完全是内劲。两条腿从裆这个地方勾过去，所以才有了裆劲，即腿和裆劲连在一起。这只腿一抽，劲能抽上来，然后流到那只腿去，这时才会有虚实。一旦这个功能有了，底下只要有一个地方被抽动了，其实特别容易。一旦身体的一个部位具备了这个功能之后，传到身体的其他地方是很容易的。拳论上所讲的要含胸、拔背、护肫、裹裆、扣膝等，如果一个一个去练，练不出来的。其实当你真正会折叠之后，这些东西一下子全出来了，并非是一个一个练出来的。所以你单独去练扣膝，肯定错；单独去练裹裆，肯定错。但当你会了折叠，这半个身体一折叠，这些要求一下子全出来了，因为这些要求其实是折叠出来的效果。所以拳论上才有"往复须有折叠，进退须有转换"。一旦你真正认识到了折叠之后，那些要求现象就全出来了，不是一个一个练的。

那如何练呢？很简单，一步一步来。先把这些地方的力全松掉。比如说要松肘力，首先要知道你肘上挂着力呢。要先能动起来，不动，你不会知道那里还挂着力。再比如，我们过去盯过肩，但没有关注过背，手一过肩，肩背就紧。所以不知道肩背松开要往长了松，要把两个骨头拉开。肘要打弯，也是肘弯处松开了才弯过来的。

先从外形上把缩和开分清楚。不能缩骨头，而是往长了松。让骨节与骨节之间的连接处产生缝隙。至于身体内部的缩和开，是内劲。打拳处处有折叠。折叠是讲上肢身体的一来一往、一伸一缩、一长一短都要在折叠的状态下做完。也即往复须有折叠，手上所有的动作都必须在折叠的状态下进行。折叠是一个大概念，需当面讲。没有折叠就没有中，不是光讲身体之中。中有两个，一个是形中，指外形，一个是性中。大家对"中"没有明确的概念，没有去练松，却在练什么五趾抓地、前弓后蹬，如何让劲在脚底下一蹬，然后窜到手上来等。那岂不是越练越硬吗？

"心法"一文中还有一条写得非常好：想象身体如寺庙里的一口钟。两腿内侧为钟的内壁，尾闾为钟锤。钟锤永远只能在钟内壁的范围内摆动。那就是说，尾闾在任何时候都不应与任何一腿重叠，否则便是双重。

这就是双重的概念吗？其实简单说，就是重心的移动要在两脚之间的中间三分之一范围内进行。

康老师说，如果我们不是这么多年练出来了，身上有了东西了，我们也不敢这么说。现在我们可以理直气壮地说：有这个东西，不信你试试。（我知道，不试，不亲自去搭手摸，那是真的不会相信，一定会说是师徒配合。）

而我最想说的是，康老师琢磨透了太极的理，他根据自己练出来的体会形成了一套完整的教学体系，这是十分难能可贵的！可以让初学者不走弯路，可以让多年习拳误入歧途的人返回正道。这是在为中国的太极拳拨乱反正！

注1
原文中的大部分内容已经体现在此"感悟"之中，但并非全文。

注2
我对原文中个别词有所改动与删减。如有不妥之处，还请原作者批评指正。谢谢！

八、从孙禄堂武学中一词说开去
——听康伟老师解读"神志升夺"

有人总结出内家拳大师孙禄堂的几条习拳箴言。

艺无止境；柔静为先；神气布满；流行无断；身神统一；无我之心；不动心；有胆始有力；沉着虚静；养我灵觉；威吓应用；残敌之心；多求练历；练武者之恶德；注重对练；料敌之法；心壮魄强；机智胜臂力；破势收势；取敌要妙；练气归根。

其中的"流行无断"条目是这样写的：气与体中有阴阳，其动曰阳，其静曰阴。内家拳虽专重气之使用，然为无形物，无迹象可寻，实则存我体中。气之既分阴阳，若养之不当，便生弛挠之憾。平常安坐时之心气，漫漫然为镇定无事之态。动时若神志升夺，损其平常镇静安养之气。此未得艺也。

昔日先辈教人，务先使养自己方寸之气，使升物不能动其心。有此不拔之根基，则任何活动元气充足，无缺损之处，起居动静，真气沛然，至此方是真传。

我对其中的"神志升夺"不明白。特请教康老师，总结如下。

1. 何为神志升夺

- 神：精气发之于内之灵气也。也有人说是内气显于外。
- 志：志向，心之所之。所，居所，心呆的地方，心定之处。如我立志要当老师，即我的心中揣了一个当教师的志向。
- 升：起而动也。
- 夺：志之所移。夺走你的志了。

也就是说，打拳应心定神安。

说起来容易，实则很难做到。在没有动作启动之前，心还是安定的。但一开始运动，神就会跟着动。尤其与人搭手，对方一碰你，你马上就不由自主地较上劲了，心就动了，志向就跑了。所谓"格物而致知"，要保持心性，不为物奔，恢复天理之知。说白了，就是"物不扰心"。

具体到拳架中，如双手前推，但劲千万别出去，不要使劲。而实际上我们只要手一动，本能地就会使劲。我们能否做到虽然外面的动作在运行，但神气不动？用推手来检验更易明白。比如，康老师做几个太极动作，浑身四肢都在动，但无论你摸他身上任何地方，他都没使劲。所有的地方轻重都是一样的。

无论他的手往外出还是往里缩，还是被人使劲推，给人的感觉是一样的。而且他自己的感觉也一样。

这就是有动作，没力量，所以别人推他，是空的感觉，别人猛地一撒手，他的手仍然那样，绝不跟着对方撤掉的手往前走。而一般人一有动作，就会有力量，这就是神定不住、安不住。

你的力量压在一个尽管在动、但却没出力的东西上面，就会有摸不着的、空的感觉。他让你只管推，他不动；你走了，他也不搭理你，这就叫稳得住、安得住。

但为什么我们又感觉到他的劲好大啊？有一词叫"忽隐忽现，忽现忽藏"。到最后要发劲的时候，他的心志想发了，他就彻底发了。他的心志说不发，那你就彻底摸不着。所以，有劲还是没劲，全在于心志，并不受外物的干扰。能做到"黄河决于左，泰山崩于右"，面不改色，心不跳，这才叫"心定神安"！

所以，神志升夺，你的神和志都被启动了、被改变了，被外物拿走了、控制了。

2. 太极拳要修炼什么

要练内里的这种情志，这种自控力，这种安定的性质。不是在练外面的动作，不是在研究腿摆多高、下多低。

那我们不是也在强调动作的运行路线要准确吗？还强调要在不用力的最大范围内练习，为什么？

每个拳式动作都有招式在其中，不按标准来，起不到应有的效果。只有招式做到位，效果才会出来。比如，我让你转手臂，你转一点，你没事，没起力。再让你转大一些，你就有力了，你就要在你要起力的范围内，即外物要升的范围内，把这个力灭掉，目的是要把自己原来受限的位置，练到还不受限。慢慢地，你的动作范围会越来越大，也就是你运动的线路和范围拓宽了，而你内里的神志还是安定的。

曾看到康老师在会员专区课程里点评一位女士的拳架，说她把腰拧过头了。但她并不觉得别扭，难道不是慢慢加大运动的范围么？

康老师解答：那是因为她柔韧性好，自己不觉得。但她的整个位置，动作的范围已经过头了，也即她的腰胯已经在用力了，但她自己没感觉。但这个力已经在这里了。在她的这个位置，别人稍微给她加力，她就会浑身不适，会浑身绷紧、发硬。就好像一根皮筋可以拉好长，没让人感觉到紧，但皮筋产生的力是在那里的，要把这个力去掉。

问题就在于，我们很多人在行拳走架中，手往前伸，不是单纯地在位移，而是意识已经出去了，已经在用力了，自己却感觉不到。但行家一眼就看出，你的意识已经出去了，你的力已经放出去了。比如说掤，心念一动，掤劲就出去了。所以康老师在教拳的初期，不说这些术语，因为不到说的时候。他怕你的神志跟着这些术语就出去了！有一句话叫"力不出尖"，说的也就是这个意思。

所以，怎么练？升物不能动其心，即物动，我心不动，这个状态不要变，但还要运动。所谓平心静气，是要通过运动的状态来体现的。不管你外形怎么动，也不管别人怎么动你，你内里的状态没变。要练到这种程度，才真叫"平心静气"！可不是平时所说的，不想什么事，只管打就行了。

太极拳的习练，就是要在动的过程中平心静气，气不动了、心不动了、志不动了。所以才有这么一句话：把你的睡觉的状态立起来，再动起来。也就是，你看我动起来了，但我的状态没变。

这就是婴儿的状态。婴儿四肢乱动，但他没意识。你用手杵他，把手指让他抓住，劲似乎还挺大，但他一点不紧张。他才叫物不扰心，因为外物还没有进入他的心呢！他的那个劲，是内里的神在自动。有一句话叫"心死神活"，他没用心意，他用的是本源之气。所以，我们练拳有一句话叫"复归于婴儿"。

3. 何为心死神方活，心与意念的关系是什么

前文说过，神是指发于内之灵气。是它自己动的，不是我的心让它动的。我心不动，它也动，那才叫灵动。

那目前不是很强调要练意么？

这是分阶段的。第一阶段，要以意导气；第二阶段，以意行气；第三阶段通过意识，让神志别动、别变，成为本能。那时叫"有意无意是真意"。你说它有意吗？它没意；你说它没意吧，它似乎还知道。这就好像你一边做着饭，一边和别人聊着天，你并没有关注手在如何动，但手的确在动，这只是一个感觉，你这时就是处于有意无意的状态。这就叫没过心。

但刚开始学习做饭的时候是需要全神贯注的。习拳也一样。刚开始学拳，一定要用心，要用意，然后用意来固定你的状态，直至最后成习惯了，就到了松意的阶段了，最后，意也没了。

所以，先松体，松体之后，会产生气力，一旦有了气力，再松气；最后，气在体内流动了、灵动了，你会感觉到的。最后，你拿意识去指挥它，它就会走了。最后你不用脑子了，它也会走了，这就到了松意的阶段了！

无论我们能练到哪个阶段，至少我们要知道我们目前在哪个阶段，我们在练什么，应该怎么练。

4. 我们为什么要慢练

有人会问，慢练会不会把身体练死练僵啊？

慢练，是为了保持那个不用力还能运动的状态。让那个状态别变，保持住，一快，这个状态就很容易变。慢慢地去感觉这个状态，感知每一点上的状态都这样，控制住这种很微小的变化。比如，一条手臂，从头到尾，每一点上都练成一样的状态。真到练成了，快慢就无所谓了，因为那种状态已经成性了。

5. 要去追里面的东西，不要去追皮毛

许多人下了多年的功夫，只是在拳架上下功夫（比如我自己），岂不知太极拳是要找内里的东西，去找里面一气流行的那种状态，是在打造神情意志。否则，抠了一辈子的拳架，外形上再漂亮，哪怕和宗师的架子一模一样，都没用！因为这个架子只是皮毛，在太极拳的习练终极阶段是要丢弃的。因为太极拳习练的是最原始的能力，最本真的性质，到那个阶段，有一句话来形容：无形无相，全体透空。

难道拳架不重要吗？

应该说在学拳的开始阶段是很重要的。因为每一拳式中都有招术，否则就不叫太极拳了，叫太极就可以了。例如，太极六式基本功，就没有叫作太极拳六式基本功。有招术，就有用法，就有一定的运行路线。比如，两手要拧毛巾，朝同一方向拧，就拧不了，两手一定要逆向拧才行。动作准确，是为了后面的效果，在于用法是否做对，并不在乎高一点或低一点。

九、听康老师谈"太极轻重浮沉解"

"太极轻重浮沉解"是杨家太极老谱第22目。其中的"双重为病，双沉不为病，双浮为病，双轻不为病，半轻半重不为病，偏轻偏重为病，半浮半沉为

病"，还有什么"偏沉则随"等，实在令人费解。此文本身就是在解读这些东西，但人们看不懂，所以又引发了太极爱好者对此"解"之解读，五花八门，众说纷纭。我看过许多不同的解读，但都没有搞清楚。今天求教了康老师，才算搞明白了。

首先，务必注意，解读这个问题之前，先要有这样一个概念：内气不走，内劲不动，其他的根本谈不上。轻重沉浮，跟外面的动作没有一点关系。这完全是说的内里的事。所以，不离开形，越解越乱。

1. 从阴阳的角度说"轻重沉浮"

这四个字到底指什么东西？

何为沉，何为重，何为松沉。

首先拳论上有两个概念，一个叫重，一个叫沉。拳论上还讲，双重为病，干于填实，与沉不同也。此言的意思是，如果我们把所有的东西都实实在在地压在地上，这叫重。例如，我身体使劲儿下砸，砸在地上，还向下坠，这就叫重，是重量实实在在地压在地上，如果两条腿就这么实实在在地压在地上，这就叫重。

什么叫沉？沉与重不同，太极拳要求松沉，没要求松重。那么沉是什么呢？拳论："双沉不为病，自尔腾虚。"什么叫虚、腾起来了，没压下去，叫虚。比如，一个提包，里边有东西，把它提起来，轻轻地放在地上，这就叫虚虚地放在地上，但里面的东西还在下面。

康老师讲，包里的东西，指的是你的内气，重量没变，气沉到底下，但人不能死死地压在地上，而是微微地提起来。虽然我腾起来了，但我的重量不变，这叫西山悬磬。就像那庙里的大钟，很重，没站在地上，但它的重量可没变，这叫腾虚而立。这种重，叫沉。一个是实实在在下压，一个是虚虚地拎着，但两者的重量并没变，所以重与沉，完全不一样。

拳的要求是，一要放松，二要身体往下沉。这个沉，不是身体向下坠压，不是我的脚使劲地踩在地上，越来越重，而是把气放下去。

康老师又拿出那个讲腰的教具。平时气基本在横膈膜之上，在腰之上，这叫一气填胸。而现在的要求是虚领顶劲，把人拎起来。

但里面的气在一点一点地下去，这叫气沉丹田，沉到丹田，仅仅是第一步，将来还要松沉到脚底。我虽然站在这儿支撑着身体，但不能死死地压在地上。这时对腿脚的要求是，双腿不要死死地压在地上，气要下去，要沉到脚底，这叫松沉。

而很多人是这样理解的：由于我往下压，我越来越沉重，我两只脚使劲踩在地上，脚下的反作用力，即爆发力越来越大，从而通过脚腰手的传递而产生巨大的反作用力，把对方顶出去。

这是很大的误解。记住，太极拳的基本要求是不丢不顶，靠脚下蹬地产生的反作用力，是实实在在的顶劲，遇到了对方的来力，你的脚下上来的力就会把对方的力支住，这个现象就叫顶。这种顶的结果就是，腿不能放松，从而导致了腿疼。所以康老师说，腿疼不是病，松沉没搞定。

小结：沉与重是两个完全不同的概念。实的重叫重，虚之重叫沉。有重量，虚虚地吊在那儿。沉哪儿来的？把气扔下去了。我松的不是实体，而是里边的气。

①重：完全是实，即实实在在的、硬的那个东西。这种重的东西，我们称为"实性"。所以，实之重叫重，填实了。"重，干于填实，与沉不同"。

②沉：我自己身体里生出了一个虚性的东西，这个东西也有重量。这个虚的重叫沉。"自尔腾虚"。现在，沉和重都有了。所以说，双重，不是说重量在哪儿，而是说你只要把两腿填实了，实实在在，那都叫实，也即重。

虚的东西也有重量的。如一大盆水放在桌子上，很沉的，但水之性是虚性。这个虚性的东西产生的重量叫"沉"。

上面讲的是重和沉。

③轻：虚之重，灵动起来叫轻。即，虽然我这个东西很有分量，但它动起来非常之灵。如那盆水，用手指沾一点，它就动了。把盆一倾斜，它就流了。这叫轻灵。也就是说，我有一个很沉的东西，但它很灵动，这灵动之性就叫轻。

④浮：沉的东西上来，下不去了，就叫浮。你的劲往上走了，沉不下去了，叫浮。如肩劲老沉不下去，老提上来，就叫浮上来了。也包括我们一蹬腿，那力就上来了，这叫浮。为什么康老师老说我们现在只有重和浮？因为，一是因为脚底全是实实在在的，重的；二是只要脚一蹬地，力就腾地上去了。内力还没有产生，当然没有沉和轻。

2. 为何双沉不为病，双轻不为病，又为何半轻半重也不为病，而半浮半沉就是病了

（1）何为双，何为半

请看下面的黑白太极图。（图4-3）

先天太极图

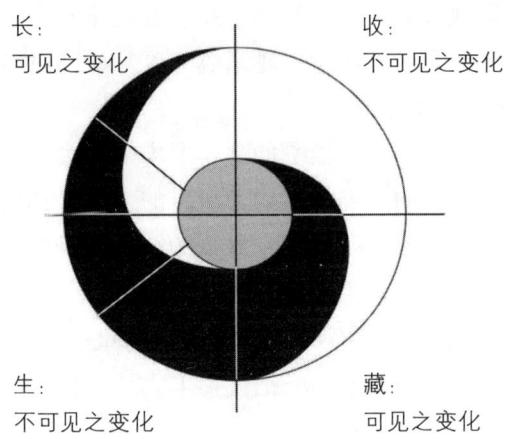

万物自然之变化皆为零数之变化：渐变

图4-3

上面的太极图是一个圆。这个圆由黑白两个大小相等的东西组成，黑色叫阴，白色叫阳。黑加白，或阴加阳，是一个圆中的两个部分，这个两，就叫"双"。这个圆也可以看作二分之一加二分之一，也就是半个加半个，或者说一半黑，加一半白，等于一个圆。

现在我们知道了，半+半=双。换言之，半双筷子+半双筷子=一双筷子。

（2）为何双沉不为病

这黑白两半本身就是虚性的东西，虚的东西才有沉。这黑白都沉到了下面，虽然不大好，但毕竟还是虚性，还可以腾虚起来，所以不为病。

（3）为何双轻不为病

这黑白两半本身就是虚性，虽有重量，有沉，但很灵活，很灵敏，也就是这两半的沉的东西都动起来了，特别灵敏的动，虽然不是特别好，但毕竟都是虚性引起的轻，所以还不算病。

（4）为何半轻半重也不为病

首先再明确这个概念：轻，是我们要追求的轻灵，是虚；重，是我们要摒弃的毛病，是实。半轻半重，是说一半虚，一半实。半虚半实，这是指一个过程，即在习拳的过程中，不可能一蹴而就，一定会有一个阶段处于半轻半重之中。你还是重的，但你在重之中不断地找轻，或者说，你在实中不断地找虚。这不是病，是必经过程，但也不是结果。

（5）为何半浮半沉为病

虽然在松沉，但沉不透彻，沉不到位，还有许多沉不下去的地方，没有达到沉的真正的效果。这些就是浮，是"沉而未果"。

3. 什么叫半轻偏轻，什么叫半沉偏沉，什么叫半浮偏浮，为什么都叫病

（1）什么叫半轻偏轻？为什么叫病？

再看一下那个太极图，黑白永远是对等的。在这个共同体中，白色的轻，占一半，黑色的沉，占一半。黑色的这一半叫"半轻"，或者说占的比例50%。如果占轻的50%的比例超过了50%，如占到80%，就是轻过了头了，那么沉的比例就少了，只剩下20%。这样的情况下，原来的半轻，就变成了轻浮，也即轻过头了，不是轻灵了。这就叫偏轻，就向浮发展了。

（2）什么叫半沉偏沉？为什么叫病？

这个沉本应该占太极图中的一半，即50%，这一半叫半沉。如果这个沉的比重超过了50%，如达到70%，就是沉的太过了，就叫半沉偏沉，那就不灵敏了。所以为病。

（3）什么叫半浮偏浮？为什么叫病？

浮本身就不是轻，本身就是病。指沉的东西上来，沉不下去了，浮在半空，叫半浮。然后又加大了浮的比重，更加沉不下去了。

4. 何为偏沉则随

偏沉是松沉过了头，就往重发展，所以偏沉也是病。因为一旦偏沉了，即过沉了，灵就少了。这时你马上要动，要调整，灵就又回来了。不能重滞在那里。即一旦重了，就要随动，赶快去纠正那个过沉。

5. 既松沉又轻灵是我们的追求

我们习拳要时时注意意气放下去，要沉到脚底，沉着是我们要练就的性质。轻灵不是轻浮，指的是很沉的东西特别灵动，碰一点就动了。轻灵也是我们追求的性质，各占50%。这就叫既松沉又轻灵。这两种性质的东西处于一个共同体中，即我们的太极图中老谱上说的"五阴并五阳"，就是说各占一半。

不要往任何一半偏。

结语

· 轻重浮沉，全是指自己，与对方没有一点关系。是自己在练功。是我在自己身上找阴阳、找平衡、找分寸、找自己内在的质的变化。第一我要松沉，第二在松沉的过程中，要轻轻一动就能动起来。要松沉，还不能重滞；要轻灵，还不能漂浮。等到练完了这些性质，最后我既松沉又轻灵，这两样东西各占一半。

· 而且与手脚外形动作没有关系。是在说性质。没有太极劲，没有虚力，什么都谈不上。因为往下沉什么？沉太极劲啊！可不是松沉你的身体！内气不能动，产生不了太极劲。

· 那内气难道不是人人都有么？有是有，但你不认识它啊！你控制不了它啊！你想让它沉，它沉不下去，全憋在这儿了，把胸腹憋得满满的。不会走劲，谈何松沉？

怎么办？只有先松！松空、松透，最后它流行了，而且你很清楚地认识到它在流行了！

十、从"物将掀起，而加以挫之之力"谈武禹襄的打手要言

曾从网上看到有人对此言的解读：若物将掀起，而加以挫之之力，斯其根自断，乃坏之速而无疑。

最近又从《中华武术》杂志上看到有人对"彼不动，己不动；彼微动，己先动"的解读，最终也是落脚到"若物将掀起，而加以挫之之力，斯其根自断，乃坏之速而无疑"。

他们的解读不外乎从杠杆物理学原理来解读如何做这一动作。或者解释为一边掀物，一边向前搓着走。

甚至有人说：挫之意，走最速之降线。真是费解！

总之，都认为此言是褒义，是从一个杠杆物理学的角度，来进一步解释"彼微动，己先动"的原理。

我知道此言绝非他们所言之意，可以说是大相径庭！

我也不十分明白，再次请教康老师，小结如下：

中。你还是重的，但你在重之中不断地找轻，或者说，你在实中不断地找虚。这不是病，是必经过程，但也不是结果。

（5）为何半浮半沉为病

虽然在松沉，但沉不透彻，沉不到位，还有许多沉不下去的地方，没有达到沉的真正的效果。这些就是浮，是"沉而未果"。

3. 什么叫半轻偏轻，什么叫半沉偏沉，什么叫半浮偏浮，为什么都叫病

（1）什么叫半轻偏轻？为什么叫病？

再看一下那个太极图，黑白永远是对等的。在这个共同体中，白色的轻，占一半，黑色的沉，占一半。黑色的这一半叫"半轻"，或者说占的比例50%。如果占轻的50%的比例超过了50%，如占到80%，就是轻过了头了，那么沉的比例就少了，只剩下20%。这样的情况下，原来的半轻，就变成了轻浮，也即轻过头了，不是轻灵了。这就叫偏轻，就向浮发展了。

（2）什么叫半沉偏沉？为什么叫病？

这个沉本应该占太极图中的一半，即50%，这一半叫半沉。如果这个沉的比重超过了50%，如达到70%，就是沉的太过了，就叫半沉偏沉，那就不灵敏了。所以为病。

（3）什么叫半浮偏浮？为什么叫病？

浮本身就不是轻，本身就是病。指沉的东西上来，沉不下去了，浮在半空，叫半浮。然后又加大了浮的比重，更加沉不下去了。

4. 何为偏沉则随

偏沉是松沉过了头，就往重发展，所以偏沉也是病。因为一旦偏沉了，即过沉了，灵就少了。这时你马上要动，要调整，灵就又回来了。不能重滞在那里。即一旦重了，就要随动，赶快去纠正那个过沉。

5. 既松沉又轻灵是我们的追求

我们习拳要时时注意意气放下去，要沉到脚底，沉着是我们要练就的性质。轻灵不是轻浮，指的是很沉的东西特别灵动，碰一点就动了。轻灵也是我们追求的性质，各占50%。这就叫既松沉又轻灵。这两种性质的东西处于一个共同体中，即我们的太极图中老谱上说的"五阴并五阳"，就是说各占一半。

不要往任何一半偏。

结语

· 轻重浮沉，全是指自己，与对方没有一点关系。是自己在练功。是我在自己身上找阴阳、找平衡、找分寸、找自己内在的质的变化。第一我要松沉，第二在松沉的过程中，要轻轻一动就能动起来。要松沉，还不能重滞；要轻灵，还不能漂浮。等到练完了这些性质，最后我既松沉又轻灵，这两样东西各占一半。

· 而且与手脚外形动作没有关系。是在说性质。没有太极劲，没有虚力，什么都谈不上。因为往下沉什么？沉太极劲啊！可不是松沉你的身体！内气不能动，产生不了太极劲。

· 那内气难道不是人人都有么？有是有，但你不认识它啊！你控制不了它啊！你想让它沉，它沉不下去，全憋在这儿了，把胸腹憋得满满的。不会走劲，谈何松沉？

怎么办？只有先松！松空、松透，最后它流行了，而且你很清楚地认识到它在流行了！

十、从"物将掀起，而加以挫之之力"谈武禹襄的打手要言

曾从网上看到有人对此言的解读：若物将掀起，而加以挫之之力，斯其根自断，乃坏之速而无疑。

最近又从《中华武术》杂志上看到有人对"彼不动，己不动；彼微动，己先动"的解读，最终也是落脚到"若物将掀起，而加以挫之之力，斯其根自断，乃坏之速而无疑"。

他们的解读不外乎从杠杆物理学原理来解读如何做这一动作。或者解释为一边掀物，一边向前搓着走。

甚至有人说：挫之意，走最速之降线。真是费解！

总之，都认为此言是褒义，是从一个杠杆物理学的角度，来进一步解释"彼微动，己先动"的原理。

我知道此言绝非他们所言之意，可以说是大相径庭！

我也不十分明白，再次请教康老师，小结如下。

1. "若物将掀起，而加以挫之之力"的出处及其真实含义

此言出自武学前辈武禹襄所写《打手要言》。此《打手要言》有不同的传抄本，一说"十三势行工心法"，二说"十三势行功歌诀""十三势歌"等。首先，我们需要从大原则上搞清楚，武禹襄的原版从头至尾讲的是心、神、意、气如何为主、怎么变化、怎么产生效果。不管怎么解读，都离不开这些事，所以要先把此文通篇看下来，才能明白此言的语境。凡是在外形上说这个道那个，都已经谬之千里了。

请看文中：

· 尚气者无力，养气者纯刚。

· 彼不动，己不动；彼微动，己先动。

· 从己依人，须要知己；以己粘人，须要知人，乃能不先不后。

· 精神能提得起，则无迟重之虞。粘依能跟得灵，方见落空之妙。

太极说的一个是依，一个是粘。依，我随你；粘，我粘着你走。太极拳的运动全是这种运动，没有什么支着哪、撬着哪，根本不可能存在这个东西。因为一支上、一撬上，力对力就顶上了。

"彼不动，己不动"还有一版："彼不动，己不动，我意在先"。

动在哪儿呢？始有意动，继而劲动，转接要一线串成。气宜鼓荡，神意内敛。

什么叫微动？人打你的时候会微动吗？怎么可能微动？怎么又叫我意仍在先？

实际上，两人手一沾上，就手上那一点点动机，相当于你微小的一点点力量加在我手上，这叫微动，我心里就已经知道了，就要跟着走了。什么在跟着呢？是我的神意气。

后面又有一句：每一动，惟手先着力，随即松开。

这不是说，手先着力，就手先使劲，而是说手先碰上、着上这个力了，即附着上这个力了。随即松开，尤须贯穿。贯穿到哪儿呀？贯穿到我的一气上了，从"我"的手到我的意，到我的气，"啪"一下子就串上了。

后面全说的是意气之事。

看一看此言的语境。这句话出自武禹襄的太极拳论中的《打手要诀》："其根在脚，发于腿，主宰于腰，形于手指。由脚而腿而腰，总须完整一气。向前退后，乃得机得势，有不得机得势，身便散乱，必至偏倚，其病必于腰腿求之。上下前后左右皆然。凡此皆是意，不是外面。有上即有下，有前即有

后,有左即有右。如意要向上即寓下意。若物将掀起,而加以挫之之力,斯其根自断,乃坏之速而无疑。虚实宜分清楚,一处自有一处虚实处处总此一虚实。周身节节贯穿,勿令丝毫间断。"

文中的"其根在脚,发于腿,主宰于腰,形于手指",不知引起多少人的误解,实际上此句讲的是这种由丹田而发出的劲力,要通于脚下,其脚下都是这种性质的劲。

后面的"有上即有下,有前即有后,有左即有右。如意要向上即寓下意。若物将掀起,而加以挫之之力,斯其根自断,乃坏之速而无疑。"

有人将物将掀起,改为将物掀起,更错。

解释:

首先,挫,挫动,如地上有一东西,比如说床垫,我要把它翻个个儿,推到前面去,这就像掀东西一样,掀起来,挪个地。斯其根自断,斯:这样一来,自己把自己的根断了。坏,意思是错了、不对、出毛病了。错在哪儿?错在你少了一步,你一下子把它兜了起来,想一下子达到一个目标。即没有生阳的时候,还阴着呢,你就突然全阳了。这叫"只有上,没有下"。这不是太极的东西。

原来此言是说这样做不对!不是让你去比着做!

为什么错?把根丢了!

其实文中已经说了:"有上即有下,有前即有后,有左即有右。如意要向上即寓下意。"

首先,太极拳的劲是这样的:有上必有下,有前必有后,有左必有右,左是右根,右是左根,上是下根,下是上根。

如一桶水,我要让水面上升,我就往下倒水,下面的水就挤到上面来了。

又如一气球,你一抓左边,气就挤到右边去了,右边鼓起来了。上边一压,气就到了下边。太极劲就是这样的。左边的劲是从右边来的,上边的劲是从下边来的。这就叫"互为其根"。

再如,康老师与孔老师搭手,康老师说,我一松就打人。这就和水灌满了一样,如果再往下灌水,水就溢出来了。手上的劲啪的一下就上来了,但下边的气是往下沉的。

回到前边的"若物将掀起"。往上掀,是向上的力;脚下再蹬地,又是向上的力;挫,又是向上的力,都是向上的力,没有向下的力,即没有向下的根来支撑。这叫"只有上,没有下",所以不是太极的力。前辈告诉我们:"意欲向上，必寓下意。"而且还告诉我们："凡此皆是意，不在外边。"前人在讲道理，讲的是内劲，不是让人去做动作！

这就涉及阴阳互根的问题。

2. 关于阴阳相生，阴阳互根

康老师讲：因为他们没有反向力，所以他们理解不了这事。太极拳浑身都是贯穿着的，从头到脚一气贯穿。往下一压，腾地劲就上去了。你看是我左边在动，其实根在右边。出是入的根，一出一入，一正一反，阳为阴根，阴为阳根。

武禹襄讲的一段话，其实讲的是一件事（不是几件事），从正面、反面来说明一个问题。很多其他的老前辈留下很多拳论，各人从个人的体会、用不同的例子，来说明一些问题。他们都是大家，过去的大家可不是拿嘴来说事的！他们是真有东西。如杨澄甫的"太极拳十要"，讲的都对，都不错。但那不是你现在要看的东西。那是他练成了以后的体会与要求。如果现在就按那"十要"来练，全错！

阴，一定是从阳极当中生出来的；阳，一定是从阴极当中生出来的，所以叫阴阳互根。在阴极的、收敛的状态下开始产生出阳，这个阳叫有根之阳，是从那个阴的状态下产生的。

从太极图上来看，阴是从阳很大的地方长出来的，而阳是从阴很大的地方长出来的。

在拳式中左右腿之间的转换，也包括双手臂的往来屈伸。如右腿负重，迈出左腿，此时脑子的意识一定先盯住右腿胯根，然后慢慢从右腿逐渐变到左腿。反之亦然。

再如，两脚并未移动，从弓步的前推掌，后坐重心，双手要收回来，这时脑子的意识要从前腿开始，逐渐向后移动重心。再重心前移、双手向前推出时，一定要关注双腿、双手的当前位置，再逐渐向前弓步，送出双手。

注意，动作慢，不一定就是有了阴阳互根，一定要让意识从根处开始动，然后一直随动作的移动而关注动作的当前进行位置。

再举推手的例子。如康老师和阿齐推手。只看到一搭手一两秒钟，阿齐不是向前或向一侧栽下去，就是向后被发了出去。阿齐只感到康老师推他的劲好大，于是使劲抵抗，而此时，康老师说，你已经被吸进来了，因为此时，康老师已经把劲转成了阴劲、吸劲，方向已经调头了，所以就那么一下子，阿齐马上就栽了下来。

反过来，在康老师的手吸劲很大的时候，而且阿齐明显地感觉到了，于是拼命向后撤，而这时，康老师已经在生阳了，进而已经要往外出了，而阿齐还不知道，所以咣当一下子就被发出去了。

若不是康老师放慢了节奏，边做边解释，就那么一瞬间的事儿。前边还是阴，后半截就变成了阳，外人可真看不出来。这才叫借力打力，引进落空。

从阿齐之摔，我看到康老师的手向外伸着，劲很大，但康老师却在吸、在收敛，而阿齐全然不觉，只感到来力好大，于是使劲前推，这时康老师轻轻一牵，阿齐就飞起来了，因为他的劲全在向前放呢，在那么快的速度中他完全反应不过来，所以阿齐说完全没法控制自己。

《打手歌诀》整个看下来，就明白前辈在说啥了。都是在讲，先在神意气，后在身体。要内固精神，外示安逸。先在心，心神，意气，后在身。

文中还有一句，"收即是放，继而复连"。这个复，是指复卦那个复。复卦正好在太极图要长阳的那个地方，在坤卦的旁边，也即阴极生阳的地方；反之，最上端的姤卦，正好是阳极长阴的那个地方，在乾卦旁边，阳极生阴。是"复"在那儿连着呢！

总之，阴阳互根，阴为阳之根，阳为阴之根。动作要往回，脑子不能一下子就跑到后面去了；动作要往前，脑子也不能一下子就跑到前边去了。向前，意识从后腿开始；向后，意识从前腿开始。不仅是动作要对，更重要的是意识要对。见下图（图4-4）

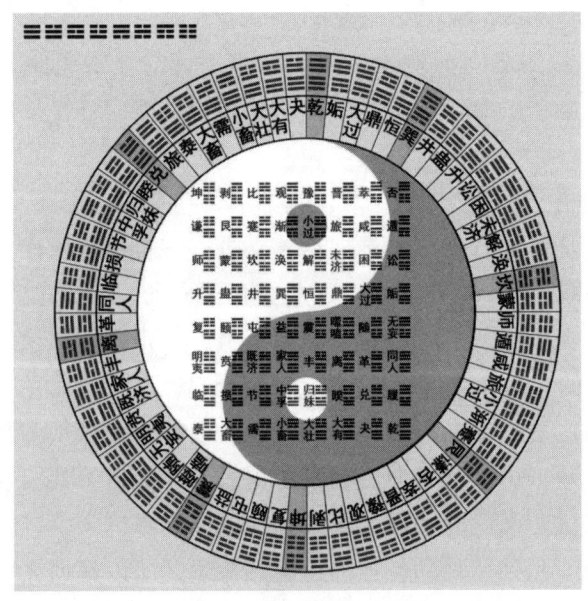

图4-4

3. 太极劲到底是什么劲

当我们从大的思想上、从整体的概念上，知道了太极拳在说什么了，知道了都是在文化上解读太极这些东西，从头至尾没离开这个文化。它根本就没跟你说的动作，凡此皆是意，不在外边。

以上所言，皆为内气之景象，不是在说外边的事儿。内固精神，外示安逸。那么，里边的那个太极劲到底是什么？为何老说元阳之气，还说培元固本，到底是怎么回事？

①先天之体即纯阳之体。在娘胎里的时候，这个元阳的能量已经有了。这个元阳的能量从婴儿出生之后，就开始在慢慢地发散，它本身的特性就是动的、要发散的。如果元阳之气散完了，完全归阴了，人这一生也就到头了。太极拳的习练，是要固密住那个阳气，不让那个阳气跑了，这叫培元固本。

先要认识到这个阳气，然后要把它收回来，别老外散。怎么办？先把身体上所有的力都扔了，最后还有一个东西在支撑着你，这个支撑着你的东西就是元阳之气。太极拳就是在做这么一件事儿，过去一直在散阳，现在要把它收到身上。

这个内能量，就叫阳气。阳气本身的性质是发散的，但它可以产生出两种性质的东西：一阴一阳。

如一弹簧，它的本性就是要外弹的、是阳性的，我把它捏住回来了，这叫阴性，叫收敛。又如弓弦，劲很大，永远似乎都在弹着你，但把它拉回来，你再推，就感觉不到它的弹性了，好像没力了。而实际上，此时它蓄了好大的劲儿，一松手就要发出去了。

也就是说，一个阳性的本体，吸回来、收回来，就体现出阴劲；放出去，就是发散的阳劲。所以太极拳的吸则拿得起人，呼则放得出人。

正因为这么一个阳性的本体，才说掤劲是太极拳的母劲，也有人说，太极拳叫掤劲拳。简言之，掤劲培养出来了，即太极劲就有了；而太极劲即元阳之气的培养过程就是先要认识它，必须要能感觉到它，把你的神意与此阳气能连接上，慢慢地把它养大。

那么，元阳之气培养出来以后，它的作用主要有哪些呢？

②元阳之气的作用。元阳之气是生命的原动力，培养出来这个本体，就让它在身体内循环往复，气遍周身，滋养全身，生命的状态、功能、机能就越来越强，这就是在养生了。若不想去练技击打人，持续这样练下去就可以了。

如果想打人，想学习技击，那就要把它调出来，要练习推手了。要知道这个元阳之气产生的劲力如何来使用，怎么样能产生阳劲，怎么能产生阴劲，怎么能产生断劲、平衡劲、合劲、开劲等。

那么既然太极劲就是元阳之气的变现，那为什么在练习的过程中又特别强调要练阴劲呢？

③太极拳习练为何强调要练身体的阴性？练太极拳的过程就是练收的过程，要往身体里边收。一直在强调心要静、气要敛，要收敛入骨，神意都不要外放。不断往身体里边想，把所有的力量都放掉，最后要不用力还能运动。人自从出生这么多年来，就一直在用体力，在散阳。按照中医的理论，这个元阳之气才是我们生命的原动力，这个元阳之气的运行，要符合太极阴阳平衡之理，所以要把阳收回来并固密住，所谓阴平阳秘，百病不侵。在收归丹田并固密的过程中，要经过所有的脏腑，也就滋养了所有的脏腑。

后记

太极拳的运动是神意气的运动。是一个扔掉体力、培养元阳之气的运动。若用现代人体解剖学、体育运动学、杠杆物理学的原理来试图解读太极拳运动，就已经走偏了方向，可谓南辕北辙，谬之千里了。

深感中国的太极拳研究，缺少的是基础理论的研究，没有了基础理论，一切免谈。

十一、知觉，心意与神意等

2019年元旦，我微信请教康老师一个问题：听您说过，太极运动到最后就是一个知觉运动，练的就是一个感觉，是不是思想意识在感知行为？难道不是意识在指挥行为吗？

康老师的长篇通话总结如下。

1. 意识与行为的关系

（1）意有两个层面，一个叫心意，一个叫神意

以学习骑自行车为例。刚开始学车，要有意识地努力保持平衡，要有意识去感觉，这个车子要不要倒，要心里知道，我的车把怎么动？向左还是向右？我的车子是如何来保持平衡的等。这些，我心里都要知道。我心里明白了一个东西，然后先生意，意再指挥这个东西，这叫心意。这即心意与行为的一个关系。

等以后学会了骑车，熟练了，这个心就没了，上了车不会想向左还是向右，不会想怎么样才会平衡不倒。你可以边骑车，边和他人聊天，心都在聊天上，但你骑车的平衡感，说没感觉是不可能的；说有感觉，也并未去刻意地意会它，这叫神意。即一个动作，已经触及我的神经系统，我的神经系统自然就产生了这样一个意，但这个意没那么明显。

神意是什么？似有似无之间，所以太极拳叫"有意无意是真意"。

想了吗？没想。没想吗？没想怎么干呢？这就是心死神方活，不过心了，一个动作，直接对我的感觉说话了。

（就是意要分两个阶段？）

对，后天之意，即用我的思想、我的感觉、我的感觉器官，来指导我的行为，这叫后天。

何为后天？没经过思想，它就这样了。所以练太极有一句话叫"后天返先天"。

意为两个阶段，一个是跟心说话的意，叫心意。一个是跟神说话的意，叫神意。但所有人都是从心意开始，而后转化为神意的。所以刚开始学拳，要让你用心呢！

（2）心意是需要练习的

如太极的第一大运行规律是：连续、匀速、缓慢的渐变规律，每个动作，每个式子，都要做到各自的渐变，还要和谐。你如不用心，根本就无法控制，不是腰早了，在等手，就是腿早了，手还没到。经过相当时间的自觉练习，你可以感觉到，所有部位都在连续匀速缓慢地进行，等到这一切成了你的习惯时，你会感觉到，你的脚、腰、手的移动就是在连续匀速缓慢的运行了，这就到了更高的阶段。

（3）神意也叫知觉运动

神意是什么？不是它去指挥运动，而是它去感知运动。我的运动状态，就这个样子了，我的神意感觉到它了。所以神意，是在你的动作的后面，在感觉它，感知它。而心意，是在你的动作前边去指挥它。

2. 现在还不是啥都别想只管傻傻练的时候

有老师教导学员，啥都别想，只管傻傻地练。因为有一句拳谚："有意无意是真意"。

千万记住，绝对不行，这种讲法真的是不科学的。大师们已经练到那个份儿上了，到了那一个神意的层次了，他们就是在用神意感知自己的身体状态，一副悠然自得、美美的状态。但练习的过程，可不能是这样的。

大师们，包括太极前辈们，他们永远在说他们练成了以后的事。但学员那样练，是要走弯路的。因为，我们走过了太多的弯路了！

（所以您才说，听听而已，千万别照着做，但是您不做解释，别人还不明白是怎么回事呢！）

是的，所有人，包括太极拳论，都是在拿结果跟大家说话。如果你拿结果当成训练过程的话，那可就惨了。就好比学开汽车，上驾校，让你啥都别想，傻傻地开就行了，行吗？那不乱了套！而你真正成了老司机了，你抽烟，你喝水，你聊天，你照样开不错车，那时已经是神意在指挥你了。

3. 现在怎么练

所以刚开始学拳，一定要用心、用心、再用心。拿心去分析，先明理，由理生意，由意导形。最后，在理的框架下，用你的心意去指挥你的行为，让所有的行为合乎那个理，合乎那个规矩。

你不用心了，不想规矩了，但也在规矩中，这叫合规矩而脱规矩。因为到最后，已经变成你的本性了，叫自性使然，那时才叫"心无心，意无意，有意无意是真意"。

最后你不用心了，用神在感觉这个东西，我的神经系统知道它是怎么动的。

4. 拳架很重要（在初始阶段），但真的没那么重要

太极玩的就是一个平衡，随时随地要的是平衡，我们要把这种保持平衡的功能练到身上。这就像前边提到的骑自行车一样，一旦这种功能上身了，你上了自行车想摔倒还不大容易呢！而刚开始，连道都走不直，现在能双手撒把也不会歪倒了，你靠的是一个整体的平衡感，这叫你的神经系统的自调节、自平衡、自控制，你有了这种功能，刚学车初期那些个条条框框，你还需要吗？所以说，现在人们学拳，手对着哪儿，脚对着哪儿，多少角度，一点儿不能差，甚至胳膊肘怎么摆放，天天在抠动作，其实最后身上真的有东西之后，才知道那都是白抠。这些东西，真的是不必那么在意的，因为，最后所求的平衡，不是凭外形摆出来的，而是身体内部有一股水流一般的东西在流动。

5. 练拳的高级阶段，是神意在感知体内的水流（即内气）

现在只要你轻轻地搭在我的手上，我所有地方的关节哗一下子全动了，身上全部动了，可不是我叫它动它才动，是它一动，我感觉到了，这就是神意。过去我的感觉在动的前边，我得指挥它，而现在我的感觉在动的后边，我的脑子根本没想它，但它一动，我感觉到了。

我现在真的不是在做动作，我一松，是里边真的有一个东西，它哗哗地，跟流水一样，要么往回流，要么往前流，它流到这儿了，它流到那儿了，我感觉到了，我就跟着它走了。动作就被推走了。

所以说推手，先推哪儿，后推哪儿，说真的，我也不知道，就那么一下子，他就倒了，瞬间的事儿，根本不想，没工夫想。

这个不到份儿上，我再说，别人也理解不了。如我做一个动作，手往前伸，或往回缩，是手臂里有一股东西在流，把手给推出去了、拽回来了。

所以，把里边的东西学好了，里边的东西真能动起来了，经络真能畅通了，里边真能流动了，这拳就不是你打了，而是拳在打你了。所以，开始是你在练拳，最后是太极拳在练你，即它在走，你在跟着它走，是它在养你、练你。

小结

· "有意无意是真意"，这是真的，那叫神意，即心死神方活。但一定要从心意开始。如果心意都用在动作上了，没有正确的理心，那么你所生的那个意，恰恰是太极不要的那个意。

· 心之所发谓之意，心正，则心之所发亦正，心里有理了，心里发的跟那个理一样了，意就正了。用来指挥那个形，形也就正了。如果心里没那个理，他发不出来那个意呀！

记住学车的事，就全明白了。

十二、听康伟老师解读"盖对吞"

1. "盖"字解

我又问及何为"盖"。康老师讲：当时不是也让你体会了一下么？我往你手上一放，连敷带盖。盖，即我这个劲一下子就把你里边的劲控制住了，你一下子就动不了了。我按你，你当时就后退，这就是"盖"。盖是阳劲。我一手掯上你，你就躲不掉了，唯有后退，即你逃不出我的控制范围了。而无论"敷"还是"盖"，都是软劲。软劲是可以传递的。这些讲的都是身体里的内劲，是一种身体的内能量，是系统的东西，不是外力的躲或让。

关于软力，康老师又举了一个例子：软力就好比你站在漂浮的船上，你浑身也都如同船一样有浮力，脚下是忽悠忽悠的。如果这时我把一只手搭在你身上，我会感觉到你身上的那种浮力传到我的身上，我会随着你上下漂浮。这就是一种可以传递的软力。而硬力是不会传递的。

2."对"字解

康老师：我轻轻一搭，你脚底下的劲我都知道了，即你的劲源在哪里我都知道了。这就叫"认定准头而去"，即一搭，你的劲源在哪儿，我就准准地搁在那儿。

比如，一搭手，你腰紧了，胯紧了，哪儿紧，哪儿出力，这个力是一直传到你手上的。所以一搭上你的手，就对上了你的劲源了，即你后边那个生力的地方。我就准准地对着你那里，你就跑不了啦。你浑身难受，想择择不掉，而我会在你生力的地方让你不断地继续生力。我把劲就搁你那儿了。这就叫"对"。

3."吞"字解

搭上你的劲，要把这个劲从源头，也即从头至尾地抽出来，然后在我这放空。即吞到我这里，从这儿放空，这叫抽丝劲。

你看，你有一个劲头，在你手上，有一个劲尾巴，即劲源，要整个把你这一条劲抽出来。所以，摸到劲源，如果劲源在脚上，一抽，你的脚蹬得就起来了。这就是从你后边把你提溜起来了。

最后康老师总结说，"敷、盖、对、吞"是处理我劲与彼劲之间对应关系的状态描述，跟正面、侧面的有啥关系啊！

一搭手，你忽地就进来了。一是我给你使了个劲，敷上了；二是在敷的过程中就控制了你；三是在控制的同时就打到你劲源上了；四是打到劲源的同时，就把劲抽出来了。

（这么说，瞬间这四个动作就全都有了？）

这不是动作。是一搭就按在了你的劲源上，你如果撒手，我的手并不动，但你动不了啦。你难受，就会使劲，我这一按就是在逼着你使劲，你一起劲，我就把你提溜起来了。实际上，这都是同时的，你越使劲，你就越往里入，我在吞，从根上就把你的劲抽出来了。所以，这就是人为何"咣当"一下子就栽了过来。这几个东西是一瞬间同时完成的。

所以，才要求打拳不要蹬脚。你一蹬脚，你脚上的劲就被抽出来了，对方就希望你蹬脚！所以，哪儿都不要紧，紧的地方就是生力的地方。

十三、从对"国之利器不可以示人"大相径庭的解读说开去

太极拳是哲理拳，学拳先明理。这个哲理的根源在哪里？在老子的《道德经》里，在易经里，在中庸里，在黄帝内经里，等等。

国之利器不可以示人，就出自《道德经》第36章。全文如下。

"将欲歙（xī闭合）之，必固张之。将欲弱之，必固强之。将欲废之，必固举之。将欲取之，必固予之。是谓微明。柔弱胜刚强。鱼不可脱于渊，国之利器不可以示人。"

我从百度上搜出了各种不同的解读，又买了"中华国学经典精粹"一书查阅，对"国之利器不可以示人"的解读基本上都是：国家锐利的武器，或利好的东西，不能轻易地拿出去炫耀，或被人窥视和掌握利用。按照目前我们的语言习惯，似乎的确是这样的意思。

这句话引起我的关注是在一两年前，在北京的太极理论与实践研修班的微信群里，大家在闲聊时谈到国家要开始重视武术了，太极拳要走向世界了。康老师在最后就说了一句"国之利器不可以示人"。大家不解，难道太极拳推广到国外去不是好事么？听了康老师的解读，才明白此言根本不是我们所理解的意思。下面总结一下康老师的解释。

谈到《道德经》，就要谈到"道"，就要谈到"有与无"，首先要明白何为道，何为有，何为无，何为利，何为器。"器即道之显诸有，道即器之泯于无"。也即，道是无形无相的，虚的，看不见的，摸不着的，是指思想，性质等。而器，指有形有像，实实在在，看得见、摸得着的实物实像。利，指效果。利器，就是所有能体现出来的现象、效果、方式、方法等。

道本虚无，正因为道的虚无，才体现出实有的器的作用。比如，碗因为中空，内无形质，才有能盛东西的作用；房屋因为中空，内无形质，才有可以居住的作用。可见，没有"无"，哪来的"有"？只是我们通常只着眼于实用的"有"的价值，而忽视了更为根本的"无"的价值。也就是说，人们用的是"无"产生的效果，就是"有"，这个"有"是"无"的"利"。

所以这句话的意思是：国家的许多现象，这些实物实像，也即利器，不是人们能够搞得明白的。因为产生这些实像的内在因素，根本的思想，都是看不见的。

《道德经》36章最核心的思想是："欲成于此，必因于彼。"

练太极拳也一样。我们看到了外形，练的时候要慢、要匀、不用力，这些都是现象。但到底为什么要这样？如果不明白其根源，那都只是在玩利器，在玩一种表象，而丢掉的是太极的根，太极的魂。

看明白了《道德经》，豁然开朗，忽然解开了太极拳。否则，永远解不开。因为，"反者道之动"，道的动，都是反着来的。

例如，太极老拳谱上有这么一句："其根在脚，发于腿，主宰于腰"。根从哪里发出来？从腿上，主宰在哪儿？在腰，在丹田。这句话要反着理解：主宰于腰，发于腿，从腿上发下去，发到脚，最后形成根。这叫你有根性了。

根性是什么？归根曰静，静曰复命，也即要返回你先天的那种纯乎自然的、不加一丝强为的本性，即虚无的本性。要把你脚下练成虚性。

主宰于腰。内气的走向在丹田是四散的。从丹田（腰）往上，可以走到手上，打人；但丹田往下，还有一个向下散的力，向下走到涌泉穴，根部就稳固了。可不是像有些人理解的那样，使劲蹬脚！

想起大讲堂上，李建伟和康伟两位老师有过两次落脚发力的动作。当时大家感到似乎水泥地板也随着"啪"的一声在颤动了！

那脚会受伤么？（我见到不少人一个金刚捣锤就震坏了脚的）

康老师说，记住这一句话：阴柔之体，阳刚之气，骨肉分离。骨内有一股能量流在走，即阳刚之气在走。而显于外的肉体仍是阴柔的。里面有力量，但此力量不会影响本体。就比如说，一个半导体，电流穿过导体，但导体本身不会改变。再比如水，你咣地砸水一下，水会受伤吗？水会被压坏么？不会的，因为它是软的。一艘航空母舰压在大海上，水的性质也不会改变。

从丹田出来一股劲，顺腿而下，到脚底，啪地一下就弹出去了！这里走的是劲路，是内阳产生的力量。这时，脚底仍是软的。如果是硬的，它就受伤了。所以，在没有练出虚力之前，不要跺脚发力！（其实，即便是练出了虚力，也不要轻易去发力！）

也即，太极拳的外表，松松柔柔，但那个"骨气"的流动可是阳刚的！（这可不是习拳第一阶段要考虑的）

想起康老师讲课时出示的一棵大树的剖面图（图4-5）。种子，即丹田，往上、往外，树干枝叶，往下四散扎根，它是向上下四方发散的，支撑八面。

图4-5

  不许你蹬脚，是让你劲力向下走，如果使劲蹬脚，就好比整棵大树的根部也都出了地面往上跑，一棵地下无根的树，随风就倒了。

  都说站桩是固本的好方法，为什么康老师却总是说不要慌着站桩呢？

  康老师习拳练武40多年。前20多年习练十分刻苦，一连站了20多年桩，也没站出名堂。他纳闷，为什么前辈讲的这些东西在我身上都不体现呢？于是他掉过头来闷声研究拳理，等把拳理搞明白了，他现在可是天天在站桩。他说，那是一种享受，因为，身体内一股阳气在撑着你，在身体内流行。

  而我们现在不是不能站，而是太难了。阳气没动，那就是一死桩，那叫站体力。再加上一大堆的要求，身体还没揉开，阳气不易流通，站到什么时候能站出来？

  比如，我们要包饺子揉面。两种方法：一是简单地把面团到一起，然后放下来醒面，醒到一定的时候再去使劲揉面，揉到里面没有结节疙瘩了，才可以使用。二是一开始就花10分钟时间使劲揉，揉开里面的结节疙瘩，然后放下来稍微醒一会儿，揉两下就可以使用。两种方法花费的时间可是会相差好几倍的！

  所以，打拳也一样。我们要先"揉面"，先揉开自己的身体，揉松了，揉软了，揉开了里面的疙疙瘩瘩，内气开始流行了，即内阳出来了，那个时候去站桩，是内阳在撑着你，你在守那个虚性，在守那个无，那才是真正的站桩。那时的进步会显而易见，会日新月异的！

原来如此！那么学拳前期（别管你学了多少年拳，不懂拳理之前，都属于前期），最重要的注意事项是什么呢？

一不要给自己找别扭，二要把自己揉开。

很多人都把拳架列为第一重要之事，练了若干年（包括我自己），一直在死抠架子，但身体仍是死板一块。那怎么来改正自己，怎么来指导他人呢？

比如说起势，一定要站舒服了，如果不舒服，一定是在用力。无论是双脚平行，还是微内扣，或是有点外八字，都没关系，怎么舒服怎么来，越是摆死架子，就越是练的死！

接下来。把基本线路教给他。最重要的要求：一是松柔匀慢的渐变规律。二是在运动中把自己揉开，揉到浑身都是软软的。

前期只需要考虑这么多！他浑身都松了、软了，再拉正他的架子才有意义。在这个阶段，在揉的过程中，他会有些歪斜，他会偏，所以动静要大些。看他哪个地方紧，就要他注意松哪个地方。最重要的是：他有动作，但他的肌肉不用力。

继而，上臂不会动，松上臂，动上臂；再往上，松肩，松背。最后脊柱也得揉松了。脊柱轻轻一动，内气在里头荡，然后荡的波纹顺着四肢胀出去、散出去。这个感觉有了，才是第一步。而最后应该达到的境界是自然而发，这叫性质使然。

太极拳如果浑身不松，那么身体内那个基本的东西就不会有，也就是说那个"无"没有。而这个"无"是太极拳的性质。性质没有，什么都谈不上。

也有人会说，我已经很柔了，也很松了。但如果你不知道你为什么要松，你的脑子没有和你的身体联系起来，你不知道你在练什么，那也还只是长拳慢练。也许40年、50年之后，你感觉到了那个流动的气，岂不是太晚了？更可悲的是，你让你的学生们、徒弟们也在步你的后尘！

反思

为什么几百年来追求太极拳的人千千万万，但修成正果者寥寥无几？因为传统的师徒口授心传的教学模式限制了一个顶级师父带出众多的徒弟。还有一个更为重要的原因，师父本人没有搞清楚那个太极之理，或者说，他自己感受到了，自己身上有了，但他语言上表述不出来，不会上升到理论的高度来指导后人。即使是他自己的亲儿子、亲孙子，也没能把真东西传给他们。所以才会一代不如一代，代不数人！

而令人振奋的是，康老师用了20多年的时间把太极拳理搞清楚了（千万不要说太极拳理不就那一点东西吗？《易经》《道德经》《黄帝内经》等，没有几十年的点点滴滴的研究，绝非易事），而更为重要的是，康老师通过自己的实践，用实证完成了对太极理论的解读，他自己身上有了切身的感悟了！他要把这一套东西留给后人。

幸运的是，目前有了互联网，有了全民太极这个时代造就的大平台，终于可以做出一套有理论、有实践、有循序渐进的教学方法为内容的影视教学资料了！此举功在当代，利在千秋！

我相信，一支由网络高手组成的全民太极的这个平台，慢慢会形成一种势态，这也是一个由量变到质变的渐变过程。通过太极拳这个文化拳，直接理解和感悟中国的传统文化。我们的太极拳将不仅造福于中华民族的子孙，也会带着中国的传统文化走向世界，造福全人类！

十四、内劲之出入开合与拳式转换

我看陈鑫《太极拳图说》上105页（见图4-6），有些地方不大明白。我知道书上写的，都不是动作，而是内气，也即内劲。那么，劲的顺缠、逆缠跟顺时针、逆时针有关系吗？动则出，静则入。比如，起势，一抬手，要出；一下落，要入，入，是气沉丹田，是不是也同时劲达四梢呢？

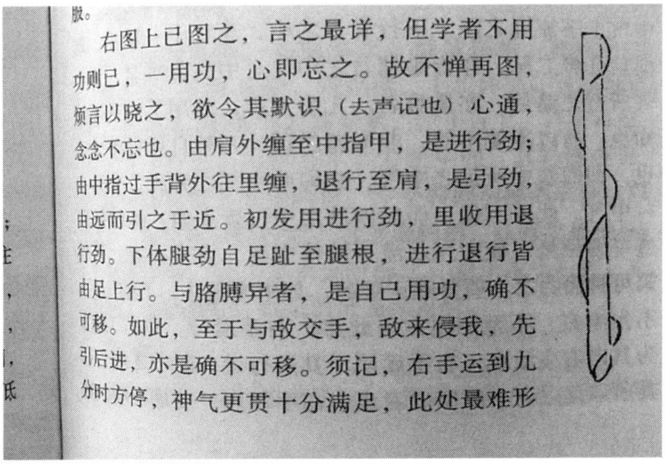

图4-6

右图上已图之，言之最详，但学者不用功则已，一用功，心即忘之。故不惮再图，烦言以晓之，欲令其默识（去声记也）心通，念念不忘也。由肩外缠至中指甲，是进行劲；由中指过手背外往里缠，退行至肩，是引劲，由远而引之于近。初发用进行劲，里收用退行劲。下体腿劲自足趾至腿根，进行退行皆由足上行。与胳膊异者，是自己用功，确不可移。如此，至于与敌交手，敌来侵我，先引后进，亦是确不可移。须记，右手运到九分时方停，神气更贯十分满足，此处最难形请教了康老师，小结如下。

1. 拳式之间的转换

邓：康老师，白鹤亮翅接搂膝拗步，书上讲，白鹤亮翅的后半式就是搂膝拗步的前半式，要把它看作一个式子吗？

康：首先要明白，书上写的东西都不是动作。想想海浪，海上漂了一个大木板，浪花涌上来了，哗，把木板冲到了岸边，然后浪又回去了，而这个木板搁在海滩上了，这就叫劲断了。身体的外体，就如同那个木板，它不会主动，你虽然看见它在动，但其实是海浪在动，木板是漂在海浪上在动。一旦我的手举到这里，海浪都走了，而我的手还在这儿举着呢，这叫内外不和，叫断掉了。我们打拳到定势，浑身一松，气血早回去了，而动作就搁在那儿了，这就相当于丢在海滩上的那个木板，然后你的手再去做下一动，那是你自己在动手，早和气血的流动断了。

邓：也就是说，肢体的动作是被内气带动的，不要主动。

康：有一个故事，两个和尚，看着树叶在动，就在争论，到底是树叶在动，还是风在动。看起来是树叶在动，但其实是风在动，树叶是跟着风在动。

邓：哦！两手上举到了最高点的时候，就相当于那个浪尖到了最高点了吗？

康：对。但需要注意的是，在你右手到了最高点、左手到了最低点、左脚刚一点地的时候，其实身体里边已经在开始往回走了，右手也就跟着流下去了。这叫内外相合，下一个动作就出来了。那个动作到头的时候，就相当于浪尖到头了，浪该往下走了。

邓：所以不能把定势摆出来之后，还故意顿一下，美其名曰滴答一声，再走下式。我曾经就是这么教别人的。

康：为什么叫接骨斗榫？得把这俩接上，肾藏志。心动志。志向，看得见吗？看不见，心一动，里边的志向就动了，方向就出来了。

2. 顺缠和逆缠

邓：动的方向分顺逆吗？顺缠逆缠，分不分里外？

康：里外都有。先明白顺和逆。数往者顺，知来者逆。

邓：是不是说往外出的叫顺，叫往；往里收的叫逆，叫来？

康：拿一根绳子拉直了。我这儿是零，离我1米、2米、3米、4米等，越来越远，随着数不断往外走，离我越来越远，这叫往，也即顺。逆，反着来的。

邓：往你跟前来，叫逆，出去叫往，也能叫顺？

康：对，往我这儿来，知来者逆；往外出，从后背到肘，一直到手，这叫顺缠；从手那儿回来，回到身上，叫逆缠。

邓：顺缠和逆缠，和顺时针、逆时针是否一样？就是说，和转的左右方向有没有关系？

康：没关系，可以这么缠，也可以那么缠。一个太极图是可以反过来看的，现在看图，左边往上，右边往下，反过来，右上左下。

邓：书上有一句，从脚的内踝转到外边上去。

康：那是根据经络走的，真通了以后，你真的感觉是从外边上来的。

邓：要搞清楚吗？

康：不要去找，千万不要去想经络。人的经络，就如同沟渠一样，通了，就这么走了。

邓：阴经和阳经有关系吗？

康：什么叫阴经？什么叫阳经？阳经都是从里往外跑的，阴经都是从外往里跑。这个经络是发散的，就循这个阳经走；那个经络是收敛的，就循那个阴经走。

邓：只想着顺逆就行了。我怎么感觉，走的不是螺旋，而是直线呢？

康：先别管它，先能直着走起来，以后腰一转，它真是转着走的。丹田腰一转，它就转着走了。附魏树人和陈鑫的图。先要会出入。（图4-7、图4-8）

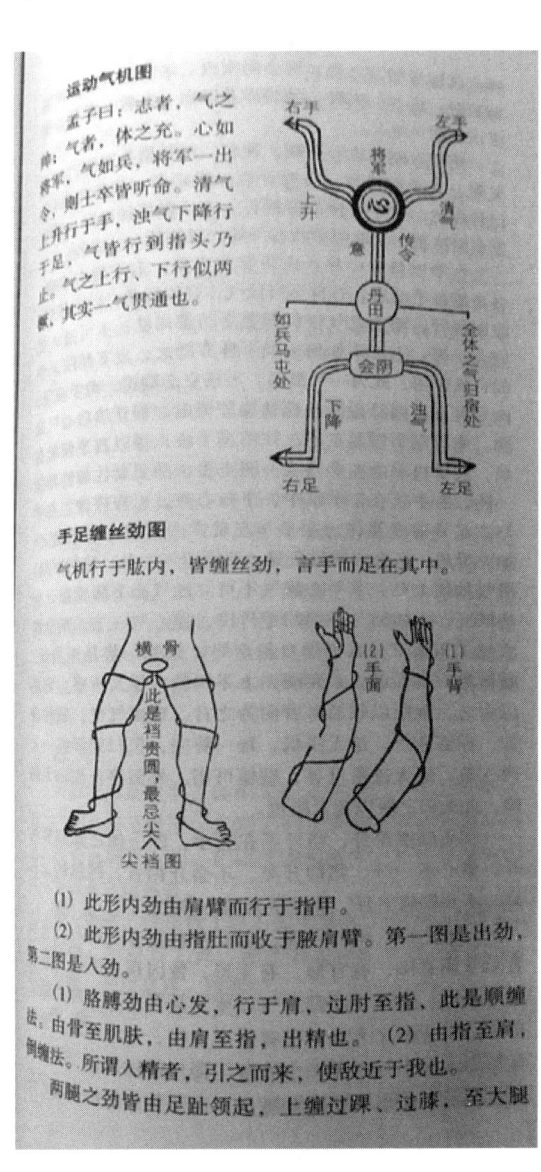

图4-7　魏树人之内气运行图

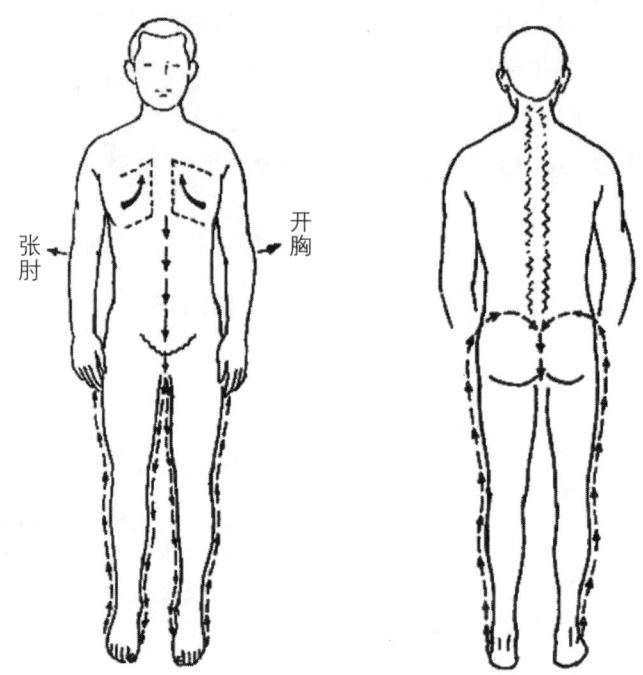

图4-8 陈鑫之内气运行图

3. 气的出入与一气贯通

邓：就说起势吧！双手一起，气是往外走的，那双手下落，这叫收了，收到丹田了，不是还得行于手指吗？

康：浪起来了，双手起来了，你就把手想象成那个木板。水一定要冲到头；水落了，木板就跟着下来了。上下内外走的时候，身体的外形到手指，都是跟着走的，手指也是跟着一块儿回来的。

邓：最后气都沉到丹田了，是否气也同时落到四梢了呢？

康：这个梢的气没断，水的浪尖到头了，然后收回来了，那个梢上的水也回来了，浪尖跟那个大水是一体的，指尖的水也是大水的一部分，也得收回来。

邓：手上去再下来，指尖都是饱满的吗？

康：都是饱满的，但劲不一样。开始上去的劲是往外出的，如浪尖在往外顶，而回来时候，指尖的劲是往回流的。

邓：流到哪儿了呢？

康：所有的东西都往丹田聚，丹田就如那个大海。

邓：我怎么感觉手起来了，气到指尖了；收回来了，到丹田了？但四肢还有气吗？我觉得气也到了指尖、脚尖呀！

康：如果手脚都没气了，别的地方都没气了，那就不对了。指尖收回来了，手也往回走，好像都聚到丹田了。手和丹田的气没断，这俩是一块儿回来的。再举一例，一根拉直的绳子，我手往回拽，绳子从这一头收回来了，在外边那个绳头和我这只手之间是没断的，可以聚在一起，但那个绳头还在。

邓：您是说形回来了，里边的气仍是连着的？

康：对，连着呢，可不能说收回来了，四肢都没气了，四肢没气了，那叫气绝了，那叫彻底懈了。

邓：那就叫懈吗？我原来有一个误区，我以为，手上去了，气也都上去了，手回来了，气都收到丹田了。而手脚指（趾）尖都应该没气了。但又感觉不对，因为感觉到四梢有气啊！

康：对，要一气贯通。所有的气都聚过来，但是所有地方的气都还在，聚在一起，中心在哪儿呢？在丹田，然后又散开了，就好像大海的浪尖与大海从来也没有断过，这叫连绵不断。脚在抬，气往回收，明显感到脚上的气往上提。为什么呢？因为气是连着的。

4. 松沉劲与虚中实

邓：那脚上抬时，气往上提，这时脚应该是感到很轻的。那么脚下落着地的时候，要轻轻地落下去，像您说的，如脚踏浮萍一样。但我怎么感到，脚踏实之后很沉重啊？

康：提腿上步时，劲也提上来了，用腰胯在转换，所以感到腿脚上很轻。脚落下来了，腿上的气也慢慢地往脚面上流，往脚底下渗，然后反弹上来一股劲。这个劲不是脚踹地的力，而是脚上的水流越来越大，从脚底往上顶了，这叫真正的松沉劲。

邓：也就是说提膝上步，在收劲；往下落步，提着劲，是轻轻下落的，但一旦踏实之后是很重的吗？

康：对！这叫沉，松沉，这叫真正的实脚。这个实脚是气落下去了，不是脚的力量踏实了。这叫虚中实，是虚的东西下去了。

邓：虚中实，那实中虚呢？

康：我本身的性质已经练成了虚性，你别看我身体这么重，但我是虚性，不是实实在在的重量，我这个虚性的东西下去了，这叫虚中实。

邓：那么说，虚中实和实中虚，是一回事了？

康：对！但又分出哪只脚更实，哪只脚更虚，这只脚的虚中实更实的时候，那只脚的虚中实就更虚。

邓：还能分出哪只脚更实更虚吗？是不是说，都是虚性，但还能分出哪只脚上的反弹力更大？

康：对！水倒在哪儿，那虚的重量就在哪儿，这叫虚实在转换。

邓：具体怎么转换？重心移动和重心不移动时都能转换虚实吗？

康：转换时，在重心不动的情况下，人的重量还在这只脚上，这只脚往上一抽（指的是抽内劲），这只脚马上就变虚了，因为是气抽回丹田了，所以他虚你是不知道的。所以你推我，往我跟前下按，再按也按不着，因为我把气提上来了，收回来了，我的腿上已经空了，但我的重心并没有动，外形上看没动。这就是内动不令人知，你根本不知道我里边在干什么。所以太极的变化在这里呢！

邓：康老师，讲讲气息的转关和外形动作之间的关系吧？为啥您说定势叫息？就以左搂膝拗步接右搂膝拗步为例。

5. 气息的转关和外形动作之间的关系，为何定势叫息

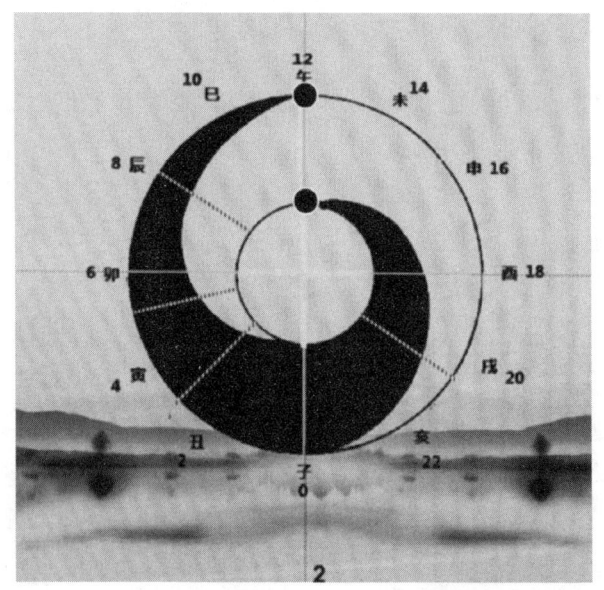

图4-9　图中两个小圆点，阴息阳息

康：定势相当于浪尖到了顶端了，还没回去呢，即冲到极限了，阳极了，要生阴了。这时还不能把劲全扔下去。具体到左搂膝拗步，右手到了最前方极点了，左手在左下方极点，这就到了转换气息的地方，也即转关处。千万注意，转换处一定要缓慢圆活。

这个转换，不仅指外形，而且指内气。所以从外表上看起来，随着腰左转、左脚外摆，好像右手在极点的位置了还在前伸，而左手似乎还在继续往下往后转，其实，这时气息已经变了，左右手圆转过来了，右手就由出劲变成了收劲，左手由按变成了后上掤，在出劲了。

邓：如果我在定势时，故意停一下，两手都到了位置了，浑身放松沉下去一个一秒，这就叫懈了吗？

康：对。如果把劲全扔下去，那叫没了。在转关的地方不能把劲全扔下去，要紧接着就往回收，就像人的呼吸一样，吸足了就要呼，那个衔接的坎，就叫定势。（不过说明一下，在习拳的初级阶段，可以把每一个定势做出来）

邓：也就是那两个"息"点，要练这个吗？

康：所以太极拳越练越简单，最后就一个出一个入，一呼一吸，呼吸开合即为拳经。为何定势叫息？是静中寓动。阳极了，要往回收了，收到最底下又是一个静，阴极了，要生阳了。很多动作外表上看起来是在这两个息点上停的，这就叫定势，但内在的气机可没停。哗！一下子又上去了，所以一趟拳如一浪接一浪，滔滔不绝，川流不息。

邓：我明白了。为何目前很多人打的拳都是懈的，定势那里都是断的。我最近看到一个有名拳家的视频，我给他总结了四点：一是脚下不虚灵，二是到处是断续，三是身上没动静，四是脑子里没东西。

康：他是在摆姿势。所以我让您看傅钟文老前辈的拳，他是有东西的，他真是里边在走，他里边是哗——上来了，又下去了，全是内气在推动。

小结

太极运动是在调动人体的内能量，不是在折腾肢体，肢体应该是特别舒服的，是被内能量带动起来的。你的手，是能量带起来、顶起来的，就像木板被水浪冲了起来，不是手自己抬起来的。

永远周身一家，其大无外，其小无内，全都连着呢，那东西不能断，最后才产生不断劲。浪花一起一落，一定是连在一起的。

所有的动作不外乎一开一合、一起一落、一出一入，最后就这么点儿事儿。

最后，空空迹化归乌有。行迹就没了，出手就是太极，一举一动，就是那东西。

十五、听康老师谈劲力问题

前几天在一微信书友群中，看到大家在谈论太极拳的劲力问题。有人讲，手到身拥；有人讲，要把太极拳的技法和现代搏击相结合；还有人讲，劲力来源于筋骨力；也有人讲到整体力的问题。总而言之，莫衷一是。为此，我专门采访了康伟老师，下面是记录。

邓：太极的劲力是一种什么力？是身体的动作吗？是身体的动作产生的力吗？

康：凡是在实体上做文章的，如，身体怎么动，怎样产生惯性，怎样产生速度，一律与太极没关系。如，你推我的手，我会产生一个强大的力量，你感觉到我在推你，但你撒手，你看到我的手动了吗？

邓：没动，你既不后缩，也不前进，好像是定在原地了。

康：所以，第一，我的这个劲力没有速度，因为它没动，没前进，没有因为你突然撒手而我的手靠惯性再向前进一步，但你却感到这个力很大。

邓：那这个太极拳的劲力，好比什么呢？

康：太极拳要掌握一个原则，它就像一个气缸一样，我们的内气喷出来，产生一股气压，这个气压，推着活塞走，我们的身体就是那活塞。

邓：那手到身拥，是不是指身体的整体移动，由自身体重而产生一个推压力，加之速度快，就形成一个整体力了？

康：靠自身的体重和身体整体的挪动而产生一种速度力量，这不叫太极拳的整劲。太极拳的整劲是内气贯穿了整个身体以后，整体一个气压在体内，但身体表面是很软的，就好像一个气球一样。气压在各个地方都是一样的，是一个整体。你动气球上的任意一点，所有地方的气压都会随之产生变化，但所有地方的压力都是一样的。

邓：这是不是您前几天讲过的，肩肘手，胯膝足，一下子同时到位，并不分先后。但劲力的源头在哪里呀？

康：你看看太极图，看看我们刚刚讲过的河图，太极的生成，叫内生外成，注意，内生，既可以生阳，也可以生阴。首先，太极拳的出劲，是指在脑子的指挥下，我们的气能走了。气能走了，这叫懂劲了，这时就能用太极劲了。如果这个劲不走，一切免谈。第二，在内气走的过程中，我的意识能带着它往前走、往外走，还能往回走、缩回来。但不管是向前走，还是往回缩，都是从我身体中间开始的，这个原则要掌握。

我要往回缩，是从外头往回缩吗？不是，就好像我要拉一根绳子回来，我要从我身体里边的绳子头开始拉，外边的另一头也就跟着动了。

邓：也即从丹田开始回拉？

康：对的，都是从里边拉。往外走，也是从丹田往外出去。所以孙禄堂讲过，真正练内家拳的，是将周身散乱之力收聚于丹田。人们一般能很容易地往外放力，但他的力能收回来吗？这个很难。丹田一动，往里收，这是阴劲，而手还在往外出呢！但劲在回来呢！有这样一个能力的时候，才会产生抽丝劲。

邓：我想起前年您来我们新乡讲课的时候，你的手外形上基本不动，但人高马大的魏先生，莫名其妙地就被歪到墙上去了。那就是所说的阴劲吧？

康：这就是抽丝劲。两人手一搭，你感觉我在抽着你走，而我的手，还不怎么动。从哪头开始抽？一定是从我的身体中间开始抽的，反映到那个绳头上，也即绳子的根，在我身体中间呢！主动力，不在绳子的外头，真正的主动的根源在我的丹田，在我的意识，即我的脑子里。

邓：这就是您经常说的"练意练意练意"？真正的主动在心意吗？

康：拳论上讲，以心行气，以气运身，气到劲到。我教拳一开始，就叫你们练意，练到最后，这一想，气能跟着我的脑子走，我让它往外，它能往外，我让它向内，它能向内，真正的主动在心意，这叫用意。所以太极拳要先练意，然后才能用意。但前提是你的心意能不能和气捆上，让气听从意的指挥起作用，这个时候就是练出来了。这叫始而意动，继而内动，进而形动。形，指的是眼睛能看得见的、外在的实体，如四肢等身体的任何一部分，这叫外形。

邓：我现在练的是从身体内部发动，继而催动了双臂，双腿开始动，好像有先后，有点儿像波浪，后浪推着前浪往前走。但您又说，肩肘手，胯膝足，同时要到各自一定的位置。

康：学拳是不能跳阶段的。不同阶段，会有不同的要求，这一个阶段的目标达到了，就要放下了，再开始新的目标追求。我们讲的劲力，也即气，必须要灌足，就像一个气球，打足了气，我按压一点，那个气压在任何部位都是同时到的，不会先到这儿再到那儿，都是一个气压。如果说是一个异形的气球，只要气灌足了，你捏任何一点，其他部位都同时进行了气压的传递，不会因为你捏的是这个点儿，那个离你手远的地方气压不一样。除非是你的气没有灌足，那才会出现离你手近的地方的气压先有变化。

邓：我吹一个亚腰葫芦形的气球，它是一节一节吹起来的，这一节推动了，然后再吹下一节，到最后才都吹起来，这叫不叫节节贯穿？

康：这又是一个错误概念。节节贯穿，可不是一节一节逐渐地通下去，最后才串成了一气。节节贯穿，是说中气要灌足，每一节中间没有障碍，都是通的。只要动其一点，所有的地方就都动了，这是一体的。所以你动我的手指头一下，我的脚底下马上就感觉到了，这叫全身都通了。

邓：太极拳要练得轻灵圆活，但气力发出的劲儿好大啊！比如说您的胳膊，根本就推不动，轻灵和中定不矛盾吗？

康：太极拳之所以轻灵，是因为内气没有重量。你可能会说，在物理学上大气是有重量的，但在空气中你能感觉到大气的重量吗？所以相对而言，我们的内气，轻到了感觉不到它的重量的程度，所以是很轻灵的。再者，太极拳也没速度，他要的是中定劲。你看我的身体充满了内劲，也即太极劲，我的内气并不动，如果没有外力来挤压它，它就一直保持这个气压。在行拳走架中，这个气压一直是一个气压，碰到外力来挤压它了，它的反弹力就出来了。如果外力离开，它马上恢复原态。这个气压并不主动地去向前挤压或者推动，就好比一个大的气球，你不动它，它就在那儿呆着。即便是搬到这儿，搬到那儿，气球本身内气没有变化，但你用手一触碰它，它马上就会出劲；你手一松，它就返回常态。所以说内气没速度，是指的这个意思。这个气就叫中定劲，浑身上下充满了这种劲，也就是平时讲的掤劲，这是一种基本劲。

邓：在北京的时候，我看到您就那么松松地一站，伸出一只手臂，让一个男士拿胳膊使劲儿抡您。他怎么就打不动您那只手臂呢？

康：这就是真气灌满了，掤劲非常大。他打我的手臂，就好像打轮胎一样，没用的，我的胳膊连位置都不带移动的。

邓：这个视频我能给别人看吗？

康：你自己看看就可以了，别给别人看，因为他们看不懂，他会认为这是假的。他会说："如果我来打，准能打动。"他不亲自来试一下，他不会信的。

太极的原理就是这个，主动的是心意，调动的是内气，推动的是身体。它是这么打人的。气压到了就全到了，这叫一气贯通了。所以太极拳的最后阶段，叫神、气、形合一。脑袋一想，气一动，我已经打完你了。

邓：所以又有一说，太极拳打人速度非常快。

康：对，太快了，不分前后了。但现在要慢慢地练，要分前后，分阶段，一节一节地练。练到最后，脑子一想气就动了，气一动，身体肯定在动，这叫合一了。

邓：那这么讲，现在人们探讨的好像根本不是那回事儿，大都在外形上找东西。我最近偶尔看到一位有名的传人的弟子讲拳的视频，他基本上都是在拳架上讲，而且把本该是后期的劲路上的事儿，拿到前期的拳架上来要求。他明确强调，要练劲力的传导，如，大椎和两肘间要形成一个固定的三脚架（怪不得那些人打拳的时候，肩关节都绑死了。名义上的理论是以腰带手，连肩膀都不会动，身上更是死板）。他还说脚下要有千斤坠的感觉，脚下再使劲蹬地，还说前手的力量要放出去，后脚力量要蹬下去再反弹上来。不是又违背了那年您讲过的意不出体、力不出尖吗？

康：这么多年，太极理论没了，人们按照各自的理解，老是在身体的外形说体会，找感觉。也说松，但又没松到根上，所以也不会产生这种气力的感觉。

我们要求松松松，因为太极功夫是松出来的。也即你没松到一定的程度，你说什么都是假的。但真正的劲力你没有啊，也理解不了，大家还会纳闷儿：如果浑身都放松了，怎么会有力量呢？一般人的感觉是，我长期放松，我没劲了，我什么都没了，这时他会怀疑、会放弃。无论如何他也不会相信，松到最后，会松出一个大气球来！

邓：我前几天看到冯志强老师和他的两个女儿的混元24式的视频。我看到冯老师的两只手，好松啊，给人感觉吊儿郎当的。

康：你别看他松松哒哒的，但他那劲大着呢！人根本动不了他，它里面充着东西呢！他松到了极限之后，里边的内气已经灌满了，灌足了，一般人已经看不懂了。外边看起来是非常松的，但外边越松，对外的膨胀力就越大，因为阻力小，阻碍小。如果外边是硬邦邦的钢管儿，往里面再充气也没用。所以越软的东西，气压的体现就越强大，所产生的反弹力，那种弹簧劲就越大。

邓：您和冯老师摸过手吗？

康：我只和冯老师摸过三四次手，但那已经足够了，为什么？因为我本身有理论，我知道他是怎么回事，我一摸，哦，原来是这个东西。有了这个感觉，有感知了，这就好办了，就不一样了，我自己身上就要出这东西了。一般人没有理论，就是天天去摸也没用，因为他不知道要找什么感觉，他只会感觉到，他的劲好大呀，然后就去学那个大劲儿了。而我在分析他那个劲儿是什么性质，是什么性质的劲。我先把劲的性质搞清楚了，这个是实性劲，那个是虚性劲，然后我摸摸它的皮是啥样？它里边给人的感觉又是什么？我在感知这些东西，如果不知道身体里边的状态，你就不会去摸里边，你体会到的只是他外边的这个力量，感觉好大的劲，于是就去练力气了，练一辈子都没用。人家的是气力，你练的是体力，完全是两个东西。所以我们老说，要换劲，这叫返本还源，把后天的力换成先天的力，叫先天一气。冯志强老师老说，非腰不可。其实他讲的就是腰内丹田那一块。丹田一收，人腾地就进来了，眼看着他把人给提溜过来了。也即丹田那里的那个绳子头一拉，这边绳子头就刷地往里走了。

邓：这个原理就在太极图里吗？陈鑫的《陈氏太极拳图说》里边的河图，您刚刚讲过的内生外成，对吗？

康：以前我为什么没有对你们讲太极图呢？就因为河图还没给你们讲。现在讲了河图了，你们明白了，内生外成，阴和阳都是内生的，都是里边干的，退的劲也是里边干的，不是外边干的，你明白了道理，你才会去摸这个东西。万事万物的形成，都是要从内里开始生再形成。根源在内，内因起决定性作用。内里有一个能量体系在移动，最后，我一收丹田，真的是在聚，聚成一团，可以很小，结成丹，凝结成一个粒子。但这是我的能量的精华。

邓：有人专门练肚子上的丹田内转，炼成了一个大的硬块儿。康老师，您肚子上有一大硬块儿吗？

康：不不，您摸过的啊！丹田，一粒混元气，丹田那儿就是一个气的出入口。如果不知道怎么练，不去练这个气的形成，没把身体练通，气没把身体灌满，而只是从外边的身体来找感觉，认为那个强大的劲是体能，于是就去拼命地练筋骨皮。那其实是外家拳的事儿，外家拳就是在干这个事儿。所以我们的太极练了这么多年，只是在练体能，在练外家拳的事儿。

邓：这么说，内劲和体能完全是两回事，完全是两种不同的训练方式，完全是两种不同的劲力。不过一开始学习，还是要按照规矩来走线路的吧？还是要把架子先拉出来的吧？

康：一开始是要按规矩来，先把线路走对，各个位置都摆对，但决不要去瞄准多少度，高一点、低一点、左一点、右一点，都没关系，只要你的线路没把你的气憋上，在这个状态下，气能走顺，就可以。大的线路是要走对的，比如说，这个式子是要走一个平圆，你就不能走成立圆，只要是平圆就可以。

邓：许多老拳论都是前辈的心血结晶啊！人们都在按照这些拳论在练，比如说杨澄甫的《太极拳十要》，是人们目前练拳的准则呀！

康：老前辈的拳论都是他们练成了以后的心得，而且基本上讲的都是内劲。按照拳论来练，就相当于拿高中大学的教材来让小学一二年级的学生学，他能学懂吗？

十六、听康老师谈"足之虚实因乎手"

陈鑫《陈式太极拳图说》第47页有一幅人身缠丝背面图,下面有这么几句话:"背面头顶为顶劲,大椎为分路,分路下为膂(lǚ,指脊梁骨),两肾为腰,足之虚实因乎手,手虚足亦虚,手实足亦实。"(图4-10)

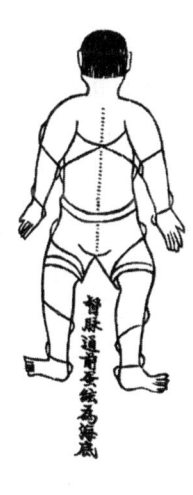

人身缠丝背面图

背面头顶为顶劲,大椎为分路,分路下为膂,正中骨为脊,两肾为腰。足之虚实因乎手,手虚足亦虚,手实足亦实。

太极拳缠丝精论

太极拳缠丝法也,进缠、退缠、左右缠、上下缠、里外缠、大小缠、顺逆缠。而要莫非即引即缠,即进即缠,不能各是各着。若各是各着,非阴阳互为其根也。世人不知,皆目为软手,是一外面视之,皆

图4-10

我不明白,手虚足亦虚,手实足亦实,是指的同侧之手足,还是指的异侧之手足;或者说,要吸全都向丹田吸,要出全都由丹田发往四梢?

康老师回话,和哪一侧没关系,这里说的都是应用。

和对方一碰手,手虚足亦虚,以我的虚手应对方的实手,用虚手把对方引进来,这时手虚,脚也必须要虚。如果是手虚而脚实,对方走一半就走不动了,我的实脚就顶上了。所以要一虚到底,这叫俯之弥深,让对方够到底也是虚的,摸不到东西。在引进时,都要虚。

如果引进来之后,接住了,这时要啪地给他一个劲了,要用这个劲了,要打人了,这时手必须实,脚下也得实。

也即想把人吸进来,我这手就要虚,脚下也要跟着虚。要打人了,手必须实,脚下也得实。也即要收全收,要放全放。这是根据我的意图在应用。

这就是足之虚实因乎手,有什么作用,就产生什么样的性质。

那么,如果是自己在练拳呢?

康老师自己练拳时，是在用意打。如白鹤亮翅，他的劲把对方撑起来了，就相当于好像没有手了，手上的劲往上冒，脚下的劲往下冒，两头一撑，对方进来了。要打人了，手必须实；要引人，手必虚。下边的虚实是上边说了算的。

　　在自己的练拳过程中，不许破坏这个虚的状态，因为我们在练虚，因为虚是根本。

　　在移动重心时，虽然是虚的，但总还得有一个力支撑自己，这时虚中实就产生了。此时不要用意识让它变成纯实，要不断地在虚中去感觉虚中实、实中虚。这就出现了杨澄甫前辈所言："重心向左，左脚为实，右脚为虚。"还有一句："实，不可全然站煞，虚，不可全然无力。"

　　他所告诉我们的是，虚中的虚实，前提是本体是虚的。在行拳中要慢慢去体会：无中生的有，阴中生的阳，这个阳到底跑到哪儿去了？

　　练拳中并不用它，只是在体会它，这叫养而不用。真的打人时，就要调出来用了。

　　康老师一席话，给人这样的启示：太极拳前辈的书中、拳论中，给人的是一个大的概念，是指一个大的环境和状态，要提纲挈领，这样才会纲举目张。否则，大的道理不明白，而陷于枝枝叶叶中，一点一点去抠，把拳抠死了，也打死了，人也累坏了，而最终还走歪了。

十七、听康老师讲何为折叠

　　一直以来看过、听过不少人讲如何含胸拔背，但始终不得其要。也看到一些书上说起要如何护肫、裹裆、扣膝、转踝，就更不知道到底怎样做才算是达到标准了。而且不清楚什么是肫，怎么护？裹裆，像裹小孩子的尿布一样吗？与敛臀有无区别？怎么扣膝？到底是里扣还是外展？那圆裆开胯又怎么讲？还有脚踝为什么还要转还要松？

　　这些问题困惑了无数太极拳习练者。于是去书上、网上查阅，越看越糊涂。似乎没有什么人能让人心服口服地搞明白。

　　都说大道至简，谁能把复杂的问题简单明了地讲清楚，那他就是真懂。如果他云里雾里说了半天，听的人还是稀里糊涂，那他身上应该是没东西，不是真懂。也有可能他身上有东西，但他只知其然，而不知其所以然，所以也讲不出来。

　　康老师用一个2分钟的小视频讲清楚了何为含胸拔背、护肫、裹裆、扣膝、转踝，其实这就是一个"折叠"所做的事！

1. 何为折叠

康老师拿出一张纸，两手分别捏住纸的两边，这是一张平面的纸。然后两手同向（都向里）相合，纸的中间就有了一个圆折（非死折），这叫"中线"。接着两手一前一后相错拉动纸边，左手向前，右手就向后；右手向前，左手就向后，这张纸的中线就来回滚动着跑。可以一只手向前拉得很长，另一只手的纸边只剩下一点了，但中线仍然存在。注意这样来回拉动的过程中，纸边之间的张开度可大可小，但都在180°的范围内，不能等于或大于180°。也就是说，纸是一直在兜着动，中线也一直在变化。

这张纸就相当于我们的身体，从两肩一直到两脚。

身体一折就分成了左右两边，如果身体是平的，就没有了左右两边，也就没有了中间这个折。有了这个折，这就是一生二。

这个"中线"是会跑的，所以也叫"虚中"。就像那张纸，右边拉出老长，左边就只剩下一点，那这个"虚中"就在左边这一点，都快出身体了，但左边还是卷着的。

也就是说，不管左边还是右边，当手臂伸出或缩回时，双手带动身体都是卷着朝内运行，都是往里兜着走的。

如左搂膝拗步，左足前迈、右手前推、左手下按，最后到达定势时，右手在前边伸出很长，左手在后边很短，中线就在左边，都快出身体了。在此过程中，这个"中线"也一直在不停地滚动着向左侧跑。注意，整个左边再小，也是往里（即往前）兜着的，身体不能完全展开。

这就同时产生了含胸、护肫（即胃）、裹裆、扣膝、转踝，从上至下，一系列的效果。这些全是身体的一个折叠生出来的。肩是往里扣的，这自然就含胸了，一含胸，背自然就拔出来了；肋骨往里合，也就护住了胃（肫），膝盖也是往内的，自然就扣膝了，脚踝跟着也就转了。这就叫："往复须有折叠"。

康老师曾说：我一站在这儿，就在做折叠了。当时不理解，现在明白了，原来他把身体微微一合，什么含胸、拔背、护肫、裹裆、扣膝等全都有了。

2. 这个"中线"和重心位置无关，与转关也不一样

折叠虽然是从肩一直到脚，但主要是指上体，从肩到肘到手，从脊柱到尾闾到裆，左向右、右向左折叠。这个折叠所形成的"中线"，随两手的往复

（即伸和缩）而不停地滚动。

这个"中线"与两腿重心的位移要控制在两脚之间的中间三分之一范围内不是一回事。三分之一位移，是为了保持身体的自平衡状态。在你身体的自平衡范围内，双手来回伸缩，可大可小、可长可短。即便你身体站立不移动，双手也可以有往有复，也即折叠随时都有。

折叠与转关是两回事。转关是阴转阳，阳转阴。阳极会生阴，阴极会生阳。从外形上也要圆转过去，不能腾地一下子就直接拉回来了。当然还有在一条线路上没有转弯就转换劲路的。这些是内气的事了。

3. 为何要折叠

身体有了折叠，就有了"中线"，没有中线，哪来左右？正因为折叠，你身体的这张纸在卷着滚动，所以才会有前辈所言："把身体打成球体。"

都是往里卷，坚决不能打开。为什么？打开就成了一个平面了，成了一张纸了。动你一边，全身就跟着一起动，就只有挨打的份了。而有了折叠，我是两边，你动我这只手，而我的另一只手已经圆转到你身后去了。也就是左边往回退，而右边要往前卷着走。

在这个折叠即卷着走的过程中，需要注意的是两只手指尖都是朝前的。也即角度再大，也都是相合的，因为对手在前方。如果双手朝后，干不了事啊！

想起大讲堂上李建伟老师三番五次强调，双手千万不要后折到背后去。还想起傅清泉老师讲野马分鬃时，说一手往前掤捌，另一手的肩不要丢掉，不要展到后面去。又想起赵幼斌老师纠正我的搂膝拗步动作，也是强调，左下手的肩不要靠后。

现在想想，他们都是在讲折叠。也即把身体打成球体，不能让人把你弄成背势。所谓"有前必有后，有左必有右"，没了折叠，也就吹了。

结语

一个折叠就解决了含胸、护肚（即胃）、裹裆、扣膝、转踝等一系列问题。左右的一卷一合，两边从旁边往里卷，一下子这些效果就全出来了。可不是按一个个要求去做的！

难怪命门有点儿后凸啊！那一包，一窝，命门能不后凸么？再想想原来一直不大明白有人说膝盖要外展，有人说膝盖要微内扣，到底那个对？现在很明白了。

难怪康老师一再要求我们手上会动了，线路会走了，要进一步用上臂来打拳；上臂会动了，要把手臂连到脊柱上，再练到腰上，要用身体来打拳。要把身体打活。后背死板一块，怎么让中线滚动？

十八、听康老师讲八卦与八法

早就有一个愿望：明白了五行与步法的关系，期待能彻底搞清楚八卦与八法的关系，为此还专门参加了两期的易经网络学习班。通过这一两年来多次向康老师学习，特别是2018年8月专程跑到北京康老师那里学习了一周后，也顺便搞明白了八卦与八法。下面，按照康老师的讲解，结合本人的亲身感悟，小结出来，供太极拳的爱好者和研究者们参考。

①何为易经之八卦？易经是天地万物变易之学，易是变化，经是道理，是探究自然发展变化规律的一门哲学。八卦是用8种符号来代表自然界的8种现象。（图4-11）

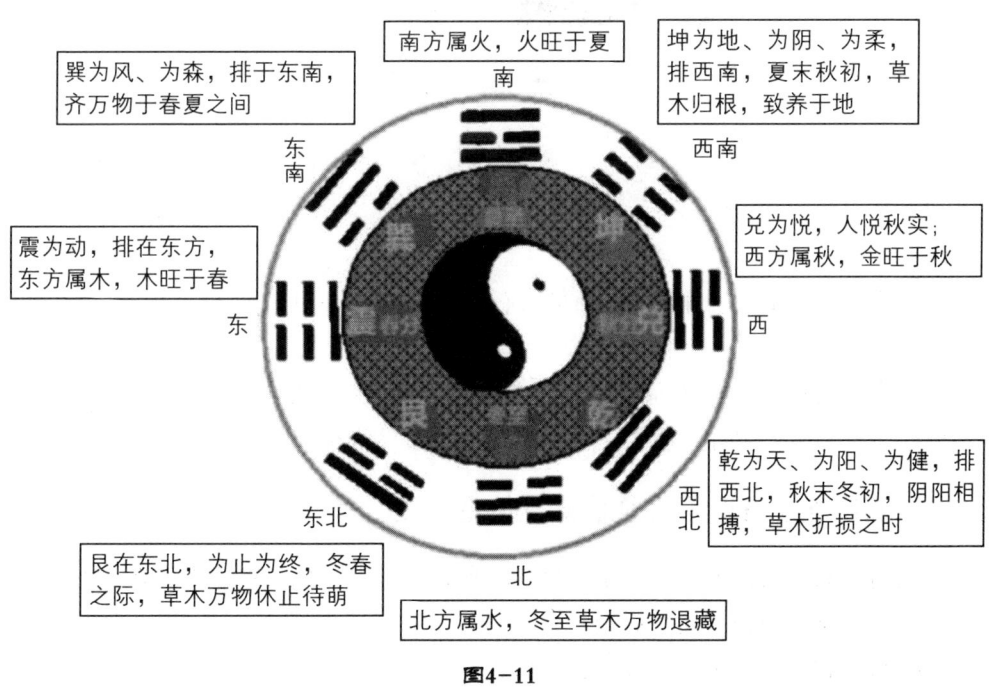

图4-11

②何为太极之八法？太极之八法是指太极拳的8种劲法，一般表现在手上，但主要指内里的劲法，即掤捋挤按採挒肘靠。这8种劲法又可以演变出64种组合劲法。

太极拳也被称作"太极十三势"，指的是这8种手法（劲法）和5种步法。（五种步法是进退顾盼定，不是今天的讨论范围，有另文论述）。太极拳的拳架、式子可以有几百个之多，但其基本的手法与步法不外乎这十三势。

③八法与八卦什么关系？请看下面的八卦与八法的对应太极图（图4-12）。

太极八卦八法对应图（注：左半图阳性，右半图阴性）

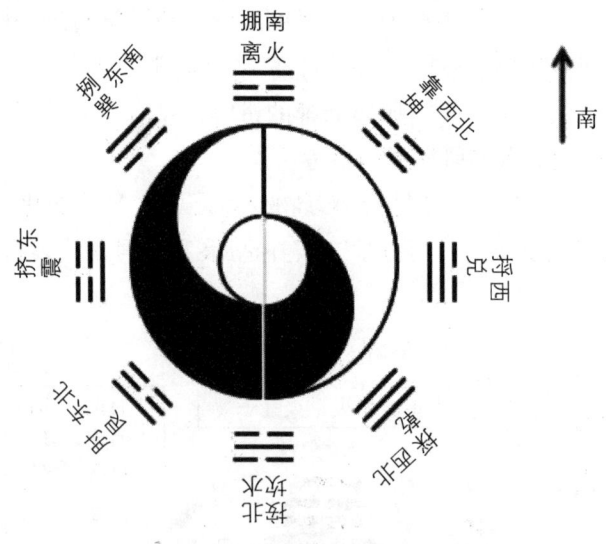

图4-12

首先注意方位：上南下北，左东右西。与我们目前的地理方位表示法不一样。

其次，请把此图分为左右两半。左半边，阳性，生发之性，在上方南方达到极限。右半边，阴性，收敛之性，在下方北边达到极点。

1. 掤捋挤按与四正方位的对应关系

掤南：离，火性，沿上，生发之性。所以，掤劲是向上的出劲，阳劲。

捋西：兑，阴劲，向身后吸的劲。

挤东：震，雷，阳劲，外出，正前方。

按北：坎，水，向下的阴劲。这是收，吸。

小结：四正方位，指身前的上下前后这四个正方向（请注意我讲的是上下前后，不是上下左右）。这里讲的东南西北，不是说打拳时面朝哪里，或者说手朝哪个方向。而是说，这四个方位，代表了四种不同的性质：

- 不管在哪里打掤，此劲法都是向上的，出劲，即阳劲。
- 不管在哪里打捋，此劲法都是向身后的，入劲，即阴劲。
- 不管在哪里打挤，此劲法都是向前的，出劲，即阳劲。
- 不管在哪里打按，此劲法都是向下的，入劲、漏劲，即阴劲。

掤捋挤按这四正手是主劲。掤和挤是阳劲，向外的，出劲。捋和按是阴劲，向内的，入的，吸的，回收的。

2.採挒肘靠与四个隅角（斜方向）的对应关系

採在西北，右斜下方，收劲。

挒在东南，左斜上方，出劲。

肘在东北，一阳初生，阳劲，但阳很小，叫阴象阳性。

靠在西南，阳很大，但已经到了右半球，性质已在收敛，即阳象阴性。

康老师与助手逐一示范讲解每一种劲法，并让我上前去感受体会每一种劲法。

当他用掤法时，我感觉脚要虚虚地被向上掀起来，这是火性，向上炎发。

当他用捋法时，我一头要栽在他腿的外侧。这是阴劲，入劲。

当他用挤法时，我站不住，直往后退，这是向正前的阳劲。

当他用按法时，我直朝他两脚跟前下栽。水性是润下的，阴劲。

康老师又与助手演示了四种斜向的劲法：

- 採在斜下方，人从身侧向后出去，这是吸劲，阴劲。
- 挒在斜上方，人从侧面向前外被弹出，这是阳劲。
- 肘和靠在东北和西南一条斜线上，这是土性，动作都很短促，啪地一下子就停住了，康老师的身体决不出去。因为土性是中定的。

小结

这8种手法（严格意义上是劲法），要先分清阴和阳。阴是吸劲，收劲；阳是出劲，放劲。太极不外乎一阴一阳、一出一入，但我们首先要搞清楚这是劲法，不是光在手上玩动作。而且太极拳的招式

全都是组合劲，是内气在身体里的流行、出入，没有哪一个式子是单一劲法。更重要的是，在习拳的第一阶段，千万不要去做这些。如果用8个外在的动作线路来试图表现出太极拳的这8种劲法，岂不是名副其实的谬以千里了！

第五章　学习陈鑫
《陈氏太极拳图说》感悟系列

　　本章是太极观真学堂的创办人康伟老师对无极、太极、太极拳的深度解剖。以陈鑫的《陈氏太极拳图说》为蓝本，从陈鑫到底懂不懂太极拳为题入手，以河图、洛书、阴阳太极图为根本，来探讨太极拳与易经的关系，太极拳与阴阳、两仪、四象、八卦的关系，探讨五行与五种步法的关系。从根本上来解释何为太极拳，阐述为何周易是指导太极拳运动的理论基础，而不是像目前有些人所认为的那是牵强附会之说。其中对虚与实、动与静、动中求静、消息盈虚、机与势等太极拳习练中常遇到而并不十分明了的问题，进行了深入浅出的解读。

　　此篇章是本人的学习总结与感悟。

　　应该说如果想真正搞明白太极拳究竟为何物，怎么练才是正确的途径与方法，此章节给出了理性的解答。

　　本章有一些重头戏，如太极拳的虚与实、五行与太极拳的5种步法的关系、四象与四正劲等。相信大家会开卷有益。

　　真正想从根源上搞懂太极拳的人，不妨认真阅读。

引言一：为何叫太极观真学堂

　　何为观？看也。无以观妙，有以观徼。通过学习、感知、感悟，以观其真。一个真字，竟然在太极拳界闹出诸多风波，引起了全国甚至全世界的关注。

　　一个太极拳运动的真假问题，竟引起如此大的轰动，可以说历代无哪一项运动能有此效应！事情的过程可谓轰轰烈烈。

　　但事情过后，却仍无结局，更无定论。没有结局，为何如此？何为真？

何为假？没有答案。

全国乃至全世界，据说有1亿以上的人都在练太极拳。也经常听到甲说乙是假太极，乙又说丙是假太极。更有许多人在标榜：我这是真太极。

此言又从何说起呢？何为真？何为假？以什么为判断的标准？

康老师讲起他有一位做玉石生意的朋友。有一次，朋友拿出两块玉石的镯子，让康老师辨认真假。康老师一看，两块玉镯一模一样，连花纹都一样，实在分不出真假，因为康老师不懂玉石。

那朋友拿出一个小手电筒，透过玉镯照进去，边照边讲解如何来分辨真假。先讲这个真的是怎么回事，如何分辨，再来看看那只模仿的，这就有了比较了。有了真的对比，就明白另一个为何是假的了。

同理，分辨太极拳的真假，先要明了真正太极拳的原理，了解它的标准，知道如何判断的依据，还要知道真正太极拳所能产生的功能和功效，而且这些效果，还要能得到证实。

比如，太极拳要慢练。这明明是拳术，为何要慢练？有人讲，慢了可以心静，心静可以有助于提高功夫。那么，难道其他拳术都不要求心静吗？而且，哪一项运动不要求心静？难道一快心就乱了吗？如果我慢慢地打一套长拳，那就是太极拳了吗？

再比如，打太极拳要放松，不用力。为什么不用力？道理在哪里？不用力，最终会出来什么效果？

这是最基本的问题。

康老师分享了他的习拳经历：刚开始10年，康老师十分刻苦地跟着老师傻学，倒是练了一身的筋强骨健。

第二个10年，康老师开始带着这些问题反思，即了解太极拳的真相到底是什么。于是，去学习了很多拳理拳论，以及拳论中所涉及的许多中国传统文化。看了将近10年的书，慢慢看懂了很多东西，终于搞明白了一些道理。哦！原来太极拳是这么回事，里边包含了这么多的思想、哲理，这么多的目标、目的！同时他也在探索、琢磨其中的方式与方法。

20年过去了，康老师处于一种半梦半醒的状态，因为知道了很多道理，有了一定的认识,但还有一些问题，如这些对太极拳的描述是真的吗？看这些道理，好像能说通了，但这些描述，能变成现实吗？比如，经常讲的四两拨千斤、无力打有力、周身一家、中气贯足、练意不练力，等等，太多的东西，都是真的吗？能实现吗？

这样又过了10年。这10年，他在理论的指导下，开始探索真相。通过不断的练习、体悟，最后彻底明白了太极拳真正的机理是什么；其习练的方式方法是什么；要达到的目标是什么；这些目标效果是否真实存在。

有幸的是，书中对太极拳的描述，在康老师身上得到了证实。所有这些东西，在康老师身上应验了。

这几十年，康老师走的是一条艰难的探索观真之路：第一，探索真理；第二，探求真谛；第三，寻找真相；第四，感悟真意。

在此过程中，康老师也经历了几个艰难的阶段。他说，第一，要换得了脑子；第二，要耐得住寂寞；第三，要经得起诱惑；第四，要持之以恒。此过程，康老师用了40年！

现在，康老师希望他们把几十年积累下来的东西，能迅速地传递给每一位会员、每一位太极拳的爱好者，再也不用像他那样琢磨几十年了！

所以从2017年以来，康老师在给大家讲道理，让大家能了解这些知识，掌握这些理论，提高自己的辨别能力，最后真正做到"观真"，能辨真伪。先不说水平如何，至少是练对了，大方向是对的，路子是正的。否则，方向错了，可谓差之毫厘，谬以千里！

从2020年开始，康老师带着会员们走上理法合一的实修之路。一点一点地来，一步一步地走，求真务实，观太极文化和太极拳的真谛。

引言二：从太极拳真与假的角度谈一谈太极舞、太极操与太极拳的三定义

目前太极拳在蓬勃发展，据说习练者上亿。国家推广的力度也很大。但这种表面上的欣欣向荣，拿太极拳的标准来看，可以说假太极大行其道，这么发展下去，真太极怕要丧失殆尽了！

这样讲会刺激很多人、否定很多人，在此不争论。

太极观真课堂，要通过一步一步的探索讲清道理，最终让大家自己得出结论。

首先，现在的太极拳，跟最早期的太极拳，已经产生了极大的变异。太极怪象频出，真假难辨，总结为三种现状，即太极舞、太极操、太极拳。搞清这三种现状，不见得是坏事。

1. 太极舞

舞，是一种艺术形式。舞蹈家，以艺术的形式展现出一种美，如孔雀舞的著名表演家杨丽萍女士，她以孔雀的舞姿，体现出一种艺术价值。

太极舞的体现是太极和艺术的表现价值。舞台上所表演的太极，优美的太极舞姿，加上背景音乐，婆娑飘逸的服装，可谓美轮美奂，漂亮极了。他们并不管太极的内涵，他们给人的是一种艺术美感。

所以，太极舞的定义是，以太极拳的外形为载体的一种艺术表现形式。以太极拳的外形来体现艺术的美感，这叫太极艺术表演家，是艺术家，并非武术家，其追求的是艺术，那么就请艺术家来指导，怎么样给人带来美感。

这就像杨丽萍女士表演的孔雀，再像孔雀，也不是孔雀。太极舞再漂亮，也不是太极拳。

这里没有贬低的意思。

2. 竞技太极

竞技太极是为了比赛。竞技太极的追求目标，是动作的准确性、高难度性，其原则宗旨是奥林匹克精神——更高、更快、更强，不断挑战和超越人体生命、生理运动的极限。看谁能跳得高，旋转的角度大，单腿下来支撑，甚至还能劈叉。越标准、难度越高，成绩就越高。有这么一批人，在朝这个方向练习。至于太极拳的内涵，要产生的功能功效，不是他们的追求目标。也许他们根本就不知道。这种练法，可以称为太极操。

太极操的定义是，一种以太极为载体的竞技运动。

称为太极体操，要看高度、难度及其的系数、准确性、优美性，与自由体操一样。

凡是竞技运动，都是以付出生命健康为代价的。试问，有几位这样的运动员，下来腿是不疼的？或将来能不疼？

3. 太极拳

这是一个大题目。拳，首先是武术，它有两大功能：一是技击功能，二是养生功能。这里有许多问题要探讨，如太极拳为什么能养生？都说它有独特的养生功效，它的养生机制是什么？独特性又体现在哪里？养生的机理是什么？真正的太极拳能打人，而且是四两拨千斤，所以要看看，探求一下真正的太极拳到底是怎么回事。相同的太极拳的架子，怎么运动就叫太极拳了；怎么运动就不叫太极拳了？在运动中，在控制什么？在调理什么，目的、目标是什么？可以形成哪些功能和功效？

其实前人是留下了太极拳的标准的，是有理论支撑、有训练方法的。而我们今人没有深刻地去挖掘、去探讨，以为打了一个架子，就是太极拳了。

太极舞，是以太极的外形为载体的一种艺术表现形式，追求的是艺术美。

太极操，是以太极拳的外形为载体的竞技运动，追求的是美、新、高、飘，即难度系数。

太极拳的定义，接下来再讲。

总之，分为三类，谁也别说谁好或不好，现实存在，肯定有其存在的理由与价值。

但习拳者应该分清一件事：我练太极拳的目的是什么？要往哪个方向发展？如果想追求艺术美，那就去表现太极的艺术形式，去找这方面的老师指导；如果想去比赛，那就去练竞技太极运动，去找这方面的老师指导；如果想养生健身，或者想练太极拳的技击功夫，那就要搞清楚舞蹈、操与拳是三条不同的路。

想清楚，搞明白，不忘初心，然后做出选择。没有必要争谁对谁错，因为这三者从根本上来讲不是一个东西。

太极拳有定义吗？

4. 太极拳的定义

社会上绝大多数学太极拳者是为了养生健身。就是已经走在了太极操、太极舞的路上的人，也不甘心就走一个舞蹈或操的架子。而且绝大多数人以为自己打的就是太极拳。

那么，到底什么样的运动原则、运动方式，才是太极拳的运动方式呢？怎样练，才能练出太极拳的功能和功效呢？其实，前辈早已留下了太多宝贵的东西，只是今人把它抛在了一边，没有去认真地研读学习。

陈鑫《陈氏太极拳图说》："拳名太极，实天机自然之运行，阴阳自然之开合也，一丝不假强为，强为者，皆非阴阳自然之理，不得名为太极拳。"

这么一句话，今人看不明白了。不仅仅这一句，许多的拳论拳理，前人用的都是中国传统文化的语言、语境与概念。所以才有一说：太极拳是文化拳，是中华文化的载体。

但由于今人对前人的语言环境、文字等产生了很多曲解、误解，甚至是歪解，从而导致今人不明白前人要告诉我们什么思想，要阐述什么意思，要给我们明确什么样的规律、规矩和运动方式。

为了看懂拳理、拳论，先要补课，要补中国传统文化之课。也因此，康老师用了10年时间，就在补这个古代文化所缺失的课。

回到前边所说的"拳名太极，实天机自然之运行，阴阳自然之开合也，一丝不假强为，强为者，皆非阴阳自然之理，不得名为太极拳"。

这句话中用得最多的词是自然、强为。

首先说的是自然。自：自己；然：就这样。自然是一种状态，人最自然的状态。人最自然的状态就是往这儿一坐，一站，什么也不干，原本就这样，我没改变它，也没强求它，即一个事物原本就这样，这叫自然状态。

用到打拳上。一上来，要自然，要舒适，别给自己找别扭。不要生硬地非给自己去摆一个姿势。明明可以舒舒服服地站在这里，非要一大堆的要求提出来，变成一个僵棍；明明下不去，却非要蹲下去，这就叫强为去运动。在强为状态下的运动，都不叫太极拳。要一丝不假（借助）强为。

所以，在自然范围内，保证身体是自然的状态，而且在自然状态不变的情况下去运动，这是第一步。这种运动，基本可以称作太极运动。否则，不得名为太极拳了。

其次，天机自然之运行。天地有运行，表现出春、夏、秋、冬，天生就这样；一天里有白天、黑夜；万物有其春生、夏长、秋收、冬藏的自然状态；人走路也是手脚左右自然交错摆动。这都是自然而然形成的，天生如此，这叫自然规律。

行拳如果符合这种运行规律，那就是符合了太极拳的运行规律了。

那么自然而然是天地运行的规律，这个自然规律，究竟是什么？为什么就影响了我们的太极拳了呢？

5. 渐变是太极拳运行的第一大自然规律

自然规律的第一大特点是渐变。即日月星辰、地球的运转，包括世上万事万物，都是在缓慢、连续、匀速的渐变之中，这就出来了太极拳的第一大运动特征——慢，也即天机自然之运行，这与其他拳术是不一样的。那么，如果长拳或者其他拳术也放慢了去练，是不是就也成了太极拳了？当然不是。

这就涉及太极拳为何要慢练？在慢练中要干什么？在感悟什么？

请看《陈氏太极拳图说》第6页:"后天者,可知之整数也。先天者,不可知之零数也。零数者何?太极也。零数为整数之真根也。拳术家以此默行不息。"

何为整数?1、2、3、4等;何为零数?1.1、1.2、1.3等。即便是0.1和0.2之间,还可以有无数个零数,数不清的。

自然界的变化是不可知的零数的、连续的变化。从白天到黑夜,分分秒秒都在变,每秒之间,还有无数个零数,这叫先天的变化规律,也叫微变化或零数变化规律,即先天的自然变化规律。太极拳家在以此默行不息,要把行拳走架中特别微小的微变化连接起来,这样就产生了特别慢的状态,零点零零几的微变化。外边并看不见,但我在那里练着呢!

问题在于,这个细微的、没有停顿的、匀速的变化,你能感觉到吗?拳术家以此默行不息,就是说,用内心、用脑子、用意识在感知这个慢运动、这个微变化。这是在练神经系统的灵敏度。如果我动了0.1,你有感觉了;如果我动了0.01,你没感觉,这说明,我脑子的感知灵敏度比你高,人不知我、我独知人,讲的就是脑子的微感知能力,即灵敏度。若自己打拳,一条手臂伸了出去,手的动作外形上很明显,但我在关注身上最慢的地方,即肩头这一块、胳膊根部这一点,这个地方动静最小、最慢。经过长期训练,神经系统对微变化的感知和控制能力就会比他人强得多、灵敏得多。

这就是太极拳慢练的作用,在感知太极拳的渐变规律在自己身上的反映与体现。这个运动特点,是其他运动所没有的。真练出来以后的功能功效,也是其他运动所没有的,所以,这叫太极拳独特的功能和功效,慢练是其独特性的第一性,还有许多其他的特性。

一、陈鑫简介

陈鑫(1849—1929年),前清岁贡生(即秀才),陈氏太极拳第八代传人。《陈氏太极拳图说》写于1908—1919年,历时十二载。这是一部以易理说拳理的经典之作。陈鑫为何要写此书?从其自序中,我们得知他是为了自己和后代家人而记录下来太极拳的习练真谛,以防年久走偏。

此书耗费了陈鑫毕生心血,直到1933年才得以出版。一经出版,即在国内引起轰动。武林同道给予极高评价,称其"本易义之奥旨,循生理之穴脉,解每势之妙用，指入门之诀窍，举六百年来陈氏历代之明哲苦心研究之结果，慨然笔之于书而无所隐，一洗拳家守密不传之故习"，实为"拳坛理论之丰碑，武林修学之经典"；又称该书出版为"国术界至今又开一引人入胜之大道矣"（再版序，陈东山）。

但《陈氏太极拳图说》（以下简称《图说》）在当今的武术界，尤其近70年来，并未引起人们的重视，甚至还有人对陈鑫是否会打太极拳产生疑问，认为书中把易理与太极拳拉扯在一起未免"牵强附会"。

康老师在埋头苦练太极拳20年未果的苦闷彷徨中，转而潜心研究此《陈氏太极图说》。为看懂此书，他去学习此书中涉及的《易经》《阴符经》《道德经》《黄帝内经》等，书中涉及什么，就去看什么。看看《陈氏太极图说》，再看看其他，再去看看《陈氏太极图说》，再去身上找找感觉。康老师说，有了这些基础知识，才能看懂此书。就这样，一本《陈氏太极图说》竟然先后看了25年！看烂了3本，目前手中这一本是第4本了！如此钻牛角尖的人，我是没见过！

康老师对此书的评价是：此书是系统、精细、准确地诠释太极拳运动规律和内涵的经典之作。是真正太极拳的理论基础文献，是人们正确了解、认知和习练太极拳的不二之选。

为何评价如此之高？

说到系统性，其他也有许多论述太极拳的书籍，但只有此书在系统地讲解。

说到精细，此书在一点一点地说。

书中所讲均是基础理论、基本概念，是从根源上来讲的。不看此书，基本搞不清楚何为真正的太极拳。若要认知真正的太极拳为何物，唯有搞懂此书。而搞不懂《周易》——群经之首，基本上搞不懂何为太极。（此言大概会引起一些人的侧目）

不过让我们跟随康老师的讲解，慢慢进入此书。沉下心来，您会有不一样的感受。

先从首页开始。

二、无极图与太极图告诉了我们什么

《陈氏太极图说》之首页，只画了两个图：一个空空荡荡的圆圈，叫无极图；另一个太极图。（图5-1）

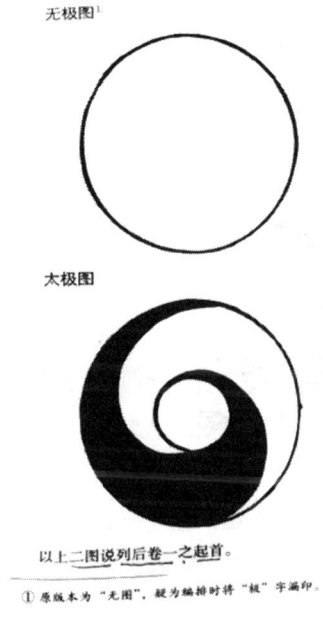

图5-1

对这两个图,康老师竟然讲了2个多小时!(20分钟左右的会员课,讲了七八次!)康老师翻来覆去,举各种例子,只是为了讲清楚此二图的含义。为什么?因为,由于传统文化的缺失,这些在过去是基础知识的东西,人们现在很陌生了。而且搞不清楚这两幅图,就等于修建楼房没有地基,以后的一切无从谈起。

就此页上的两幅图,康老师分成了几个题目来讲述。

1. 何为无极

习拳人几乎人人皆知的、众人奉为太极经典的开山之作——王宗岳的《太极拳论》第一句话就是:"太极者,无极而生,动静之机,阴阳之母也。"这第一句话就点出了无极、太极、阴阳,而这些都是《周易》里论述的内容。太极之理论就是周易之理,全在《周易》里。陈鑫的《陈氏太极图说》的理论基础就是《周易》。那么第一步,就要搞清楚什么是无极。

《周易》中说无极是天地万物未生前之景象。这让我们现代人很难理解:这和我们有什么关系?

康老师讲，我们的祖先是用天地自然来作比喻，告诉我们一个道理。祖先们在研究和探索自然万物的产生和发展的过程中，逐步清楚地认识到，当时世间万物还未生成，天地之间只是一个空空荡荡的空间，这个空间看似什么都没有，但实际上这个空间有空气、有氧气、有介质和能量交换，有四季温度变化。这个最原始的空间状态，形成了万物产生的最本源的条件和状态。我们的祖先把这种万物未产生之前就具备的最原始状态，解释为"大地万物未生前之景象——无极"。

明白了"无极"这个概念和含义，我们的祖先又进一步告诉我们一个道理，即万事万物如天地一样，皆有其自身的"无极"状态，也就是说，万事万物都有一个产生和发展的最原始状态。

以月球为例。月球上也是一个空间，但月球的原始状态并不具备孕育生命生长的可能中的原始状态，所以月球的"无极状态"与地球的"无极状态"不是一样的。

所以《道德经》第一章就是："道可道，非常道；名可名，非常名。无名天地之始，有名万物之母。"其实，《道德经》就是一本诠释易经的书。这个"道"，如果能用语言把它"道"（说）出来、说清楚，那就不是那个恒久不变的（常）道了。

无，是指天地生成之前的混沌状态，说明天地是从那个"无"中生出来的。所以可以把"道"理解为一种"无"的状态，一种"有"的能力。本源是无，却可以生出天地万物。

那么，人的无极状态又是个什么状态？

康老师开玩笑地说，一棍子把这人打晕了，他就是回到无极状态了。那么，睡觉时是不是无极状态？不完全是，因为他可能还在做梦。婴儿刚出生时的状态是典型的无极状态。他没有思想，没有主动意识要干什么，什么都不会干，但他具备了各种待开发的功能条件。这种状态就叫人的无极状态。这个"无"，可不是真的无，他具有生出各种功能的先决条件。

这就是无极的概念。

2. 无极生太极

我们了解了无极的概念是能够生出那个"有"的初始状态。看着空空荡荡，实则其间存在很多的因素、能量、介质，可以孕育生命和万物。

天地的形成，万事万物的生成，都是纯乎自然的，没有人为的因素，是慢慢地自己生出来的，但必须在这个外表上无、实则具有功能的大环境中。这就是"无中有有，无中有大有"。所以《道德经》又有一句："无中生有，方为大有。"这是最自然的规律。

老子的"无为"思想，可不是消极的不作为，而是要在"无"的层面上去作为。要知道这个"无"能产生什么，能影响什么，这个"无"可是个最基本的条件。没有了这个能生出各种功能的"无"，就产生不出那些"有"；如果这个"无"的本质不对了，那些"有"就也好不了。所以，这个"无"的本质，最终要控制那些"有"的品质。

具体到人身上来。人的行为受什么控制？思想、观念、道德、伦理等。那么这些思想、观念、道德、伦理能拿出来让我们看看吗？有实质吗？没有，拿不出来。看不见、摸不着，就是一个"无"的状态。但你最根本的思想、道德观，即你的世界观，决定了你的"方法论"。我就这么一个人，但我具有高尚的品德，虽然我现在什么都没干，但只要我一干事，我就是积极向上的。因为我脑子里最基本的概念、观念就是那样的。这就是"为无为，则无不至"。虽然思想道德看不见、摸不着，但此"无"决定了你的"有"。

这就是无中能生有，生太极。真正自然的无极要慢慢地生太极。而这个"太极"是被"无极"控制着的。无，即无极；有，即太极。

3. 何为太极状态

首先，什么叫"有"？只要有动机了、有生机了，就叫"有"。这又是一个状态。

《道德经》说："无名天地之始，有名万物之母。"有，是万物之母，即要生东西了。

如一粒麦种，活的，拿在手中，这时叫无极状态。如果把它放在土里，那么它就要开始动了，就要有生的动机了。这就叫"有"，生长之机有了，这就叫"太极"。

又如一女子，刚刚怀孕了，但胚胎并未成形，从外表不能看见，但已经叫"有了"。这就是太极状态了。

再看看首页上的这两个图。一个大圆圈里什么都没有，另一个里有东西（先别管有什么），这叫里面有东西了，这就叫"太极"。从外表不能看见。

再看《太极拳论》："太极者，无极而生，动静之机，阴阳之母。"其中的"阴阳"，就是指万物，即"万物皆阴阳"。

一个无极状态，只要有动机了，就叫太极状态。

再如，一名运动员，进入场地，在溜达，没跑，这叫无极状态。一旦一声

"预备"令下,虽然还没有起跑,但要跑的动机已经有了,已经做好跑的准备了,这叫太极状态。

回到拳上。准备打拳了,先完全放松地站在那里,一点不动,最舒适、最自然的不用一点力的状态,这叫无极状态。要起势了,准备要动了,虽然手还没有抬起来,但要动的动机有了,萌动的状态,这就是太极状态了。

无极状态和太极状态,都还没有动,外表上看不出来,区别就是太极状态是有了动机了,而无极状态是尚无动机的状态。

4. 无极即太极,太极即无极

此言如何理解?

《道德经》又告诉我们:"无名,天地之始,有名,万物之母。此两者同,出而异名。"意思是:有和无是一个东西,叫两个名,实际上是一个东西。

再看图5-1,用一张白纸把太极图内的东西盖起来,就变成无极图了。如果没有了这个空白的圆环,那这个"有"就也不存在了。把白纸拿开,"有"又出来了,但必须在这个圆环的范围内。也即,这个"有",离不开那个"无"、那个圈儿。那个"无"如果没了,这个"有"就叫"无根之有",这叫"妄作"(即胡作非为)。

比如人的行为受思想的指导,但思想看不见、摸不着,而这些行为又体现了人的思想。所以说,这个行为,可以是看得见的行为,但又是看不见的思想的延伸和体现。

思想和行为其实是一个东西。

再举一例。比如你想去挖沟,就要去拿镐头。拿镐头,是因为你脑子里有这个思想,这就是"无中生有,方为大有","无无之有,就叫胡作"。

所以,无极生太极,太极即无极。太极离不开无极,太极是无极的一个表现。不是说,有了太极无极就没了,而是说,不管有多少的"有",这个"无"的状态一定要保持住。

太极不管怎么变,都不能离开那个无极的状态。

所以这两个图,可以说它们不一样,也可以说它们一样。里面画的不一样,但本质上一样,是一个东西的两个面。

所以《道德经》又说:"此两者同,出而异名。"同,谓之玄,玄之又玄,众妙之门。意思是,此两者(即无和有)都是从道中生出来的,本为同一物,只是表现形式不同。这两者,无和有,都幽远得深不可见。

别看它玄,要把它搞清楚。否则,后边的千变万化就搞不懂。这是门,是关键,这是根!

这就像思想决定了行为,行为又是思想的体现,这两者就是一个东西。它们的表现形式不一样,但从根上讲两者是一样的。所以"有""无"同源。

回到太极拳上。如果搞不清楚无极和太极,那太极拳就无望了解了!

5. 保持自身最本源的状态下的运动叫太极运动

所以就产生了太极拳运动的第一大特点,即在保持自身最本源的状态下的运动叫太极运动。

这个原始状态,即我们自身的无极状态。

人的无极状态,莫过于婴儿的状态。最柔软、最自然、最松弛,没有丝毫的强为,这就是我们的无极状态。

太极拳的第一要义,就是无极生太极。在这个最原始的无极状态里生出来的东西才叫太极。而且这个无极的状态,即周身放松、纯乎自然的不用力的状态。可不是有了太极,无极就没了。

所以,鉴别所打的拳是不是太极拳(别管哪门哪派,只要是太极拳),第一条就看他是不是在完全放松的、不用力的状态下在运动。如果一运动起来身上的无极状态就变了,那他不是无极中生出来的动作,不是无中生的有,那就不是太极拳。

所以,打太极拳,第一要义就是时时刻刻注意保持那个无的状态,即松柔、不用力、纯乎自然的状态。也即有运动,但没力量。

拳论中还有一句话:动中求静。

这个静,并非指脑子要安静,什么都不想,不受他人的干扰。其实这个"静",叫"归根曰静"。太极拳练的那个静,即那个无极状态。也即虽然我在运动,但我最根本的状态没变。

为什么要"动中求静"?因为,现在我一动起来,那个无极的状态就守不住了,那个"静"就要跑。所以要自觉地、努力地去求静。其实,也还是要在无极的状态里,也即松柔的、纯乎自然的婴儿般的状态中去运动。

而这一点是很难做到的。多年来一动就用力的习惯是非常难以克服的。所以才有这样的话,"练一辈子,松一辈子""松松松,太极功"。所以才有杨澄甫对郑曼青一天能说几十遍"松、松、松"的故事流传。

三、太极拳之定义与习练方法

前一节，康老师讲清楚了何为无极，何为太极，以及这两者之间的关系。那么，无极、太极和太极拳又是什么关系呢？太极拳的定义是什么？如何练才是第一步要关注的正确的方法？

1. 太极拳的定义

陈鑫的《图说》113页有明确的定义：

"拳名太极，岂虚语哉！实天机自然之运行，阴阳自然之开合也，一丝不假强为，强为者皆非太极自然之理，不得名为太极拳。"

解读：给拳加上太极二字，即太极拳，这可不是瞎说的。太极拳的运行，要特自然，不加任何之外力，多加一点东西都不行，运动起来，还要保持那个无极状态，不用一点力量。

不是只有陈鑫的《陈氏太极拳图说》上才有这样的定义。习拳人奉为经典的、杨式太极拳的前辈杨澄甫先生的"太极拳十要"上也有明确的要求：其一，口腹不可闭气；其二，四肢腰腿，不可起强劲。此二句，学内家拳者，类能道之，但一举动，一转身，或踢腿摆腰，其气喘矣，其身摇矣，其病皆由闭气与起强劲也。

这里所讲与《图说》中是一样的：不能憋气，呼吸要自然，四肢不许使劲儿。这两句，学内家拳的人都会说、都知道，但一举动、一运动起来，力量就来了，不自然了，憋气了，在用强力了。

太极拳的定义，不仅明确了何为太极拳，而且告诉我们如何习拳才是正确的方法，即在自然不用力的状态即无极的状态下习拳，才是不二法门。

2. 那为什么又说打太极拳要掤劲不丢呢

首先要明确这样一个概念：习拳是分阶段、分层次的。习拳的第一个阶段，要先把自己的身体回归到无极的状态。掤劲是在无极状态下才会生出来的一个东西，不在无极状态下运行，那个东西出不来，并不是你努力、用劲儿去做出来的东西。相反，你刚开始学拳，浑身僵力、拙力，根本没有那个如婴儿般的无极状态，这时，如果你再刻意地做出一个掤劲来，这只能使自己越来越僵硬，如此下去，永远不会生成无极状态了。没有了无极状态，那太极拳也就无望了！即便是习拳若干年者，如果一直在用力量打拳，没有经历过归无的过程，那也就不会有无极状态，打的拳肯定不是太极拳。这些人也需要掉过头来，先让自己的身体归无，也即彻底放松！

3. 演示举例说明

康老师请杨老师对比着演示24式拳中的几个动作，从起势到野马分鬃。一种是强为的打法，一种是无极状态下的打法。

强为的打法：
- 起势下蹲过深。
- 接野马分鬃第一动，重心就完全压在了右脚上，右腿过于负重。
- 定势时后脚在用力蹬地。
- 左野马分鬃接下一个右野马分鬃时，腰已经左极了，仍继续向左转腰，这里已经违背了自然规律了。

无极状态下的打法：
- 起势的按，不要下得太深。
- 上身领着下身走，腿不蹬地。
- 左极了，要先生右再生左，这样不拧了。

通过对比演示，康老师的总结要大家注意以下方面：

①每个人的无极状态都有一个范围，因人而异。所有的运动，不能超过这个范围，不是步子越大越好。要在不用力的最大范围内，找到自己的无极范围。注意，一人一太极，各人是不一样的。

②最易起强劲的地方是下肢。一蹬地，就是在使劲儿。千万注意，坚决不许用力蹬地，要用上身领着下身走。

目前至少先注意到这两点。

结语

①"无"，即"无极"，是宇宙万物最根本、最天然的原始状态。
②"有"，即"太极"，是宇宙万物最初始的萌动状态。
③人的无极状态，即人刚刚降临人间的那个婴儿状态。

④真正的太极运动,首先是在人的无极状态下的运动。

⑤太极运动的第一修炼准则:动中求静,即通过习练,做减法,复归于"无极"。

四、河图中的天地与十个数字

1. 河图中的天地与十个数字

康老师开讲陈鑫《图说》已经九讲,只讲了一页。前面讲了无极、太极,何为太极拳以及如何修炼太极拳。

今天终于翻到了第二页。(图5-2)

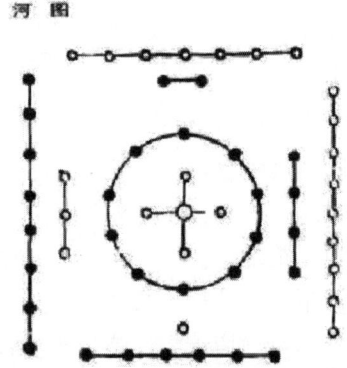

图5-2

这是一张河图,下面有几行字。看了这一页以后,绝大部分人就不再往下看了,此书也就束之高阁了。为什么?看不懂。

但听了康老师的细细解读,豁然开朗!请看康老师如何按照王宗岳的《太极拳论》来解读。

"太极者,无极而生,动静之机,阴阳之母也"。前边第一页,讲了何为无极，何为太极，什么是动静之机。阴阳之母，也即阴阳是太极生出来的。上面河图下方文字的前三行，就是在告诉我们何为阴阳：易曰："天一，地二，天三，地四，天五，地六，天七，地八，天九，地十。天数者五：一、三、五、七、九；地数者五：二、四、六、八、十。"

易曰，即《周易》里说的。《周易》是一本什么样的书？过去人们都认为《周易》是讲阴阳的书，是算卦的，过去说"阴阳先生"或"算命先生"。这是过去许多人对易经的定位。

康老师对此书的定位：《周易》是研究阴阳变化规律的一门哲学，是中国传统文化的总源。我们的祖先在当时那个年代，通过观察，深刻认识了事物发展的变化规律，并对变化的规律及其根源进行了高度的总结概括。简言之，用阴阳的变化来阐述事物的变化及其原因。

老拳论上有关太极的论述有：阴阳混一，方为太极；阴阳同出；阴阳相济等。

要研究阴阳，先要搞清楚什么叫阴，什么叫阳，才有可能来讲阴阳之规律。

2. 何为阴阳

（1）天为阳，地为阴

首先看这两个字：天、地。古人观察大自然是从根上来观察的：一睁眼，看到的是一个天，一个地，人在天地之间生存。能量从哪里来？源泉在哪里？在天上。太阳在不断地照射地球，地球才有了温度，然后有了四季的变化，才产生了万物。所有东西的生长都有赖于太阳所给的能量。祖先把太阳这种不断发散的状态叫"阳"。天为阳，叫"阳气"，与天一样的状态的东西就叫"阳"，此种性质就叫"阳性"。

再看地。地上也有温度，是地在吸收太阳散发的温度。地在吸收，在收敛。祖先就把这种吸纳的状态、这种功能称为"阴"。

世上万物简单划分就这两种性质：一种发散的，一种收敛的，最后形成"天阳地阴"。世上万物就在天地的阴阳转换之间生长发育。

（2）阴阳这两种性质如何来表示

先人用一串数字，一、二、三、四、五、六、七、八、九、十来代表阴与阳。数字从性质上来讲，只有两种，即奇数和偶数，或者叫单数和双数。数可以无穷大、无穷多，但只有两个性质，单与双。

于是，先人就用这两种性质的数（单、双），来代表世上的事物的阴阳两性：单数代表阳，双数代表阴。所以就出来了：天一，地二，天三，地四，天五，地六，天七，地八，天九，地十。只要是天，都是单数，都是阳；只要是地，都是双数，都是阴。

注意，此时之天地，已不是实物了，而是代表了两种性质，天性，就是阳性；地性，就是阴性。

那为何先人不定为"地一，天二"呢？数数是从一开始的。古人从自然界这个角度，认为先有了天，才有了地；先有了宇宙，才有了地球。那么，最先的数就要与天配了，所以才说：天一，地二，等等。

只要认识了一和二，后面的数字就不必说了。与"一"一样性质的数，即单数，都叫"天数"，与"二"一样性质的数都叫"地数"。

换种说法：阳一，阴二，阳三，阴四等。天数有五个：一、三、五、七、九。地数有五个：二、四、六、八、十。

结语

①天地非指实物，而是指两种性质，阳性与阴性。

②这些数不是指大小，只是用这些数来代表性质。

所以，在以后的学习中，要注意到，数字变了，并非数字大小的变化，而是性质的变化。

（3）中国古代的数字代表了祖先的一种思维模式

前边谈到天地与十个数字，实则学习了《周易》的一段话。我们知道了先人在用天地代表两种性质，阴和阳；再用十个数代表这两种性质的变化。这是他们认识事物、认识自然界规律的一种思维模式。中国古代数字的知识是基础知识。我们要回到与前辈同样的思维模式、语境模式、语言形式中，才能与他们对话，才能知道他们的真实意思到底是什么。

例如，今天我们说"七上八下"，为何不说"七下八上"？因为七是天数，阳性，生发，向上的；而八，地数，阴性，收敛的，向下的。

又如，《三字经》中说："首孝悌，次见闻。知某数，识某文。一而十，十而百，百而千，千而万。"这个"某数"，代表的是变化的规律、尺度、规矩，即人要懂规矩、懂道理。"一而十"，指的是整个阴阳变化，就这十个数，把阴阳变化规律全说清楚了。只要这十个数搞明白了，别管数多大，变到几，哪怕千、万，也即别管事物发展到多大，进程如何，其道理和规矩是不变的。

如果，我们理解成先学1~10，再学10~100等，那可就真的是"不识数"了！

怎么和前人对话？学习中国传统文化，学习《周易》，学习《道德经》《中庸》等。不看这些，真不知道前人在说什么。用到太极拳里，太极拳在练什么？练阴阳。阴阳是什么？阴阳怎样变化？怎样才能阴阳相济？等等。没有和前人一样的思维，那是真的搞不明白他们在说什么！所以，我们要渐渐进入这个状态，知道前人在以数言理，以象言性。通过数字知道了理，知道了数的变化并不代表大小，而是性质的变化。慢慢地要学习两仪生四象，四象生八卦，这是在学习"数理"了！以后碰到前人说到一个数字，千万要小心了！

五、河图为何如此排列？

1. 河图的由来

知道了天与地代表的是阳与阴；知道了数字一到十分出单数与双数，单数代表阳，双数代表阴；明白了数的变化表示的是性质；还知道了河图上的白圈儿代表阳，黑圈儿代表阴。那么，河图为何如此排列？难道真如民间传说所言，在河南省洛阳地区，在伏羲氏时期，黄河里浮出一匹龙马，它身上的旋毛变成"一六居下，二七居上，三八居左，四九居右，五十居中"。伏羲依据"河图"画出八卦，《周易》一书由此而来。而《洛书》则是大禹治水之时，洛河里浮出一只神龟，神龟的背上长有纹、圈、点，自列成组，这就是《洛书》。

传说是传说，而且传说不尽相同。但问题是有道理才会传下来。

陈鑫对此有一段话："此皆天地自然之数，全靠自然形成。但有一丝强为，皆不可与之道。"

凡是人为摆的，就不能叫作"道"，不能叫作自然规律。这个图是依自然界的自然变化而形成的。

那么为何自然界会形成这个图？怎么形成的？

在伏羲那个时代，没有如今的望远镜，也没有显微镜等先进的科学探测设备。当年的先辈是靠自己的肉眼来观察，并用心灵来感觉自然现象。他们首先看到的是天圆地方：脚下的大地是平的、方的，天是圆的。早晨太阳从地平线上升起，晚上又落入地平线，周而复始。天地随着太阳的升降而升温、降温，昼夜在有规律地变化。

那这种变化与1到10又有什么关系？

请看图5-3：

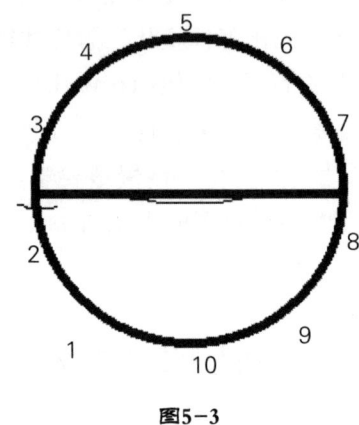

图5-3

圆代表天，分成10份。中间的横线代表地平线。十个数字按照顺序绕一圈排上。

如此排列之后，又发现了问题：天地是具有发散和收敛两个性质的。热，是慢慢热的，凉也是慢慢凉的。太阳向上走，阳越来越大，因为这是发散的性质，从1开始，1、3、5、7、9来表示转了一个圈。

阴数是从2开始，2、4、6、8、10转了一圈。但是古人发现阴数的排列不对：阳是从底下慢慢上去的，但阴可不是从这儿开始的。阴是中午太阳到了最上边的时候，再继续往前走时，温度开始下降，天也慢慢变凉、变黑。所以，阴应该是从最上边5之后开始。所以这个图要改变一下，图的数字排列要改变一下。

在5和10之间画一直线（图5-4）。这样就成了有左右两边的圆。左半边阳呈上升状态，跑到5这儿，这是最高点，不再上升了，也还没有下降。也即不上不下，不动了。

右半边的圆，阴越来越大，但到10这儿是最底端了，也不再动了。而阳在右半边是呈下降的趋势，阳越来越小。

左半圈儿的阴越来越小，阳越来越大。这里要提示一下，数的大小并不代表阴阳的大小，只是代表了方位。

再来看一看5和10这两个数。5是阳极之数，10是阴极之数。阴极可以生阳，阳极可以生阴。把5和10定为中数，拿出来放到中央位置，也即阴阳混一。阴阳混一，就是太极，就是阴阳之母也！所以，真正的太极，就是中央的这个阴阳混一，5和10。这叫中性，中定。太极练的是气，太极之气就是中气。有了中气，才能有阴阳变化。所以练太极最核心的是要得中、守中、用中。

请看图5-4和图5-5，这样就变成3阳1，从左下开始，阴2从右上开始。

拿出5和10放到中央，就得出如图所示的一幅图。

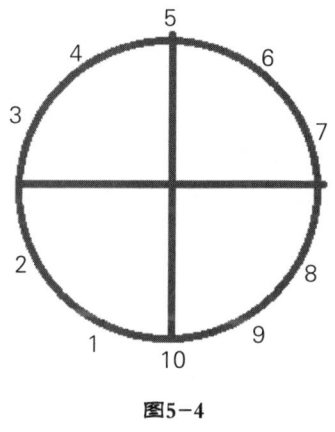

图5-4

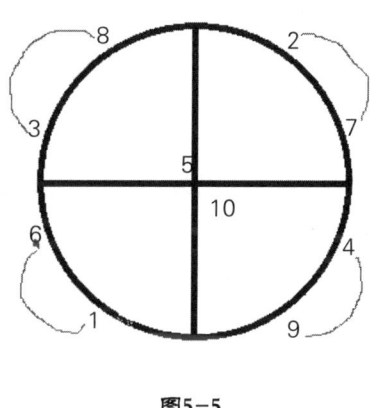

图5-5

左下是1、6，左上是3、8，阳逐渐变大；右上是2、7，右下是4、9，阴逐渐变大。图5-6就代表了阴阳的变化。河图也就出来了。

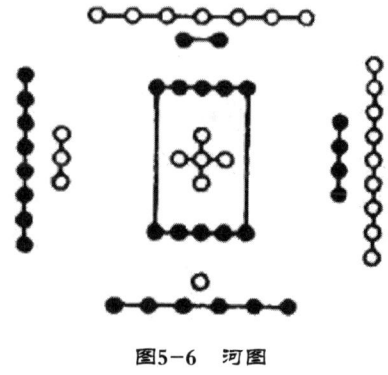

图5-6 河图

河图的排列还要注意到这样一个问题：不管是阳的初生、长大，还是阴的初生、变大，都是从里边开始的。就好比一粒种子，要发芽，都是从里边开始发芽，慢慢长出来，外边才能看到。所以，左半边，阳从最下边有了萌芽，开始长大，阳1和3都在里侧；而阴从2到4的初生，也在里侧。

2. 河图内外圈的阴阳排列与生数成数之关系

河图的1、6、3、8、2、7、4、9的排列，为何要排成两排？为何左边的阳数

1、3排在内，而阴数6、8排在外？而右边的阴数2、4排在内，而阳数7、9排在外？这仍然是大自然的排列，纯乎自然的。

首先，要明确一下三个性质：①阳性：1、3、7、9；②阴性：2、4、6、8；③中性：5、10。

世上万事万物都是阴阳的组合体，孤阴不生，孤阳不长。一个东西的生成，要有生数，还要有成数。所以，1、6两个性质在一块，3、8，2、7，4、9，都是阴阳两种性质的数在一起。左边在生阳，阳慢慢长大，从1到3；右边在生阴，2、4在慢慢长大。

凡是生的数，都要放在里边。因为，一个东西的生、长、消、亡，都是从内开始的。就好比一粒种子，要长成植物，要先从里边发芽。再如一只小鸡，是在蛋壳里边生长，再破壳而出的。

这都是在讲内生而外成。所以，代表生的性质的，都放在里边，叫内生，生谁谁为主。

但如果只有生数，那这个事物也成不了，所以还必须有成数。成数是外在的，已经看见了，放在外圈，这就叫内生数，外成数。

看河图：左半圈，在生阳，所以1、3在内圈。右半圈在生阴，所以2、4在内圈。

内圈儿叫生，但没有另一数是成不了的，所以必须有1、3、2、4各自相对应的成数。

继续往下看书第二页河图下方的文字。（图5-7）

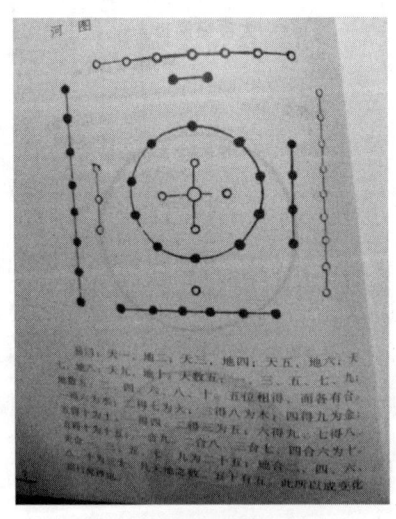

图5-7

1、4得五，2、3得五。这又是什么意思？为何叫得？一阳找一个阴，或者一阴找一个阳，这叫得，也就是相加之意。

先看内圈，阳1，要找相邻的阴数，即阴4。阴2要找相邻的阳数，即阳3，这样1+4=5，2+3=5，这个5，是个定数。

再看外圈，阴找阳，阳找阴，6+9=15，7+8=15，这又是一定数。中间的5和10，因为它们是中性数，目前不产生变化，先不管它们。

变化的数都在外头。内圈之相邻阴阳两数相得都是5；外圈之相邻阴阳两数相得都是15，这都是一个定数。这样一排列出来，很多规律就要出来了（暂且不说）。

目前认识了生数、成数和定数。生数，即代表生的性质的数，放在内侧；成数，表示成的性质，放在外侧。一阴一阳才叫生成。内圈之阴阳相邻两数相加，都得5，外圈的阴阳相邻数相加，都得15。

3. 再说生成

何为"得"？

河图分内外圈，内圈是生数，外圈是成数。左半内圈的1、3，在生（升）阳，右半内圈的2、4在生（升）阴。内圈有阴有阳，阳找相邻的阴，阴找相邻的阳，这叫得。1得4为5，2得3为5，内圈相得之数是一个定数。外圈有阴有阳，相邻的阴阳之数相加，叫得，也是一个定数15。7+8=15，6+9=15。简言之，两个不同性质的、相邻的数字相碰在一起，叫"得"，都是一定的数。

何为生成？

要把生成分成两个词，一个生，一个成。比如，我们开始干一件事，叫这件事生了，最后，把事干成了。

生成的过程中，有各自不同的景象。但这个生成的过程是一步一步逐渐走过来的，就像我们的天一样。五六点钟，天开始慢慢亮了，在升阳。请看图，从一向三走。在升阳的过程中，阴可不是一下子全没了，而是在慢慢地退去，一直要退到中午12点。早上五六点，有五六点钟时的景象，天朦朦亮，这叫成了一个景象，是阳在慢慢生，阴在慢慢降，到了这样一个比例，就出来这样一个景象，叫这个时间的生成。

中午、晚上，都成了各自不同的景象。在生阳的过程中，阴在降，即既在生阳，又在降阴。

在生阴的过程中，阳在降，即既在生阴，又在降阳。如果光有阳或光有阴，就成不了这个景象。所以，阳1和阴6在一起，就成了这个景象。阳3、阴8

在一起，阴2、阳7在一起，阴4、阳9在一起，成了各自不同的景象。

4.图中的数字只代表性质的变化，不代表大小

如图5-8所示。

请看图中的数字3和9。

这个9，数字比3大，但9在降阳，而3在升阳。3时的阳要远远大于9时的

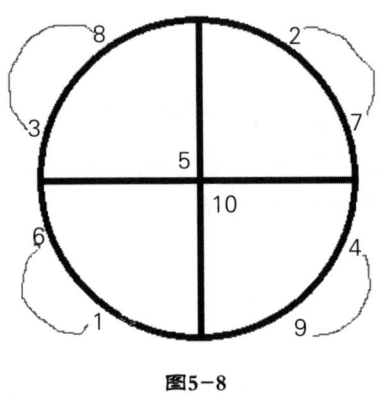

图5-8

阳。再如8和6，都是阴数，8、6都在左半圈，阳在生，而阴就在降，8时的阴，就要小于6时的阴。

所以，不是数大量就大。

还要注意一个问题：生和成，加起来才能成为一个事物。生数是一定的，成数也是一定的，而且阴阳两个性质加在一起又是一个定数。

再看这把扇子，已经成了，有两个颜色，这一半黄色，另一半黑色，如果把黄色做大一些，那黑色就要小一些，因为扇子的长度是一定的。

再如，空气的气压是一。白天热了，是一个大气压。夜里凉了，仍是一个大气压，总量没变，但性质变了。白天阳性大于阴性，夜里阴性大于阳性，但不管阴阳怎么变化，整个空间的状态没变，大气压没变，这是一个恒定的东西，变的是性质，是阴阳的比例。

结语

要生成万物，阴和阳缺一不可。河图中的数字，1、3、5、7、9是阳数，2、4、6、8、10是阴数，主要是在讲性质。其中把5和10拿出来放到中间，两个不同性质的数合在一起，就形成了一种事物。

河图是方的，而太极图是圆的，那么，河图与我们日常见到的太极图又有什么关系呢？

康老师带着我们继续探讨。

六、河图是圆形之祖

1. 太极图的由来

河图的排列用了十个整数，1到10。

《图说》第6页："是后天者，可知其整数也，先天者，不可知之零数也。"

人是后天的整数思维。但自然界的变化，可不是从1跳到2，它的变化是渐渐的，是零数的变化。在1到10各个整数中间，还有无数个零数，如1和2之间，还有1.1、1.2、1.3等。

如时间，不会从这一分钟跳到下一分钟，分钟与分钟之间有60秒，而秒与秒之间，也还有0.1秒、0.01秒等，数不过来的。

春夏秋冬这四个季节的变化，也是一点一点逐渐变化的。包括自然界的任何动物、植物的生成，都是一种渐变的方式。

河图内圈的生数1、4、2、3相得，都成一个定数5，外圈的7、8、6、9，相得都是定数15。

如果我们把河图中的整数都用零数画出来，如1到2之间，按照1.1、1.2，或者0.1、0.2等过中心点画出一条条直线，紧密排列出来，这样我们的太极图就出来了。（图5-9、图5-10）

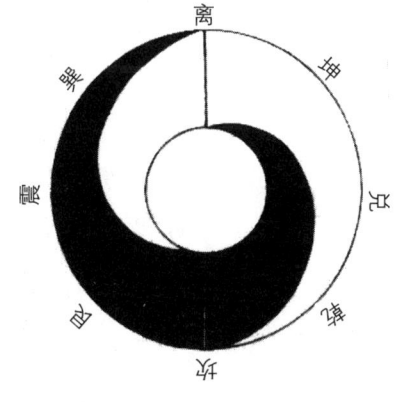

图5-9 文王八卦太极图

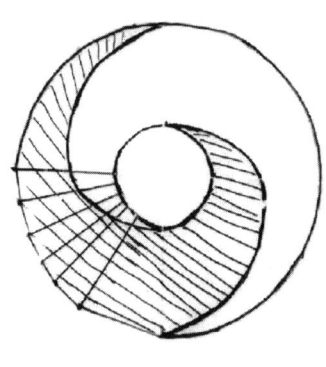

图5-10

这和我们在《图说》第1页看到的图是一样的。

2. 太极图中外圈成数15这个定数的由来

我们从河图的内圈知道，相邻的阴阳两个数相加，都得5，如1+4=5、2+3=5。都是一个定数，这是生数。要生到哪里去？生到外圈去。用这个定数5（内含阴和阳），沿着内圈的外延慢慢走一圈，所有走过的每一条线路，都是以定数5的限定来运行，如阴是2.1，那阳就是2.9，两数相得5，又如阳是1.2，那阴就是3.8，两数相得是5，这个5是定数。

如一把扇子，长度是一定的，黑红两种颜色，黑色想多一点，红色就得少一点，红色想多一点，黑色就得少一点，但两种颜色加起来，一定是这把扇子的长度，不可能有其他的比例。

回到太极图上。在内圈的定数为5的前提下，以5为直径，沿着内圈的外沿排走一圈，这个圆，就成了以3个5为直径的一个大圆，也即外圈的成数都是一个定数15。图中外圈的阴阳之数相加，都得15，如7+8、6+9。

河图给的是整数，而太极图给的是零数变化。

3. 零数变化是太极给我们的第一大变化规律

《陈氏太极图说》第6页："零数为整数之真根也。零数者何？太极也，无极也。"这句话告诉我们，整数，是零数堆起来的；太极，是零数变化的根源。怎么变？既有阴，也有阳，阴多阳就要少，阳多阴就要少，这是一种最自然的、本源的、渐渐变化的状态。

《陈氏太极图说》第6页："拳术家创立缠丝精法，默行乾坤不息之螺旋线，其致命矣，夫技艺云乎哉！"

它告诉我们，拳术家在用这样一个规律，创造了螺旋缠丝法，创造了太极运动。其中，"其致命矣，夫技艺云乎哉！"我又特地请教康老师，解释如下：道家性命双修，性即元神，命，即元气，其致命矣，即至于元气也，云，说也，这个技艺说的就是这个东西。

太极拳第一大规律就是零数变化，所以前辈才告诉我们：太极运动要连续、匀速、缓慢地变化。如果不是零数变化，而是1、2、3、4，那就不是太极拳的练法了。

结语

河图为圆形之组，是一点一点的渐变产生的圆。这个圆中，有定数，而且变化的方式也在其中，即零数变化。渐变的规律，就是太极运动的规律，是圆的运动。

在圆运动的过程中，还有很多的分寸和定数，如什么分寸？如何定法才是太极的定法？什么叫生成了？金木水火土如何生成的？让我们跟着康老师慢慢探索。

七、中数、中性、守中与练太极求中和

1. 中数与中性

从前边讲过的定数，我们知道了打拳时内外都要求定数，那叫动中求静。我们在从数中找理，按照阴阳变化之理，来运行我们的拳，这叫太极拳。

从最开始讲的河图之数，我们知道了，数字1到10，这十个数中有阴数2、4、6、8，有阳数1、3、7、9，还有两个中数，5和10。请看图5-11的河图。

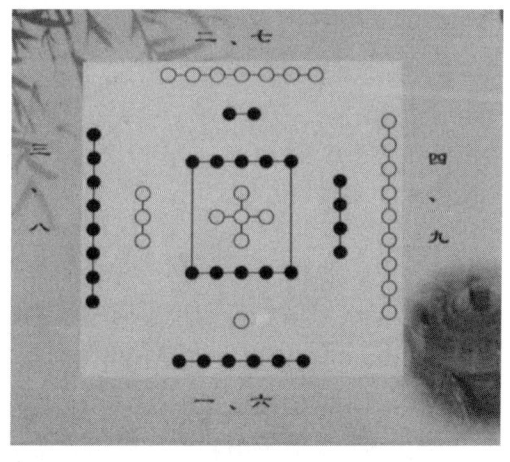

图5-11

这三种数，代表的是阴阳变化的性质。

把这十个数字放在圆图中，如图5-12所示。

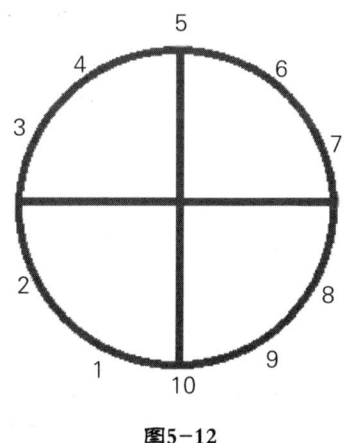

图5-12

我们发现5在最上边,只要再移动,就要向右下走了,但这个5,是既没有向上(已经在最上点,不可能再上了),也没向下走,它的状态就是既不阴也不阳。再看10,在太极图的最低点,再动,就要向左上走了,在此位置上,它是既不上也不下,即既不阴,也不阳,所以,5和10,不代表阴阳性质,而代表中性,所以就把5和10放在了中间位置,如图5-13所示。

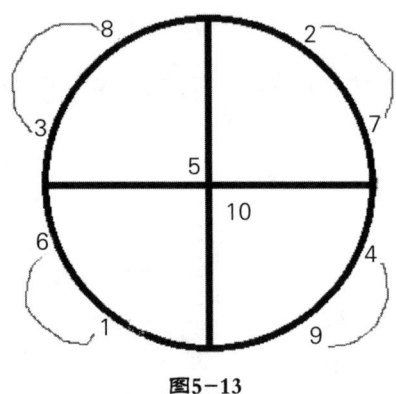

图5-13

5和10放在中间了,代表一种不阴不阳的中性,再看此图,分成了五个区域。

5和10在中央,虽然5和10是不阴也不阳,但里面是既含着阴,也含着阳,只要它一动(顺时针方向),向右就要生阴,10只要一动,向左就要生阳。这时的5和10,叫含而未发,没有出阴阳,这叫中性。

从河图中我们知道了中数5和10,知道了中性,那么,太极前辈所讲的打拳要守中,练太极要求中和,又该如何理解?

2. 何为中

如果把"中"理解为身体的中间、中线,那就错了。

"中和"的概念出自《中庸》。请看《中庸》第一段,开篇即说:"喜怒哀乐之未发,谓之中。发而皆中节谓之和。"

在一个人还没有表现出喜怒哀乐的情感时,心中是平静淡然的,所以叫作"中"。但喜怒哀乐是人人都有而不可避免的,它们必然要表现出来,这是前人在拿人的喜怒哀乐这种情绪来比喻。人有喜怒哀乐等各种情绪,但你看我现在平静地坐在这里,我的喜怒哀乐都没有表现出来,但你不能说,我没有喜怒哀乐,这时的平静的我就叫中,我目前的状态就是中性。我发脾气了,这叫阳性;我伤心哭了,这叫阴性。表现出来而符合常理,有节度,既不过也无不及,这就叫作"和"。两者协调和谐,发而皆中节,这便是"中和"。合规矩，和尺度。

我目前的这种中性状态，既可以出阴性，也可以生阳性。我有性情么？有。发了吗？没有。但我这两种本性都在这儿。

这个中，即本性、本质的东西，就代表了太极的性质。这叫阴阳混一，即阴即阳，但阴阳均未发，也叫阴阳之母。没生阳，也没生阴，能生吗？能生，发了吗？没发。这个中性表现出来的行为叫"和"，或者说，"和"是"中"的表现。

《中庸》还有一句话："中也者，天下之大本也。和也者，天下之达道也。""本"和"道"，其实是一个东西。本，根本的性质，根本上就一阴一阳，这叫大本。一旦阴阳起作用了，就要符合规律、符合尺度，这叫"和"。所以做到了和，就符合了"道"。即"和也者，天下之达道也"。反过来说，你通达了道，你就一定体现出"和"。

简言之，中：本体；和：作用。"中和"是一个东西的两个方面。没有中，也就体现不了"和"；体现了"和"，就一定有"中"。一个本体，一个作用。所以《中庸》说："致中和，天地位焉，万物育焉。"天地定位，当阳则阳，当阴则阴。万物不断地繁衍、生息、发展。

没有这个"中"，产生不出这些规律。这些来自《易经》《中庸》《道德经》的思想是中华民族看待万事万物的非常重要的认识来源。

记住，练太极是在练中性，这是个含阴又含阳的母胎，你有吗？

3. 中性、中和与太极拳的关系

前辈关于太极拳有这样一些描述：太极者一也，太极者中也。一，阴阳混一。5和10混在一起，合而未发，这叫太极，是阴阳的本体。既有阴也有阳，但又没体现出阴和阳，也叫阴阳之母。

太极者，中也。就要保持这个中性，阴阳都含着，但别出来。一出来，就是阳了。也不能懈，一懈就生阴了。保持一种既没表现出阳也没表现出阴的状态，这才叫太极的状态。

还有几个词也是在说这种太极的中性状态：立身中正，不偏不倚，无过不及。

如果把"立身中正"理解成要站直了，不能偏，不能歪；把"不偏不倚，无过不及"理解成我这个外形不能偏，偏了就不对了，那真是大相径庭了。

正确的解读是，实际上前人在说性，什么叫偏倚？我生阴了，往阴那里偏了；或者我生阳了，往阳那里偏了。

应该是我的阴阳都没生，这才叫中性。如，双手前伸，如果一伸手，就出劲，这就是生阳了，可能你自己根本感觉不到在出阳；如果手一退回来，就懈掉了，这就是在生阴了。

要怎样才对呢？你看我这只手臂，在移动的过程中任何力量都没出，只是在移动位置，所以前辈讲，太极拳是在移桩。什么意思呢？我在站桩，在守东西，守什么东西？中性，我没出东西，也没入东西。我在守这个性，然后把这个站桩的状态移动起来，从这个位置，换个地方，但在移动的过程中，不许用一点儿劲，我在守着这个中性在运动。我这个状态中，既没松懈，也没出力，即既没出力，也没入劲，我只是在把我阴阳混一的这个中的状态，移动起来。

我能守住这样一个状态，在不用力的最大位置移动我的拳架了，这叫我在运动中守中。

那么中和气又有什么关系？

4. 中气与守中

太极拳的中，指的是性质。在运动中守中，不是在守一个位置或者动作，不是在看你的身板直不直，而是在守一个性质。我的身体可以歪，但不管怎么歪，性质没变，不能偏不能倚，这就是"和"。

难道身形上不要求中正吗？

请看陈鑫《图说》第122页："打拳原是备身法，身法有正有斜，有直有曲，有顺有逆，有偏前有偏后，有偏左有偏右，有偏上有偏下，有在地上坐，有在空中飞，有束住，有散开，种种身法，不可枚举……而要以中气行之。"

这个身子是可以到处移动的，是可以俯仰伸缩，不是像一根棍子正正地呆在那里。这里最重要的是最后一句，"以中气行之"，也即我不管身形上怎么歪，我那里的气是中气。

中是中，气是气。中者，不偏不倚，无过不及之谓也，哪儿都不过分，就在中间呆着，这个性质叫中。气得中了，无过无不及了，这叫中气。中气运行了，这叫立身中正，即中气运行于周身。（插一句，初学拳者，在没有培养出内气的时候，还谈不到这些）。

立身中正，什么叫立身？如有一句老话叫三十而立，我30岁了，我能够自立了。可不是说你30岁的时候你能站起来了。

太极拳中的立身中正，一个道理，即以中气行于我周身。我在行拳走架中，始终在守着中性在运动，这就叫气得中，这叫中气运行，这叫守中了。

守中产生的效果就是不偏不倚，无过无不及。人家出多大的力，你就出多大的力，人家出多小的力，你就出多小的力，绝不和对方顶，也叫应物自然。

结语

· 今天认识了5和10这两个中性数。5、10为阴阳混一之数。

5，阳极之数；10，阴极之数。

· 5内负阴，10内抱阳。5、10两个中数在一起，既不阴，也不阳，但既可以生阴（5），也可以生阳（10），所以是即阴即阳。阴阳混而为一，太极也，阴阳之母也，动之则生变化，阴阳出也。

· 真正的太极是那个中性，是中定，是河图中间的5和10的混一，太极之气是中气，气性中定谓之中气，中土之性，即济旺四季，有了中气才能有阴阳变化，《太极拳论》中所要求的立身中正，不偏不倚，都是在要求练拳要守住中和。这个守中，是指守住那个不阴不阳、阴阳混一的性质。

· 中的状态一旦动起来，就是和的效果。即阴阳一动就要产生和。

· 不偏不倚，非行迹之谓，乃气自然得中之谓也！

总而言之，太极拳在"守中、求和"。松而不懈、不偏不倚、无过不及等，都不是指动作，而是指分寸。

所以练太极最核心的是要得中、守中、求和！用中是以后的事了。

八、生数、成数与太极拳的方圆

1. 生数、成数与以腰为轴

从河图与太极图，我们有了这样几个概念：

· 河图给了我们一个整数的概念，从1到10。

· 河图又给了我们一个内圈与外圈的概念。

河图内圈的都是生数，1、4、2、3，外圈都是成数，6、9、7、8。

一个东西，一个事物的形成，要有生，还得有成。换言之，只有阳没有阴，成不了；只有阴，没有阳，也成不了。

· 把方的河图的整数切碎了，就有了圆形的太极图。换言之，整数变成零数，我们就有了太极图。

方和圆都说明了自然界的一种规律，讲的是性质。

太极拳外方而内圆，方者其形，圆者其神，要拳者不可不知。

那么，生成之数，在太极图上是如何表现的？如图5-14所示。

这一先天太极图告诉我们，把一天分成24个小时，每两个小时为一个时辰，即12个时辰。从子时的24点开始即零点开始，左边在逐渐地生阳，到了中午12点，就开始要生阴了。生什么，什么就在内侧。生阳，阳在内，而右半圈生阴，阴就在内，都是内生外成，这叫生成，这是自然界的一大规律。

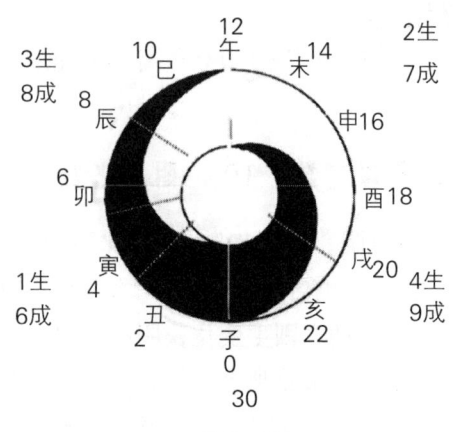

图5-14

那么，这个内生外成的规律，与太极拳的动作有什么关系？

请看拳论："练太极拳，要以腰为主宰，腰为一身运动之枢机。"

这里的枢机，即枢纽动机之意。如人在这儿一站，四肢在外展开，双手可以向身体回收，可以一手收，一手放。两脚也可以迈出，再收回。都往哪里收？往身体中间收，即往腰这里收，也就是说要遵循内生而外成这一原则，任何动作都要从腰开始生，要腰先动，再到手和脚，这叫内生，由内而生，由外而成。从腰再到手脚，这就是生于腰，成于手脚。这就是《太极拳论》上的"命意源头在腰隙，刻刻留意在腰间"。

这么打拳，首先我们从意识上就与其他拳不一样了。所以，腰动，四肢就在动；腰不动，四肢就别动。而且，所有的动作，不管是腰还是四肢，都是连续渐变地动，也就是《太极拳论》上的一动无有不动。但这个动，虽然基本上分不出来先后，但主宰在腰，即腰先动，带动了四肢的从动，就好像车轴一动，轮子就转了。

这就是生数成数带给我们的变化规律。

陈鑫《图说》42页："虽曰从五生数，统五成数，其实皆生数在内，成数在外。虽曰阴阳皆至内达外，其实阳奇一、三、七、九，阴偶二、四、六、八，皆自微渐成。"

这句话的意思是：虽然说以5个生数（1、2、3、4、5）统领5个成数（6、

7、8、9、10），其实都是生数在内，成数在外。阳数，即奇数1、3、7、9，阴数，即偶数2、4、6、8，这些都是在微变，在渐变。

比如，你看着我的腰好像没动，但内里在微变渐变，而且不能停。所以要腰为主宰，命意源头在腰膝，要刻刻留意在腰间。

不这么干，就不是在按太极规律在干。

注：需要说明的是，我们先从外形动作上去找这些规律，但真正的方与圆是内气的催动。这是后话。

那么太极拳外方内圆与慢练有什么关系？

2. 什么是太极拳的外方而内圆

首先明确几个概念：

①方与圆。方形的河图中，讲的是整数变化，是人类后天所认知的自然界万事万物大的粗略的变化规律。圆形的太极图，是河图的整数切碎了之后的零数的形态，如，0.1、0.01、0.001等。也即，自然界万事万物的先天自然的变化规律——渐变规律，这是不以人的意志为转移的规律。

②何为太极拳的外方而内圆？按照整数规律来运行变化叫方，如1、2、3、4。按零数规律来运行变化，如0.01、0.001等，即圆。

③方和圆，不是指阴阳变化中的外形上的方和圆，而是指你的脑子里是在按整数还是按零数在关注你拳式运行的线路，包括内与外。如，做一个拳式动作，如果你把动作分解成1、2、3、4，那就是方，如果你把动作分解成，1.1、1.2、1.3、甚至0.1、0.2、0.002等，甚至更微小，那就是零数，就是圆。

但并不是说，我把动作分得很细，我的圆画得很圆，那就是太极了。不，关键是你的脑子是否有零数意识，这个意识，要体现在你对拳式的整个线路运行的关注中。例如，单鞭，左手从右向左画一大弧，你的脑子是整数意识，从右边的1开始，到左边的定势2，这就是整数意识。如果从1到2的线路中间的、所有的连接点，整整一条线都在你的脑子里，你的脑子一直在关注着这个运行线路上的一个个零数点，这就是零数意识。也就是说，外表上看起来1到2是一条线，这叫方，但实际上你的脑子里的变化是零数变化，这就叫圆。

3. 慢练是太极拳第一大运动特点

脑子去关注运行线路的零数变化，那这个拳肯定就打不快了（这是指练功的第一阶段）。

因为你的脑子，在随着线路的点点滴滴紧张地工作，怎么快得了。这就是太极拳的外方内圆。外形上拉出了一条直线，但内里的变化规律是零数变化，这就是圆。方者其形，圆者其神（意）。如果脑子里没有零数变化的概念，只是画了一个圆，那也不能叫作太极的圆。太极之所以要慢练，一是因为在慢练中是要感知，是否在微变化；二是在这种微变化中，你能否感知到？

需要注意的是，如果你打的拳很慢，也很匀，但你没用脑子的话，也即你仅仅是在做肢体动作，没有意识在其中，没有去关注拳式线路的零数变化，那你打的哪怕和人家一模一样，也不叫太极拳，只能叫太极操。所以才有这么一句话，太极拳是内家拳，练意不练力，用意不用力。

结语

①你的意识是否在按圆规律变化，脑子不能是断续意识。方和圆，是动作变化的两个规律，而不是外形的动作。

②太极拳之所以要慢练，是在练对零数变化的感知能力。把目前脑子里的整数意识状态，变成零数意识状态。记住一句话，太极拳是形方而性圆，外方而内圆。不是指动作。

用数来说理，其理是指导太极拳运动的法则。

九、定数与动中求静

从前边讲过的生数、成数，与以腰为轴，我们明白了打拳要以腰带手脚，打出来的拳的味道就不一样了。所以，概念很重要。

生数与成数，都是定数。如内圈的生数，1得4，2得3，最后的定数都是5；外圈的成数，6得9，7得8，最后的定数都是15。不管是内生之数，还是外成之数，都是一定数。不管它们内部的阴阳变化如何拆分，最后，都要得5或15。这个5和15，也不是数字的概念了，不代表大小了，而是以数来言理，代表性质和变化。

那么，这个定数在告诉我们一个什么道理呢？与太极拳又有什么关系呢？

1. 定数与内

我们打太极拳时，要遵循很多要求，比如，人人皆知的《太极拳十要》上面有两句话："口腹不可闭气""四肢腰腿，不可起强劲。"这两句话就来自定数，要求内部应是一定数。内，指的是你的呼吸，你的内部的气压，气不能憋着。如，人坐在这里，一个很舒适、很自然的状态，没有感到哪里憋得慌，这就是你一个天然生成的状态，这个状态，就要作为一个定数，要保持这个状态，即不管动作怎么做起来，不管阴阳怎么变，必须保持一定的状态。如果一开始有动作了，那个状态就变了，就跑了，不是这里顶了，就是那里憋住了，如膝盖一打弯儿，膝盖好累呀，总有哪里不舒服，这就叫憋上气了。这种憋气，祖先称为横逆之气。横，你的气要上这儿，我就当头一棒，横在这儿不让你过来；逆，你要过来，我就要把你推回去。这内里的气压的状态，就一定不是原来的状态了，即不是定数了。所以气不能憋着，要让它顺畅地流动。就好像在这儿，你抓它一下，它就流走了，你抓哪个地方，哪个地方马上要减少压力，跑到另一边去。所以打拳时，哪里觉得压力大了，别憋着，只要一感到憋，马上就把它放出去，这样，气就又回到了原始的状态，这就是在那里求一个定数。

最后，要实现一句话："气以直养而无害。"

什么意思呢？气必须走直线么？

直：顺畅，气要顺畅地运行，打出一种顺畅行气的状态，这就叫直养，也即求定了，也即里边的状态。老是一个气压，气就不憋了。

2. 定数与外

外，指的是你身体的外部，四肢。外部也得求一个定数。什么是外部定数的状态？首先，就是经常提的要求：松而不懈。换言之，不用力的最大位置。如太极六式基本功第一式，要在松而不懈的状态下运动起来，这叫守定数。如果手用劲儿前伸，那叫较劲；如果手臂弯下来，又懈掉了，这都叫没有守住定数。

这个度不大好把握，尤其在手外伸、上抬的时候，极易生阳，保持不住阴阳平衡。手回缩的时候，又没劲儿了，懈掉了，这都不是原来的那个状态了，也即没有守住外部的定数。

怎么办？既然一出手容易出阳，那就有意识地出手时要减阳。既然一收手容易减阳，那就有意识地要加阳。不管阴阳怎么增减，那个定数的状态都不能变。

太极拳在运动中，内外都在求定数，这就是前辈所讲的"动中求静"，即在运动中求那个不变的定数，只有守住了定数，才符合太极阴阳变化的要求。

3. 定数与推手

推手的至理名言是"舍己从人，以不变应万变"。如果像有人所讲，他怎么动，我就怎么动，等到他动的时候我再动，那早就晚了。推手实则在求定数。两人一搭手，就是一对阴阳，有一个压力，比如说这个压力是0.5千克的感觉，我就要把这个0.5千克的压力存在脑子里。守住这个0.5千克的压力，不让它变。他使劲儿推，我就要减力；他减力，我就要加力，目的是让两手间的压力保持不变。不管是谁加谁减，只有一个要求，脑子只干一件事：守住那个定数，保持那个一斤的压力不变。这就叫以不变应万变，随对方而守住那个定数。我其实并不知道加了多少，减了多少，我只需关注在这搭手的这一点儿上压力没变，这就是推手的第一步，在求定数。不是在练如何推人。

我们在练东西，练什么？在练守常应变。常，即那个不变的定数，那个一斤的压力。

陈鑫《陈氏太极图说》第8页："自然而然，不假安排，则所谓相者、卦者，皆仪也（体现出来的现象）。故天地间，万事万物，但有仪形者，即有定数存乎其中，而人之一饮，一啄，一夭，一寿，毫厘不可逃者。"

结语

①太极拳说的内定数，产生了气以直养而无害。
②外，能够守住那个成数的定数，就会做到外形上的松而不懈。
③推手中能够守住那个定数，就会做到以不变应万变。

这三者放在一起，就是太极拳最后要干的事儿，叫动中求静。静，即那个不变的定数，守住它，才会做到动中求静，所以定数很重要。唯有在打拳中用脑子去找定数，去守定数，你打的拳才是太极拳。

十、太极拳的动与静

太极拳的论述中有一些关于动与静的描述。如动中求静，动静相兼，动即是静，静即是动。

这些言语给现代习拳者带来不少困惑：动就肯定不静，静就肯定不动，怎么能动中求静呢？是不是要求心静？但哪一项运动能不要求心静呢？这并不单是你太极拳的要求呀！动即是静，静即是动，这又该如何来理解呢？

从现在的概念上难以理解。问题出在文化上。今人理解的动静，与古人讲的动静不是一个概念。

这个静字出自《道德经》第16章："归根曰静，是谓复命，复命曰常，知常曰明。"

静即是根。此句的整体解读是，一是事物有其现象和状态，二是事物有其根本的性质。也就是说，事物的现象和状态及其作用可以不同，可以千变万化，但其根本的性质不会改变。这种不变的性质，我们称其为本性，或曰性。

例如，人人熟悉的水。水有各种各样的形态，可以是平静的江河湖泊，或是掀起惊涛骇浪的海水。船在平静的水面上，人在船上会惬意舒适；但在波涛汹涌的船上，会令人呕吐。但水之性并未改变，它不会变成硬块儿，它也不会变得没了浮力，也不会变得容不下物体了。

再举一例，月有阴晴圆缺。月亮从月牙到满月，再到残月，直至它完全看不见，它的现象与作用一直在变化，但不管是十五的月亮又大又圆，把大地照得朦胧而美丽，或是阴历的三十左右，月亮完全看不见了，大地一片漆黑，但月亮这个天体可是永远都存在的。所以，本体不等于现象，这个月亮叫本体，本体是永远不变的，但不等于现象和作用也不变。

前人把事物不变的根本的性质叫静。

回到太极拳的运动当中。

太极拳论述中有一个词，体用。其实是两个词，一体一用。体，即身体，也叫本体，用的那个身体。

太极拳也叫道功拳，道体是虚无的，有言道本虚无，道的本体是虚无的，不是实体，看不见，摸不着，用在拳上，指的不是实体，不是我们看得见、摸得着的这个身体，而是指的内气。内气能产生作用，这个作用叫劲。内气之劲，可以产生出掤捋挤按採挒肘靠等。

那么回到主题上，什么是太极拳中的动与静呢？静是其根本不变的性质，动是身体的运动形态。在打拳中，要努力保持其基本性质不变。这个基本性质，就是那种虚无空静的状态，也即无极的状态。这个无极的状态，就是静。也即在运动中，本体要保持静的状态，保持那个不变的状态，求那个不变的性，这就是动中求静。

在打拳的预备式中，或在一个拳式结束时的定势中，似乎还比较容易保持那个静态，但一举手一投足，那种静的状态还能保持吗？很难！肢体一动起来，不是这儿紧了，就是那儿僵了，从头到尾，让你保持一个状态，是难之又难的事儿。所以我们太极拳要练功。练什么功？练在无极状态下能运动，而且始终保持那个无极状态。虽然是无极态，但将要生有了，要把这个无极状态放到即将出力的最大位置上，即要保持松而不懈的状态，这个松而不懈的状态即是本体，而本体即是静。

这个松而不懈的状态可以到处去运动，但要本体（即静的状态）不许变。千万不能一运动起来，这个本体没了。不管拳式如何千变万化，要时刻关注本体不变，这就是太极拳运动的一个最大的原则，动中求静，静中触动，动犹静。别看我动着，跟静是一样的。

要做到这一点，只能一个部位一个部位慢慢练。有方法，有过程，分阶段，等做到周身完全一样的时候，就叫周身一家了。

结语

①动静要放到太极文化中去理解，静是指那个不变的本性。

②作用是本体的表现，不管作用如何，本性始终如一，即道本虚无。

③练太极拳的本体，就是松而不懈的状态，无论动作如何变化，松而不懈的状态不能变。

十一、太极运动的第二大规律——阴阳相生与消息盈虚

1. 阴极生阳、阳极生阴，阴息与阳息

从太极运动的第一大规律——渐变规律中，我们知道了太极拳不同于其他拳。不仅要注意到动作的运行要渐变，而且意识也不能跳跃，也要按照零数的渐变规律来练。在太极的渐变过程中，产生出第二大规律，即阴极生阳，阳极生阴。

白天黑夜的变化，日复一日，年复一年；一年四季的变化，也是年复一年，循环往复，无始无端。这种循环往复是怎么产生的呢？见图5-15。

先天太极图

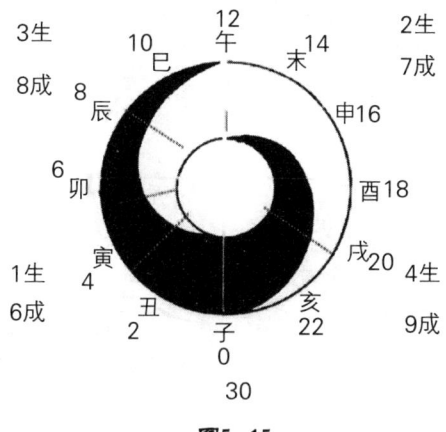

图5-15

阳到中午12点了，阳到了极点，长满了，要生阴了；阴到零点了，阴极了，要开始生阳了。没有这个规律，往复不了，循环不了。如果阳一直走下去，阴一直走下去，那会是一种什么情景呢？还能循环么？

这就是，阴极必生阳，阳极必生阴的规律，也即道无始终，消息盈虚，终则有始。

陈鑫的《图说》第33页就谈到了这种消息盈虚：天地阴阳之气，即如人呼吸之气，四时通是一样。但到冬月寒之极，气之内就生一点温厚起来，所谓息也。温厚渐渐至四月，发散充满，所谓盈也。盈又消了。到五月，热之极，气之内就生出一点严凝起来，所谓息也。严凝渐渐至十月，翕聚充满，所谓盈也。盈又消了。阴阳之气，如一个环，动静无端，阴阳无始，未曾断绝，特有消息盈虚耳。

在第34页又说道："天地阴阳之理，不过消息盈虚而已，息者，喘息也，呼吸之气也，生长也。古人之子，谓之息，以其所生也，因气微，故谓之息。消者，减也，退也。盈者，中间充满也。虚者，中间空也。"

这一段文字中，最需要解释的是"息"字。息，一个点儿，特别小，仅仅生了一点点，叫生机，刚刚生了一点点，叫一息。阳之极，生了一点点阴，这叫阴息；阴之极，生了一点点阳，这叫阳息。

这一点在太极图中哪里呢？如图5-16所示。

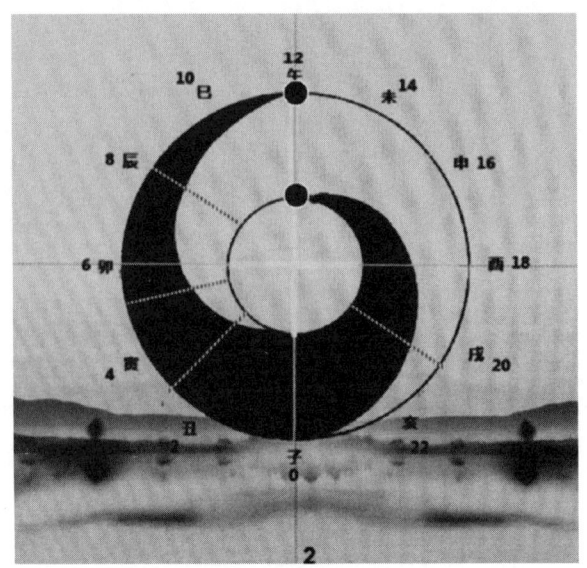

图5-16

在上端的下处，一点阴息就出现了，但你感觉到了阴了吗？没有，这一点阴息在阳里，但阳远远大于阴。

记住，阴息在阳里，但外表上体现出来的还是阳。阳息在阴里，但体现出来的还是阴。并非一开始生阴了，就能感觉到阴了；并非一开始生阳了，就能感觉到阳了。因为"息"，就那么一点点，一丝一丝地生，外边看不见的。

阴极生阳，阳极生阴，就这么一点一点地生出来的。所以，阴极生阳，外边看见的还是阴，阳极生阴，外边看见的还是阳，也即生阴不显阴，生阳不显阳。

再如图5-17所示。

图5-17

两个阴阳鱼，黑鱼中的一个白点儿。白鱼中一个黑点儿，这就是阴中有阳，阳中有阴。这个白点，即阴中的一点阳息；这个黑点儿，即阳中的一点阴息。这叫阴中有阳，阳中有阴，那个点是生之机，没了这个点儿，就叫气绝了。

这个一息，对日后打拳十分重要。打拳也要生生不息，循环往复，无始无端。但怎样才能做到呢？

2. 太极的渐变与阴阳相生规律在转关中的体现

太极运行的第一大规律，是阴阳渐变的规律，第二大规律是阴阳相生的规律。

太极生阴阳，阴阳混一，含而未发，称为太极。阴阳体现在外了，有了表象了，有了仪象了，称为两仪，即阴仪和阳仪。

阴阳的体现是非常多的，上下、大小、左右、前后、高低、虚实、开合、收放等，这都叫两仪，都是两仪的表现形式。这么多的阴阳表现形式，相互之间是有关系的，这叫一对一对的阴阳，也叫一对一对的两仪。

太极拳中阴阳的体现有很多，有前后，有伸缩，有左转右转，有向上向下。只要阴阳一动，不管怎么动，都要遵循阴阳变化的规律来运行。

首先是第一大规律，一动就要保持连续、匀速、缓慢的渐变规律。更重要的是，不仅四肢身体在渐变，而且你的脑袋，即意识不能跳跃，也要渐变。

其次，要遵循太极运行的第二大规律，即阴极必生阳，阳极必生阴的阴阳互生规律。比如，我的手前伸，这叫阳，手伸到最大位置了，要收了，这叫要生阴了。如果在阳极的位置，你看到我的手在回缩了，这就不对了，因为阳极了生阴，是生的那一点点阴息，一息，是非常微小的，你外边根本看不到的，等到你看到我的手在走阴了，那已经走了一会儿了。这叫生阴不显阴，生阳不显阳。因为这一生，生的是那一点点的息，你外表上看到的仍是阳。就像那个太极图，最上端中午12点，要开始生阴了，阴息在下端已有一点了，但你感觉到的仍是阳，而且这个阳还非常大，如果生阳见阳，生阴见阴，不仅动作外形，更重要的是，你的脑子已经产生了跳跃，这叫接头转换处没接上。没有那一息的出现，也即没有按照渐变规律，没有按照阴极生阳、阳极生阴的规律做好这个转关处。你的拳尽管可能很慢，但仍是断续的。

转关处是看不见的，如果不是生出来的就不对了。所以太极拳的转关处极为重要，这个转关处，就是阳极生阴，阴极生阳的那个一息的地方，所以也称，阴为阳根，阳为阴根。

所以太极拳最后称一气呵成，整套拳架的每个式子之间都是连接的，就像流水一般，外边是看不到转关点的。如果外形上看到动了，那已经是你的势了，而我们要关注的是那个机，动之机，即动之微，特别的微，特别微小的动，那个动机，就是那个息。

想起李建伟老师说过，我在那个机上玩儿呢，而你还在那个势上玩儿，咱俩没得玩儿。

所以练太极，要知机知势，要得机得势，看到动了，那个机已经发展成势了。我们要把那个机连上，也即用那一息连上。

所以《太极拳论》里这么讲："太极者，无极而生，动静之机……"

太极拳练的是机，而其他拳练的是势。但如果脑子里不明白这个道理，不知道这个机，那就不会知道怎么练，就不会明白这个转关怎么转，大小、上下、前后、开合、虚实等，全凭转关在其中，都是这个规律。

即一是所有的位置的运动都是渐变运动，二是太极要遵循循环往复的规律走下来一趟拳，一定是阴极生阳、阳极生阴的规律。这个生字很重要，生不是变，是需要过程的。这个生，叫生生不息，一生就是一息，有这个息，才叫生出来的；没这个息，叫做出来的。一旦有了这个生机，就有了转关，以后再看拳，就要注意看转关处了。

3. 转关中的阴息与阳息体现出你的太极味

阴息在阳中，阳息在阴中，生阴不显阴，生阳不显阳，转关中要看的就是这一动之机，即那一个小小的"息"。

以揽雀尾为例。杨老师按传统打法做24式拳的揽雀尾，掤捋挤按这几个动作演示，康老师在每一式的转换处都会说两个字：不对。

为什么？向前掤了，马上看到你在向前；掤转换捋了，马上看到你转回捋了；再接挤了，又界限分明地看到你搭手前挤了；转按了，双手一下子就回来了。

正确的打法是：注意看转关处那一"息"有没有。前极了，即阳极了，要生阴了，要生出那一点点的"阴息"来，但外观上仍显示的是阳，手似乎还在前伸。但意识已经在往回走了，人还没往回走，那一点阴息在慢慢长大，长大了你才能看到。

阴极了，要生阳了，但在刚开始生阳时，你还看不到阳，等到你看到阳了，那已经成"势"了。

没有那一息在转关中，你看到的是前后，看到的是"势"，而太极拳练的是"机"。

太极者无极而生，动静之机，阴阳之母也。还有一说，要得机得势。

如果没有机，只有势，那练的就不是太极，因为你那个势，不是生生不息生出来的。

但如果脑子里没有那个"息"的概念，你的动作就不是生出来的，只能算做出来的。

所以六式基本功的第一式的起点要特别慢，就是在练这个转关之息。

太极拳最关键的地方在转关处，这里主要是脑子的区别。要有意识在先，意识一动，动的是生机。脑子里，有息的概念与没有息的概念，打出来的拳的味道就不一样了。

太极拳最重要的是在练机，而不是练势。

十二、消息盈虚之机与势和推手打拳的关系

1. 发展壮大的息与盈

（1）本体与作用

通过观察月亮天象，古人告诉我们两个概念，一个叫本体，一个叫作用。所有的事物都具有这一特性。本体是不变的，叫静；作用是变化的，叫动。这个动静，与我们现代物理学上的动静是不一样的，即静为本体，动为作用。动产生了变化，产生了不同的作用与效果。

（2）何为息

古人从事物的千变万化中，提炼出了有规律性的东西，而这个规律又是不变的。仍举月亮的变化过程为例。从看不见，到露出一个小月牙儿，再到逐渐变成大的月牙，再到半个月亮，继而大于半个圆，直到圆圆地完全露出来，这是一个完整的变化过程，周而复始。古人把从初始到不超过一半的变化称为息。

息，微小也，生长也。

即由微小不断生长发展的变化过程，叫息的过程。

（3）何为盈

下一部分，超过了息的阶段，叫盈。

盈，息之极也，壮大，充满也。

即不断壮大饱满的变化过程。

月亮，不管人们是否看得见，那个本体一直存在，是不变的，但其形象与作用一直在不断变化，这个变化是有规律的。

其实任何事物都是这样。一个公司从成立到一点一点、一步一步发展、逐渐壮大，这是一个息与盈的阶段。

这个阶段的变化，是不可逾越的。有人着急，光想一下子把公司壮大，这是违背自然规律的，不可能的，就像月亮不可能一天就变圆一样。

练拳也是从息到盈的变化。千万不能想着，今天听课，明白了，明天功夫就上身了。只管不断地、一步一个脚印地去做，只要你的本体不变，练拳的初心不改，每天去做，慢慢就会走向盈的阶段。所以练太极，至少要有3年打基础的阶段，也就在走息这一段。

推手是盈的阶段才会产生的现象和效果。

2. 削弱衰竭的消与虚

（1）何为消

月亮的盈满之后，就开始了圆缺，往回走，先藏起来了一点，一小部分，露出的还是大半个圆，到只有半个圆了，再继续走下去，小于半个圆了，渐渐隐藏起来的越来越大，外边显现的越来越小，直至看不见了。

这又是分两个阶段：第一个阶段，是从圆开始逐渐削减，虽然在消减，但大部分还露在外边，直至露出一半。

这个阶段，这个过程叫消，消息的消，消退的消。

（2）何为虚

第二个阶段，再继续往回缩，藏的部分大于显的部分，直至看不见。这个阶段过程称为虚。

消，减也，退也。即不断减小、退化的变化过程。再继续减小退化，到消之极了，此时叫虚。

虚，消亡也，空无也。即不断消弱泯灭的变化过程。虚而弱，然后没了，空无了。

息极则盈，消极则虚。

这是事物发展的过程。从息开始，息之极，盈了；盈之极要消了；消之极要虚；虚之极空了。即息、盈、消、虚这一过程，也即从生长开始，逐渐到消亡的过程。这个过程是不可逆的，这叫规律。客观规律如此，否则就没有了循环往复了。日复一日，季复一季，年复一年。息之极则必盈，盈之极则必消。

做事也要经历息盈消虚这一过程。是虚而亡，还是又来一个新的息，就不一定了。如果不再生息，那就气绝而亡了。如果虚之极能生息，那叫生生不息，循环往复。

如有很多的企业从小到大再到消亡，有兴盛的时候，但最终倒闭了。也有的企业在经历了息盈消虚的过程之后，又开始了新的息。如无线通讯。从一开始原来的兴盛的大哥大，到大哥大被淘汰，但无线通讯这一本体没有消亡，它在不断地更新更迭，直至今天的互联网，经历了不断的息盈消虚的过程，但呈现螺旋式上升的模式，这就是生生不息。

所以要推陈出新，让息盈消虚不断地能够循环往复，保持本体一直都在。

但为何古人说消息盈虚，而不是按照顺序说息盈消虚呢？为何把消与息放一块儿呢？因为这两个都小，一个是阳之小，一个是阴之小；盈与虚，这两个都大，一个是阳之大，一个是阴之大。

我们平时说打听一下消息，看有没有什么消息，其实就是刚刚露一点点头的状态，也不确定到底是阳之息，还是阳之消。

太极拳前辈把此消息盈虚，用到太极拳术上有这么一句，欲知其中真消息，须寻脊背骨节中。

这个消息，是指要搞明白是在哪个阶段，是在生长的息的阶段，还是在消的灭的阶段。

如果不认识消息盈虚是事物，也包括拳式运行的不可抗拒的自然规律，那么就不可能掌握引进落空这一典型的太极拳的功能。没有功能，何来功效？

3. 消息盈虚知机势

明白了消息盈虚是事物发展变化的基本规律，本体不变，看到的是作用与现象，这种规律是不可逆的，都要经过这一变化过程。那么，我们能否把握事物发展变化的规律呢？

康老师用道具演示出一个小月牙儿，在没有告诉你这个是要出还是要入的时候，往往判断错了，不知道是息还是虚。

如果了解这个月牙儿是新月，或是残月，那就知道了它是在息的阶段，要慢慢长大变圆；或者是在虚的阶段，要慢慢地隐藏起来不见。即使在隐藏起来不见的时候，但本体一直都在，它一直在动。

这个息与虚，告诉了我们事物发展的趋势。

这个外表上看不出来动的,叫"机";动了就叫"势"。

在消息盈虚的变化中,到处都有机和势。最重要的是要辨别是什么机。知道了是息之机,就知道了其发展趋势是盈;知道了是虚之机,就明白了其趋势是要消亡。

用在拳式中,要把握住消息盈虚的机和势。有了知机的能力,就有了人不知我、我独知人的功能基础,才能做到引、进、落、空。

4. 消息盈虚的机与势和推手的关系

消息盈虚是事物发展变化的基本规律,要好好把握其中的机和势。用在拳术中,也是天人合一,就是消息盈虚。

陈鑫《图说》第34页:"天地阴阳之理,不过消息盈虚而已,故孔子尚消息盈虚。打太极拳亦是消息盈虚。"

那么推手作为太极拳训练中的一种有效的方式,与消息盈虚有什么关系呢?

大家都在讲,推手是在练听劲,两个人转着圈推来推去。

在练什么?在练听劲呢!听什么呢?在听消、息、盈、虚。

如果不知道消息盈虚中的机与势,就不知道要感知什么。那你怎么来知人?如何能控制人呢?

两人一搭手,被推的一方就在感知对方推来的手,是在消息盈虚的哪个阶段。刚开始叫息,然后他推来的劲儿变大,叫盈;又明显感觉到他劲儿变小了,这叫消;最后他自己停了,叫虚。他的手伸出的过程就是一个消息盈虚的过程。

被推者在感知他处于哪个阶段,要等盈过去了,在消与虚这一阶段再动他。用我的盈来对他的消与虚,这叫以实击虚。不能盈对盈,那叫顶,要等到他到了消虚的阶段再反击。

这叫听劲。

不知消息盈虚,推手转圈,推一辈子都没用。

想起毛泽东的游击战有四大原则,也叫十六字方针:敌进我退,敌驻我扰,敌疲我打,敌退我追。其实就是消息盈虚的典型应用,也即引、进、落、空。

太极推手不外乎引、进、落、空。这是四个阶段,也即消、息、盈、虚。

5. 推手中的消息盈虚与引进落空

(1)推手在感知对方的消息盈虚

为何要练推手?练什么?怎么练?

通过推手，在练听劲，在感知对方的消息盈虚。对方一出手，目的是要推我，他这一伸手的过程中，就有了息、盈、消、虚，这是自然规律，不可能颠倒，他必须走完的。因为我知道这四个阶段是必然的，我就通过手，用心在感知对方的劲处于哪个阶段。知道他息了，就知道他接下来一定是盈；一旦他盈了，知道他之后一定是消，消过后一定是虚，因为这是客观规律。对方动了一点，我就知道他下一步要干什么，这就是彼不动，己不动，我意在先；彼微动，己先动，我意仍在先。因为对方不知此规律，所以人不知我，我独知人，我把握住了消、息、盈、虚这四个阶段，就对其产生了控制。表面看来，我在随对方，但舍己从人，从人仍由己，因为这个发展趋势，是我在把握，我能让对方跟着我走，然后我能运作出它的效果来，也即引进落空。

引进落空是太极拳的特点。如果有人说，我一推，没推着，这叫引进落空。不是这么回事。

（2）消息盈虚与引进落空的关系

康老师前边一直在用盘子代表月亮在讲消息盈虚，现在请看《图说》第34页的太极图。（图5-18）

图5-18

图的左边，白色的，就是你的劲，阴阳变化了一圈儿，走了一个息盈消虚，从息开始（左下），我知道你的过程了，我要干四件事儿，即要引进落空。你在"息"这里（左下），在息的这一阶段，我在引你进；在盈这里（左上），我在操作进；然后，在消这一阶段（右上），我在操作落；在你虚的阶段（右下），我在操作空。

在你息盈消虚的各个阶段，我在操作引、进、落、空。

用推手来演示。

演示：康老师和丁老师一搭手，丁老师说，我不用力去推你，看你怎么办。如果丁老师不推，那这个推手就没得玩儿了，怎么办？敌驻我扰，康老师就去刺激丁老师，往丁老师身上使一点劲，刚一使劲，丁老师也使劲了，康老师越加大使劲的力度，丁老师也就劲越大，这样，康老师就引导丁老师走了两个过程，一是息长了出来，二是他的盈也出来了。但他并摸不到东西。这时丁老师的劲要消了，在丁老师的消的过程中，他要找到支撑点，否则他站不住，他得有一个支点，他要有一个落着点，康老师就让他落，让它落在空地，他就失重了，也即康老师让丁老师的消和虚没了着落，丁就失重了。

至于丁老师的行走路线、方向、方位、位置，都可以变，不见得只能往前。但引进落空的活儿没有变，是康老师在操控。

在整个的过程中，第一，在引他出来，逼他出劲，这时他的息出来了；息出来了，要让他进来（这叫不丢不顶，否则你去硬碰硬，引进的劲就没了）。只要出来了，就由不得他了，就要控制他了，让他长大，往后就一定是他的消了，就让其落，他虚了，就给他个空，让它落到空的地方，回不去了，失重了。

如果不懂、不明白消息盈虚这四个阶段，就没办法进行引进落空的操作。看起来，康老师在随丁老师，但这是舍己从人，从人仍由己。

结语

不懂劲儿的消息盈虚，就不知道怎么引，谁在引，往哪儿引，如何空。所以消息盈虚是引进落空的理论基础，是传统文化在太极拳中的运用，是功能的体现。那么如何在自己打拳中，找到自己的消息盈虚呢？又如何在行拳走架来运作消息盈虚呢？

6. 拳式中的消息盈虚

在两人的推手中，懂得消息盈虚的甲方，在感知乙方的消息盈虚，用自己的引进落空来控制乙方的消息盈虚。那么打太极拳亦是消息盈虚。消息盈虚这4个阶段在个人单练时，如何感知呢？因为唯有先练知己，才有可能知人，所谓七分知己功夫，三分知彼功夫。

以24式太极拳的野马分鬃为例。

息：从起势的下按的定势开始，双手刚开始微分张，这就是息；

盈：双手继续抬起张开，张到最大化了，这个过程是盈了；

消：双手交叉相合；

虚：双手相合到了极点。

这是第1动的4个阶段，接下来又是一个息盈消虚。

息：由双手臂的交叉相和，要分开了，这时是微分。

盈：双手分开，左手左上、右手右下行，越张越大，这是一个盈的阶段，此阶段较长。

消：左手基本到了极点，右手也已按到了胯侧，已经不可能再分了，这时，已经出现了回收之意。

虚：最后定势时，双手已到了极点，停了下来。

一个野马分鬃，经历了两个消息盈虚的阶段。

每一个拳式，可能有一个或几个消息盈虚的过程。每动的萌动阶段叫"息"，外展的阶段叫"盈"，盈到头了就要"消"了，最后定势叫"虚"。

但太极拳如行云流水、循环往复，怎么循环呢？每两式之间如何衔接呢？

7. 机与势相连才能一气呵成

前面讲过，个人行拳走架，也是在走消息盈虚，一个消息盈虚接下一个消息盈虚。

前面还讲过机与势。消息盈虚的过程就是势的过程。外表上看得见的过程，叫势。那个蓄势的过程叫机，外表上是看不见的，所以叫内动不令人知。

在每两个消息盈虚之间，就是这个外表上看不见的机在串连。所以前辈讲，这个动作的结束，就是下一个动作的开始，也即这一式的消息盈虚与下一式的消息盈虚之间有一个机。机，看不见，它在酝酿下一式的走向。下一式的走向，在机这里已经形成了，所以太极拳打起来如行云流水，绵绵不断，势变成了机，机又产生了新的势。外表上看来似乎在势与势之间，也即一个息盈消虚与下一个新的息盈消虚之间似乎有停顿，有静有动，实则内里在走机，根本没停，一直无断点。也即机在连接所有的势。

现在再来看看前辈讲过的一些言论，似乎更加明了，知机知势，得机得势，生机勃勃，一动无有不动，一静无有不静，动中有静，静中有动，劲断意不断等。这些前辈的言论并非理论，而是指导实践的特别关键的原则。

现在所讲的还是动作层面，以后到了内劲阶段也是一样的。

十三、太极拳与周易的关系

1. 太极拳的机与势与周易的关系

周易是指导太极拳运动的理论基础。

康老师通过动作演示了这个阴息和阳息（即动机）在哪里？应该怎么处理？

（1）"机与息"造就了太极拳运动的连绵不断

通过学习，我们明白，太极拳之所以又叫长拳，是因为它连绵不断。看起来太极拳在动，但有时又似乎没动。何时没动？在阴息和阳息那个点上没动。

但实际上，太极拳一直在运动，在任何时候都在动。当你看到它动的时候，毫无疑问它在动；你没看到它动的时候，实际上也在动。在"机、息"的时候，也是在动的。而这个动，你外表上看不出来。当你真正看到动作的时候，那是在"势"的时候。

所以，动分为两个阶段。一个是你看得见的动，叫势；一个是你看不见的动，叫机，也即息。

（2）周易是指导太极拳运动的理论基础

所以，当有人问康老师，我打的拳对吗？康老师真不好说什么，因为你打的哪儿都不对。为什么？因为你没按太极的运动规律去做，而根本的原因是你不了解太极运动的理论基础是什么，不知道是哪些规律。

周易的理论实际上在指导太极拳运动。

所以陈鑫在写《图说》这本书时，为了让大家深刻地了解太极拳，认识太极拳，他前边几十页书里根本没写拳的事儿（后边全都是写拳了）。他把拳所必需的知识放在了前边，因为先得把这些东西搞清楚，学拳先明理。为什么呢？因为明白了这些知识，才能看懂后边讲的拳，后边都是拿这些知识在讲拳。所以周易与太极拳的关系十分大。

2. 周易即现象和性质对应关系的一门学问

（1）太极的两仪与四象

通过前边的学习，我们已经明白了无极、太极与两仪的概念。四象当然也与太极有关系。

先谈仪与象。阴阳体现了，叫仪象，大象的象，形象，现象，表象，照像（把我的形态显示出来）。实际在古代，这"像"通"象"，是通假字。

说文解字：象也者，像也。这个象，就是像，即体现事物的形象。它的表现形式叫象。

世上万事万物，万形万象，但是否我们看到的现象，就一定是该事物的真相呢？不一定，很多时候，我们看到的现象，把我们蒙蔽了。比如，电视里的传销案例，骗了很多人，但刚开始时他拿了很多免费的产品送给你，最后要搞活动，要免费送一系列东西给你，于是许多老年人去了，这时你所看到的现象是不要钱的，而实际上，最后，所有人都花了钱，而且是大价钱。

他表面上说不要钱，而目的就是让你去掏腰包、掏钱。

很多现象与背后的事实并不一致，你看到的现象，把你给骗了。你认为是这样，实际不然。例如，我们看到太阳东升西下，是太阳在围着地球转吗？不是，实际上是地球在围着太阳转。月亮是在围着地球转，这倒是真的。

（2）易经的产生

· 现象与性质之间是何关系？

我们先人看到万事万物的变化产生了这许多现象，这些现象产生的根本原因、基本因素甚至根本性质，有时跟事物的表象是一致的，而有时你看到的现象与真正的东西并不一致，甚至截然相反。所以他就开始对各种不同的情况进行总结、分析，哪些看到的现象是真相，哪些看到的现象是假象，如何去判断事物的现象和其变化之间的关系，等等。最后，经过长达千年的观察与归纳，一个一个总结出，然后又归纳在一本书里，这本书即《周易》。

《周易》是干什么的？是卦，叫卦像。卦，即悬挂的谐音。

对卦的最简单的解释是：我有一个现象，我把它挂起来看，通过挂起来的表象，分析其现象内在的规律，以及与性质之间的相互关系。分析此现象是由什么原因造成的，是什么性质产生了这种现象。通过深入细致的研究，透过现象，看到了其本质，即现象背后的事儿。然后，他开始说像，逐渐形成了我们所知道的像说。

· 这个象，又有一个解释，叫道理。

老子《道德经》："执大象天下往。"大象，即大道理。此言即，看着现象给你说道理。

他看了现象，知道了是什么样的因素产生了这种现象，推断其背后性质的变化，会往什么地方发展。这些都是从《周易》来的。

"周易"即现象和性质对应关系的一门学问。如果我们不知道现象和性质是怎样对应的，那我们就只能看表象了。

如前文所讲，我看到你打了几个拳式动作，由于我对太极拳的性质有很深的认识，我会通过你打的这个拳的表象去看你后边的性质。如，你一动，我说错了，为什么？我看的不是你的动作摆到哪儿了，标准不标准，漂亮不漂亮，我是通过你的状态，去看背后是什么性质。因为你没有动机，一看你的状态，就明白你脑子里没有渐变、零数变化这些概念，你并不懂得这些太极规律，所以你也不可能运行这些太极规律，充其量是艺术体操。

所以说，内行看门道，外行看热闹。门道，即里边的道理，外行看的是你现在在干什么，没看你里边在干什么，他看到的外边是什么就是啥。

· 何为四象？

我们的前辈看到了万事万物的现象和性质之间的关系、表象与内涵的关系、形象与规律的关系，然后进行了淋漓尽致的归纳总结，最终，把这四大类现象和性质之间的关系叫作四象。（图5-19）

少阳、太阳、少阴、太阴，这就是四象。阴阳一变化，有万形万象，但这万形万象，归根结底就是这四象。

比如，世界上有70多亿人，但只归纳出两大类人——男人和女人（中性人、变性人除外，那是个案）。

图5-19 伏羲八卦方位（详说列后）

结语

你眼睛看到的未必是真的，现象和性质有时一致，有时并不一样，甚至可能相反。

那么两仪与四象究竟告诉了我们什么呢？

十四、太极、阴阳、两仪

1. 太极是阴阳之母，太极是中，太极是一

王宗岳的《太极拳论》，开篇即言："太极者，无极而生，动静之机，阴阳之母也。"

前边通过对河图的讲解，知道了中数；通过对中的讲解，认识了太极。（图5-20）

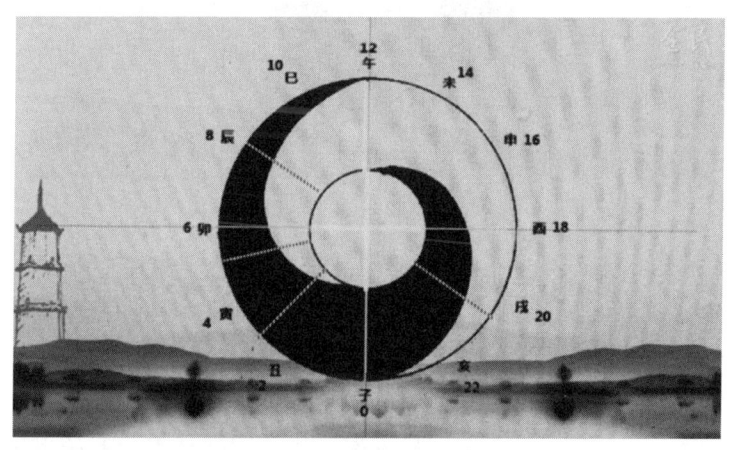

图5-20

太极就是中间的那个白圈，它里面有阴也有阳，但外边什么也看不见，并没有体现出阴阳，阴阳藏在其中，含而未发。有发的动机吗？有。动了吗？没有。

又说太极"一"也。"一"是什么？一个东西，没分呢！这个一，有两个方面，但都没有发出来。

动之则分，静之则合。谁动？太极动，一动，就要分阴阳了。

2. 易有太极，是生两仪

什么叫仪？仪，指的是人的外表或举动。比如仪态、仪表、仪容、仪像。总之，要体现出来一个表象，展现出一个形象，而且要让人能够看得见。不是指内含不露了，而是要体现在外头了。所以，有所体现的才叫两仪。

阴阳含在里头，没显露出来，外表上看不出来，那叫太极。阴阳体现在外面了，能看见了，那叫两仪。

3. 两仪生，变化起

《周易》有："一阴一阳之谓道。"道是什么？道是宇宙万物发展变化的自然规律。而这所谓的变化，就是这一阴一阳所产生的变化。阴阳在如何变化？请再看太极图。（图5-21）

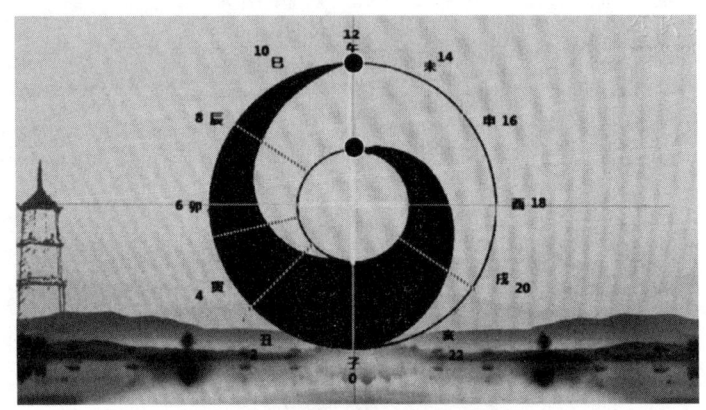

图5-21

从最下端的零点开始（也是阴的极点），一变，就要生阳了，阳越来越大，到了6点，天已经蒙蒙亮。阳继续增大，到了中午12点，阳到了最大，最上端的阴影已经没有了，但下端开始生阴了，见图中的黑点。

再看右半圈，最上端12点的位置，阳到了极大点，但阴在下边开始出现，继续慢慢地向右、向下运行，阳开始逐渐变小；阴，从里边开始慢慢变大；到了下午6点，天已经开始昏暗，阴阳的比例各占了一半。到了夜里24点即零点，阴到了极大点，最下端已经看不到阳了，但同时上边也就开始出现了一点阳，看下图中的白点。（图5-22）

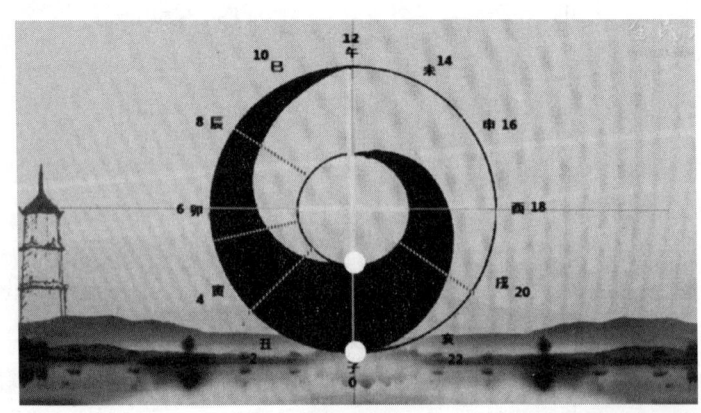

图5-22

在这周而复始的阴阳内生外成之中，我们看到阴阳一直在变化，但不管怎么变，有阴就有阳，有阳就有阴。生于阳而成于阴，生于阴而成于阳。每一个景象的形成，一定是既有阴也有阳，最上端阳再大，也有阴在里头；最下端阴再大，也有阳在里头。

这就是阳中有阴，阴中有阳，永远不可能出现孤阴、独阳的现象。所以前辈才会讲，孤阴不生，独阳不长。只有阴或只有阳，那这个世界就不存在了。

世界上最大的变化规律，即一阴一阳的变化规律。阴阳永远在相互变化，这个变化的过程是缓慢的、均匀的渐变过程，阴极了就会生阳，阳极了就会生阴，而且阴阳永远是合体的。

结语

· 太极是阴阳未发的状态，但内里含着阴阳。
· 太极动，阴阳生。
· 含而未发的叫太极；动了，发出来的，外面可以看得见的，叫两仪。
· 两仪是阴阳的外在体现。
· 阴阳永远在变化其比例。阴不离阳，阳不离阴，任何时候不可能孤阴或独阳。

十五、四象之变

1. 四象之少阳

从无极到太极，再到阴阳，阴阳分为两仪，两仪，又生出四象。四象，是前人对世上万形万象万物的四大分类，就如同中国人有14亿，但都可以归属于12个属性。

四象，即少阳、太阳、少阴、太阴这四种性质。（图5-23）

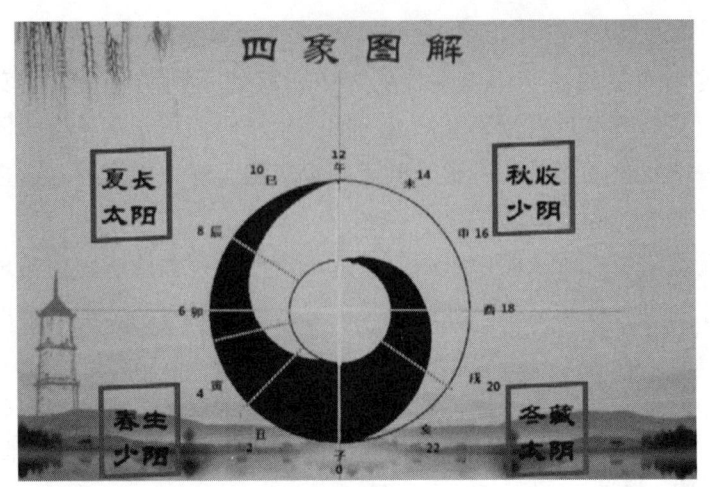

图5-23

在此四象太极图，过中心点，画上下左右一个十字线，太极图分成了4块。阴阳变化了一周圈，既可看作一天的周期变化，也可看作一年的四季变化。

请看左下1/4区域。

这1/4区域中，即春生少阳这一区域，为何叫少阳？请把此区域内任意一点向圆中心画一直线，外圈中的黑白，即阴阳之比例都有一个特点，即阴大于阳，阳小于阴。直到左右直线位置，即春分的位置，阴阳才一样大。

见下面的节气图。（图5-24）

图5-24

从冬至到小寒、大寒、立春、雨水、惊蛰，这是春季。在春分的时候，横线位置，阴阳比例一样大。在春生少阳这一区域内，这是太极图的左下半圈，即性质是阳性，因为内圈在一点一点地升阳，阳越来越大，但内生之阳的大小，没有超过外边所成之阴，外部的阴，都要大于阳，也即阳少，所以叫少阳。但记住，其性质是属于阳性，也即阴象阳性。

阴象阳性意味着什么呢？来看看春季的天气。春天叫少阳，从冬至开始，阳在长，阴在减。但也是从冬至开始了数九寒天，天气十分寒冷，阳虽然在长，但没有长过阴。

所以别以为到了春季，天气就暖和了，看看太极图就明白了！黑色（即阴气），远远大于白色（即阳气），这就是少阳的特性——阴象阳性。所以中国民间有一说法，春捂秋冻。春天的寒气是伤人的，春天可不敢随便减少衣服。而且，更令人不曾想到的是，春天的寒气中是携带着一个阳性的，寒气携阳而上，是带有攻击性的，带有穿透性，是要伤人的。春天天气预报的温度，哪怕和秋天的温度是一样的，但给人的感觉可不一样。

2. 四象之太阳

少阳之后是太阳，见图5-24，左上1/4。

何为太？物之极大者，太也。极大的大，叫太。如，极大的空间，叫太空。

太阳（老阳）有何特点？看上面四相图。

过了春分，清明—谷雨—立夏—小满—芒种—夏至。一过春分，阳，开始逐渐大于阴。这时，自然界给人的感觉是，天热了，开始脱衣服了。事物的现象和性质是一致的，这叫太阳。所以看到一事物，要注意洞察。洞，即穿透进去看，看里边，看后边到底是什么性质。

有的表现象与性质不一致，或者相反，那叫少阳。还有很多时候，看到的现象与性质一致，那叫太阳。

到此，我们说了一半太极图了，即左半圈的图。左半圈儿在升阳，叫阳仪。阳仪，生出了少阳和太阳。

物之极大者，太也，比最大的还大，就叫太，所以，太阳是阳气最足、最大之所在，对应夏季，它是阳象阳性，表里如一的。

3. 四象之少阴

太极生两仪，阳仪和阴仪。太极图的左半圈，是阳仪，阳仪生出了少阳和太阳。而右半圈是阴仪，阴仪又生出了少阴和太阴。

少阴，在右半圈的上方，阳极了，开始生阴，阴从里边开始，一点一点生长，阳气在渐渐地收敛。但在此1/4圈内，画任意一条线，其中的阳都大于阴。

所以秋天的温度，哪怕和春天一样，却不感到寒意。在此阶段，从外相上看，阳仍然很大，但里边的性质，已经是在生阴了，也即阳象阴性。

在此阶段是秋季，树叶都不再长了，而是要变黄了，向成熟衰败走去；果子熟了，要掉下来了，要秋收了。为何叫金秋十月？不是说果子变成金色了，而是说这个季节在五行中是金性，金性为收敛之性。

阳气本来是发散的，所以春天的内阳尽管很小，却有攻击性；但在秋天这个季节，阳气在收敛。阴气本来也是收敛的，所以，不到立秋之后，不会感觉到凉意，春捂秋冻，道理即在于此。

4. 四象之太阴

接下来看太极图的右下1/4，一过正中的水平线，即秋分的位置，在任意一点过中点画线，会看到阴都大于阳，这是冬藏的季节，阳气进一步下降，慢慢接近于零，而阴在慢慢长大，直到极阴。

太极图的右半圈，整个是阴性。从外相上来看，右下方这1/4也是阴象，即阴象阴性，叫作太阴。

四象小结

太极是阴阳混一，外表上，既没显阴，也没显阳。太极一动起来，阴阳两个性质就产生了变化。阴阳转一圈，这种性质的变化产生四个大的性质和现象，即四象。四象的不断转换变化，给我们带来了四个季节，即春生、夏长、秋收、冬藏。

四象之变，有四种情况，阴象阴性，阳象阳性，这两种情况是外象和性质相合，叫太阴、太阳。还有两种情况，象阴性阳叫少阳，象阳性阴叫少阴。

从左右两半来分析，左边是生阳的，属于阳性；右边是生阴的，属于阴性。

这就是太极运动。太极动，一定有阴阳的变化，只要变化一周，就有四象之变，这种变化的现象和性质，是遵循一定的规律的：太极动，则阴阳生；阴阳动，则四象生。四象之变，一个不能少。顺序不能跳跃，也不能逆转。不能冬天一下子跳到夏天，也不能春天一下子倒回到秋天，因为自然规律是不可改变的，也是不以人的意志为转移的。

5. 太极拳与太极四象的关系

首先要明白，《易经》已经有几千年的历史，而太极拳才几百年的历史，也即先有了太极的理论，而后才有太极拳运动。太极拳运动，唯有顺应太极的规律，按照天地阴阳自然变化的规律来打，才能叫太极拳。

因此打太极拳要有阴阳的变化：阴阳变，两仪生，两仪生四象。先辈给了我们这个太极图，将所有的太极运动的道理通过这个图告诉了我们。

所以要先学会太极的基本知识。如果我们认为太极拳就是在画圈，就是在走圆，而不真正明白其中的阴阳变化规律和其中的道理的话，那我们只是在画一个动作，一个外形上的圆，动作也可能很圆很慢，但并不明白阴阳在如何转换、四象在如何变化、性质在如何转换，不明白这个圆与我们的传统文化的内涵到底有什么关系，跟天地变化的运行规律有什么关系，那这个圆，就不是太极之圆，所以就不能叫太极拳。

6. 四象之变与太极拳

自然界万事万物的现象与性质之间的变化对应关系，我们称之为四象之变。从太极生出两仪：阴与阳；两仪又生出四象：少阳、太阳、少阴、太阴。

气象运行一周，产生了四象。这四象对应地上的四季变化，即春夏秋冬，这叫太极的变化。

那么在太极拳的运动中，我们所打的拳，有没有这四种现象和性质的变化呢？能体现出这四种功能吗？

先从肢体动作来看（先不说内力）。

①伸出一条手臂，这个前伸的动作，是阳象；手臂缩回，是阴象。

②两人搭手，甲方伸臂，这是阳象，他在出劲，这是阳象阳性。

③甲方手臂被乙方顶回，甲方在后退中没劲儿了，这叫阴象阴性。

在这一伸一缩之间，甲方的动作只有两个性质，即一阴一阳。往外伸时，阳象阳性；往回缩时，阴象阴性。在这一个往复动作中少了阴象阳性，还少了阳象阴性，即少了少阳和少阴。

见图5-25。

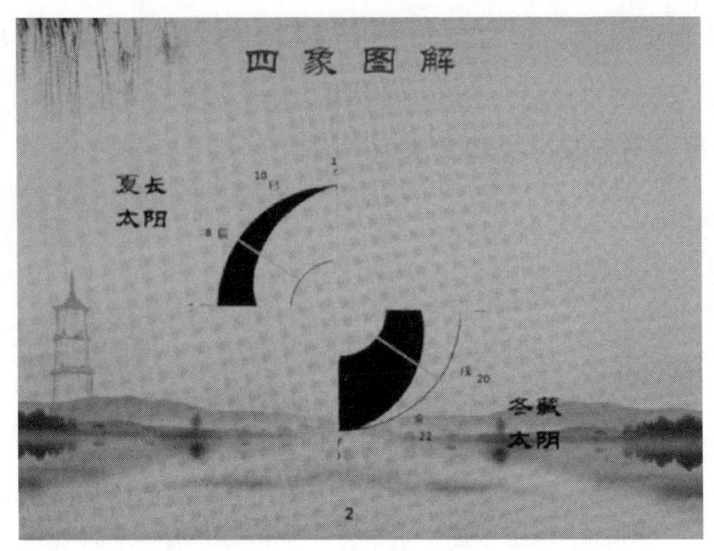

图5-25

那么,阴象阳性(少阳),阳象阴性(少阴),应是一种什么状况呢?

·少阳:缩手时,力量放出去,阴象阳性。

·少阴:伸手时,力量收回来,阳象阴性。

康老师和丁老师搭手演示:

·丁老师伸臂加力,康老师也推,但丁老师朝康老师的身前栽了下去。这是因为,康老师做了一个阳象阴性的动作,让丁老师感觉到康老师的顶劲仍然很大,但却被吸了进去。

·丁老师推康老师,康老师回缩手臂,但劲儿却变大外出,也即收手时力量放出去。

这就是道家的反者道之动,这是两个反向的性象关系,即劲力与动作相反。

而目前,大家只会做同向运动,也即目前的练习只有太阴、太阳,这是性象相同的,缺少了少阴和少阳这两个相反性象的动作。

看上图,太极图少了左下1/4和右上1/4,所以,要补上这两块缺的,即补上少阴和少阳。

我们在练习六式基本功的第一式时,手一过肩再向上抬,而肩背的力量要往下,让肩胛骨有下降的感觉,这就是在练习阳象阴性。八式动功的第一式,身体屈蹲向下,而两只脚上的力要上抬,即阴象阳性。

会了这四象,才能知道怎么做掤捋挤按。

十六、四象与太极拳的四正劲
——掤捋挤按

1. 四象之概念复习

从上文，我们有了这样几个概念：

· 阴阳混一状态的太极，先生出了阴阳两仪。

· 从阴阳两仪又生出了四象，即少阳、太阳、少阴、太阴。

· 四象之气的阴阳变化一周，对应了地上的四季之变，即春夏秋冬。

· 少阳在左下1/4，这是阴象阳性，发散的性质，也即性质和表象相反，对应春季。

· 太阳在左上1/4，这是阳象阳性，发散的性质，也即性质和表象一致，对应夏季。

· 少阴，在右上1/4，这是阳象阴性，收敛的性质，也即性质和表象相反，对应秋季。

· 太阴，在右下1/4，这是阴象阴性，收敛的性质，也即性质和表象一致，对应冬季。

· 太极拳的动作分外伸（外出），阳性；回缩，内敛，阴性。

· 人们一般能做出动作外伸（阳象），内力外出（阳性），即太阳的动作和劲力。

· 人们一般能理解动作内收、内缩（阴象），内力也内收（阴性），即太阴的表象和劲力。

· 但太极之圆必须具备四象之变，目前缺少了对少阳和少阴这两个性质和现象相反的变化的理解，更做不到。

· 太极图上的方位，与我们目前地图上的方位表达完全不一样：地图上是上北下南，左西右东，面北而立；而太极图上是上南下北，左东右西，面南而立。

2. 掤南，捋西，挤东，按北

在此基础上，我们来看杨氏太极拳老拳谱上的一句话：八门五步之掤南，捋西，挤东，按北。我们要明白：

- 掤捋挤按不是指动作，而是指内劲，也叫四正劲。
- 东南西北，不是指地图上的方位，而是指太极图上的四个方位。
- 地图上的这四个方位指的是，从左下开始，少阳、太阳、少阴、太阴这四象之变，其中性象一致的是太阳和太阴，性象相反的是少阴和少阳。

3. 掤南、捋西、挤东、按北究竟是什么意思

①掤南，太极图左上1/4。上方是南。代表太阳，阳象阳性，性象相同，也即要出劲，这是夏天。

②捋西，太极图右上1/4，代表少阴，阳象阴性，性象相反，也即动作外形上在出，而内劲在收，这是秋季。

③挤东，太极图左下1/4区域，代表少阳，阴象阳性，性象相反，即动作外形上在收，但内劲在外出，这是春天。

④按北，太极图右下1/4区域，代表太阴，阴象阴性，性象相同，即动作的外形在收，内劲也在收，这是冬天。

4. 四个劲别的演示及讲解

- 演示一，掤。康老师和丁老师两人搭手，就产生了一个劲力，然后康老师的手向前，劲也在发散，就产生了一个阳象阳性的掤劲。

- 演示二，捋。阳象阴性。康老师一掤，手一伸出，这时已是康老师的阳极。康老师感觉到丁老师的劲儿比他还大，那就要生阴了，但仍然保持着阳象，让丁老师仍感到康老师的劲儿很大，但实际上，康老师在慢慢地撤劲儿，撤的不是手，而是内劲，甚至也可以手上没有后撤，似乎还在继续前掤，对方就会越顶越使劲，这时康老师的内里越来越松，丁老师一下子就过来了。如果人看到手往回，劲也往回，那不叫捋劲，那是阴象阴性。阳象阴性，才是捋劲。

注意：和对方一搭手，对方的劲儿好大，我掤不动了，那就要转捋了，而这转换的是内劲，要从外形上看似乎还是在掤。

- 演示三，挤。在东边左下1/4区域，阴象阳性。现在丁老师已经推到了康老师的身上，从康老师来讲，动作是阴象，动作似乎还在撤，但康老师的内劲已经在出了。丁老师感到康老师的劲儿在他身上，这是没发的状态，如果一发，丁老师就出去了。

注意：不能在对方已经推到我身上时站不住了，让对方感到我已经没劲儿了，这叫阴象阴性，这是不对的。

- 演示四，按。图上右下1/4，阴象阴性。如果对方长推直入，我的动作在

后退，劲儿也在收，但收没了，那不叫按劲。用一根管子来比喻，往外吹气，气往外走，这是阳；如果气一关，这根管子里没气了，这不叫阴，这叫没气，叫懈。真正的阴劲，就如吸尘器的管子，气是往管子里边抽的；也好像抽水马桶的坐便器，一开阀门，哗的一下就全抽走了。所以，手往这里一搭，劲往里收，真是在往里边嘬对方的手，那才叫有阴劲。

我们目前的问题是，只会阳象阳性的掤，还不会阴象阴性的按，非丢即顶。至于性象相反的少阴少阳，就更不会了。

结语：
①发散的劲叫阳性劲。
②收敛的劲叫阴性劲，就如吸尘器一样是有一股吸劲的。
③掤捋挤按指四种不同性象的劲力。
④东南西北，对应春夏秋冬。掤南、捋西、挤东、按北，非指方向，而是劲力的性质。
⑤一个没有多大变化的动作，可以产生四个劲儿。

总之，如果没有前边讲过的阴阳学的底蕴，就不会明白前辈对太极拳性象变化的认识，也无法练对这四个正劲儿，更别说八门五步了，更无从体悟这些劲力。

十七、谈太极拳的"意"

太极拳唯以意思运行，是什么意思？

1. 何为太极拳唯以意思运行

陈鑫《图说》第72页，先讲了太极拳要放松了去练，要升清降浊，要收视返听，要反观内视，要操固内守，有了降浊，就有了升清。又讲了习练太极拳功成之后的状态，功久则倾刻水中火发、雪中开花，两肾如汤热，膀胱似火烧，真气自足，任督犹车轮，四肢若山石。这是卸净浊气，浊气降到了一定程度之后出来的效果。

但就大家目前的水平，普遍感到很难练。何时才能练到书中所描述的效果呢？

《图说》72页，接下来就告诉了大家训练的方法：每打一势，轻轻运行，默默停止，唯以意思运行。

过去只注意了动作怎么做，什么叫唯以意思运行呢？

先说何为意思，请听一段对话：

康老师：什么叫泄净浊气？你明白了这句话的意思了吗？

杨老师：明白了。

康老师：什么叫反观内视，意思明白了吗？

杨老师：明白了，不想外边，只感觉里头。

康老师：打拳要放松，松开，松沉，这些意思明白了吗？

杨老师：知道了。放松是为了让浊气降下来，沉到脚底。

康老师：明白了这些，那么打拳时要把这些意思都打出来，要把这些意思彻底做出来，那就是在运行这些意思。如果在你心中本就没有那个意思，又怎么能打出那个意思来呢？

杨老师做了两个动作，康老师在旁边讲解。

如预备势，杨老师在干嘛呢？在放松，在调整出无极状态。那无极状态是什么呢？是浑身不用力、放松的意思。要实现这个意思，一动就要在无极状态下运行，永不出力，最大限度把力量扔掉，这是在放松，在实现一个意思，即不管怎么动都不许生力。一式走到头时，周身一放松，浊气下降了，才走下一式，这是在让浊气下沉，是在运行让浊气下沉的意思。全身松透了，才走下一式。

太极拳最终是在运行那些意思，那些意思哪里来的？

学习了理论之后，知道了那些意思，然后把这些意思在拳中运行出来，变成了拳的行为，这叫形与意合。

这么打，才叫打太极拳，这是内家拳与外家拳的本质区别。有人即使练了二三十年的太极拳，打的都是不知道什么意思的动作，那真的不是在打太极拳。

唯以意思运行，即把知道的道理运行出来，动作是意思的体现，形即意思，意思即形，最后实现形与意合，这才叫在打太极拳。

2. 形与意合

形与意合，这是一个很关键的问题，如果理解对了，那表达出来的行为就对；如果理解错了，那么这个行为也不可能对。

比如，松沉是什么？应该是沉气，向下降浊气，而不是让你松坠体重。不少人每到一个定势，整个身体往下一坠、一砸，他的架子就下塌了、懈掉了，这是因为他脑子里没有正确理解前辈讲的松到底是什么意思。

再比如，虚领顶劲，这个领字，是领下边的脊柱，通过意识，把脊柱拎起来，虚虚地领起下边。而不是头向上顶，好像顶着天一样，脑袋与下边没有关系。

林林总总，这些对前辈拳论的错误理解太多了。

那么理解对了会怎样？错了又会怎样？如何才能理解对呢？

请看陈鑫《陈氏太极图说》80页："意者，吾心之意思也。心之所发谓之意，其一念之发，如作文写字下笔带意之意。"

明白了一个道理，是指心里明白了。一做动作，从心里就表达出了所指动作的真意。这个意，还可以用语言清楚表达出来，是因为心里真明白。

再看《陈氏太极图说》第80页："意于何见？于手见之。此言意之发于外也。"

拳之意在哪里可以看出来呀？于手见之。

这里要注意，手等于全身肢体。言手，全身皆在其中，通称手，即形。

从哪里能看见意呀？于手形见之。表现在外头了，所以你看见了这个形。你看到了我的形了，你也就看到了我的意。

再看第80页："意发于心，传于手，极有意致，极有神情。"

意传到形上了，从这个形上就看到了你脑子里在想啥呢！

所以太极拳就是一个意思的表现。

如果你没有理解，甚至连错误的理解都没有，那只是在比划动作，哪怕把动作做得再标准、再漂亮，也跟伸伸胳膊、动动腿儿，没什么区别，没有在练东西，那不是在打太极拳。

如果理解了，但理解错了，那么南辕北辙，只会越来越偏离太极大道。

3. 意错拳就错，如何找到真意

首先要找到真意，否则，意错了，形就错了，拳就错了。

那么，怎样做才对呢，怎样做就不对？意的重要性到了什么程度？

（1）找到真意很重要

前文已讲过，《陈氏太极图说》第81页："心之所发者正，则手之所形者亦正；心之所发者偏，则手之所形者亦偏。"这是明确地告诉我们，意即真意（真实的意思），要对，要搞明确。如果没有理解，那可能会出现的情况就是差之毫厘，谬之千里。

举几个司空见惯的例子：

如虚领顶劲，有人理解为头向上顶，好像头顶上放了个东西，那他的意识就在关注上边，而不是关注是否拎起来了下边的脊柱，或者说腰以上的部位。

再比如松沉，有人理解为身体整个下坠、下塌。而实际上，他理解的意思不是真意，而是假意。

目前，到处在喊打假，包括太极拳界，矛盾还挺大，谁也说服不了谁，为什么呢？关键没有标准，换言之，找到真意了吗？

（2）真意从何而来

看陈鑫《陈氏太极图说》81页："此其意一则由理而发，一则由气而练。"这句话很重要。

要先把道理搞清楚，把真正的意思搞明白，因为由理而发呀！

有人问，康老师在全民太极上为何不教拳式？是因为拳架大家基本都会了，陈杨吴武孙等，各种套路不计其数，但只要是太极拳，虽然拳式不同，真正的大道理是一样的，所以在全民太极的平台上，两年多来康老师一直在讲理，在讲太极之理，在讲真意。

康老师推出的太极六式基本功和八式动功，就那么几个简单的动作，但里面包含了太极之理，包含了太极的五大运行规律。

这些不同门派的拳架、拳式，动作可能不一样，但其中的道理都是一样的，这就有了太极拳的标准。

有一句，无理不生意。真的理知道了，就产生了真的意，然后用动作去体现真意的时候，就产生了真形，就都是真的啦！

（3）一则由气而练

再看81页："若硬手纯是练气，气练成亦能打死人，但较之于理，究竟低耳。"

走气行气，也有标准，这个标准就是理。如果你不知道什么理，只练劲，练力量，练成大力士，也照样能战斗、能打，但是不明白不知道太极拳的那些理，那么太极拳的那些效果就出不来，真正合乎太极之理的东西都练不出来，只是练成一个硬棍子。

所以81页接着又说："有真意，其一片缠绵意致，非同生硬挺霸流于硬派。"

这是讲不要把外形硬硬地挺立在这儿，看着挺中正，其实跟中正一点关系都没有。硬硬地挺在那里，里边什么规矩也没有，什么道理也没有，也就什么真意都没有，那就是一根硬棍子，那叫"一阴九阳跟头棍"，离太极好手还差十万八千里。

明白了太极拳的理，明白了其真意，练到一定的程度，"故吾之意可知，而彼之意可想"。

即，我的意，我知道；彼之意，我也能知道，所以才能我意在先。这是因为你的形，告诉了我你在想什么。

因为意，表达了一个形，而一个形又表达了一个意。意错，形就错。一看动作，不同水平就看出来了，因为你的形是由你的意表达出来的，形不对，肯定是意错了。

所以，第81页上写道："学者所当留心体会，以审其意之所发。"

我们学理是想发出正确的意，即真意。真意是由理过来的。这些理，包括周易的理论，无极、太极、两仪、四象等，只有把这些都真正搞清楚了，才能知道什么叫太极拳的手运八卦、脚踏五行，才会躁释矜平，而后官骸所形自然中规中距。实理贯注于其间，自无冗杂间架。

理正确了，然后将理灌注于拳架之中，那些乱七八糟的东西就都没了，都是规规矩矩、合理合法的东西了。

再看81页："即有时身法偏斜，是亦中正之偏，偏中有正，具有真意。"

也即真正的中正，与身体歪不歪都没关系，而是看你的真意做到了没有，是不是在拳架中不折不扣地体现了出来。如果真意没有体现出来，那才是真正的偏，叫倚，叫不正。

所以意正形就正，这个意，由理而发，由气而运，在运气的过程中，躁释矜平，踏踏实实，不想别的，就保持这些东西，那些冗杂间架的东西都没了，这就叫在练真正的太极拳了。

4. 意在拳中的体现

（1）太极未动，就要守敬

练真正的太极拳，首先要有意，而且要有真意。此意由理而发，由气而运，每个动作都在运行此意。此即意与形合，形与气合，气与力合。

那么，这个意，究竟如何体现在拳式中呢？

先从起势开始，人往那儿一站，就要站出一个太极桩。

何为太极桩？怎么站？最重要的是要有意思。

书上第96页："打拳上场后，手足虽未运动，但端然恭正之中，其阴阳开合之机，消息盈虚之数，已俱寓于心腹之内。"

打拳一上场，我的手足还完全没有运动，但我已经学过了阴阳，知道了什么叫阴阳运行和阴阳运行的规律，我也了解了消息盈虚的数，即分寸，左极生右，右极生左，前必生后，后必生前等，所有的规律、规矩、分寸都已在我的脑子里了，总之一句话，我脑子里有了这些意思，我知道我要干什么了。

第96页："此时一志凝神，专注于敬，而阴阳开合，消息盈虚，特未之形耳。时无可名，亦名之曰太极。"

太极所言的三个字：敬，净，静，首主于敬。

关于这个敬字，过去人们，包括我本人，多偏向于要尊敬师长、同门等，要讲道德。而实际上，这个敬字不是这种意思，而是崇敬之意，也叫敬诚，即太极拳的所有这些东西，包括道理、规矩、分寸等，我要完全遵照运行，诚挚地执行，这叫尊敬，叫敬诚。

我完全相信，完全照此去做，一点不改变，这才是真正的敬，也叫一志凝神。这时虽然我的消息盈虚，阴阳开合还没有产生形象，还未运动，但都在我心里装着，我在这儿一站，我就要按照这些规律、规矩去做，形还未动，但心里全明白。

即知道了意思，但还没有运行这些意思，这时叫太极状态，所以太极桩不是什么动作要求，而是对意思的要求。

第一个意思是，有无极状态。

第二个意思是，浑身东西都要卸净，气不能上来。

第三个意思是，这个状态要定住，不许变，也即我站在这儿没动，但已完全表达了这些意思，处于一种阴阳未生、含而未发的状态，这种状态，叫太极状态，这时叫太极桩，即有意思，没运动。一旦开始运行这些意思了，那叫太极运动。

起势也叫预备势，是一种太极桩，如果呆呆地站在那里，心里没有那些意思，那只能叫木桩。

如果此时提了很多要求，如虚领顶劲、沉肩坠肘、含胸拔背、松腰落胯、裹裆护肫、扣膝松踝等，这不叫太极桩了，这叫累死桩，也叫僵尸桩，因为要刻意地去做这些要求，除了会产生紧张僵硬之外，其他什么意思都顾不上了！

（2）打拳上场，你有无平常心

打拳上场，要分两个阶段。一是"无极象形"阶段，此时，自然恭立，合目息气，两手下垂，身桩端正，心中无一物，无所思，无所欲，这是无极态。

此阶段非常重要。要找那个什么都没有的状态，身上一丝力不挂。

二是找到这个状态之后，进入"太极"状态。此时手脚都还没有动作，阴阳未分，而已有征兆，即分之机已动。

从一开始上场的预备势开始。

第96页："初上场时，先洗心涤虑，去其妄念，平心静气，以待其动。"

这是很重要的原则，先要松心。那么，什么样的状态是对的？

平心静气，心无外骛，拳的各种规矩、规律已记于心中，不想其他，一心一意，准备开始打拳。这种状态，心静了下来，没有其他杂念，浑身放松，心正，意正，形亦正，一心一意要打拳了。面部平静，心态稳定，浑身松弛，这是从无极状态进入了太极状态。

人上场打拳，先让人看到的是形，形对否？要看意；意对否？要看理。反过来，理对，意才会对，意对了，形也才会对。

这里要特别提醒一下，要有一颗平常心。可不是要上战场前的紧张状态，也不是要参加比赛或要表演而不由自主地表现出来的凝重的面容。注意，是自然的、松弛的、稳静的状态！

（3）太极之动，要意领身随

太极拳的第一步就是训练你的心态，要以一颗平常心从太极的状态进入太极的运动。

从预备势进入第一式，外形上要动了，但这一趟拳这么多的动作都能保持一颗平常心吗？即气定神闲、一个心态，外边的事影响不了你，风寒暑湿燥火，六淫不侵，都影响不了你的心气，稳稳静静地打下来？

如果能长期这么训练下来，不仅你的身体状态，而且为人处事的状态也会不一样，这叫物不扰心。

上节讲了预备势，比较容易保持一颗平常心。但要开始打拳了，拳里有那么多的道理，那么多的意思，唯以意思运行，一下子这些意思都涌了过来，你会受不了，因为太多的意思，不可能一下子都顾得过来。

所以真正的明师，会告诉你要一个一个来。

（4）太极拳运动最基本的要求是不许用力

那么，太极拳运动最基本的要求、最基本的意思是什么呢？即不许用力！不许用力，那怎么打呢？不用力，又是一个什么样的状态呢？

书上第100页："心身不可使气，轻轻运动，以手领肘，以肘领臂，手中之气仅仅领起手与臂而已，不可过，过则失于硬。上体手如何运动，下体亦随之，上下相随。"

这里的心身，指两个东西：一个心，一个身体。心不许乱，身体也不许使力。手中之气，指的是气力。多一点力都不许使用，力气仅仅能把手臂拉到拳式要求的位置即可。如白鹤亮翅的上手、搂膝拗步的前推掌，就把手领到位置，多一点劲都不要用，这是说手。下肢也是一样的要求，也要轻轻地拎起腿与脚，这叫上下相随。

所以不用力（不用多余的力），还能运动，打拳要把这层最紧要的意思表达出来，这是第一步。一个正确的理，产生一个正确的意，然后把这个正确的意带到动作中，让形体把此意体现出来。

意于何见？于手见之。

能做到理正，意正，形也正，实则很难。怎么办？唯有慢慢练。

5. 意领，如何领

会领动了，周身就松活了。领动，是非常有价值的武功秘籍。那么，怎么领？在太极拳的功法中，有许多含有领字的口诀，如上动下随，下动上领；虚领顶劲；意领身随等。它跟"伸""抬"有何不同？

康老师用道具来做演示。

演示1：丁老师用三个手指捏着一把扇子的根部，扇子垂直朝下，康老师要求丁老师，用捏着扇子的手，以手腕为轴，把扇身向上旋转变成水平，再继续上旋，变为扇身几乎垂直向上。如果手部不用力，扇子是不会旋转起来的。

演示2：康老师用一根绳子套住捏着扇子的手腕，然后康老师让丁老师完全放松不用力，康老师拉住绳子的另一头，这样扇子也能上下运动。

现在这把扇子就相当于胳膊，扇子根部，即手捏的部位，看作上臂的根部。

放下扇子。康老师把绳子系在丁老师的手腕上，丁老师的手臂要完全不用力，上下左右拉绳子，丁老师的胳膊也被拉得上下左右运行，如此往复3次，让丁老师体会手臂的整个不用力的状态，然后把这个感觉记在心里。什么感觉？胳膊、肩膀都不用力时的感觉。

最后康老师讲道，刚才绳子拴在手上，现在绳子没了，但心里还要想有一根无形的绳子在拎起你的手臂，这就是意识在领动。这种训练的方式也叫借假修真。心中想着不是你在打拳，是绳子在拎着你打，就像牵线的木偶，拎到哪里就打到哪里。心中之气仅仅领起手与臂即可，不可过，过则失于硬。这不是自己在用气力主动抬胳膊，而是被动的、被脑子里一根无形的绳子拽着、拎着在运动。

这就是意领身随。太极拳的动作都是被领出来的,这是行拳第一个阶段必须要迈过的坎儿。

虽然难,但一步一步来,终会走在前进的道路上。

6. 意气君来骨肉臣

前边讲了领动:拿根绳子拎起手臂,这根绳子就是你的意思。手臂不主动了,就变轻了,虽然动作线路没什么区别,但与主动地伸出去、抬起来,已经感觉不一样了。

领有带、引、率的意思,带领、引领、率领等,都是人带着我。工作中,即这个人是领导,他说了算,我得听他的。他主动,我被动,我是服从者。

太极拳运动是领出来的,"意思"是领导。前边曾讲过意思,你有那意思没有?那个意思就是领导,叫意领身随,所以拳谚中有一句:"意气君来骨肉臣"。我们明白,意气是君主,是领导;骨肉是臣,是被领导的。所以太极拳始而意动,继而内动,渐而形动。

先练这根无形的绳子领动肢体的感觉,先从一个部位开始练,一旦这个意识被强化了,领着你的感觉就有了。

你会彻底地放松,因为你不主动了。过去骨肉老想当领导,它一主动,就会使劲,现在要骨肉把这个领导的架子放下,老老实实当臣民吧!

等练出来初步的引领功能,就会再前走一步,区分出各种各样的领导。如生活中的小组长、大组长、头领、首领、领袖等。

这么多的领导,到底谁领谁呢?拳谚中有肘领手、肩领肘,还有手领肘、手领腰、腰领手等等,到底谁领谁?

用绳子拴住丁老师的手腕儿或者上臂等不同的部位,都可以将其领走,或者用绳子系在膝盖上就拎起了腿脚,用绳子拴住大腿的根部就拎起了整条腿,这些都是绳子干的。

领的位置不一样,就产生了手领肘或者肘领手等。但要记住,不管谁领动了谁,都是绳子干的,也即都是意干的。

为什么会这样?为什么要一会儿手领肘,一会儿又肘领手呢?有时要肩领肘,有时又腰领肩呢?

因为如果你抓住了我的手,那我的手就不动了,我拿肘提溜着你走;如果你抓住了我的肘,那我的肘就不动了,我拿肩领着肘走,还可以手拎着肘走。

你抓住我哪里,我哪里就不要了,我的领导就跑到别的地方去了,这样我这个领导就不会被别人抓住。你抓着这个部位了，对不起，领导跑了，跑到另一个地方干活去了。

所以说太极拳是活的。如果你把我整条手臂都抓住了，那领导马上就跑到腰上去了，拿腰带着你走。所以领的部位是活的，真正的领袖是意识。

要先把一个部位练会，再练其他部位。

结语

身体的任何部位都可以领动其他部位，但不是该部位领动，而是在不同部位的意产生领动，真正起领动作用的是意，肢体全都是被动的。

7. 领袖的作用——虚领顶劲，立如秤准

上面讲了不同的部位都可以起领动的作用，手臂的不同部位、下肢的不同部位等。领动是太极拳的核心要素。只有领动，身体才能实现最大限度的放松，才能意领身随。

这个领是很活的，可以随意变换部位。但有一个部位要领起全身，处于领袖的地位，而且不管何时何地都要起领的作用。这个部位就是喉头对应的大椎穴与头顶百会穴之间的连线，我们且称之为领袖。

有一句拳谚："虚领顶劲，立如秤准。"当你一站在这里时，这个领袖就要虚虚地领起你的脊柱，继而带起全身，使你的站姿、你的身体立如秤准。

请看图5-26。

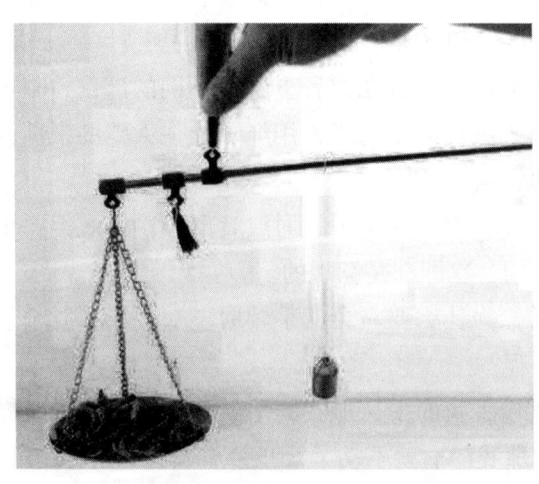

图5-26

你的身体立起来了，但不是脚蹬地、头向上顶、踏地而起，而是就像这跟被手拎着的准绳一样，手一拎，准绳就立起来了，你的身体就要像这样站立。这只拿着准绳（秤准）的手就是领袖。

脊柱直到尾闾，四肢百骸，都听从于此领袖，这个领袖就是大椎穴至百会穴这一部位，可以想象成一根线，或者就叫脑袋。

还要注意这个领袖领起了全身，但指挥领袖的仍然是你的意识。

《图说》上有一句：顶精之气领起全身之劲。

我们现在还谈不上劲儿，就先从意念上、外形上，想象着用脑袋拎起全身。注意，是向上拎，要拎起下边的东西，不是向上顶。拎成什么样了？立如秤准。

但秤准是根绳子，本身是软的东西，如果你手不拎着它的话，它会塌下去，会打弯儿，会瘫在地上，这就不是太极拳要求的身形了。所以要虚虚地拎起来，整个身子松松地直立在地上。

还有一句，立如秤准，活似车轮。拎起来了就活了，否则绳子掉地上，就活不了啦！

就好比一个大秤砣，往地上一放，它不会动，但如果你用一根绳子把它提起来，它在空中就可以随意左摆右晃、上下移动了。就像那西山悬磬、庙里的大钟一样。

再如那木偶戏，胳膊、腿儿在动，但头要首先被拎起来。

还想起两个词：提纲挈领、纲举目张。关键与要害部位就是那个脑袋。

虚领顶劲，气沉丹田，这个虚领，也可以想象为脖子上有根绳子把你给吊起来了。

小领导可以换，但这个领袖不能换。但不管是小领导，还是大领袖，都是我们的意在起作用。

结语

领动是太极拳的核心要素。肢体的运动都是被动的，这就是意领身随。

所以太极拳的运动方式，不是四肢的主动，而是被领动，这样才能实现身体的彻底放松。领起来的动才能灵动，领动是灵动的基础，没有虚领的功能，是不会有虚灵的功效的。

十八、太极拳的虚与实

一吨水是虚，一根针是实。

弄清虚与实，才能分清劲与力。

在太极拳的众多概念中，还有一个最重要的概念：虚与实。

1. 虚与实的概念

大家从一开始学拳就知道要分清虚实。人们往往理解成身体的重心在哪条腿上，哪条腿就是实，另一条就是虚。也就是哪儿重哪儿实，哪儿轻哪儿虚。

上面是人们目前普遍的理解。那么虚中有实，实中有虚，左重左虚，右重右杳，又该如何来理解呢？

请看《图说》第34页太极图，见图5-27。

图5-27

在消息盈虚这一过程中，"虚"在太阴这一区域（右下方）。

这一页也告诉了我们：盈者，中间充满也。虚者，中间空也。

一拳打过去，是有力量的，这叫盈；最后没力量了，就虚了，停了下来。如果还充满了强大的力量，那叫盈，中间满满的。

很多词都在说盈，如盈实、充实、坚实等等，中间充满了，已经进不去东西了，叫实了、满了。而虚，虚空、虚无、虚心等。如虚心，即把心放空，好好听别人讲话，不断地去容纳，虚心学习，这样叫不自满。

通过消息盈虚，我们又知道了两个字：一个叫实，即盈满；一个叫虚，中间空。这与轻和重是两个不同的概念。

那么轻和重与虚和实，有什么区别呢？

·举例一：

一个压书板，很重，实心的；一根针，很轻，但中间不空，也是实的。这个事例告诉我们：一个很重的东西和一个很轻的东西，都可以是实，和本身的重量无关。

再看看定义：中间充满的叫实，装不进东西了，是在说它的性质；中间空的叫虚，能装进东西。与本身的重量无关，并非重量轻了就虚、东西自身重了叫实。

·举例二：

一杯水和一根针，哪个重？哪个轻？当然水重。

但水是虚性，因为你可以把手指、木棍儿、针插进去，水会产生容让之性。而针虽然很轻，但中间是插不进东西的，是实性。

这就是前辈所给的虚实的概念：盈，中间充满也；虚，中间空也。

2. 太极拳中的虚与实

太极拳前辈要求炼神还虚，虚至虚灵。怎么让身体空呢？身体能空么？难道五脏六腑都不要了？当然不是。

太极拳的空，是让对方推手推到你身上的时候摸不着东西，感觉你身上什么都没有。没东西，没力量，没有硬力，没有僵力，没有浊力，这叫空了。

有人会说，我已经打拳一二十年了，我已经很柔软了，这是不是空了？

用推手一检验就知道了。看是不是在别人推到你胸口上的时候，你还能化掉。99%以上的人都不行，一推就被推死了。

明眼的老师一看就知道你是不是松了，是不是没有僵力了。

在四五年前刚跟康老师接触的时候，我身上也充满了力，但我并不自知，还自以为打得很不错，那时应该叫一阴九阳跟头棍。此力是长期的生活工作形成的，身上充满了，但并不自觉，因为没有找到正确的松的方法，以为软就是松，以为松力就是松体重。这就好比身体是那个压书板，实的，即便是轻轻地放到地上，它也是实的，性质没变，实性没变。

所以太极拳的习练，是要把身体里的力量扔掉、松掉、化掉，慢慢地能在最小的力量下，甚至不用体力的状态下运动起来，这时身体内没东西了，空空荡荡了，一个虚性的东西就会生出来，那就是虚力，也叫太极劲。

结语

①中间充满了，叫实。身体里充满了力叫实。放松，把身上的浊力全扔了，叫虚。

②虚实和重量没关系，与性质有关。所以很轻的一根针也叫实，很重一吨水仍叫虚。

③太极拳的以虚应实，虚而能受，虚极而空，空而能容，叫引进落空。

④空，不是空在外头，而是空在自己身上。

⑤虚空体现出来的状态就是好像这个人没了一样。

⑥身体重心移到左腿上，左腿上的力还能撤掉，这叫左重左虚。同理还有右重右杳。

虚实在众多的太极拳的概念中很抽象。康老师通过简单道具的明确讲解，讲明了虚实的概念。这些论述，对太极拳的修炼，具有里程碑式的意义。

3. 太极拳要练虚性

（1）虚实的概念回顾

首先要明白，轻重不是虚实。虚者，中间空也；实者，盈满也。

实，指实心、实物，如木板、钢条，包括一根针，中间进不去东西。别管它多轻多重。

虚，中间能进去东西，如一杯水，能容筷子插进去，不躲避。如果水很深的话，这根筷子是插不到头的。不管把水放进何种容器中，水之虚性都不会变，它都呈容让之性。这叫我中有你。水就是这种性质，这叫虚性。

还有比水更虚的东西，即空气。假如一个大气球中能进去一根筷子的话，这根筷子在其中是不会遇到任何阻碍的，这就是虚极而空，空而能容。但还有一个词，空而不空。空空荡荡，什么也看不到，但里边有东西，什么东西？空气。

（2）太极拳要练虚性

用到太极拳上，即太极拳要练出虚性，炼神还虚，虚至虚灵，空而能容，不躲不让，让对方真能掉进去，这叫引、进、落、空。

所以我们要把自己的身体练成虚性，要把实体炼成虚体。

方法只有一个，放松，扔力，把身上放空。

问题是，人们大多不认识自己的身体，只认识这个实实在在的、看得见摸得着的实体。

大家也知道要放松了去练，但习练的错误很多。

(3) 习拳中的错误概念与非正确做法

·头向上顶，脚向下蹬。

·把懈当松，把轻重当虚实。

·把柔力、软力当功夫。

·一上来就要掤劲不丢。

·一上来就要配合呼吸去练。

·把躲、让、闪、转动，当成太极拳的技术功夫。

·不明白虚领顶劲、含胸拔背、松腰落胯等，这些是太极拳练成后的效果，更是放松后的结果。尽管在初级阶段，也可以看作放松的一些手段，但方法要对。

·错把前辈的拳论当作方法和要求去练。

·不知道练拳要先明理，再一阶一阶上。

·不知道负重腿也要变虚。

4. 太极拳如何练实还虚

松体是习拳第一阶段的主要任务。

总而言之，不知习拳的第一个阶段的主要任务是松体，而后认识自己的整个身体的各个部位，并且能用脑子的意识去关联各个部位，从而能指挥各个部位，那么谈不上练虚。

松体，怎么松？扔掉身体里的拙力。这需要一个部位一个部位去练习。真扔空了，身体空了，就虚了，里边就没力了，也即归无了。然后在此无极的状态下，再运动起来，把动作做到最大化，但还要是虚的，把体重压到左腿上，左腿还是虚性，所谓左重左虚，右重右杳，此即虚性保持住了，这是太极拳要达到的第一目的。

物体会产生作用力。当一个物体压在一个没有反作用力的物体上的时候，那个物体的力就不起作用了，就相当于没有遇到物体。你一掌推过来，我是虚空的，你的推力就不起作用了，这叫有容乃大，叫你掉进去。

然后虚极而空，里边还能产生出力来，那个力，不是实体的力量，而是虚力，也叫太极劲。

简言之：

· 实力，实的东西产生出的力，叫实力，也即一般人的体力。

· 虚力，虚的东西产生出的力，叫虚力，虚力即掤劲。

· 掤劲就是太极拳的基本劲。

太极拳的习练过程就是一个逐渐换力的过程。

前辈所言，掤劲就像水载着船一样，忽悠忽悠的，但人可以从船的下边游过去。

在此掤劲的基础上，才有可能生出八门五步十三势这些太极拳的基本技法来。

结语

· 实性和虚性都能产生出力量，但性质不同，效果也有极大的差异。

所以我们练太极，要把实体变成虚体。

· 怎么练？先把身体内的实力，也叫拙力，都逐渐地扔干净，归到无极的状态；在此无极的状态下，再生出一个力，这个力，叫虚力，也叫太极劲。这种状态叫无极状态。无极生太极，太极劲就等于掤劲。

5.练实还虚的实操训练——上肢的训练

开中放松，才能把实练虚。

虚实是两种不同的性质，从虚体中出来的力量叫劲，从实体中出来的力量叫力。现在就明白了前辈所言：劲不能丢，力不能有。

天天在打拳，目的就是要把自己这个实体变成虚体，这是一个漫长的过程。

从一个个拳式动作开始，到熟练这些招式。由招熟而渐悟懂劲。

其前提是，你必须身体内出来了那个劲，而那个劲是虚体里才能出来的，也即你的身体变虚了，成了虚性了。

所以，练拳的第一步，是把实体炼成虚体。首先要知道我们处于实体的阶段，我们的肢体发出的力量都叫力，这时根本不懂劲是什么。

怎么练？把力扔掉，让自己变空。怎么扔呢？如何在第一步的阶段扔力？怎么叫没扔，怎么叫扔了？这些从外形上就可以操作，但主要是与你的脑子有关，与感觉有关，与操作的方式有关。

要先明白，虚，不等于没力量。

· 实操一：

丁老师两脚平行站立，周身放松不带力，这个状态是虚的。然后两手不用力上举于胸前，仍没带力；再往上升，要出力了，越向上、向外伸，越放开、放长，越易出力。这时要用意识把力扔掉，脑子里想的是，要往开了打，要放长、放开，在生力的地方扔力，但不能往回缩。回缩，倒是不生力了，但没用，这叫懈。要在没懈的状态下把自己拉得长长的、满满的，还要放松、松开。这和平时的习惯不一样，这叫松而不懈。

· 实操二：

丁老师打懒扎衣，动作到头了，右手到位了，这时他已下沉放松，胳膊往回、往下缩了一点（大家都在这样打定势）。

康老师讲，这叫懈了，不叫放松。要练的是放松、松开，边拉边松。最后在定势时康老师好像在下沉，明显看到他身上哗的一下子在扔力量，但手上反而还向外长了一些，身体也并未向下坠，最后拉出来一个虚的姿势。再对比着拉出一个实的姿势，明显看出手臂上出了力，体重坠了下来。

这里又有一个要点，要扔力量，千万不要扔体重。体重不许扔，要全部拉开，要在不断放长、放开、放远的位置上放松、松开。为什么？因为人一做开的动作就要变实，这是后天长期形成的定势，所以要在此开的过程中，有意识地去练虚，也即要去扔力，直到手已经伸到了不能再伸的地方了，但手上仍没力，仍然是虚的。

六式基本功的第一式，也包括其他几个式子中，胳膊在上举，举到头顶上了，但力量不能上去。也即要把所有动作练到最大位置了仍不用力，把不用力的位置练到极限，这是目标。

前辈有言："占住中定往开里打。"中定是个大题目，先不谈。先说往开里打。要放松、松开，最后，周身骨节处处张开，但力量要扔掉。因为在开的地方极易生力，就要在生力时，有意把它练虚。等练到中间空的时候，太极拳的本体，即虚体，就会出来了。

这里主要讲了上体上肢内容。

结语

打拳就是练实还虚的过程，方法就是在生力的时候把力扔掉，并且把不用力的位置练到极限，这才是在练内家拳的内，才能把自己练虚。

6. 练实还虚的实操训练——下肢的训练

下肢的训练要先解决两个前提。

（1）要想腿放松，先要脚下空

先把手臂练虚，因为这相对来说比较容易。要把身上这一大块儿练虚，就很不容易了，因为五脏六腑都在其中。唯有慢慢练。

等到上体能松了，也即虚了，就要练下体了。这两条实实在在的腿，如何能练虚？腿要练虚，非常不易。第一，上身有一个压力；第二，脚下还有一个地给的反作用力。相对于手臂而言，手臂比较容易放松，把力量扔掉就可以了，因为上下都没有作用力挤压它。

而要松腿，先要撤掉两个力：一是上身压在腿上的力，二是脚下用力去蹬地而产生的反作用力。不要踹地，这样上下都不给腿压力了，腿上就只需要把腿上自带的、闷在其中的力松出去就可以了。

（2）撤腿上之力：提脚含力，把脚练空

首先，沾地这只脚，要按照前辈所言，脚踏浮萍，如履薄冰，要有把脚轻轻地向上含、向上悬的意识。

就像人在冲浪时，一个浪尖过来了，为了不被浪头压下去，冲浪人要随着浪尖的上升，而本能地踩在浪尖上，随之起伏。这时他必须把脚向上收，双腿呈现出一个屈蹲的架势，从而踩在浪尖上。

又好比站在有轮子的滑板上滑行，遇到坡度或者小坎儿，就会双腿进一步弯曲，向上收，让脚含着向上的力，从而过了这个坡或者坎，有时甚至会腾空而起。

这样有意识地去练拳架，只要腿一弯曲，就想着，我的脚在含力向上，慢慢地脚心就空了。脚向上缩，这就是在撤地面给脚的反作用力。

太极拳所有的动作，只要腿一弯，就要撤力，千万不要使劲去蹬地，不要用力踩地，因为蹬或踩，都是在出力，而太极拳是要松力、撤力的。

明白了腿松的前提是先不要用力，太极拳的腿是向上提的，尤其在下蹲的姿势中，这与平时人们的常识概念正好相反。道理明白了，具体到拳式动作中，如何实现脚踏浮萍、如履薄冰、脚下虚空的感觉呢？

康老师带领杨老师、丁老师具体演示给大家。

·演示一：起势。

通过屈膝开胯的动作，在地面上体会滑板和冲浪的感觉，展现出这种功能。手下行，人向下松，在意识上随着上身向下松，感觉下身在向上走，双脚在向上悬。

这是在练一种感知感觉能力，外形上看不出有什么区别，但在意识的控制上不同。感觉对了，就对了。

练习时要注意，动作不在大小，重要的是整个的感知能力，只要腿一打弯，在意识上脚就在向上走、向上悬。如果意识不对，下蹲得再深也没用，这是性质问题。把此性质练出来，练对了，那时若想下蹲得深一些，就随个人喜好了。

·演示二：24式拳的第一式左野马分鬃。

从起势接。右腿一下蹲、一打弯儿，脚就要有上提的意识；向左分掌，要开始弓步了，要屈膝收胯了，这时左脚就要上提了，渐渐向左重心压过去，继续逐渐地撤左脚之力。

即哪儿有地的反作用力，就撤哪儿的力。此野马分鬃，从头至尾到定势，都要保持左腿是虚的，脚不用力踩地，意识上都是脚在向上走，这就是在消化地的反作用力，这就叫在用意识干活，人似乎在向下，但腿在向上。脑子里的事，外人可是不知道的。最后人似乎还下沉了一点，但脚下是空的、虚的，这叫性质对了，这是太极运动独有的特点。

看人打拳，不是看外形动作，外形动作可能完全一样，但不一样的地方是性质，是你脑子控制整个运动的状态。脑子里想的不一样，关注点不一样，其产生的效果就完全不一样。

练拳最重要的是性质的对错，而不是动作的大小，由微至著，此点很重要。由很微小的地方，到越来越显著。如果小的阶段就不正确，做大了也没用，这是性质问题。性质的变化也是由小到大的渐变。所以，先从高架做起，从有感觉的几个式子做起，这就是外形上的左重左虚，右重右杳。

（3）撤上身下压之力——腿要不压住，必须拎脊柱

先讲讲修心养性与练虚。

太极拳讲了很多概念，这是一个理论体系，不要单独去理解。本节讲了放松的概念，讲了很多放松的具体方法。大家知道了太极拳要放松，即为何要放松？什么叫松而不懈？为何要松而不懈？怎样做就是放松了？怎样就是松开

了？讲来讲去，归来归去，都是为了修心养性。

什么叫修心？为什么要修心？太极拳又怎么修心了？

心有了问题才需要修。心是要生意的，因为不明白道理，所以脑子之意会想错；想错了，生了错的意，是因为不明白道理；现在道理明白了，进了脑子里，想法变了，就是在修心了。

养性，养什么性呢？养虚性。太极劲是个虚性力，所以要练虚。没有虚的本性，出不来太极劲。所以，练精化气，练气还神，练神还虚，虚至虚灵，练虚合道。

练到虚了，才能灵活。

那怎么练？还是这句话，实者盈满也，虚者中间空也。

那就扔力吧！

八式动功的第一式地升天降，就是在带领大家把脚放虚空。人一下蹲，脚就上起，绝不向下使劲。练练八式动功之第一式，你会很有成就感。

撤掉了脚下的地面顶力，也要撤掉上身对腿的压力。

用一个亚葫芦型的木槌儿，代表上身的脊柱，木槌顶部穿一根绳子，用手拎起绳子，木槌儿竖了起来；另一只手贴在木槌的下端，代表下肢。

· 演示动作一：

拎着木槌绳子的手完全不用力，木槌儿就完全压在了它下边的手上，这只手感觉到了木槌的下压重量。

· 演示动作二：

拎着绳子的手，拎直了绳子；绳子又领起了木槌，槌子下面的手仍然贴着木槌的底部，但已经感觉不到木槌的重量了。

· 演示动作三：

槌子下边的手开始起伏，上上下下，左左右右，但仍然感觉不到锤子的重量，因为上边拎着绳子的手也在带动木槌儿随之上下左右运动。

这根绳子就相当于头部（从头顶百会穴到颈部的大椎穴），拿着这根绳子的手代表你的意识。手拎直了绳子（即意识领着头部），绳子拎起了木槌（即头部拎起了脊柱），上下左右运动。也即上身的运动不是靠下肢的支撑力。

看起来，从绳子到槌子，再到槌子下边的手，都在同时上下左右运动，是一体的。但上身之力一直被头部拎着，上体的重力并没有压下来，即使你把下边的手（即腿）撤掉，上身仍可以虚虚地立在那里。

这根绳子，即脑袋，这就叫立如秤准。

请看图5-28。

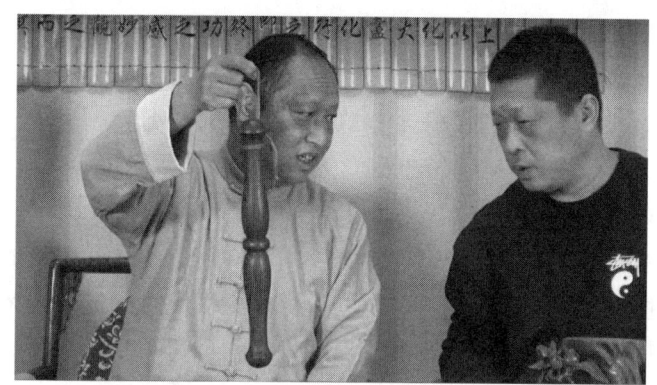

图5-28

所以拳论上讲：头部不可以俯仰偏倚，头领住全身之劲，顶精领起，头容恭，等等。

这些都是在讲头部不可有俯仰偏倚，这可不是说头顶不能起伏，要在一个高度下行拳，而是指整个脑袋不要东倒西歪，这就叫虚领顶劲。即用意识，让脑袋拎起脊柱，使上半身都挂在脊柱上，上半身被拎住了，自然就不压着两条腿了，使两条腿可以自由运动。但上身和下身是保持一致的，上动下必随，下动上必领，总是有一个领的力量把人悬在这里。

头部不可有俯仰偏倚，那怎么办？要立如秤准，其效果就是虚领顶劲，解决了虚领顶劲的问题，下身撤掉也没关系了。这样松腿的两个前提都有了，一是脚下虚空，一是虚领顶劲，有了这两个前提，才能谈到这个腿怎么松，怎么扔力，怎么变成虚腿。

（4）开发脊柱功能，卸掉双腿压力的实操训练

·虚领顶劲。虚领顶劲，是有自身独特特点的太极拳所具有的一种最典型的独特功能。人们一般并不具备这项功能，平时往那儿自然一站，就是上身压下身，已经成了本能了。

要通过训练，一点一点地，让意识指挥头部，拎起脊柱，不要让它往下砸。让脊柱先动，不要让下肢先动。打拳时注意这几点，慢慢地这个功能就会出来。

注意，明白了道理，也知道如何来操作，但此功能的培养是需要长期练习的，绝不可能今天一讲，明天就能做出来。

虚领顶劲如此重要，那么在行拳走架中应该怎么打呢？看看康老师如何指导。

·演示一：丁老师打了一个金刚捣锥，康老师问：你刚才脑子在想什么？丁老师回答：在想腰，想手，想重心怎么前移等，但没想脊柱。

·演示二：杨老师又打了一个24式的起势和野马分鬃，但也没管脊柱，想的是手臂与重心移动都要连续匀速缓慢。

康老师总结，应该这样练：

要用脊柱来行拳，首先要培养对脊柱的感知能力。先想脊柱在这儿呢，手脚是捆在脊柱上的，是跟着脊柱在走，是脊柱在做太极运动，而不是手脚带动脊柱走，要把脊柱当成手。如云手，想着脊柱在移过来又移过去。所以前辈讲要拿脊柱行拳。

对脊柱有感觉了，就要把脊柱拎起来。被谁拎的？脑袋，而脑袋是受意识指挥的。从一个起势的做法就可以看出，一是脊柱砸了下去，二是脊柱被使劲拎了起来。

分析：脊柱砸了下去，就是整个上身压了下去，这叫松懈。

脊柱使劲儿向上顶，注意，在用力了，这叫顶了，也就是过了。没用力，叫虚；用力了，叫实。把一个东西拉直，还不用力，要的是这种状态。

脊柱真的自己走起来了，而不是被下肢托着，这就需要头顶有微微悬起的感觉，即虚领顶劲，也叫顶精领起。

虚领顶劲，是太极拳的一大基本功能，是腿部放松的一个重要前提。另一个前提即脚下不用力蹬地，撤掉地面的反作用力。有了这两个前提，才谈得上腿部的放松。

结语

①开发脊柱功能，卸掉双腿压力。要用脊柱行拳，用意识去感觉脊柱，让它自己动，不要让手脚拽着脊柱动。

②要把脊柱悬起来，拎住，虚虚地拎起来，不要砸下去。正如陈鑫《图说》所云：顶精领起周身之气，不可懈，亦不可过。故虚领顶劲，是虚虚地用头顶的劲儿领住全身，而不是头向上顶。

十九、太极拳先要练阴劲

明白了掤捋挤按与四象的关系，在道理上我们已经前进了一大步。但为何康老师一再强调，现在不要去找四象，不要去练掤捋挤按呢？

1. 为何目前不要练掤捋挤按

我们明白了掤捋挤按对应太极图上的南西东北这四象，这里不是指方位，而是指其性质。那么四象从哪里来的？我们也明白了，是从两仪来的。那么两仪（阴仪阳仪）又从哪里来的？从阴阳混一的太极来的。那就首先要能从阴阳混一的状态中分出来阴和阳。

但是我们现在只有阳没有阴，所有的动作都在出劲。或者不出劲了，回收了，但收得没力了，那又不是真正意义上的阴劲，而是懈的状态，也即非丢即顶。

阴仪与阳仪还缺一个，就好比两条腿少了一条，怎么能生出四象？生不出来四象的少阳、少阴和太阴，只会一个所谓的太阳之劲，那怎么能谈得上掤捋挤按？

关键问题是两仪缺了一个阴仪。那怎么办？唯有先把阴仪找出来，把阴劲练出来。

2. 先要练出阴仪来

许多拳论其实在告诫我们，若要练太极，先要练出阴仪来。

如陈鑫《图说》101页总论：

"总论

纯阴无阳是软手，纯阳无阴是硬手，一阴九阳根头棍，二阴八阳是散手，三阴七阳犹觉硬，四阴六阳显好手，唯有五阴并五阳，阴阳无偏称妙手，妙手一着一太极，空空迹化归乌有。

每一势拳，往往数千言不能罄其妙，一经现身说法甚觉容易。所难者工夫，所尤难者长久工夫。谚有曰：拳打万遍，神理自现。信然！"

从一阴九阳到五阴并五阳，就是在告诉我们要练阴，要长阴。从一阴九阳长到五阴并五阳，出去多少就能回来多少，既有阳也有阴，这两个全有了，就到了开始变化这个阴阳的时候。这个阴阳一动，就是太极动了。两仪生出四象，再后边的东西就出来了。

又如，前辈有言："妙手一招一太极，空空迹化归乌有。"什么意思？讲的是行迹，也即外形上的动作都不重要，你手远一点、近一点，步子大一点、小一点，架子高一点、低一点，30°还是50°的角度都不重要了，因为太极之变，是你内里的气性和劲力的变化。

再如，拳论"以心行气，务令沉着，乃能收敛入骨"，这不就是在让你练收敛的阴劲么？

3. 如何练阴劲

首先我们知道阴仪的性质是收敛之性，是往里入的劲。手缩回，劲内收，就像抽水马桶和吸尘器一样。如果再要求手外伸，而劲往里收，那就更难了。所以要先从练阴劲开始练太极。

· 先练万有归无。

①放松，不要往外出劲儿，不用力做所有的动作，包括外伸的手臂和回缩的手臂。

②放松，松开。动作虽然放松了，但要往大了松，往开了松。四撑八面，动作放出去，而气要沉到丹田，力量千万别出去，也即把你原始的阳气固住。我们目前的状况是一动，阳就出来了，就往外跑，所以要先让它不动。就好比一个人往前跑，你要他向回跑，先得让他站住，所以你的手要先拽住他，让他先停下来，这就是在练收敛。

③你的手往回拽，天天这么拽，能力就越来越大，越往回拽，就越蓄越多。就好比开弓，拉住弓弦往后撤，这反向流动的力越来越大，就是在换力了，把力量换成了气力。这时的气性就是既有阳也有阴了。

④我向后拉弓弦，这是在收敛，是阴劲，因而没出来，但本性是要往前弹的，也即我把阳收住了，这时如果一放手阳就出去了，所以太极就有一说法：一松就打人。不会收怎么能放呢？

· 掌控内气的出入。

①在所有动作的出和入都毫不用力的时候，慢慢地身体内会生出一股气流，继续慢慢地尽量放松了去练，让内气逐渐长大。

②内气长到一定的比例，它会流动了，而你也能感觉到它了，这时就要用脑子去指挥它，让它往里收，往丹田收。

③再下一步就是有了气的出和入，即劲的出入，这就有了阴阳两仪这时才能去讲、去练掤捋挤按。

总而言之，练阴劲要用意不用力，保持松而不懈的运动状态，是在用脑子干活，在对身体的力量进行控制，在控制阳性的发散。动作一定不能懈，但内里一定要回收。

4. 具体动作举例

·演示一：白鹤亮翅。

右手上展，左手下按，右手在展开到最高处时，动作继续开，而力量要下收。千万不能手上去了，然后再往下一落，没了所谓的定势。目前要在转弯的这个当口，即在阳的动作中找到这个阴，即动作外形仍为阳，但意识在走阴，力量收回。

·演示二：左搂膝拗步。

在右手前伸，一直伸到最长的过程中，都不要出力量，用脑子收住力量。不要在定势时故意做成很有精神的样子而把力量全放出去了。

而且在左腿从非负重逐渐过渡到负重腿的时候，也不要让力量冒出来，不要使劲地踩，所谓让力量入地三分。后腿也不要使劲蹬地，否则会形成向上的力量。

要形成一种思维，即只要膝盖一打弯儿，脚就要往上悬，这是在控制阳不外出。腿越屈，脚要越有上抬的意识。这实际上是在练收劲，也即脚下如履薄冰。

脚踏浮萍、如履薄冰、迈步如猫行等，这些要求是在要你练腿上的各个部位的阴劲。

·演示三：懒扎衣。

很多人在做此式动作定势时，故意再放松一下，人整个往下一坠，从纯阳一下子到了纯阴，那是懈掉了。

现在要在阳的动作里练阴，动作展开，而劲力回收，否则那叫懈。

二十、练太极先知己

记住太极拳是心脑运动，不仅仅是肢体运动。

1. 练太极先知己

习练太极拳是在练控制阳气的发散，也即首先要认识这个气，要先能定住这个阳气，然后才谈得上让这个阳气反着走。这个气与口鼻呼吸之气不是一个东西，它是维持人的生命运动的内能量。在父精母血交合之后，这个能量体系就有了。

康老师用一块面团捏成一个小人儿，又拿来一碗面粉。这个面人是什么做的？是面做的。而这个面人和那个面粉一样吗？不一样。有什么不一样？因为面人里边有水和面和在一起了，而且我们没办法分开。我们只认识面，不认识其中的水。也即这两样东西我们只认识了其中一样。

换句话讲，我们只认识了我们外在的躯体，认识了我们身体的筋、骨、皮等，但不认识躯体的骨骼、血肉，腠理之间还流淌着气，而这个气才是推动人体生命运动的能量。这个内能量肉眼看不见、摸不着。我们把这个看不见的内能量体系叫作虚体。也即人有两个体系，一个是肉眼看得见、摸得着的外在的躯体；另一个是肉眼看不见的、内在的内能量的虚体。分清这两个体系是因为，真正的太极拳要运作的是那个虚体。

陈鑫《图说》30页："气者，神之宅也。"宅，住房，神住在宅内，也就是气的住所。练神还虚，通过练，要认识虚，不是仅仅练那个实在的躯体。要认识那个虚的内能量系统，这叫练神还虚。换言之，一个实体的人内住着一个虚的人，这两个人我们都要认识，而且要他们各干各的事儿。比如说我的手外伸，但让气往里收。

拳论"以心行气，务令沉着，乃能收敛入骨"。这句话讲的是用心来行气，没说用心来做动作。

"以气运身，务令顺遂，乃能便利从心"。这句话讲的是，我心想哪儿就走到哪儿，是里边在走。

"心为令，气为旗，身为驱使"。这句话是讲，心发了一个令，就像打仗一样，旗子先走了，然后士兵就都跟着走了。也即心为令，气先走，然后身子是气驱使着它走的。而我们现在一般是心为令，身子就走了，不认识气。

"意气君来骨肉臣"。君是发令者，骨肉是服从者，也即外边那个实体，要服从里边的那个虚体，使虚体带着躯体走。

"内动不令人知"。你别看我没动，我里边的那个你看不见的虚体在动着呢！

康老师拎起来一条浸了水的毛巾，毛巾不动，但过了一会儿开始往下滴水。这毛巾就像实体，那水就像气，所以虚领顶劲，气沉丹田，就和那毛巾一样，把身子拎住了，让气下去。

我们现在打拳，脑子只关注外在的实体，神意全在实体上。打了一辈子太极拳，神意也没关注那个虚体，只是关注在实实在在的躯体上。为什么？因为不认识那个虚体。所以前辈有一句：七分知己功夫，三分知彼功夫。要先认识自己。

两个自己，一个实体，一个虚体，把自己练全了，两个都认识了，与别人一搭手，摸的不再是别人的手，而是在摸对方里边的东西，这叫听劲。如果连自己都还没有认识全，那怎么去认识对方里边的东西呢？

每个人都有先天自带的两套系统，只是我们现在不认识它，不认识那个看不见的自我。所以要先练知己功夫，不练是不会知道的。

如何练知己功夫呢？那就是放松。

2. 放松，解放你的另一半

人们对自己身体的运动都是有感知的，知道运动是由心意来指挥自己的骨骼、肌肉、韧带进行的，但并不认识那个里边的自我，即那个内能量系统，那个虚我。这就像前边提到的那个面人儿，认识面，不认识其中的水。面与水是捆绑在一起的，一动全都动了，不会分开。如果能练得像那湿毛巾滴水一样，毛巾本身，即身体；水，即内能量，也叫内气。毛巾与水产生了反向运动，或者相对运动，而且自己感知到了，这就意味着认识了内里的自我，即那个虚我。要做到这一点，方法只有一个——放松。

打拳也一样，先要放松，让人往上走，这就是虚领顶劲。用意识让脑袋把上身拎起来，但气要沉下去。注意，放松可不是从上到下，浑身懈掉往下一坠，那可不是太极拳的松。太极拳的松，是松开。

完全不用力地让身体运动起来，让内气沉下去。有一句话叫骨升肉降，肉好像是挂在骨架上。等放松、松开到一定的程度，你感觉到里边有东西在流动了，就水到渠成了。

其实这些道理前辈早已说得很明白了。

如杨澄甫的《太极拳十要》：

"练太极拳需全身松开，不使用分毫之拙劲，以滞流于筋骨血脉之间，以自缚束。然后能轻灵变化，旋转自如。或疑不用力何以能长力？盖人身之有经络，如地之有沟洫，沟洫不塞而水行，经络不闭而气通。如是，气血流注，日日灌输，周流全身，无时停滞，久久练习，则练得真正内劲。"

内劲叫气力，外劲叫体力。

太极拳怎么练？第一步就是放松，松开，不用力地运动。其目的就是认识那个自我、虚我，那个原来看不见的真我。这就是认识我的另一半，实现真正的知己。

不用力能运动，这是练习太极拳的一个很重要的原则。

3. 知己功夫的第二大原则是动中求静

动中求静是为了分内外。

知道了习练太极拳第一步要做的事是放松、松开，不用力地运动，是为了认识那个内在的虚我，进而解放那个虚我，也就是为了知己。

太极拳习练要达到知己的功夫的第二大原则是动中求静。

何为动中求静？可不是动了再静，静了以后再动，而应是动静相兼。

先要明白动静相兼：动和静是同时的，也即阳和阴是同时的。阳是动的，是发散的；阴是静的，是收敛的。阳是我们自然就有的，那就要有意识地练这个阴，也就是练这个静。

前辈拳论有言："太和之气到静时，不静不见动之奇。"

气别动就叫静。

《大学》中有言："知止而后能定，定而后能静，静而后能安。"

也即先停止，叫定住，能定了，就能静了。

太极拳还有一句："要练静定之性，即中定之性。"

这其实已经给了我们一个习练静的途径，或者说方法。

我们原本的目的是把外体的实我与内在的虚我区分开，一是能认识这两者，二是能把他们分开，三是能让这两个各自动各自的。

外体的实我，我们已经有了认识。

对内里的虚我，即那个内气，我们要：

①先让它能和实体分开，那就先松身体，别老让实体紧裹着那个虚体，要让它能松动。

②这两个外和内的实体和虚体原本都是在同步进行的，那就要用意识让内里的虚体，即气，先别跟着外体一起动。先让它定住，让它先停下来，别老依附着外体动，这就是先让它能静下来。

经过长期用心的练习，最后不管怎么运动，内气能静下来，能定在那儿。平时讲的中定之性，就是太极拳动中求静的练习要求。肢体在运动而内气不动，要守住那个不外出的阴性，即守住中定之心。

③再下一步就不是内我（虚我）停下来不动的问题了，而是要让内外产生相反运动。手往外而劲往里，就像蒙着外壳的牛奶瓶子，你抓紧了瓶子，连同外壳一起拿了起来，这内外之体就粘在一起分不开了。慢慢地经过放松练习，外壳拿了起来，而内瓶并不走，这就分开了。等到最后你能一动，壳和内瓶就

分开；再一放，壳和内瓶又合在一起了。即可以随你的意分和合了，这叫动之则分，静之则合。这是此阶段的分与合，最初级的性与像的分合，也即外形与内气分开。更高阶段的动静分合又是另一番景象。

简言之：

· 要练太极，先分内外。

· 要分内外，先要认识内。

· 要认识内，你先松开。

· 松开之后让你去定住，别跟着外边一起跑。

这是一个长期的训练过程，长期的定，最后就真的静了。这就是我们习拳中的放松、松开，动中求静，即动中求那个不动。

具体到拳式当中，如松松地一站，身上放松了，浑身的肌肉放松，骨节拉开松长，气机也定在这儿，然后从腰间尾闾下去了，这是一个放松的预备势，或曰起势。

然后要动了。很容易一举动，那个原本沉下来的气就要动，要跟着双手起来。这时要保持浑身不用力的舒适的状态，争取不让气起来，但要运动起来。在运动中要不断地控制在这个状态中，让内气不动、不变、不产生力量，这就叫心要静、气要定、心气不乱。

每天打拳就在干这一件事儿，叫动中求静：虽然我的身体动了，但我脑子里一直在设法保持那个虚我，即内气别动，即动中之不动。

但这很不容易做到，所以前辈才告诉我们起势时要先松一下（这是让你把另一半儿松开、放开，别抱着）。

还告诉我们定势时再松一下（这是在告诫你，刚才动的时候，你的内劲又上来了，要再松一下，让气再沉下去），目的是让你恢复到起势时的放松的状态，然后再松松地走起下一式。

所以要慢慢地练习，最后不管怎么运动，内气都能定在那儿了，不外冒了，这叫有了中定之性了。

练阴性，不可能一下子练到阴性，所以要先练中定。练阴性的基础是先练中定。先能够静下来，静了之后，才能生出阴性，收敛之性。往相反的方向走，才叫真正的生阴。

所以练太极拳就是在练静。静到一定程度，就到了反向的阴性了。这时就真分出了内外。不分内外，谈不到阴阳，动中求静就是在帮助我们分清内外。这既是途径也是方法。

4. 认识你的精气神

练太极拳要先认识自己。一个是看得见摸得着的实体，是外体的我；还有一个是看不见摸不着的内我，叫虚我。这两者结合起来叫真我。

外体的我，即筋、骨、皮，不必啰嗦，人人都认识，而且天天在用，也在刻意的保护。但虚我、内我怎么认识呢？它到底是什么？

太极拳前辈有一句话，外练筋、骨、皮，内练一口气，或者外练筋、骨、皮，内练精气神。前边也讲过，先分出内外，让外体动，内里待着先不动，慢慢内外能分开了，慢慢地就认识了。

但精气神，或曰一口气，到底是什么？又该怎么练？

为了进一步让大家明白到底什么是内我，什么是精气神，康老师做了一个小实验来进行比喻。

一根蜡烛，点亮，产生了两样东西：火和光亮。这蜡烛，相当于你的先天内能量，叫精，父精母血结合而成，也叫先天原动力。火就相当于你的先天元气，这个先天元气即先天原动力，推动身体各部位循环运行，也叫元阳之气。这烛火产生了光亮，叫神。这神似乎看不见、摸不着，但能产生能量。人的思维、意识、感知、喜怒哀乐、各种情绪等，都是有能量的，能产生出不同的功能和效果，都是神的应用和表现，这就是精气神。

我们体内有这三个东西，是原始能量的一个体现，所以前辈有这么一句话："练精化气，练气化神。"

人人都有精气神，只是我们原本未明确知道。不认识这个内我，就不会合理地利用它，会产生很大的问题。如人喝酒喝大了，虽没用体力，但三四天浑身都是软的，缓不过来劲儿。这是因为你的生命的原动力被过分地消耗掉了，因为酒是发散的，在让阳气生发，在耗精。

又如洗桑拿，所谓浑身排汗、排毒，其实是在消耗元精，也是浑身软绵绵的。

又如看电影、看电视剧，一天十几个小时，虽没用体力，但也在耗神，在消耗内能量，第二天准头疼。

也有的青少年，在游戏机前猝死的。有人长期失眠多梦，虽然肢体没动，但也在耗神。

这就像那蜡烛一样，该燃烧的时候就燃烧，不该燃烧的时候要省着点烧，要让蜡烛歇会儿，要省着点用。所以晚上，本是收神的时候，如果还要去跑步，大汗淋漓，就如《黄帝内经》所言："以欲竭其精，以耗散其真。"真指真气。

这都是在耗你的精气神。

结语

我们有外我的筋骨皮，这是实体；还有内我的精气神，这叫虚体。而太极拳的修炼是在练精化气、练气化神、练神还虚，最后还得回到那个虚体之中，也因此太极拳才有其独特的养生功效。养生是在养内里的精气神，而健身是在练外体的筋骨皮。太极拳的修炼，就是要从外体的健身，走向修养内里的精气神。

二十一、养生、健身与清浊之气

1. 别把健身当养生

太极拳既要认识实我，即筋骨皮，更要认识虚我，即内里的精气神。太极拳的修炼，要从实我的外体的健身，过渡到内里精气神的保养。其实，实体的锻炼，即筋骨皮的锻炼，能产生强大的力量，外家拳都是在练这个力量，且叫其"力"。

而内家拳，虚我，即精气神的修炼，最终也能产生强大的力量，且叫其"劲"（不过有很多拳家把力和劲也混为一谈了，或者有时说气力，实则在说那劲，有时说力量，但也言之为劲，且不管这些具体内容，明白就好）。体力和内能量都能产生力量，只是其力量的发源地不同：体力叫外力，发源于筋骨皮；内能量之力——劲，发源于那个虚体。练精化气，练气化神，练神还虚，是以此体系为主导。

我们讲太极拳有其独特的养生效果，所谓独特，就是外家拳所没有的。如果认为，我会了一套太极拳，或者我会了几十个套路，我天天打，我就是在养生了，这个理解还太肤浅。

不明其理的打拳与广场舞、散步等其他的活动，并无本质的区别。

如果有练太极拳的人说，我在静心，我在练气，我在运气，这是否就答对了呢？

关键是，你认识气吗？首先，太极拳的呼吸之气，与口鼻之气无关，太极拳所讲的开吸合呼，也与口鼻的气无关。

身体内部的气，一出一入，才是太极拳的呼吸。

而鼻子的呼吸要纯乎自然，如果去练鼻子的呼吸，一练就憋上气了。

有一句拳谚："意在精不在气，在气则滞。"

所以真正的养生到底是怎么回事？怎样才算是在养生了呢？

现在从传统的《医钞类编》里找一找有关的论述。

养生养什么？

《医钞类编》指出：

养生在凝神，神凝则气聚，气聚则形全。

精、气、神为生命之三宝，亦为生命之三大元素。

三者旺则生，三者衰则病，三者枯则老，三者竭则死。

故养生之道，贵保精保气保神，补精补气补神，全精全气全神。三者又以精为根本，精足则气足，气足则神足。

这里首先讲的，是解决气的问题。凝神即凝聚，把神收回来。怎么收？让意识关注自己，关注自己的身体，关注自己的肩、腰、胯等，最后意注丹田，刻刻留意在腰间，慢慢气就收回了。

神就像那蜡烛之光，别那么外放，把那光调小一些，火点得小一点。

也和那马提灯一样，把火苗拧小，油就少耗，光就变暗，神凝则气聚，精气神少消耗，慢慢地，越养原能量越大。如果油用光了，只剩下一个灯，一个躯壳，还有什么用呢？

这里用在拳的修炼中，面对的是里边的精气神，就是在讲收敛的性质，要练静，练阴。练太极，就是用最小的力去运动。

简言之，凝神、聚气、全形（保全你的外壳），要保，要补，最后达到全精、全气、全神。肢体被精气神滋养着，消耗的是最小的力。这是练而不耗，唯太极拳才有的，面对的是内里的精气神的修炼。与外体的健身截然不同。

2. 调养气血，卸净浊气

养生与健身不同，养生在凝神，神凝则气聚，气聚则形全，这是在调养人的内系统，而太极拳是在运行内里的东西。

该如何运行，又如何才能运行好？要补精补气，又如何补？

请看陈鑫《图说》72页："打拳以调养气血，呼吸顺其自然，扫除妄念，卸净浊气，先定根基，收视返听，含光默默，调息绵绵，操固内守，注意玄关。"

这一段话已经明确地告诉了我们如何打拳是在养生了，怎么样就调养气血了（精在血里，精生气）。

其中最关键的几个词，必须要搞明白。

①呼吸自然，扫除妄念。先从呼吸开始，要顺其自然。而现在社会上流行的很多说法，如鼻吸口呼、开吸合呼、起吸落呼等，都是在提出要求。完全按照这些要求来做，就跟原来的自然呼吸完全不一样了，这就是妄念，即非自然的东西，是自己想出来的东西，所以不许这么想（也许有一天打拳时，真的就是这种情况了，那又是另一个层面的问题了）。

②卸净浊气，先定根基。太极拳叫升清降浊。首先，何为浊气？浑浊，肮脏，不好的气吗？其次，浊气下去了，怎么就定了根基了呢？

前人讲的浊，与我们现在所理解的浊不是一个意思。"天气下降以为地，地气上升以为天。"还有一语，清气上升以为天，浊气下降以为地。这个"为"，意思是作为。

先看看我们这个大自然的空间。空间里有什么？有空气，空气又包含好多种：氧气、氮气、氢气、一氧化碳、二氧化碳等。各种气的密度不一样，质量也不一样。

我们把比空气轻的气叫性质向上的气，比如一氧化碳、氢气、氮气等；把比空气重的气叫性质向下的气，比如臭氧、氟气、丙烷等。

前辈知道空气中有两种不同性质的气：一种清阳之气，也即清轻之气，比空气轻的气；另一种浊阴之气，也即浊重之气，比空气重的气。

为何叫浊？看水，水中有混合物，它会下沉。浑浊物沉下去了，水就变清了，像浑浊物一样向下沉的气，就叫浊重之气，并非说这个气脏，也不是说这个是废气。

③为何称根基？天地一大宇宙，人身一小宇宙。我们身体内有气，这个气，是内能量生出来的，这气与天地之气的性质是一样的，一个清阳之气往上走，还有一个浊重之气是向下行。地上之气向上走，但地上之气从哪儿来的？是由于天上下雨、下雪、下霜等。天气下降以为地，天上的气下来了，地就有作为了，如果天上的气不下来，地上就干旱，地就没办法作为。

道理是一样的。要想让身体内的清阳之气上升，先得让体内的浊阴之气下来。

这浊气怎么下来？这就又回到了太极拳的本源上来了：要松，而且要松沉。

放松、松开以后，让浊重之气下去，要下到脚底，并非身体砸下去。如果身体是死板的一块，这个气是下不去的，根基也就没了。就好比一块水泥地，你浇水，也吸收不了。所以要先松土，把水泥地变成松土地，水才能被吸收。

结语

我们身体里有清浊两种性质的气，要想清气上升，首先要浊气下降，卸净浊气，就是练太极拳所必须经历的一种状态——松沉。

知道了身体内有清、浊两种气，也即混元之气，但仅仅知道是不够的，要先能认识它，如果不认识它，怎么指挥它？

3. 收视返听，含光默默

①这就是在告诉我们方法。人之光是神意，要把你的感觉、你的视觉收回来，去听你的内里。眼睛、耳朵都没闭上，但对外界会产生视而不见、充耳不闻的现象，因为我的神意不在外头，我在感觉里头了，这就叫收视返听，也叫返观内视。

手一松，身体内有一个东西往下走了，而且你感觉到了，那就是浊重之气在下行了。这叫内修。太极拳就在要求我们收视返听。慢慢地对身体里边的功能体系越来越明确，然后就要操固内守了。

②调息绵绵，操固内守，注意玄关。那个"息"，刚动的那一点，要让它不断地往下走。操，就是做，操持。固，培元固本，即守内。通过放松，感觉里头有东西，还要守住这个感觉，别放了它，也别累着它，这叫培元固本。

玄关本指门厅，从入门到正厅之间的一段转折空间，是屋外和屋内的缓冲之处。这里呢，指的是劲与劲之间的阴阳转换。同一个动作，可以在中间转换劲，从出劲而变成入劲，这就是玄关。这个玄关是玄之又玄。和平常讲的转关还有不同。一个动作下来可能就出现了劲别的转换。比如懒扎衣的右手，从左到右一个线路下来，就由开劲而变成了合劲，也即入变成出了。

转关指的是一个动作和另外一个动作、一个式和另一个式之间的一个圆的转换。

结语

①先认识这个气，这个阴浊之气，要让它能下去，下到脚底，而且这个过程要能感知到，这就是浊阴归地，就好像雨下到地上了。

②浊阴之气下降，但地上不能为水泥之地，先要松土。然后浊气

下降凝固住，这就是根基了，这样做下来才能达到松沉的效果。

③第一放松，第二松开、松长，第三松透、松通、松散，第四松沉，第五（最后了）松发。

总之，把视、听觉全收回来，分清轻浊。方法就是放松、松开，让身体内气血流行，畅通无阻，清者自清，浊者自浊。

清气上升，浊气下降，从而实现外静内动的内修功效。

二十二、放松、松开、卸净浊气与其根在脚

太极拳有一句有名的言论："其根在脚，发于腿，主宰于腰。"于是人们就用脚使劲蹬地，还刻意地练站桩，目的是让脚底生出大的、稳固的力量，这是一个极大的误区。

1. 再谈放松、松开、卸净浊气、定根基的方法与其根在脚的关系处理

陈鑫《图说》上所谈的要先定根基，是要先卸净浊气。要卸净浊气，先要认识何为浊气，然后通过放松、松开的方法，让浊气能下到丹田，再进一步下到脚底，这样脚底就有了根基，就像天上之水下到了地上，地就可以有所作为了。可不是脚蹬地蹬出来的。

关键是这个浊气不好认识，它不是你用口鼻憋出来的气，与呼吸之气无关。前文也谈到，唯一的方法就是松松松，太极劲。

怎么松呢？想想那个气球，拿着气球的手松开之后，气球才会自由地下落或者是上升，如果你的手拿着气球不松手，不管上还是下，都是一体的。用到拳上，就是连着体重一块下来了，气和外体并未分开，是捆在一起的，那清浊之气就显现不出来。只有手完全撒开，那气球才会自行下落或上升。

我们会产生疑问，我还不认识气，也分不清何为清阳之气，何为浊重之气，我该怎么做？

①要松力，不要松体重。如果力没有被松开的话，会产生一种现象，在你身体没有松开的地方，会产生拙力或僵力。也即这个部位会发紧、发硬，会不舒服，这就是力顶在这儿了，这时你要放松这个部位，让气能溜达过去。如果你感觉到这个原来发紧的部位一下子不紧了、没了，那就是这个部位松开了。就这样慢慢地，哪里感到紧，就松哪里；哪里有力，就扔掉它，慢慢地浑身

都松了，这气就会慢慢地往下走。当你能感觉到浊气在下沉的时候，就叫松沉了。

所以前辈讲，松沉不是松体，是松气。

让你的气往下走，比如手一过肩，要求沉肩坠肘，怎么做呢？让你的心气别跟着手臂上去就行了，肩胛骨自然就下去了。

②要做到这一点，还有一个条件，即返观内视，不操固内守，不盯着你的内里，这事儿干不了。

③同时还要注意，意在精神不在气，在气则滞。也即你的意识，在关注身体里边的整个状态，可不是像用手捏住气球去上下动，千万不能想这个气哪儿轻了、哪儿重了，不要去刻意指挥这个气怎么走。比如说用鼻子吸一口气，憋在肚子里，那就是强为了，那可就坏了。

结语

太极拳就那么点儿事儿，升清降浊，这是太极拳训练的第一目标。怎么做？收视返听，操固内守，放松、松开，要是感到身体哪个地方紧了，就把它放开、放下，松开。

2. 水中火发，阴极生阳

我们知道了太极拳习练的第一个阶段，就是要卸净浊气，让体内浊重之气能下来，灌到脚上。而且当你能感觉到这浊气真的往下走了，这叫松沉，才是真正的其根在脚。

卸净浊气的方法和步骤是，第一步放松，第二步松开、松长，第三步松通、松散，第四步松沉，第五步松发。

说放松、浑身松透，这还太笼统。其实放松，应先从单个的部位来进行，比如说先练习松肩，等肩会沉了，再说松胯；会落胯了，再说松腰；会松腰了……逐渐地从一个部位到全身各个部位。最后，浑身上下全部松开，沉到脚底。这叫彻底的松沉。

这个松沉是浊气下到了脚底。

所以冯志强大师说的金刚捣锥的所谓震脚，可不是向下跺脚，而是松气（不知道这个式子，已经伤了多少人的腿脚）！

卸净浊气，浊气降到了一定的程度，效果就要出来了。什么效果呢？请看《陈氏太极拳图说》72页：

"功久则倾刻水中火发，雪里开花，两肾如汤热，膀胱似火烧，真气自足。任督犹车轮，四肢若山石。"

功久，就是说我们天天在反观内视，在收视返听，在操固内守，在让浊气下降。

功久则自然水中火发。

什么叫水中火发呢？这里讲的是两个性质。水是阴性，性润下，是向下走的。火是阳性，其性炎上，是向上走的。

水下沉，沉到一定的程度，忽然这个向下走的水中上来一股东西，即水开始升腾了。就同天气下降、地气上升的道理是一样的，阳气是从阴里生出来的，你感觉到有一个气从下边升起来了，这个炎上之性是火性。

雪是冬天的东西，是阴性，雪里开花，表示阴中生阳了。一旦出来了这个东西，就知道什么是真气了。真气出来了，其效果是两肾如汤热，膀胱似火烧（我个人有时感觉好像后腰的命门处有一个热贴似的，一股热流。当然，这还是过路风景），这就是生命的原动力。这个气，是阴中自然生出来的真阳之气，与口鼻之气没一点关系。

太极拳以心行气，以气运身，心为令，气为旗，身为驱使。

清阳和浊重这两种性质的气都在我们身体里，就如天地大宇宙一样，人生也是一个小宇宙，人体之道与天地之道是完全一样的。

在真气自足后，任督犹车轮，四肢若山石，此气在沿着任脉和督脉运行、周流起来了。

注意：

①真气的流行是自然而然生成的，浊气不断地降，清阳之气就在不断地升，如天上不断地下雨，地上就不断地蒸发，慢慢地，即使天没有下雨，这种交流也在不断地进行。

②千万注意，阴阳之气是在同时运行，不是浊气下来之后阳气再上去，这两者是同时进行的，所以才叫阴阳混一，即阴即阳。

③阴阳之气的周流，是自然的，这可不是做出来的，也不是想出来的。

太极拳有一句话：气贴脊背，这就是真元之气，即原能量从后背上来了，一股强大的力量，从夹脊穴直接就奔两手臂来了。还有另外一股气，从后边命门经环跳，直接就下到了两腿上了，这时就叫四肢若山石。

④四肢若山石与柔有什么关系呢？太极拳不是说柔吗？这叫柔中生刚。要到最后，你才会知道它有多大的劲儿！你按也按不动，身体还是软软的，但身体里生出了强大的力量，劲儿就是从这里来的，这是松到了一定的程度之后，

它自己上来的一股劲儿。太极劲就是这么来的，这叫换了力量源。

所以当有些太极晚辈看到大师力量好大，按都按不动，但老师还说不要用力，要松柔柔地练，学生就不解了："你让我放松，你为何那么大劲儿啊？那么硬啊？"于是他不相信老师说的话：不练力量反而能出来力量，就改去练哑铃了。

⑤所以最后一句话，特别重要：亡念之发，天机自动。亡，消亡，灭亡。想让他干，这叫有念。亡念，意思是我根本就没有念头，没有去想，它就来了，这叫亡念之发，是我松到一定程度，它自己上来的一股劲儿。但这股劲儿，人不碰它，它不发，人一动它，它就来了，这叫天机自动。

所以听说有人从后边碰了一下老师，他打了你，他却并无知觉、并不知道。为何？他这个就是亡念自发，天机自动，纯乎自然，不加一丝强为。

结语

①清阳之气，也叫真阳之气，是浊阴之气里生出来的。所以，不会降浊，就不会生阳；不会松沉，就不会松发，因为无物可发！升清降浊是太极拳的核心要素。

②所以，一上来学太极，就被要求掤劲不丢，这事千万不能干！那只能是顶力不丢，那叫拙力、僵力、强为之力，这样永远练不出来真正的太极劲。

③练拳的前期，谈不到柔。要大松大软，越软越好，越没力越好。要在无极状态下运动，把身体放得一点力都没有，运动起来也没有力量。

④周身要去除僵硬之力。哪有力，就扔哪里；哪里感觉出力了，就一定要把它松透。这是在疏通渠道，目标是降浊松沉，然后清阳之气会上升，真气就体现出来了。

所以太极拳的训练层次是先练阴，先练收，先练松沉，可不是压体重。

打太极拳，就干这事儿，功久则倾刻水中火发，雪里开花。

二十三、五行与太极拳之步法

全国上下到处在打一套据说是国家体育总局主持新编的太极拳架子。名曰八门五步十三势太极拳。

为何要叫八门五步十三势呢？因为太极拳的各门派的式子，不论多么繁杂，都离不开这八门五步十三势。

这个势，可不是式，而是指的势态。是指太极拳的八种手法与五种步法的十三种性质的变化。

前文已经讲过了八门与八法的关系，即掤南、捋西、挤东、按北，这四正手法，与四隅手法——採、挒、肘、靠的关系见图5-29。

太极八卦八法对应图（注：左半图阳性，右半图阴性）

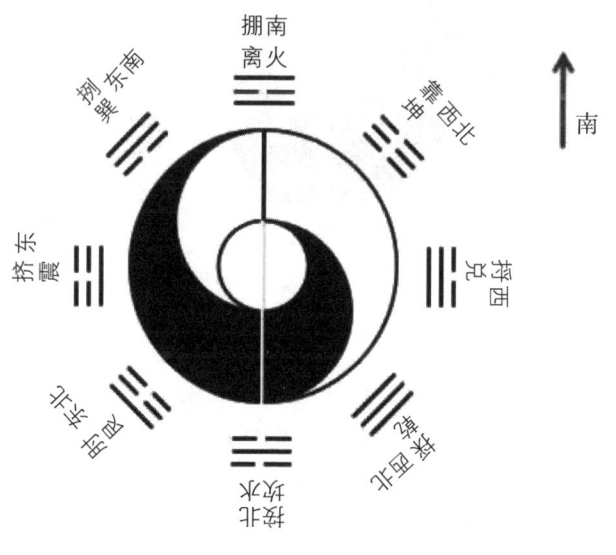

图5-29

我们明白，由阴阳的变化产生了四象，由四象生出来了四正手，继而是四隅手。这其中的东南西北组成的八个方位词，并非代表方位与动作，而是指八种手法的八种不同性质，主要是指内在劲力的性质变化。

1. 不识五行之意，难成五步之行

五步，指五种步法，即进、退、顾、盼、定。

这个进退顾盼定，可不是人们目前头脑里的概念：什么前进步、后退步、左迈步、右迈步，定就是不动，等等。

试问，哪种拳术，不走这五种步法？哪种武术没有这五种步法呢？为何这八门五步就成了太极拳独特的精华了呢？

这进退顾盼定，对应的是中国传统文化易经中的五行，是指五种性质的变化。

请看老拳谱对步法的描述：以身分步，五行在意，支撑八面。

步法与五行的关系：进步火，退步水，左顾木，右盼金，定之方中土也。

这就又得看太极图了（见图5-30）。

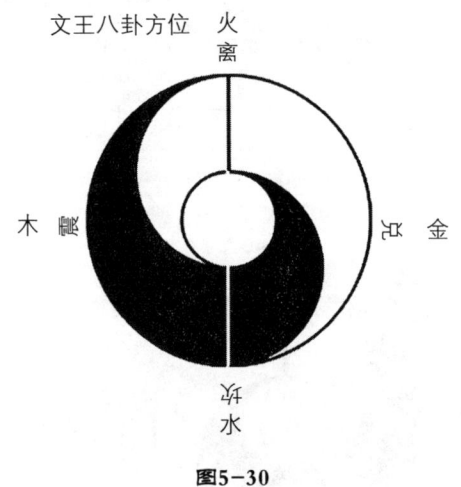

图5-30

五行，金木水火土出来了。五行在哪儿？在脑子里，在意识中，意识中要有五行的概念。一动步就要与五行是对应着的。

必须了解这五行到底是什么、怎么来的，才有可能知道进、退、顾、盼、定这五种步法是什么性质的变化。

前人通过观察天象与地上万事万物的变化，得出结论：天地生万物，生于天，藏于地，天生地成。天上的气候决定了地上生什么。万物有万象，这万物，由于阴阳比例的不同，产生了不同的性质变化。前人又对万物之万性进行了归纳、综合总结，总结出五种大的性质，即金木水火土，这是地上的五种物质。用这五种物质，代表五种性质。世上万事万物，都归于这五种性质。

现在分别来看看这五种性质。

①水，水性润下，凡是向下走的这种性质，都叫水性。

水性虽润下，但外虚而内实。请看其符号：☵，上下都是阴爻，是虚的，中间是一根阳爻，是实的，外虚而内实。水的表面是柔软的，虚的，东西能漏进去，那为什么又叫内实？外表上看起来是虚性，但是，它会产生出强大的力量，水中并非什么都没有。任何物质，如果有一个像水一样的性质，就叫水性。

②木，木性生发。看看树木，每年发芽长大，用手拉住一个树枝，拉弯了，但一松手，它又弹回去了，木曰曲直，木主生发，它是要向上长的。永远向上长的、生发的这种性质，叫作木性。

③火，火性炎上。点一火把，火苗是向上跑的，即使把火把头朝下拿，火苗也依然向上跑，但火是外实而内虚的，火苗的里边是虚空的，啥也没有，但外边可进不去，强大的力量在外头。这叫外实而内虚。请看火的卦爻：☰，外边两根阳爻，中间一根阴爻。世上很多这种蒸腾的、向上的性质，叫作火性。

④金，金性。金是收敛的、凝聚的、肃杀的、往回收的。凡是这种性质的事物，都归于金性。平时人们说金秋十月，实际上金秋不是说金色的意思，而是说金性。

前面讲了物质的四种性质，这四种性质又是两两相对、互相制约、互相控制的。水对火，一个运下，一个炎上；木对金，一个生发，一个收敛。

而且这四种性质，对应人的4个脏器。

心对火，肝对木，肺对金，肾对水，所以心肾相交，也叫水火既济。肝木主生发，就有一个肺金主收敛。这就是事物之间的相生相克，相互牵制，以达到平衡。

⑤土，中定。中定，不是说不动了，讲的是事物的性质。既不生阴，也不生阳，保持一个中性。在太极图中，这个图最上端的五和最下端的十，就是中间的那个五和十。五在最上端，不上也不下，十在最下端，也是不上也不下，这叫不阴不阳，既没生发，也没收敛，这是中性。现在把五和十拿了出来，放在太极图的中央位置，但五和十是既可以上也可以下的，其他几个哪个缺了，它们都可以来帮忙，平时就位于不变性的状态，其他的都在围着它转。

2. 五步与五种物性

①我们明白了中国的五行说的是五性，用地上的五个东西，代表了最典型的五种大的性质，这叫地性，也叫物性。

中医的五行，对应人体的五个脏器，也对应太极拳的五种步法。

火——心——进——性炎上；

水——肾——退——性润下；

木——肝——左顾——性生发；

金——肺——右盼——性收敛；

土——脾——中定——性不变。

中医的五行所指的脏器，与西医的五个器官，是两个不同的概念。这里讲的是气性、功能。心气、肝气、肾气、脾气、肺气，它们在身体内互相作用，推动生命运行，这些性质也会不断地变化，有阴阳不断变化的过程。

请看下面的太极图。从太极图上，我们看到边上标示出很多的变化，有八卦，有五行。

五行的变化也是阴阳变化的结果。伏羲八卦方位太极图：上乾下坤，一天一地，是指天象的阴阳变化。而此图上离、下坎，一火一水，一主阳一主阴，指的是地上的阴阳变化，产生出五种性质的不断转换。

伏羲八卦方位太极图见图5-31。

陈鑫《图说》书上第5页："一者水之生数也；六者水之成数也。坎居于子，当水生成之数，故坎属水。"（任何一个事物都是要经历由生到成这一过程，不可能只有生，或只有成，必须是生成）

坎卦，水，位于下边，水主润下，既虚又实，在长阳。

离卦，火，主炎上，阳，都在上边这一块，外实而内虚。在长阴，即在生虚。

木，主生发，生阳，在生长阶段。

伏羲八卦方位

图5-31

金，主收敛，阳在一点点变少，在生阴。

中间的土，像大地一样，没动。洛书中说过，这是五和十，既没表现出阴，也没表现出阳，但既含着阴，也含着阳，阴阳含而未发，这叫土性。

②五性与太极步的关系。如前所说，火是进，水是退，木是顾，金是盼，土是中定。那么太极拳的向前迈步，是不是就是火性的进步了？是炎上之性了？向后退步，是不是就是水性了呢？

但如果明确地告诉你，太极拳在很多时候步子向前迈一步，却是水之性的退步，你能理解吗？为什么呢？

太极拳的分步是以身分步，五行在意。此言是讲，要看身子往哪儿走，这个步子就叫什么步。

如我站在这里，身子往后退，这就叫退步，是水之性，不要看脚往哪儿走。

又如在定步推手中，脚并不动，但身子往前，这就叫进步，身子往后这就叫退步，一进一退是身子说了算。

再如，对手在前方，我两脚前后站立，往前即进，往后即退。

如果对手在侧面，横向步，向对手方向走就叫进，相反方向就叫退。

所以进或退，与目标有关系，与身体的方位有关系。

上面所讲的还比较好理解，进退当中有顾盼，五行就出来了。

3. 进退之中有顾盼，顾盼之中走进退

顾盼来自中国的一个成语："左顾右盼"，形容向左右两边看。用到打拳上，是把头上的左转右转放到腿上，是说太极拳的腿，除了跟着身子有进退外，还要有左转右转。

从太极图上我们得知，左顾属木，右盼属金，木主生发，在生阳；金主收敛，在走阴。腿是在转着进退的，这边是木性，那边就是金性。也即一边在走阳，另一边在走阴，一个发散，一个收敛。这并不是说，迈步时要腿画着圈儿进退，而是指里边的劲儿在转着走，腿一动，阴阳两个性质就出来了，同时显现。

那么以身分步，五行在意，具体在太极拳习练中如何体现呢？

演示1：进步与退步：

康老师与助手搭手，康老师身往后，在退，这是水性，润下。随着身体往回走，劲力在不断地往下流，直至把对手引得朝前栽下去。

康老师又示范一种错误的状态，腿顶着，流不下去，撑得狠狠的，这就和对方顶上了。

又演示一个陈式懒扎衣，右腿出去，但身子向左移，左手上，右手下，这叫退步，以身分步，水向上下流透了再出来。

又如野马分鬃，左腿出去了，双手交叉在右侧，这叫退步，因为身子在朝右腿方向撤；然后，左右手分开，逐渐变成左弓步，这个过程中，身子在朝前，这叫进步。在进步中，腿劲儿呼地升起来了，这是阳性，气腾然，但绝不允许蹬踹后腿。

康老师又和杨老师演示推手。杨老师向前挤，康老师在退，身上的东西哗地下去了，杨老师向前栽倒。

反过来，康老师挤杨老师，杨老师也让水流下去了，康老师也向前栽。

一进一退，退回来，左腿负重，但让水流下去，虚不接力，这叫左重左虚，绝不能左重还左实，那可就顶上了。所以要注意：负重腿的用力顶死，与

让气流下去，这是性质的不同。由于性质的变化产生了左重左虚，右重右杳。

演示2：顾盼：

杨老师打一个搂膝拗步，架子很规矩。前腿撑在那儿，后腿蹬在那里，没有感觉到腿上的旋转。

康老师又打一个左搂膝拗步，边打边说：右后腿之胯在向前转，左前腿之胯在向后转，右胯在走一个木性，在生发，而左前腿在收敛，走了一个金性。右手与右胯都在生发，是阳性；而左手与左胯都在收敛，在向后下，走阴性。一阳一阴，对手已经向康老师的左手后侧，被拧得歪下去了。

如果左边右边都是发散的阳性，那就和对方顶上了。

所有动作的两胯，都在这么转，在不断地变性。

又如倒卷肱，一手一脚退，另一手一脚进，当一条腿在向后旋转时，另一条腿就在向前旋转。一个在收，一个在放，这叫左顾右盼，或者叫右顾左盼，性质在变化，即进退当中有顾盼，顾盼当中有进退。

4. 五行之中定

明白了五行中的四行——金木水火与太极拳中步法的关系，还有一行，即中定，对应五行中的土性。

拳论上讲："进退为水火之步，顾盼为金木之步，以中土为枢机之轴。怀藏八卦，脚趾五行，手步八五，其数十三，出于自然。十三势也，名之曰八门五步。"

这是明确告诉我们，进退顾盼都在动，在动中变性，只有中土之性不变（变中不变之性为中定）。

也即，进退顾盼，都围着中土这个不变的核心在转，在运动，在变化。

那么，什么叫枢机之轴呢？这个轴在哪里呢？其不变之土性，又是如何体现的呢？

演示1：

看房间的这个长方体的木门。

其重心一定在正中间，但门轴在一边。一开一合，在围绕着边上的轴在转动，这是在告诉我们，轴不一定在正中间。

也可以在正中间，这时中心轴和门之重心就重合了。轴也可以在偏左或偏右的位置。

如果开门叫阳，关门叫阴，在一开一合中，门轴阳面上的所有的点都在围着轴向外走，而阴面上的所有的点都在围着轴向内走。那么门轴本身走了吗？

没有，它只是在自转，甚至连自转也没有。门轴不走是一定的，这个轴既不阴也不阳，这叫中性，即中定之性。

演示2：

再看一道具，见图5-32。

图5-32

一个圆盘底座，中间直立一细长铁丝，铁丝上插一长方体的海绵，穿海绵的位置，大约在侧1/3处。向前推动海绵的左侧，这一侧叫阳，木性。右侧也相应地向后转，右侧就叫阴，是金性。

在进退当中，还有顾盼。

如果没有这个中轴，就形不成顾盼。也即没有中土，无以形成顾盼。

有一个概念需要强调：中轴不一定在正中间，中轴不一定是重心所在地。

那么用到人的身上，人的中轴在哪里呢？

人们普遍认为，人的脊柱是中轴，因此产生了所谓的守中、用中，护住自己的中心线，打击对方的中心线。

其实，就像这道具一样，重心不一定是中心，中土之位是可以到处跑的，而且，绝大多数时间重心与中心是不在一起的。

有没有中心和重心是重叠在一起的拳式呢？有，比如陈式拳的起势、收势，还有金刚捣碓的定式，其余的式子的中心全是偏的。

演示3：具体的拳式演示。

看看中定究竟在哪里：

· 左搂膝拗步。

在逐渐形成左弓步的过程中，左边是金性，在收，而右边是木性，在放。轴在哪儿呢？从中间向左边，越收越短，右边越放越长，最后这个中轴，在左胯根的里侧，在接近左脚跟内侧的位置，这就是这个步子的中定之处。

·如果从左搂膝拗步继续接走右搂膝拗步，抬右腿，向前迈步，但此时身子要向左后走一点，右腿迈步落地后，左腿要变木性，即生阳了，右腿要变金性，即生阴了，这时那根中轴，就要从左侧向右走了，也即从左胯根里侧经过肚皮转到了右胯根里侧贴近右腿内侧的位置。

打拳时，这根轴，就这样在不断的变化。上、下，左、右，前、后，长度也不一定，这根轴就叫虚中。太极拳练的就是这个虚中，这个虚中的性质，叫中定之性。这个中定的轴，往往不在脊柱的中线上，绝大部分是偏的。

推手演示：

如果把中轴就放在脊柱上，对方两手把控住你的两手，那就像把门轴放在门的中间位置，两手把住门的两边，这门就开不了了。

但双方右弓步，对手推康老师的正中间的脊柱（他认为脊柱是中心），结果却摔了出去，因为康老师把中心换到了右胯内侧，对手就顺着左边出去了。

中定之性在腿上，中在腿里边跑。

康老师把轴，即这个虚中换到了左侧，对手就从右侧出去了。这个轴即虚中，可以随时随对方而变，让对方找不着。这叫用中。

上身之轴（脊柱）是动不了的，腿底下这根轴，是不断在变化的，所以步法中有一个中定，而这个中定是活的，它在不断地变换位置，但性质不变，这就叫进退顾盼不离中定，这就叫中土为枢机之轴。

第六章　理论与实践研修班文集选

本篇主要以五次参加理论研修班学习的总结为主线。这些文章发表在《中华武术》杂志上。从这些文章中，可以初步了解在理论与实践研修班上大家学习了哪些主要内容。这些内容都是泛泛概括，也算是自己太极拳理论的一个初步窥探吧。

但我的感觉是，理论的学习不分先后，也没有必定的路径。学习过后的感悟会随个人的理解而不同，理论学习会常学常新。每个人对理论的接受和理解程度会因个人的习拳阶段和习拳程度不同而有所不同。比如我今天看了三年前写的东西，会有些新的体会。文章没变，但我的水平提高了，领悟到的东西就会不一样。

一、听康伟老师解读王宗岳《太极拳论》

在目前的太极拳界，不论何门何派，都把王宗岳《太极拳论》看作法典。无数的太极拳爱好者据此指导自己习拳，在模仿，在体会，在追逐拳论中所描述的那些状态和现象。但许多人并非完全理解文中所言，里面有太多的东西使人产生了偏执的概念。

我们在新乡的"太极理论与实践"学习班中，有幸听到康伟老师对《太极拳论》的解读。现整理出来，供太极拳爱好者参考。

首先，康老师给大家一个概念：太极拳中的"理""论"与"法"是完全不同的概念："理"是其中的道理或原理，是真正用来指导实践的。而"论"，是对某事物的现象及它所产生的效果的概括性描述或说明，与指导实践的"理"有着本质的区别。举例说明，有一篇论原子弹的文章，它会告诉你原子弹是根据核裂变的原理制造的，原子弹具有相当于多少TNT的爆炸威力，它将瞬间摧毁多少平方千米范围内的所有物体，对多大范围产生多么持久的核污染等诸多现象和效果。我们看了这样的论文后，就会对原子弹有一个大致的了解和概念，知道它大概是个什么东西，了解它大致的效果，但如果用这篇论文去指导制造原子弹，那就是天方夜谭了。真正指导原子弹制造的是那个核裂变原理，而不是这篇论文。你不学习和精通那个原理，并在原理的指导下付诸实践，是造不出原子弹的！

所以，论不是理，真正指导实践的是"理"而不是"论"。同样，要学习真正的太极拳，是不能用"论"来指导的。

明白了"理"和"论"的区别，下面我们就带着"论"的概念，逐段解读一下王宗岳的《太极拳论》。

第一段："太极者，无极而生，动静之机，阴阳之母也。动之则分，静之则合。无过不及，随曲就伸。人刚我柔谓之走，我顺人背谓之粘。动急则急应。动缓则缓随，虽变化万端，而理为一贯。"

这一段告诉我们：太极是无极生的，是动静之机，是阴阳之母。至于什么是无极？怎么生太极？就不是论文解释的事儿了，王宗岳并没有告诉你，他只是说你生出了太极的东西，就会体现出"动之则分，静之则合。无过不及，随曲就伸。人刚我柔谓之走，我顺人背谓之粘。动急则急应。动缓则缓随"这些神奇的效果，但这些"变化万端"的效果，其根本就是有"一个理"作为指导而贯穿始终。你如果不知道这个理，却去学那些千变万化的现象，你就是舍本逐末，是学不完，其实也是学不会的。

第二段：先大致描述了练习太极过程的三个阶段，即"由著熟而渐悟懂劲，由懂劲而阶及神明"。所谓著熟，著，招式，每天打拳，天天在招式的练习中感悟。感悟什么？就是感悟那个"理"在具体的行拳实践中是如何体现的。随着熟练程度和感悟程度的不断提高，慢慢理论中所描述的"太极劲"的性质在身上明显地感受到了，认识它是个什么东西了，这时你就"懂劲"了，"由懂劲儿而阶及神明"，神明，成了你的本能了，你的太极功夫就练成了。

很多人看到"然非用力之久，不能豁然贯通焉"，于是就天天"用力"去练。而此处的"用力"，并非"力量"，而是"用功，努力"之意。告诉我们如果不经过长期的用功努力，其中的道理和奥秘是搞不懂的。

接下来，论文又描述了太极功夫的许多神奇效果，你的太极拳练成了，就会自然产生他所描述的这些现象，即"虚领顶劲，气沉丹田。不偏不倚，忽隐忽现"等。"不偏不倚，忽隐忽现"指的是一旦练成了，任何时候你都是不偏不倚，即得中、守中的，无过无不及。忽隐忽现，说的是太极劲。推手中一摸人家，没东西了，刚觉得怎么没东西了，劲儿已经砸到你身上了；明明一大活人，一摸，他是空的，刚一愣神儿，不知他的劲儿又从哪里冒出来了，而且他好像并没有动作。实际上，内劲是不令人察觉的。

左重则左虚，右重则右杳。有人说，体重、重量在哪里，哪里就是实。真正的太极功夫练成后，你把腿放在这儿，重量在这儿，但它能虚，能把人的劲儿漏下去。他不接你的劲儿。这里的虚实，是性质，不是动作。越重的地方越要虚。我们一般人不行，重量在这儿，越压越重。

王宗岳只是说，你把拳练成了，你左重，但能左虚，右重，但能右杳。杳，没了，摸不着了，还是虚，看着压在这里，你一摸，是空的。

"仰之则弥高，俯之则弥深。进之则愈长，退之则愈促。"即在任何方向上，都能产生无限的虚空感。"一羽不能加，蝇虫不能落。"太极练成了，就是这种情况：感悟微变化的能力极强，灵敏度极高，对身体内气的微变化极有感觉，这时别人一丁点儿的东西往他身上一放，他马上就有反应，好像落个苍蝇都有反应。这叫知微变化。别人一点儿微变化，在他那里已经很大了，所以"人不知我，我独知人"。

太极练成了，具备这么多的能力，而这些"英雄所向无敌"的效果，"盖皆由此而及也"，这里的"此"，就是那个"理"，即都是由于遵循那个"理"而产生的效果。

第三段："斯技旁门甚多，虽势有区别，概不外壮欺弱、慢让快耳。有力打无力，手慢让手快，是皆先天自然之能，非关学力而有也。察四两拨千斤之句，显非力胜；观耄耋能御众之形，快何能为。立如枰准，活似车轮。偏沉则随，双重则滞。每见数年纯功不能运化者，率皆自为人制；双重之病未悟耳。欲避此病，须知阴阳。粘即是走，走即是粘。阳不离阴，阴不离阳，阴阳相济，方为懂劲。懂劲后，愈练愈精，默识揣摩，渐至从心所欲。本是舍己从人，多误舍近求远，所谓差之毫厘，谬以千里，学者不可不详辨焉。是为论。"

世间各种各样的武术派别的技击能力，大都是比力量和速度。"非关学力而有也。"这些能力不用学，人本身日常就具备这些能力。只是能力的大小不同而已，但是太极拳的东西是要学的。太极拳的力，即太极劲，不是人身体日常就有的东西，不通过重新的学习和修炼，就不具备那个能力。

下面的种种现象，"立如枰准，活似车轮。偏沉则随"等，是你的太极拳练好了，就这样。否则，不会分虚实，就会出现双重的现象。但王宗岳并没有解释什么是偏沉、双重、"枰"准、车轮等。他并不解释，他是在论述这个现象。

每见数年纯功不能运化者，率皆自为人制；双重之病未悟耳。练了多年功夫的人，一与有太极功夫的人交手就不行，为什么？双重的问题没搞明白。

什么是双重呢？不分虚实，就是双重，这与负重脚没有关系。"一处一虚实，处处总此一虚实"。手一搭，脚一点，这其中就有阴有阳。虚实是一对阴阳。要避免双重，须知阴阳。太极是一个阴阳混一的东西，即阴即阳，又阴又阳。你的劲如果不是阴阳混一的，就不是太极劲。太极诸法，掤捋挤按，採挒肘靠，进退顾盼定，都是在用太极劲。没有太极劲，谈不到诸法。"阳不离阴，阴不离阳，阴阳相济，方为懂劲"。太极是阴阳混一的东西，你看他软软的，他能出劲；你看他出劲，一摸他，他还是软软的。

"本是舍己从人，多误舍近求远，所谓差之毫厘，谬以千里，学者不可不详辨焉"。太极之劲是舍弃主观、顺从客观的东西，也即内劲自发的东西。而很多人没有搞清楚，产生了许多误解，最后越走越远。说是在练太极，最后跟太极一点儿关系都没有。为什么？是因为把太极里的许多东西理解错了，而导致"差之毫厘，谬以千里"。这其中最大的毛病就是双重，要避免双重，就要明白"阴阳之理"。所以，真正的"阴阳之理"，是太极拳的根本所在。最后，"是为论"，即王宗岳强调：我把这个"太极拳"整体论述了一遍，希望学者遵循那个"理"去默识揣摩，千万不要"差之毫厘，谬以千里"。

结语

此太极拳论，告诉我们太极是什么，什么是太极拳；太极与其他武术的区别，练错了会出现诸多的偏差；太极一旦练成了，会有什么样的神奇效果。它虽千变万化，但理为一贯。

我们是不能拿"论"来练拳的。若想练成太极拳，先要把"理"搞明白。否则，学不出来真太极。

二、"正确解读太极拳理论，还原太极拳本来面目"
——根据康伟老师在大讲堂上的讲座整理

今年的《中华武术》大讲堂在金秋十月的北京举办。期间，太极理论研修班的主讲教师康伟先生受主办方邀请进行了一次长达100分钟的讲座，题目是"正确解读太极拳理论，还原太极拳本来面目"。我感觉这次讲座十分精彩，其观点切中当前太极拳界诸多弊端。现特地整理出来，以供太极拳爱好者参考。

1. 这些流行的运动方式是太极拳的运动方式么

一开讲，康老师先在大屏幕上出示了几组图片：几张各式太极拳的拳式定形架，几张高难度的架式，如一脚高于头顶的独立步，一个几乎坐在地上的单腿支撑步，还有大小腿夹角小于90°的弓步。康老师又出示一组舞蹈、京剧演员、体操运动员、杂技演员的练功图片。康老师讲，这些演员和体操运动员的柔韧性极好，如果一名花旦拿起一把剑，培训3个月去参加太极拳的比赛，一准拿冠军。但他们对太极拳了解吗？

我想起微信中有人头顶碗的拳式，屈着腿打一趟拳获得满场喝彩。我又想起2011年新乡市曾承办过一次全国性的太极拳比赛，我在现场观看。能拿个人前三名者，都是腾空360°旋转单腿落地平稳者。这种高难度的动作是目前国家太极拳比赛追求、追捧的目标。但这还是太极拳么？这些金牌的获得者懂得多少太极的理念与思想？

太极拳是内家拳。而这些习拳者身体里有内在的东西么？退一步讲，他们有这个追求么？曾有一名柔韧性极好的杂技演员与康老师一搭手，立刻浑身僵硬，动弹不得，但他去参加太极拳比赛却可以拿冠军！且不说比赛拿名次问题，单就膝盖问题来谈一谈。众多的太极拳习练者练坏了腿，其中刻苦者更甚，甚至有些太极名师也把膝盖换成了钢筋铁骨。还有些太极痴迷者、金牌获得者，为因膝盖问题无法再继续打拳而懊恼、无奈不已！

太极拳不是体操，但体操运动员能拿太极冠军；太极推手不是摔跤比赛，但摔跤手拿了太极推手冠军！我真看不出武林大会的推手比赛与摔跤有何不同！

我并不是说，其他的运动方式不好。我只想说，这些运动不是太极的东西，就不要冠以太极的名义。那太极运动到底是一种什么样的运动呢？

2. 还太极运动以本来面目

真正太极拳的修炼是要分层次与阶段的。不经历第一阶段，到不了第二阶段；不经历第一、第二阶段的习练，不可能进入第三阶段。至于更高阶段的追求，先在心中保留一个美好的愿望吧！所谓四两拨千斤，耄耋能御众，这种境界很少有人能企及了。于是有人讲，现在都导弹时代了，还用得着用肉体来拨千斤么？你再有功夫，你敌得过炮弹么？所以，目前的太极运动就是养养生而已。那为什么国际上有搏击比赛，而且在蓬勃发展呢？

博大精深的中华武术精粹太极拳，不是那些花拳绣腿，不是那些杂技。太极拳是其他任何门类的武术运动所不能比拟的，其原因就在于它是一种内功心

法，具有无可比拟的养生功效；又同时是一种具有极高技击功能与技能的内家拳术。这两种似乎全然不同的功效都要通过违反常规的、正确的途径来习练才有可能获得。虽然表面上看来养生与技击是不同的路子，似乎风马牛不相及，实则两者在第一个阶段的训练体系和模式却是相同的。没有第一阶段的正确练习，就没有正确的养生途径，更谈不上高级阶段的技击功能。

那么，真正的太极运动到底是什么样子的？如何来进行？下面从"理"的层面来讲述。

（1）放松、松开

陈鑫的《太极拳名义说》：拳名太极，实天机自然之运行，阴阳自然之开合，一丝不假强为。凡强为者，不得名为太极。

王宗岳《太极拳论》开篇："太极者，无极而生，阴阳之母也。"

那么什么是太极？什么是无极？什么是阴阳？什么是强为？这些拳论并未告诉我们。这就需要来正确地解读这些几乎人人耳熟能详的太极理论了。

什么是强为？太极先贤杨澄甫也说，口腹不可闭气，四肢腰腿不可起强劲。于是人们就不强为了，放松，松沉下去，结果把身体全砸下去了。

康老师告诉我们：先把身体练到归无了，才有可能出太极。怎么归无？先要放松、松开，往开了松！骨节往长了去，对拔，对拉，骨节处处开张，而不是往聚了松，那是懈！而我们现在松反了：使劲儿压呀，压呀！而且屈着腿，不起浮，打完一套拳，全憋那儿了。太勉强了。这就是强为！所以要纯乎自然，屈伸开合，自然运动。也即一提腿即起来（升），一出步即放出去（曲），就像一根圆规的开合一样。

为了进一步说明问题，康老师拿出一块海绵，往手心屈指一抓，然后又松开。康老师说：我们骨节之间的筋膜要这样往开了松，可不是把骨节挤压在一起。如果把膝盖上下对准了下压，那不是纯粹毁人么？所以我们要追求的松是周身骨节处处开张，渐渐地肌肉松了，筋膜松了，骨节松了。最后在正常的情况下，筋长了一截。太极练的是松柔，不是柔韧，也不是松懈。康老师做了一个自然直立的松开的站姿，给人一个蓬松的舒适的感觉；又做了一个松懈的姿态，就好像一片萎靡的树叶。

（2）关于俯仰伸缩

目前习练太极拳者，尤其是习练国家创编的竞赛套路系列者，均刻意保持一个高度打拳，所谓的身体勿起伏。原因何在？因为杨澄甫有一句话：头项不可俯仰。康老师讲，这个俯仰，指的是你的头的颈椎玉枕骨这一段要保持正直，不要前低后仰，左歪右斜，也即头容保持正直，并非头顶要在一个高度下行走打拳！且看这一段拳论："俯仰伸缩，起落进退，为太极运动必备之法，并非行迹之谓，乃神自然得中之谓也。若兼带俯仰伸缩法，规矩方为完全合一。久练纯熟，起落进退，旋转自由。"谁告诉你脑袋不能起啊？

（3）关于柔力、硬力与虚力

康老师在台上当场做了一个实验：两张桌子之间留下十几厘米的空隙，然后把一块砖头横架在空档上。

- 请一名男性拳友上台，用手砍此砖头，意在把砖头砍断。拳友砍后手疼，但砖头不动。
- 康老师又拿出一个没有充气的气球，也固定在原来砖头的位置。让同一人用同样大小之力砍这气球。拳友又砍，把气球砍下去吊在半空。手虽有阻力感，但手不疼。
- 康老师仍拿此气球架在两桌空隙间，但两头没有固定。拳友又砍，球掉落，手扑空，没有遇到阻力。

最后，康老师说明：第一次砍砖头，砖头给你的是硬力，硬碰硬；第二次是柔力，气球给你的是柔化了的力，但仍是力；第三次，没有力，也就没有反的作用力，这就像太极之力——虚力。康老师又用手臂让拳友体验这三种力。他告知我们，练太极拳，不要硬力，也不要柔力，要练的是虚力，即太极劲。

（4）太极拳运动的要点

- 太极运动，周身放松，用意不用力。
- 太极运动，松而不懈。
- 太极运动，脚踏浮萍，如履薄冰。

放松与松而不懈，前面已经提到。这里再强调一下：所谓放松，指松力不松体重，浑身不挂劲儿，骨节不往下砸。所谓松沉，是指气沉丹田，脊柱上下两边拉开，骨节开张，气往下走，而人往上来，即用意识把人拎着。所以才会有太极前辈所言"立如秤准，活似车轮"，就如那"西山悬磬"（qìng 大钟），那大钟是吊着的！这也就是"精神须提得起"，精神是什么？是意识呀！

如履薄冰，一定不敢踩，不是现在强调的"前弓后蹬"。那为什么人们现在从上到下都在使劲儿蹬地呢？因为有这么一段拳论：其根在脚，发于腿，主宰于腰，形于手指。由脚而腿而腰，总须完整一气。

这又如何解释？如履薄冰，脚踏浮萍，与此不是相悖了么？所以对《太极拳论》的正确解读至关重要！

首先，何为传统文化中的"根"？《道德经》曰："夫物芸芸，各复归其根。归根曰静，是谓复命，复命曰常，知常曰明。不知常，妄作，凶。"

世上万事万物各有其先天本性，这本性就叫其根。形态可以变化，但其本性不变。本性不变叫"静"。不是单指行为上或形态上的静止。所以"归根曰静"，即保持你的本性不变。"是谓复命"，命，即生命的本原之性，即归复物质的本原之性。归复生命的本原之性恒常不变，就叫复命曰常。"知常曰明"，即尽管事物形态千变万化，但能透过现象看清其本质，真正明白了最根本的性质，即本性是不变的，这就叫明。"不知常，妄作，凶。"是说根本不知道它的性质，净在那里瞎折腾，干什么都没有好结果。

例如水的形态千变万化，但其水性不变；木的形态也可以千变万化，但其木性不变；弹簧的拉伸、压缩、复原也只是形态上的变化，但其弹性是不变的。这些不变的性质，就是静。太极拳的习练者就是在不断地修炼那个不变的性。不管你的拳式、形态如何千变万化，都要守住那个静，即那个不变的性。在习拳的初级阶段那个不变的性就是"松"。即纯乎自然，不假一丝强为的性。在行拳走架的整个过程中都要保持全身各部位自然放松不用力的状态，而且脚下也是保持虚性，这很难很难！因为一动就会用力，不是肩紧了，就是腰紧了，更别说腿脚紧了。能做到周身一家都是这种放松的状态，不仅需要明白道理，还需要名师手把手、面对面的指导。这是一个漫长的过程，但还是有很多人不知道什么叫松！明白了以上道理，也就明白了什么是"动即是静，静即是动；动中有静，静中有动"。简单一句话：运动中保持那个不变的性。太极拳的根性叫虚性，其根在脚，脚下也得是虚的。

（5）脚下要练虚性

脚下的虚实与体重无关。康老师请一体育学院的小伙子上台来推他。小伙子虽使足了劲儿但推不动，而康老师的双腿仍可随便动！他的腿根本不接力！而且他的手臂上的肌肉并无绷紧，仍是松的。劲儿哪儿来的？康老师说，松出来的！把体力扔掉，里面就会长出新东西。所以，"太极者，无极而生"，"太极拳运动，练精化气，练气化神，练神还虚，虚至虚灵。实则死，虚则活，实则滞，虚则灵"。杨家太极秘传中有这么一句话：借天不借地，借地艺不高。所以王茂斋教徒弟，在砖地上擦煤油。徒弟敢用力么？

两只脚是虚空的，腿还会坏么？

（6）太极拳运动的方式

- 不用力，能运动。
- 运动中不生力。
- 损之又损，做减法，即减少你的用力。

而其他运动，增之又增，做加法。若能不生力而运动，那就是太极拳了。

生命在于运动。但"劳则伤"，体力劳动，一定在消耗。全世界只有一项运动，那就是太极拳，既不用力，还能运动。所以最好的养生运动就是太极拳了！

（7）太极拳如何松下肢

学习放松先从松上肢开始，这还比较好做，松下肢就难了。康老师告诉我们：

- 松力而不松坠体重。
- 上向下松，指内气要下沉，而上体要头拎着向上。上身就好像是手里拎着的一个提包，内里的东西要沉在包底，而身体是被拎着向上的，并未压在下肢上。
- 下肢要向上松。把脚往上松。

脚如何向上松？你看过冲浪么？你见过滑板么？浪尖来了，你一屈腿，一蹲，那是在提脚，但看那姿势，似乎在下蹲，其实是在向上收脚。打拳走步时，你就想象着地面在上升，你的脚在向上收，所以才会迈步如猫行，你在拎着你的脚呢！你的内劲儿没下去，你的脚是虚的！所以前辈才会告诉我们：下需向上松，渐至腰腿不接力。

由于时间的关系，康老师许多话并没有展开讲。

总而言之，正确解读太极拳理论是继承真正太极拳运动的根本。前辈也早就告诉我们：学太极拳先学读书。书理明白，学拳自然容易（陈鑫）。

最后，以意拳宗师王芗斋对太极拳描述的一段话作为结语：

"若以养生而论，徒使精神气质被拘而不舒；若论技击则专为制裁肢体之用，而使有用之身成为呆板之物。皆不过徒使学者神经扰乱、消耗时日而已。流弊所及大有成为'棋谱式'太极拳。如此将该拳葬送而破产，实为可惜耳。余对太极拳敢云知之深，不觉论之切。愿该门有力分子迅速严格整理，以图复其本于将来。"

三、学习太极理论以来对拳架的自我修正
——杭州理论班学习体会

我从2010年开始从太极拳竞赛套路系列改学传统杨式太极拳。先后跟傅清泉父子5次学习，也先后3次跟着赵幼斌老师学习，还向唐才良老师、江澜老师（二水居士）求教过，也看了许多的太极书籍，其中不限于杨式太极拳。渐渐地形成了以傅清泉老师拳架为主，并揉合了他家一些细节的85式拳的演练风格。由于前边十几年都是打的竞赛套路（曾4次赴京跟世界冠军邱慧芳老师学习），还参加过李德印老师的大讲堂班，所以竞赛套路的影响还在拳架中有所体现。

2013年开始知道北京太极山庄有一位康伟老师，他的一篇文章《上善若水见太极》引起我极大的兴趣，不仅仅是兴趣，更是兴奋。文中对太极的论述使人耳目一新，心中赞叹：这是我所见到的最精辟的对太极拳的论述。随后在2014、2015、2016连续3年，我都报了其理论研修班学习，知道了不少不同于常人的对太极理论的解读。但大讲堂仅仅相当于讲座，完全不同于系统的上课学习。若要真正钻研下去，必须踏踏实实地系统学习。于是在2016年的2月，我们在新乡市组织了一个20人的小班，用网络课与面授辅导相结合的方式，系统学习了太极拳理论与实践的初级内容。初级班中的一个重要内容是太极六式基本功。此套功法是太极拳基本理论的一个载体。看似很容易、很简单的6个动作我们日日练习，经过康老师的5次面授纠错，从外形上看基本可以了，但仍不敢说已经完全掌握了。真正能把其中的规律融于拳架中，恐怕还得一两年的时间。

康老师的理论并非他个人所创造，而是对太极先贤的定型理论的不同于他人的深刻解读。说深刻，是因为他本人在20余年习练太极拳术不得其要领的茫然状态下，埋起头来刻苦钻研先贤的理论，并系统地学习了与太极拳息息相关的《易经》《道德经》《黄帝内经》《生命圭旨》等相关书籍，并自己不断地体验，先后又20多年埋头其中，历经彷徨、困惑、寂寞，终于拨云见日。

康老师的独到之处还在于他吃透了理论（说他吃透，是因为他真正读懂了古文，这是不同于现代白话文的），他的太极拳教学不像许多太极老师那样用感觉来教拳，而是把感觉转化成了教具，用影像、用图解、用教具、用实物来讲解太极之理，并付诸太极实践。举一个简单的例子：何为太极态？他用一个

气球、一根书包带，就十分明了地解释清楚了何为太极态，何为松、何为紧、何为懈，使人一目了然，过目不忘。更难能可贵的是，康老师的教学方法是分阶梯的，一级一级上。正如他所言：决不能拿一套高中的教材让小学一年级的学生学习，要一步一步来。

下面我简要介绍一下学习太极理论以来，对我个人拳架的影响。

1. 太极态要贯穿行拳始终

从准备开始打拳，平行开立步，就要准备好你的太极状态了。不懈，不紧，中正安舒，从头至脚，到手指尖。更重要的是，这个状态要像一根线一样，贯穿行拳始终。比如，如封似闭接十字手，我过去做完如封似闭，双手在接转下一式时，手指软塌下来。赵幼斌老师曾指出这是毛病。现在真正明白了：就是在这一刻手指懈了。

2. 渐变原则在每式中的运用

在每个动作中，肩、肘、手、腰、胯、膝、足都在渐变。过去我对肩背几乎没有关注过，这次通过练习太极六式基本功的第一式，才真正开始关注肩膀的动静。而且过去腰部的动作也往往是一下子到位，没有特别注意到腰的转动也是要渐变的，要和手脚同时到位。

3. 和谐原则与一动无有不动

肩、肘、手、腰、胯、膝、足都在渐变了，但是否同时启动，同时结束？比如，很多时候，腿先到位了，而手还在运行；或腰早已不动了，而手脚还在动。要做到身体各部位的整体和谐，这就需要在一定的单位时间内，距离长的速度就要相对快一点，距离短的速度相对要慢一点。康老师拿一把扇子作为道具，扇根、扇骨、扇沿同时启动，同时到位，但扇根只动了一点点，扇沿走的路线最长，但三者花费的时间相同。例如单鞭式的右手变勾手向右后方拉，左手向正东方掤捋按，左手的速度明显要快于右手，因为要同时到位，而且腰和胯也要同时到位。这需要用心去感知这些各自不同的微变化。

4. 控制好三分之一位移

太极拳在某种意义上讲，是一种平衡术。行拳走架首先要保持自身的平衡状态。根据太极图中所讲的规矩，两脚之间分成三等分，重心在中间的三分之一处移动，身体就可以保持自平衡。出了这个范围，重心易不稳，如果还能站得住，必有一腿紧张。在这种情况下，从养生的角度已经不利；从技击的角度，被人牵拉，易失去平衡。如弓步时前脚尖超出膝盖，步子使劲儿迈大压低，对手从前边一拉，你很容易失重。再如走虚步时，容易把重心完全压在后脚跟上，前脚几乎不负重，会感到后腿好累。而现在走所有的虚步，注意尾闾下垂线在两脚之间的后三分之一处，这样重心平稳，而且双腿都不累。包括海底针这样的拳式也是如此。

5. 行拳走架中的俯仰伸缩与身体的起伏

自从开始学太极拳以来，就被灌输了这样的理念：身体保持一个高度打拳（仆步、金鸡独立等除外）。听说还有头顶放一把尺子或一根绳子练拳的，甚至还有钻在桌子底下打拳的。我本人在练拳和教拳中也强调身体不要起伏，不要忽高忽低，认为这是拳艺不高的表现。但这次的理论学习颠覆了我的观念。陈鑫《太极拳图说》："不偏不倚，非行迹之谓，乃神自然得中之谓也。若兼带俯仰伸缩法，规矩方为完全合一。"康老师用三个大小不一的太极图和一个圆规来说明如何通过缩圈儿、放圈儿在行拳走架中保持身体的平衡。如单鞭接提手，双臂沉肩撤肘，右脚收至左腿侧时重心微起（这是收圈儿），右脚前落时重心微下落（这是放圈儿），这就有了身体的起伏。这在过去被认为是毛病。所有的步法转换，只要一动脚，就收圈儿；再一出步就放圈儿。原来走步要这样走！这样打拳是累不坏膝盖的。

6. 脚下不用力蹬地

过去的概念是，脚下要意入地三尺，前腿弓，撑住，后腿蹬地之力向上传到手上，所谓"脚、腰、手"。现在不仅不用力蹬地，而且要逐渐地练到脚下有漂浮感，如同脚踏浮萍一般。就像郝为真所言：第一层功夫是如同在水底打拳，第二层功夫是如同在水中打拳，第三层功夫是如同在水面上打拳（非原话）。所以康老师一再强调，脚下不用力，浑身不用力，什么时候把脚打没了，你的功夫就出来了。

7. 手臂要伸展到不用力的最大位置

过去打拳不知道要在规定的线路上尽量伸展手臂，还以为身备五弓，胳膊腿都要弯曲。看到傅清泉老师的拳架，还心想，手臂伸得这么直啊！赵幼斌老师也说过我"打缩了,打抽了,伸不开了"。当时我还不大明白,心想,不应该弯曲么?现在明白了:全身所有的骨节之间要尽量地松开(松开不是用力绷紧),通过放松可以舒开骨节之间的韧带,这样便于筋膜之间气血的流通。在江澜老师(二水居士)那里得到的收获也是让浑身的骨节都拉开,形成一定的间架结构,这个正确的间架结构本身就具有很强的承载力。所以太极先贤们教拳的第一步都是要求习练者先模仿好拳架。现在知道了道理,就知道该怎么做了。虽然说从技击的意义上讲,将来这个拳架最终是要丢掉的,但在培养内气的过程中却是不可或缺的。要从养生的角度来看,拳架是要陪伴终生的。

8. 忘掉手、忘掉脚,用上下肢的根节走拳架,最终用腰、用脊柱来行拳

过去的思想过多地关注手与脚。自从跟康老师学习理论以来,逐步地了解到要用上下肢的根节来练拳,也即肩与胯。这个练习的过程如同认知过程一样,要一步一步来。先从上肢手臂开始,意念放在上臂上打拳,把上肢练松软之后,再练习下肢的放松。松是要一步步来的。康老师有一套完整的训练方法,从容易之处入手,一步步深入。初级班的学习学会了放松上肢,下一步就要系统地学习放松下肢了,只有真正地学会放松下肢了,才能说真正进入了太极拳的大道。至于用脊柱、百会行拳,就是以后的事了。

9. 注意动与动之间的转关

一动与一动,一式与一式之间的转换,即转关。要注意这个转关的形成是阴极自然生阳,阳极自然生阴,不是故意做出来的。过去太过注意一个拳式的结束,还故意停顿一两秒钟,然后才开始下一动。还有些人在一式开始之际,故意往下蹲一下(或者说沉一下),岂不知这是断点。如杨式太极拳连续几个搂膝拗步之间的转换是最容易出现断续地方的。赵幼斌老师曾手把手示范如何在外摆脚时把胯根与脚跟相合,现在回想起来,其实就是在要我避免断续。康老师从理论的层面讲透了阴极生阳、阳极生阴在拳中的体现与操作。阴极了不能继续生阴,阳极了不能继续生阳,要避免这样的错误,就要自然生成新的阴阳平衡。连续的搂膝拗步是要追着对手打,在左搂膝定势时(即到了左极),右手继续前推,冲开左脚外摆,右脚上步,从而形成新的圈儿,既连贯又合乎规律。而且还要注意到,所有的转关处相对都要慢一些,而且这个转关是自然生成的,不是刻意做出来的。

10. 腰胯在重心转换时的应用

往往看到有人在提收一脚时上身歪斜、撅臀、脚尖翘起，或重心不稳，这些都属于病态。我曾在上海傅清泉老师的武馆得到过傅老师的指点：（如右打虎式接右蹬脚）先内扣左脚跟，然后把重心完全坐在左脚上，再抬右脚，可以很容易地抬起右脚，而且是脚尖后离地。傅老师还说，若硬抬，我也不行的。看来是方法问题。

此次从杭州大讲堂回来，仔细回忆康老师讲的胯圈儿问题，算是从根本上解决了这个问题。两胯左右前后的旋转形成了一个胯圈儿，由前后的竖胯收脚转接下一动时，要先把两胯变成相对平行的横胯，这样就可以很容易提起一条腿了。

11. 意念在初级行功架中的作用

老拳论上讲，用意不用力。但康老师讲，第一步还谈不上用意，先要练意。意，即意念，是指对事物的感知能力。练习太极拳，实际是一个练习懂劲的过程。懂谁的劲？先懂自己的劲，即七分知己的功夫。从一开始练拳，就要练习对自己身体内外的认识。先认识外，即肢体，再认识内，即内能量系统。让你的大脑即意识与自己的身体搭起一条连线。先认识你的手，然后认识你的上臂，进而整条手臂由点变成了线；再认识你的背，你的脚、踝、膝、胯，整条腿；再认识你的腰、脊柱。怎么个认识法？为什么要认识它们？先感知到它们的存在，继而问自己：它松了么？等到你认识了全身所有的部位，放松了所有的部位，你的内气就在逐渐地生成了。这是一个渐变的过程。内气的产生与肢体的放松是成正比的。你放松了一分，内气就会生成一分，你放松了20分，你的内气就生成了20分，这是一个缓慢的过程，难怪有"太极十年不出门"之说。所以才说太极拳是内家拳，是在练你的脑子，练你的内能量系统。我们在做太极六式基本功的第一式结露凝珠时，一开始根本没有注意到肩，只是注意手。慢慢地注意到了整条手臂，最后在康老师的提醒下才注意到肩的起落也要一直渐变。

总而言之，放松了，舒展了，稳稳静静地去走你的拳架，这是走在了习练真太极的正道上了。康老师讲，习拳是分阶段的。在这个阶段所学的东西是为了一定的目的。目的达到之后进入下一个阶段的学习，此原来所强调的有些方法就要丢掉了，从而开始新的探索。所以说，学什么，丢什么。但最根本的规律是不能丢的。

这是我在此阶段学习理论习拳的感悟。

四、在2017年太极理论研修班上学到的太极推手

在2017年的北京中华武术大讲堂上，我第四次参加理论研修班的学习。此次学习收获满满，而且学习了太极推手。

太极推手当然也是分层次分阶段的。第一层次的学习是一切太极推手的基础。康伟老师和陈敬东老师所讲、所做，简单明了，易懂易学，绝非市面上所看到的诸多场面。下面就我的理解做一介绍。

1. 何为太极推手

①概念：太极推手是继承明代武术技击方式并加以发展的一种独特的运动方式。

②形式：有两种模式，一是以争输赢、论胜负为目的的一种竞技运动；二是作为检验拳架正确与否的重要手段。其检验目标为拳架是否体现了太极原理。

如果抱着输赢的目的，竞技目标一经确立，那一上台，心态马上就变，与太极所要求的虚空、平常心态完全背道而驰。这种运动方式以及裁判的规则制定，使得太极推手慢慢地演变发展到顶牛、摔跤、角斗，类似于相扑的模式了。

而传统的太极推手，是练知己知彼功夫，非为争胜负，而是检验其是否符合太极之理。再激烈的推手也要平常心。

2. 正确认识太极功法、太极拳和推手的关系

① 太极功法：认识、感知太极运行的规律——修心养性。

凡提到功法，都是十分简单明了的，动作简单，易于学习、模仿，但其中蕴含的太极基本规律却需要经过反复的练习、揣摩才能真正明白。如太极六式基本功，其中的太极规律，如渐变、阴阳自然互生、和谐、一动无有不动、位移的界限等，需要通过练功去体味、去感悟，逐渐把这些规律固化下来，练成自己的性。这个过程，叫修心养性。

②太极拳法：感悟太极运行规律——用性为法。

这是要把在功法中感知到的太极运行规律用在拳架中。一套拳，唯有渗入

了太极之理，唯有用心性去行拳走架，才能冠之于太极拳，否则与外家拳无甚区别。

③太极推手：运用、验证太极运行规律——明性即法。

推手可以验证你的拳架是否正确，拳架中有何毛病。当然，在不同的阶段会有不同的验证目标。如，手一动，浑身上下都在动，哪儿不动都会卡在哪儿。你的重心、你的腰、你的手、你的位置的移动等，是否在同一时间完成。一动俱动，一停俱停，所有动作均要完成。

功法、拳法、推手这三者之间的关系是一种相互验证的关系，循环运用、互为补充。其中有一点要明确：把太极之性在三者之中运用与验证。

3. 太极推手最基本的训练要求

①太极推手之定义：双方在搭手对抗中互相缠绕，运用太极运动独特的运动方式，依据粘连黏随、不丢不顶、无过无不及、随曲就伸等基本原则，运用掤捋挤按、採挒肘靠八种劲法，培养感知、验证自身和对手进行太极运动规律的能力。

②动作介绍（平圆单推）。

·甲乙双方对面站立，右脚前，左脚后，重心位于两脚之间，双方前脚尖在一条横线上，间距同肩宽。

·在太极状态中，甲乙双方伸出右手，手腕外侧相搭，这叫粘。左手拇指外侧轻扶于左胯侧。

·一人推，一人化。甲方右手内旋，同时腰微左转，右手用掌心向乙方胸部前移，直至身体重心移至前三分之一处；在甲方前推的同时，乙方屈臂、腰微右转，重心后移至后三分之一处。此时双方已达到各自的极限。

·乙方缓缓左转腰，同时转换右手的粘连点，至右手掌心朝前，朝甲方胸前推移。同时甲方配合乙方屈臂、转腰、后退。

③注意事项。

·甲乙一搭手，两手之间是有重量的（压力），要始终保持这个压力不变。动作在变，粘连点在变，但压力不能变。不能顶，不能丢，不加力，不减力。

·推者是喂手，被推者是练手，要随对方。谁的手臂伸直到最大限度了，就等对方来推。被推者，即练手，在后三分之一处，从手心朝里开始转换粘连点，到手心朝外前伸变喂手。甲乙双方互相喂劲儿，也即他伸我就屈，我伸他就屈，我动他就动，我停他就停。当双方身体到达如起势时的位置时，即身体转正的时候，双手正好在中间，重心也在中间。

·所谓粘上，指的是两手一搭，如同一块膏药贴在皮肤上，也就是说，仅仅刺激到了皮肤。开始动了，叫黏；粘着走，叫连。在后三分之一处，练手方要变喂手的时候，粘连点的转换也要连在一起，而且压力不变。

·要消除主观意识。在我伸他屈、他伸我屈的粘连黏随的往来中，保持不变的状态。都要考虑如何随对方，不要总在想如何推对方，而是想：他要干什么？我要让他把事情干完。总之，脑子要顺从对方，完全是被动意识。

4. 用推手来检查行拳走架中的哪些方面

推手与拳架是相互印证的关系，是在验证太极的基本规律。推手是在练意识，是在检查拳架中的毛病。从以下几个方面来讨论。

①一动全动，掐住分寸。行拳中有一条规矩是两脚间重心的移动要在中间三分之一范围内运行，前弓步到前三分之一，后坐步到后三分之一，在推手中，喂手方前弓步到了前三分之一处时，手臂也应该到了伸展的最大限度。如果你的重心已经到了后坐极限，而手还在半途中，这时对方推你，你马上就会受制，因为你已经没有了退路，你已经违背了规矩。放到拳架中是一个道理。如揽雀尾的"按"或"捋"，往往后坐已经到位（后三分之一），而手还在半途中，这时对方一推一个准。所以要用意识来关注你的脚、腰、手，关注全身各个关节，同时启动，同时到位。

②推手中的喂手，即出手，不许加力；入手，即练手，不能主动撤退，否则是在减力，这就是不丢不顶。但在行拳中是否也做到了？比如说，我们做揽雀尾的"掤"时，手一出，马上就出力；而捋回来，很容易主动撤退。其实，要和在推手中一样，臆想是和对方粘着、黏着，手中始终保持一个不变的压强在运行。所以康老师在教拳时，从来不说什么"掤捋挤按"等字眼，他只说"手往前伸展到不用力的最大位置，平移身体重心，上身领着下身走"等。

③太极拳的"八法"如何体现？

八法即"掤捋挤按，採挒肘靠"。这些劲法的运用要在你身上已经养出了虚力，即有了内劲之后才谈得上。那个时候的出劲，就好像把一个大气球或一个弹簧移动到不同的位置，在移动的过程中，气球或弹簧碰到了外力，受到了挤压，那自然会出来力。但那个力不是气球或弹簧自己主动发出的，而是受到压力了，自然就被挤压出来了。如果这时外力消失，反弹力自然消失，会恢复原状。怪不得学员与康老师推手练习时，学员能感受到巨大的压力，但学员一撒手，康老师的手没有动作，既不前伸，也不后缩，呆在原地不动。原来他不主动用力：你挤压我，我的力是被你压出来的；你不动了，我的力，即反作用力也就没有了。这就叫守中。中，喜怒哀乐未发谓之中；发了，恰到好处，皆中节，谓之和。和是那个"中"产生的效果。中气，既不努气（也即顶，凸），也不憋气（也即丢，凹），即不凸不凹。

练拳就是在养你的中气。我守我疆，不出力，守着行拳的界限，慢慢内气养出来了，那时才有了出入开合，才谈得上"八法"。所以在第一阶段，是培养内气的阶段，现在只能慢慢养你的内气。免谈八法！

④推手是一种好的训练方法，既在帮你检查拳架，也在帮你练拳。如右脚在前的平圆单推手，大家都感到正确的站姿很不舒服，总是不由自主地想把身体朝左侧倾斜一点。原因是右胯没有松下来，是挺在那里的！这就需要先改变你的思想意识，意识一变，感觉就来了，站起来就不别扭了。

这次通过学习推手，还改变了我平时打85式拳的揽雀尾时的几个毛病。

·右掤时，后腿蹬地，身体前送，劲儿全是往前的。若此时对方一拉你，你早就被拉出去了。

·捋时，双手主动后撤，没有粘连着对方后退的意识，早丢了。

·按时，早已后坐到了后三分之一处，而双手还在半途中。这时对方一推你，你马上就会出去。应该在重心到了后三分之一的同时，双手到胸前，而且要全部放下（当然是指内气）。在向后引带的时候，右胯务必放松、松开，所以腰有些不易察觉的微右转，而不是有意左转腰。外形上可能看不出来，但内动自己是知道的。

5. 太极推手的评分规则应该如何界定

从目前的各级太极推手的比赛来看，都是以推翻对手为能而得分，其实这已经脱离了太极推手的基本原则，已经不能说是太极推手了，这是相扑、是摔跤、是搏击。太极拳的推手，讲究的是四两拨千斤，讲究的是化人之力。凡是打人的都不是太极推手，不能冠以太极的名义。何况搏击尚且有有效得分之说：可能双方击打的次数有几百下，但有效得分也不过几十下。

太极拳推手也应该制定出一套有效得分规则：凡是用力量推翻对手的，一律不得分，只有用太极的引进落空化掉对手来力的才可以得分。比如，甲方推5次，看乙方能通过化力而使甲方出界的有几次。然后换乙方推甲方5次，看能成功化解几次。康老师说，这种太极推手比赛，要体现太极的理念，要有一定的训练程序，要有一套不同于外家拳的评分规则。

结语

通过推手练习，把行拳走架中的诸多毛病找出来，把一动就冒劲、一动就出力的毛病扔掉，好好体悟粘连黏随、不丢不顶、一动无有不动、连续均匀缓慢的渐变规律，阴阳自然互生、动不越界等太极规律，从而达到性命双修的太极境界。这是太极初级推手的目标！

后 记

从2008年结识了中华武术大讲堂以来，我陆续在《中华武术》杂志上发表了几十篇长短不一的文章，约60万字。我身边的拳友，还有一些《中华武术》杂志的读者，早就建议我把文章结集出书，但我始终没有真正放在心上。2019年，杨式太极拳第五代传人孟祥龙先生建议我把文章集合起来出版，他认为会有读者。

我的文风比较口语化，换言之，比较接地气，适合现代普通的太极拳习练者和爱好者。而且，文章的内容深度不仅适合下里巴人，相信对喜好阳春白雪者仍有所启迪。

书稿一开始交给了人民体育出版社的编辑审阅。编辑提出了许多好的建议，并要求我将文稿由45万字删减至25万字左右。无奈之下，我把2015年之前的文章几乎全部删去了。文章的题目也由原来的一路跋涉一路感悟改为目前的跟康师学太极。现在看看也挺好，内容很单纯了。内容涉及2014—2020年的一路感悟。这五六年的时间，我对太极的理解一步步深入，身体的内在感觉也越来越强烈。我把这些都记录了下来。我一直在不断地学习，不断地实践，也一直在无偿地向我身边的拳友传授。

本书出版，我相信能对太极拳爱好者起到指点迷津的作用，读者定会开卷有益。

书中的内容截止到2020年2月。之后至今，我仍在不间断地随时随地记录一些太极的技法、理法方面的心得体会。因为康伟老师是一个取之不竭的太极宝库，许多新的文章已经又够一本书了。

感谢康伟老师。

感谢龚建新主编。
感谢我的伯乐孟祥龙老师。
感谢全民太极这个大平台。
感谢我身边的拳友。
感谢全国各地我的支持者、读者。
感谢我的家人对我痴迷太极的支持。
感谢为此书的出版最后定稿的孔令良先生。

2021年7月29日